Leistungsheterogenität und Kompetenzentwicklung

Empirische Erziehungswissenschaft

herausgegeben von

Rolf Becker, Sigrid Blömeke, Wilfried Bos,
Hartmut Ditton, Cornelia Gräsel, Eckhard Klieme,
Rainer Lehmann, Thomas Rauschenbach,
Hans-Günther Roßbach, Knut Schwippert,
Ludwig Stecher, Christian Tarnai, Rudolf Tippelt,
Rainer Watermann, Horst Weishaupt

Band 36

Waxmann 2012
Münster / New York / München / Berlin

Katja Scharenberg

Leistungsheterogenität und Kompetenzentwicklung

Zur Relevanz klassenbezogener Kompositionsmerkmale im Rahmen der KESS-Studie

Waxmann 2012
Münster / New York / München / Berlin

Bibliografische Informationen der Deutschen Nationalbibliothek
Die Deutsche Nationalbibliothek verzeichnet diese Publikation in der Deutschen Nationalbibliografie; detaillierte bibliografische Daten sind im Internet über http://dnb.d-nb.de abrufbar.

Diese Arbeit wurde 2011 von der Technischen Universität Dortmund als Dissertation angenommen.

Empirische Erziehungswissenschaft, Band 36

ISSN 1862-2127
ISBN 978-3-8309-2703-7

Postfach 8603, 48046 Münster

www.waxmann.com
info@waxmann.com

Umschlaggestaltung: Pleßmann Design, Ascheberg
Druck: Hubert & Co., Göttingen
Gedruckt auf alterungsbeständigem Papier,
säurefrei gemäß ISO 9706

FSC www.fsc.org
MIX
Papier aus verantwortungsvollen Quellen
FSC® C016439

Printed in Germany

Abstract

The importance of the differences between students for learning has controversially been discussed for a long time: On the one hand, achievement heterogeneity is increasingly considered as a chance and enrichment for instruction as well as for the students' cognitive and social development. On the other hand, especially the German school system is characterised by a multitude of institutional mechanisms with the aim of reducing differences in achievement and creating homogeneous learning groups. The discussion on the pros and cons of homogeneous and heterogeneous ability grouping is also about the question of how learning groups should ideally be composed so that learning is as effective as possible for all students.

The present thesis therefore pursues the question whether achievement heterogeneity is a compositional characteristic of learning groups that is relevant for achievement and whether the development of the students' achievement is more effective in homogeneous or heterogeneous classes. Moreover, differential effects for high- and low-ability students are examined as well as the effectiveness of classes that differ in their extent of achievement heterogeneity.

As the main result of the multi-level analyses it can be stated that effects of achievement heterogeneity within classes on students' achievement depend on the subject, type and grade of school. In addition, achievement heterogeneity is highly confounded with other compositional and institutional variables. The empirical results are interpreted with regard to their theoretical and practical implications. Moreover, the consequences for the recent discussion on school structure are shown.

Zusammenfassung

Die Bedeutung der Verschiedenheit von Schülerinnen und Schülern für schulisches Lernen wird seit langem kontrovers diskutiert: Einerseits wird Leistungsheterogenität zunehmend als Chance und Bereicherung für den Unterricht sowie die kognitive und soziale Entwicklung der Schülerinnen und Schüler gesehen. Andererseits zeichnet sich gerade das deutsche Schulsystem durch eine Vielzahl institutioneller Selektionsmechanismen aus, die zum Ziel haben, Leistungsunterschiede zu reduzieren und möglichst homogene Lerngruppen zu schaffen. In der Diskussion über die Vor- und Nachteile leistungshomogener und -heterogener Lerngruppen geht es letztlich darum, wie Lerngruppen idealerweise zusammengesetzt sein sollten, damit das Lernen für alle Schülerinnen und Schüler möglichst effektiv ist.

Diese Arbeit geht deshalb der Frage nach, ob Leistungsheterogenität ein leistungsrelevantes Merkmal der Zusammensetzung von Lerngruppen, also ein Kompositionsmerkmal von Schulklassen, ist und ob die Lernentwicklung der Schülerinnen und Schüler in leistungshomogenen oder -heterogenen Schulklassen günstiger verläuft. Darüber hinaus werden differenzielle Effekte für leistungsstärkere und -schwächere Schülerinnen und Schüler sowie Effekte der Breite des klasseninternen Leistungsspektrums überprüft.

Als zentrales Ergebnis der Mehrebenenanalysen lässt sich festhalten, dass sich Effekte der Leistungsheterogenität innerhalb von Schulklassen auf den Lernerfolg der Schülerinnen und Schüler vor allem fach-, schulform- und schulstufenspezifisch nachweisen lassen. Leistungsheterogenität ist zudem in hohem Maße mit anderen Kompositions- und Institutionsmerkmalen konfundiert. Die empirischen Befunde werden im Hinblick auf ihre theoretischen und praktischen Implikationen gedeutet. Darüber hinaus werden auch Konsequenzen für die aktuelle Schulstrukturdiskussion thematisiert.

Inhalt

1	Einleitung	11
2	Homogenität versus Heterogenität in der Schule	18
2.1	Eine begriffliche Klärung	18
2.2	Leistungshomogene oder leistungsheterogene Lerngruppen? Eine Kontroverse	25
2.2.1	Argumente für eine Leistungshomogenisierung	26
2.2.2	Argumente gegen eine Leistungshomogenisierung	29
2.2.3	Eine Zwischenbilanz	34
2.3	Leistungshomogenisierung im deutschen Bildungssystem	36
2.3.1	Die Grundschule – eine Schule für alle Kinder?	37
2.3.2	Zurückstellung von der Einschulung	38
2.3.3	Klassenwiederholung	38
2.3.4	Überweisung auf Förderschulen	39
2.3.5	Der Übergang auf die Sekundarschule	40
2.3.6	Selektion als Prinzip auf der Sekundarschule	42
2.3.7	Eine Zwischenbilanz	44
2.4	Leistungsheterogenität trotz Leistungshomogenisierung?	45
2.5	Zusammenfassung und Implikationen für die eigene Arbeit	50
3	Leistungsheterogenität als Kompositionsmerkmal von Lerngruppen	52
3.1	Definition und Wirkungsweisen von Kompositionsmerkmalen	53
3.2	Vermittlung von Kompositionseffekten	56
3.3	Konzeptuelle und methodische Aspekte bei der Analyse von Leistungsheterogenität als Kompositionsmerkmal	61
3.3.1	Die Wahl der Analyseebene: Die Schulklasse als unmittelbare Lernumwelt	61
3.3.2	Gütekriterien für die Modellierung von Kompositionseffekten und Implikationen für die eigene Arbeit	65
4	Überblick über den Forschungsstand	68
4.1	Der internationale Forschungsstand	68
4.2	Der nationale Forschungsstand	85
4.3	Implikationen für die eigene Arbeit	93
5	Formulierung der Forschungsfragen	97
5.1	Zusammensetzung der Hamburger Schulklassen	97
5.2	Die Bedeutung der kognitiven Heterogenität von Schulklassen für den individuellen Lernerfolg am Ende der Jahrgangsstufe 4	98
5.3	Leistungsheterogenität in Hamburger Schulklassen	99

5.4 Veränderung der Leistungsheterogenität ... 100
5.5 Der Zusammenhang von Leistungsheterogenität innerhalb von Schulklassen und individuellem Lernerfolg ... 100
5.6 Leistungsheterogenität als Kompositionsmerkmal von Schulklassen ... 101
5.7 Differenzielle Effektivität von Leistungsheterogenität ... 103
5.8 Zur Bedeutung der Breite der klasseninternen Leistungsstreuung ... 105

6 Daten und Methode ... 107
6.1 Datengrundlage: Die Hamburger KESS-Studie ... 107
6.1.1 Anlage und Durchführung der Studie ... 109
6.1.2 Erfassung und Skalierung der Leistungsdaten ... 110
6.1.3 Erfassung der Hintergrundmerkmale schulischen Lernens ... 112
6.1.4 Teilnahme- und Rücklaufquoten ... 114
6.2 Das Hamburger Schulsystem ... 115
6.3 Daten ... 119
6.3.1 Untersuchte Schülerpopulation ... 120
6.3.2 Operationalisierung der analyserelevanten Variablen ... 127
6.4 Darstellung der verwendeten Analyseverfahren ... 131
6.4.1 Uni- und bivariate Analysen ... 131
6.4.2 Multivariate Methoden: Hierarchisch-lineare Regressionsanalysen ... 132
6.5 Umgang mit fehlenden Werten ... 144

7 Empirischer Teil ... 150
7.1 Zusammensetzung der Hamburger Schulklassen ... 151
7.1.1 Zusammensetzung der Hamburger Schulklassen in den Jahrgangsstufen 5 und 6 ... 152
7.1.2 Zusammensetzung der Hamburger Schulklassen in den Jahrgangsstufen 7 und 8 ... 153
7.2 Die Bedeutung der kognitiven Heterogenität von Schulklassen für den individuellen Lernerfolg am Ende der Jahrgangsstufe 4 – eine Replikation der Analysen von Lehmann (2006) ... 155
7.2.1 Datengrundlage und methodisches Vorgehen ... 156
7.2.2 Befunde der Mehrebenenanalysen ... 158
7.2.3 Zusammenfassung und Diskussion ... 160
7.3 Leistungsheterogenität in Hamburger Schulklassen ... 162
7.3.1 Leistungsheterogenität in Hamburger Schulklassen zu Beginn der Jahrgangsstufe 5 ... 162
7.3.2 Leistungsheterogenität in Hamburger Schulklassen zu Beginn der Jahrgangsstufe 7 ... 165
7.4 Veränderung der Leistungsheterogenität ... 166
7.4.1 Veränderung der Leistungsheterogenität in den Jahrgangsstufen 5 und 6 ... 167

7.4.2 Veränderung der Leistungsheterogenität in den Jahrgangsstufen 7 und 8 ... 168
7.5 Der Zusammenhang von Leistungsheterogenität innerhalb von Schulklassen und individuellem Lernerfolg ... 170
7.5.1 Zusammenhang von Leistungsheterogenität und individuellem Lernerfolg in den Jahrgangsstufen 5 und 6 ... 170
7.5.2 Zusammenhang von Leistungsheterogenität und individuellem Lernerfolg in den Jahrgangsstufen 7 und 8 ... 172
7.6 Leistungsheterogenität als Kompositionsmerkmal von Schulklassen ... 175
7.6.1 Die Schulklasse als Analyseebene ... 176
7.6.2 Modellspezifikation ... 183
7.6.3 Interkorrelationen der Prädiktoren ... 185
7.6.4 Auswirkungen von Leistungsheterogenität auf die Lernentwicklung in den Jahrgangsstufen 5 und 6 ... 188
7.6.5 Auswirkungen von Leistungsheterogenität auf die Lernentwicklung in den Jahrgangsstufen 7 und 8 ... 197
7.6.6 Kommunalitätenanalyse ... 202
7.6.7 Zwischenfazit und Konsequenzen für die weiteren Analysen ... 206
7.6.8 Schulformspezifische Analysen ... 207
7.7 Differenzielle Effektivität von Leistungsheterogenität ... 216
7.7.1 Differenzielle Effektivität der Leistungsheterogenität für die Lernentwicklung in den Jahrgangsstufen 5 und 6 ... 217
7.7.2 Differenzielle Effektivität der Leistungsheterogenität für die Lernentwicklung in den Jahrgangsstufen 7 und 8 ... 221
7.7.3 Schulformspezifische Analysen ... 223
7.8 Zur Bedeutung der Breite der klasseninternen Leistungsstreuung ... 232

8 Zusammenfassung und Diskussion der Ergebnisse ... 246
8.1 Konzeption der Arbeit ... 246
8.2 Zentrale empirische Befunde und Beantwortung der Forschungsfragen 248
8.3 Diskussion der Forschungsergebnisse ... 255
8.4 Forschungsdesiderata ... 259

9 Abbildungsverzeichnis ... 262

10 Tabellenverzeichnis ... 264

Literatur ... 266

1 Einleitung

„Heterogenität hat ‚Konjunktur' […]; unklar
bleibt, warum dies so ist."
(Wenning, 2007, S. 22)

Heterogenität in der Schule äußert sich in vielen Bereichen: So sind Kinder und Jugendliche beispielsweise sehr verschieden im Hinblick auf ihre ethnische, kulturelle und soziale Herkunft. Neben kulturellen und sozialen Bedingungsfaktoren schulischen Lernens unterscheiden sich Kinder bereits zu Beginn ihrer Schullaufbahn erheblich hinsichtlich ihrer Leistungsmotivation und anderer schulbezogener Einstellungen (z.B. Selbstkonzept der eigenen Fähigkeiten). Aber auch Alter und Geschlecht, Leistungen in den verschiedenen Schulfächern, Hochbegabung und Lernbehinderung stellen Dimensionen von Heterogenität dar, mit denen Lehrkräfte alltäglich im Unterricht konfrontiert werden. Heterogenität ist somit Realität in den Klassenzimmern aller Schul(form)en und stellt immer mehr und neue Herausforderungen an die Schule, die Unterrichtsgestaltung und das schulische Lernen.

Der Begriff *Heterogenität* bezieht sich auf verschiedene Merkmale der Schülerinnen und Schüler. Heyer, Preuss-Lausitz und Sack (2003) differenzieren acht Dimensionen von Heterogenität:

1. Unterschiede hinsichtlich der kognitiven Leistungsvoraussetzungen,
2. Unterschiede in den sprachlichen Kompetenzen, vor allem in der „Schulsprache Deutsch",
3. Unterschiede in den sozialen Kompetenzen,
4. Unterschiede hinsichtlich der Interessen und Neigungen sowie in der Leistungsmotivation und dem Verhältnis zu den Lehrkräften,
5. Unterschiede in den physischen und gesundheitlichen Voraussetzungen,
6. Unterschiede hinsichtlich des Alters,
7. Unterschiede in den Traditionen und Werten, die ihrerseits durch die kulturelle und soziale Herkunft der Schülerinnen und Schüler geprägt sind, sowie
8. Unterschiede aufgrund geschlechtsspezifischer Sozialisation.

Wenning (2007, S. 25 f.) unterscheidet dagegen sieben Dimensionen:

1. leistungsbedingte Unterschiede,
2. altersbedingte Unterschiede,
3. sozialkulturelle Unterschiede,
4. sprachliche Unterschiede,

5. migrationsbedingte Unterschiede,
6. gesundheits- und körperbezogene Unterschiede sowie
7. geschlechtsspezifische Unterschiede zwischen den Schülerinnen und Schülern.

Viele dieser Dimensionen finden sich auch in den Rahmenmodellen schulischen Lernens wieder, die den neueren Schulleistungsstudien, wie z.B. PISA[1], IGLU[2] und KESS[3], zugrunde liegen. Auffallend ist jedoch, dass sich die Heterogenitätsdimensionen von Heyer et al. (2003) und Wenning (2007) insbesondere auf die individuellen und familiären Determinanten der schulischen Leistung beziehen und den Fokus auf die Schülerinnen und Schüler selbst richten. Sie sehen Heterogenität als Merkmal der individuellen Schülerinnen und Schüler, nicht aber als Merkmal der Zusammensetzung von Lerngruppen.[4] An diesen Punkt knüpft die vorliegende Arbeit an und fragt nach der Bedeutung der *Lerngruppenzusammensetzung* für die schulische Kompetenzentwicklung.

Seit langem wird diskutiert, welche Konsequenzen sich aus der Verschiedenheit der Schülerinnen und Schüler hinsichtlich dieser Merkmale für den Unterricht ergeben und wie damit umgegangen werden soll (vgl. im Folgenden Tillmann, 2004). Schon Johann Friedrich Herbart (1776–1841), einer der Begründer der Pädagogik als Wissenschaft, bezeichnete gegen Ende des 18. Jahrhunderts die „Verschiedenheit der Köpfe" – man spricht heute von der Heterogenität der Schülerinnen und Schüler – als *das* zentrale Problem im Unterricht. Damit ist bereits die vor allem für das heutige deutsche Schulsystem charakteristische Konsequenz aus der vielfältigen Zusammensetzung der Schülerschaft angesprochen: Die Bemühungen, diese Verschiedenheit innerhalb von Lerngruppen zu reduzieren, sind zahlreich. Damit verbunden ist stets die Hoffnung, dass sich – um es mit den Worten von Ernst Christian Trapp (1745–1810), einem der Vertreter der spätaufklärerischen Pädagogik, zu sagen – der Unterricht leichter auf die „Mittelköpfe" kalkulieren lässt: Je geringer die individuelle Abweichung vom Durchschnitt der jeweiligen Lerngruppe, desto weniger über- oder unterfordert sollen die Schülerinnen und Schüler werden. Nicht nur das Lernen, sondern auch das Lehren – so hofft man zumindest – sollte sich in leistungshomogenen Lerngruppen leichter gestalten lassen.

Von den Heterogenitätsdimensionen nehmen Lehrkräfte vor allem die kognitiven und leistungsbezogenen Unterschiede zwischen Schülerinnen und Schülern wahr,

---

1 PISA: Programme for International Student Assessment

2 IGLU: Internationale Grundschul-Lese-Untersuchung

3 KESS: Kompetenzen und Einstellungen von Schülerinnen und Schülern

4 Die Begriffe *Schulklasse* und *Lerngruppe* werden in dieser Arbeit weitgehend synonym verwendet (zur Definition vgl. Abschnitt 3.3.1). Sie können verstanden werden als übergeordnete Begriffe für die Art der Zusammenfassung von Schülerinnen und Schülern zu größeren Einheiten, die entweder leistungshomogen oder -heterogen zusammengesetzt sein und innerhalb derer im Unterricht weitere kleinere Differenzierungsgruppen gebildet werden können.

da sie damit im Unterricht unmittelbar konfrontiert werden (Höhmann, 2009; Wischer, 2007a). Der Umgang der Schule mit diesen unterschiedlichen Leistungsvoraussetzungen sorgt für heftige Kontroversen sowohl unter den Lehrkräften als auch in der Bildungsforschung und Bildungspolitik. Der Ausgleich von Leistungsunterschieden innerhalb von Lerngruppen (*Egalisierung*), indem möglichst alle Schülerinnen und Schüler ein gemeinsames, anspruchsvolles Kompetenzniveau erreichen, ist deshalb neben der *Qualifizierung*, also der Steigerung des durchschnittlichen Leistungsniveaus, nach Helmke (1988) ein Zielkriterium des schulischen Unterrichts.

Dass die Schule nicht gleichermaßen auf die unterschiedlichen Lernvoraussetzungen der Schülerinnen und Schüler reagieren kann, ist unstrittig. Fraglich ist jedoch, wie alle Kinder und Jugendlichen bestmöglich gefördert werden können, ohne dass dies zu Lasten anderer Mitschülerinnen und Mitschüler geht. Für Deutschland kann die Homogenisierung von Lerngruppen als die „dominierende Strategie" (Tillmann & Wischer, 2006, S. 45) des Schulsystems bezeichnet werden. Als organisatorische Maßnahmen der Leistungshomogenisierung zur Herstellung möglichst gleichartiger Lernbedingungen im Unterricht werden in Deutschland neben der Schulformgliederung z.B. auch Zurückstellungen von der Einschulung, Klassenwiederholungen, Überweisungen auf Förderschulen oder Wechsel auf andere Schulformen und Abschulung praktiziert, auf die im Einzelnen in dieser Arbeit eingegangen wird.

Als eine beispielhafte Debatte zur Homogenisierung von Schülerinnen und Schülern kann hier auch die Diskussion um das gegliederte Schulsystem angeführt werden. Dieses ist das Hauptmerkmal der – zumindest intendierten – leistungsbezogenen Homogenisierung im deutschen Bildungssystem. Zwar sind deutsche Schulen im internationalen Vergleich hinsichtlich ihrer Leistungszusammensetzung am homogensten, allerdings haben die Schulleistungsstudien der letzten Jahre auch gezeigt, dass hierzulande zwar die mittleren Lernstände von Schülerschaften unterschiedlicher Schulformen deutlich voneinander abweichen, gleichzeitig aber breite Überlappungen der Leistungsverteilungen zwischen den einzelnen Bildungsgängen vorhanden sind (Bonsen, Gröhlich, Rau & Bos, 2009; Lehmann, Peek, Gänsfuß & Husfeldt, 2002; Prenzel et al., 2008). Leistungsheterogenität trotz einer Vielzahl von Homogenisierungsmaßnahmen zur Reduktion von Leistungsunterschieden scheint also zunächst ein Widerspruch zu sein.

Die Unterschiede zwischen den Schülerinnen und Schülern sind aus Sicht vieler Lehrkräfte ein Problem, wenn sie versuchen, ihren Unterricht, der sich gleichermaßen an alle richten soll, auf ein fiktives mittleres Leistungsniveau auszurichten: Die im Rahmen von TIMSS[5] befragten Lehrkräfte der Sekundarstufe I in Deutschland, Japan und den USA bezeichneten bereits Ende der 1990er Jahre die Heterogenität

5 TIMSS: Third International Mathematics and Science Study

der Schülerinnen und Schüler als das größte Problem im Unterricht (Baumert et al., 1997). Dabei liegt Heterogenität in den verschiedenen Ländern in ganz unterschiedlicher Form vor: Während sich in amerikanischen Staaten überwiegend soziale, ökonomische oder ethnische Unterschiede zwischen den Schülerinnen und Schülern als „Problem“ darstellen, verweisen die Lehrkräfte hierzulande hauptsächlich auf Schwierigkeiten mit Schülerinnen und Schülern unterschiedlicher Nationalität und Sprache. Für japanische Lehrkräfte ist hingegen der Umgang mit unterschiedlichen Lernvoraussetzungen im nichtdifferenzierten Unterricht eine besondere Herausforderung. Im Rahmen von TIMSS haben in Japan 63 Prozent, in Deutschland 55 Prozent (also mehr als die Hälfte) und in den USA 44 Prozent der Lehrkräfte angegeben, dass sie die Begabungsunterschiede zwischen den Schülerinnen und Schülern als ziemlich starkes oder sehr starkes Berufserschwernis empfinden. Auch im Rahmen von PISA 2000 wird berichtet, dass die Lehrkräfte an den Sekundarschulen über eine zu große Leistungsheterogenität der Schülerschaft häufig am stärksten klagen – und das, obwohl es im internationalen Vergleich kaum leistungshomogenere Sekundarschulen als in Deutschland gibt, da diese hierzulande bereits nach Leistung vorselektiert sein sollten (Baumert & Schümer, 2001). Auch im Hinblick auf Schülerinnen und Schüler mit Migrationshintergrund fehlt eine systematische Aus- und Fortbildung von Lehrkräften im Umgang mit Heterogenität offenbar auch heute – mehr als zehn Jahre nach der ersten PISA-Studie – noch weitgehend (Billmann-Mahecha & Tiedemann, 2010).

Der professionelle Umgang mit Heterogenität ist deshalb für die Lehrkräfte nicht nur eine alltägliche Herausforderung, sondern hat auch allergrößte Bedeutung für

- den Lernerfolg der Schülerinnen und Schüler,
- die diagnostischen Kompetenzen der Lehrkräfte und
- die Gerechtigkeit und Chancengleichheit des Schulsystems insgesamt.[6]

Fragen des Umgangs mit Heterogenität sind in den letzten Jahren breit diskutiert worden. Die Auswirkungen einer unterschiedlich zusammengesetzten Schülerschaft auf schulische Leistungen sind dagegen eher selten thematisiert worden. Die Ausgangslage, an der diese Arbeit anknüpft, stellt sich somit wie folgt dar:

> „Das Wissen darüber, ob überhaupt (und wenn ja in welchem Ausmaß) und bezüglich welcher Merkmale Heterogenität förderlich oder hindernd auf die Lernsituation und den Lernerfolg wirkt, ist nur partiell von empirischer Evi-

6 Dass die Chancen für Bildungsteilhabe und Bildungserfolg im deutschen Schulsystem ungleich verteilt sind, wurde durch die internationalen Schulleistungsstudien in den letzten Jahren vielfach belegt. Als ergänzendes Instrument der Bildungsberichterstattung wurden aktuell Chancengerechtigkeit und Leistungsfähigkeit der bundesdeutschen Schulsysteme unter Nutzung von Daten der amtlichen Statistik und verschiedener Schulleitungsstudien theoretisch fundiert und vergleichend analysiert (Berkemeyer, Bos & Manitius, 2012).

> denz. Auch fehlen bislang Analysen zu Effekten, die sich erst bei Vorliegen bestimmter Merkmalskombinationen zeigen und die möglicherweise erst ab einem bestimmten Heterogenitätsgrad auftreten" (Seeber, 2010, S. 90).

Aktuelle Brisanz gewinnt das Thema *Heterogenität* auch im Zuge der Einführung neuer Schulformen: So wurde beispielsweise in Nordrhein-Westfalen im Sommer 2010 das *Modellvorhaben Gemeinschaftsschule* ab dem Schuljahr 2011/12 bzw. mit dem Schulrechtsänderungsgesetz im Sommer 2011 die Einführung von *Sekundarschulen* beschlossen. In diesen Schulen sollen alle Kinder in den Jahrgangsstufen 5 und 6 gemeinsam unterrichtet werden. Erst danach sollen die Schulen selbst entscheiden können, ob die weitere Unterrichtung ab der Jahrgangsstufe 7 integriert oder getrennt nach Bildungsgängen erfolgt. Durch diese neuen Schulformen sollen die Kinder zu insgesamt höheren Bildungsabschlüssen geführt und die Chancengerechtigkeit erhöht werden.[7] Ein längeres gemeinsames Lernen aller Schülerinnen und Schüler in einem kompetenzorientierten Unterricht auf verschiedenen Lernniveaus und in explizit kleineren Schulklassen sollen auch die zum Schuljahr 2010/11 in Hamburg eingeführten *Stadtteilschulen* ermöglichen. Die Stadtteilschulen sollen Haupt-, Real- und Gesamtschulen ersetzen, den Erwerb des Abiturs in neun Schuljahren und eine stärkere Berufsorientierung ermöglichen sowie soziale Sicherheit und Schutz vor Abschulung bieten.[8]

Ausgehend von der Diskussion um Homogenität versus Heterogenität in der Schule beschäftigt sich diese Arbeit deshalb mit der Frage, ob und wie sich die Unterschiede zwischen den Schülerinnen und Schülern hinsichtlich ihrer Leistungen als das vielleicht markanteste Merkmal von Heterogenität im Klassenzimmer auf den Lernerfolg auswirken. Dies soll anhand der Hamburger Schulleistungsstudie KESS untersucht werden. Dabei sollen zunächst fünf Fragestellungen forschungsleitend für diese Arbeit sein, welche für die weiteren Analysen ausdifferenziert werden:

- Wie heterogen sind Hamburger Schulklassen in Bezug auf die Lernvoraussetzungen der Schülerinnen und Schüler?
- Ist Leistungsheterogenität ein für den Lernerfolg der Schülerinnen und Schüler relevantes Merkmal von Schulklassen?
- Falls ja, erzielen Schülerinnen und Schüler in leistungshomogenen oder leistungsheterogenen Schulklassen höhere Lernerfolge?
- Welche Schülerinnen und Schüler profitieren von der Leistungsheterogenität in ihren Lerngruppen am stärksten, die Leistungsstärkeren oder -schwächeren?

---

7 Vgl. http://www.schulministerium.nrw.de/BP/Gemeinschaftsschule/index.html [27.03.2011] und http://www.schulministerium.nrw.de/BP/Sekundarschule/index.html [21.03.2012].

8 Vgl. http://www.hamburg.de/contentblob/2036990/data/broschuere-weiterfuehrende-schulen.pdf [05.03.2011].

- Wie viel Leistungsheterogenität innerhalb von Lerngruppen ist für den Lernerfolg der Schülerinnen und Schüler förderlich?

Die Arbeit gliedert sich in einen theoretischen, methodischen und empirischen Teil. Da der Begriff *Heterogenität* sehr variabel verwendet wird, wird im theoretischen Teil zunächst gezeigt, was unter Leistungsheterogenität und Leistungshomogenisierung zu verstehen ist und wie diese Begriffe im Rahmen dieser Arbeit verwendet werden (Kapitel 2). Hierbei wird auf die Begriffe aus der im angloamerikanischen Bereich geführten Diskussion um das so genannte *ability grouping* zurückgegriffen. Es schließt sich daher eine Abwägung von Argumenten, die eine Gruppierung der Schülerinnen und Schüler nach ihren Leistungen befürworten, und Argumenten, die eine Leistungshomogenisierung ablehnen, an. Des Weiteren werden verschiedene organisatorische Mechanismen zur Reduktion von Leistungsheterogenität aufgezeigt, die für das deutsche Schulsystem charakteristisch sind.

Bei der Diskussion darüber, ob sich das Lernen und auch Lehren in eher leistungshomogenen oder -heterogenen Lerngruppen als günstiger erweist, geht es letztlich darum, wie Lerngruppen idealerweise zusammengesetzt sein sollten, damit das Lernen für alle Schülerinnen und Schüler gleichermaßen effektiv ist. Es soll in dieser Arbeit deshalb danach gefragt werden, ob Leistungsheterogenität ein für den Lernerfolg relevantes Merkmal von Schulklassen ist, das unabhängig von und zusätzlich zu individuellen Unterschieden zwischen den Schülerinnen und Schülern auf den Lernerfolg wirkt. Das Hauptinteresse dieser Arbeit besteht also in der Analyse von Leistungsheterogenität als *Kompositionsmerkmal* von Lerngruppen (Kapitel 3). Hierfür werden zunächst verschiedene Dimensionen der Zusammensetzung von Lerngruppen, deren Vermittlungsprozesse und Auswirkungen auf schulische Leistungen thematisiert. Anschließend werden methodische Fallstricke bei der empirischen Modellierung von Kompositionseffekten aufgezeigt. Es schließt sich ein Überblick über ausgewählte nationale und internationale Forschungsbefunde zu Effekten von Leistungsheterogenität und Leistungshomogenisierung an (Kapitel 4). Aus den theoretischen Überlegungen und dem Überblick über den Forschungsstand werden die Forschungsfragen für diese Arbeit abgeleitet (Kapitel 5).

Nach der Präsentation der Datengrundlage und der Erläuterung des methodischen Vorgehens (Kapitel 6) erfolgt im empirischen Teil (Kapitel 7) zunächst eine Replikation der Befunde von Lehmann (2006), der bereits im Rahmen der Berliner ELEMENT-Studie die Bedeutung der kognitiven Heterogenität von Schulklassen für den Lernerfolg von Schülerinnen und Schülern analysiert hat. Im Rahmen dieser Arbeit ist es darüber hinaus mit der Hamburger KESS-Studie als Datengrundlage möglich, die leistungsbezogene Zusammensetzung von Schulklassen nicht nur approximativ über die kognitive Heterogenität, sondern auch über die *leistungsbezogene Heterogenität* zu erfassen. Da es sich bei KESS um eine Kombination aus Längsschnittstudie mit mehreren Messzeitpunkten und Vollerhebung eines gesamten Schülerjahrgangs handelt, besteht im Rahmen dieser Arbeit auch die Möglichkeit, Lehmanns Analysen systematisch weiterzuentwickeln und auch komplexere Zusammenhänge zu prüfen. Durch das längsschnittliche Design der KESS-Studie kann somit auch die Bedeutung von Leistungsheterogenität für die Kompetenz*entwicklung* abgeschätzt werden. Abschließend werden in Kapitel 8 die Ergebnisse der Analysen zusammengefasst und im Hinblick auf ihre theoretischen und praktischen Implikationen diskutiert. Außerdem werden sich daraus ergebende Forschungsdesiderata und Anknüpfungsmöglichkeiten für die weitere empirische Forschung zu diesem Thema aufgezeigt.

2 Homogenität versus Heterogenität in der Schule

„Heterogenität und Homogenität […] sind […] Zwillinge […]. Es gibt weder ausschließliche Heterogenität noch eine reine Homogenität – Heterogenität existiert nur zusammen mit Homogenität."
(Wenning, 2007, S. 23)

Dieses Kapitel greift das Begriffspaar *Homogenität* und *Heterogenität* in der Schule auf und hat zunächst zum Ziel, zu einer begrifflichen Klärung beizutragen (Abschnitt 2.1). Da die Frage, wie Lerngruppen für ein möglichst effektives Lernen aller Schülerinnen und Schüler zusammengesetzt sein sollen, durchaus kontrovers diskutiert wird, stellt Abschnitt 2.2 die spezifischen Vor- und Nachteile der Leistungshomogenisierung einander gegenüber. Abschnitt 2.3 beschreibt, welche Homogenisierungsmechanismen gerade für das deutsche Schulsystem kennzeichnend sind und welche Konsequenzen damit einhergehen. Abschnitt 2.4 beschäftigt sich mit der Frage, inwieweit durch diese Homogenisierungsmechanismen die Leistungsunterschiede zwischen den Schülerinnen und Schülern tatsächlich reduziert werden und ob Lerngruppen überhaupt leistungshomogen sein können. Abschließend werden diese konzeptuellen Überlegungen zusammengefasst und im Hinblick auf ihre Implikationen für die eigene Arbeit gedeutet.

2.1 Eine begriffliche Klärung

„I found that the various reviewers were often lumping together conceptually distinct forms of ability grouping. [...] The differences in conclusions between different reviewers often seemed to depend on what the reviewers meant by ‚ability grouping'."
(Slavin, 1987b, S. 347)

Heterogenität (aus dem Griechischen: *heteros*, der Andere, und *gígnomai* entstehen) bedeutet wörtlich „verschiedenen Ursprungs" und beschreibt „die Ungleichartigkeit der Teile in einem zusammengesetzten Ganzen" (von der Groeben, 2003, S. 6). In der Erziehungswissenschaft wird mit dem Begriff die Unterschiedlichkeit individueller Lernvoraussetzungen bzw. die individuelle „Abweichung" von einer Norm bezeichnet (Brügelmann, 2002). Diese Unterschiedlichkeit zeigt sich vor allem im Hinblick auf die verschiedenen sozialen, kulturellen und kognitiven Lernvoraussetzungen der Schülerinnen und Schüler (vgl. Kapitel 1). Unterschiede in den fachlichen Leistungen werden speziell als *Leistungsheterogenität* bezeichnet.

In dieser Arbeit wird deshalb von *Leistungsheterogenität* gesprochen, wenn damit die divergenten leistungsbezogenen Ausgangsbedingungen der Schülerinnen und Schüler innerhalb von Lerngruppen als Voraussetzung für ihre weitere schulische Kompetenzentwicklung gemeint sind.

Nach Wenning (2007) muss Heterogenität als „relativer" Begriff verstanden werden, der sich aus der Dualität von Homogenität und Heterogenität ergibt, da beide Begriffe immer zusammen gedacht werden müssen. Demnach erfolgt eine Zuschreibung von Homogenität und Heterogenität nur durch einen Vergleich von Objekten bezogen auf ein Kriterium: Gleichheit bzw. Ungleichheit. Dies setzt wiederum voraus, dass die Objekte hinreichend ähnlich sind, um sie überhaupt vergleichen zu können. Homogenität und Heterogenität sind somit zeitlich begrenzt gültige Zustandsbeschreibungen, da sich das Vergleichsergebnis ständig ändern kann. Solche Veränderungen werden auch als *Homogenisierung*, wenn damit eine Vereinheitlichung, bzw. *Heterogenisierung* bezeichnet, wenn damit eine Vergrößerung von Unterschieden gemeint ist.

Der Begriff *Homogenisierung* (aus dem Griechischen: *homoios*, gleich, und *gígnomai* entstehen) bezieht sich in der Erziehungswissenschaft auf die Klassifizierung von Lernenden, die sich hinsichtlich bestimmter Kriterien (z.B. Alter, Geschlecht, Intelligenz, Leistung usw.) ähnlich sind und nach diesen Kriterien zu Lerngruppen zusammengefasst werden, innerhalb derer sie sich einander ähnlicher sind als Lernende in verschiedenen Lerngruppen. *Leistungsgruppierung* (engl.: *ability grouping*) ist eine besondere Form der Homogenisierung, die Schülerinnen und Schüler nach ihren Leistungen oder Fähigkeiten zusammenfasst:

> „Homogeneous grouping refers to the organization of instructional classes on the basis of students' similarity on one or more specific characteristics. [...] Homogeneous *ability* grouping, therefore, is one of the many forms of homogeneous grouping, and generally refers to the use of standardized measures of intelligence, aptitude, or achievement in a given subject area in classifying students into separate ability categories and instructional class units" (Esposito, 1973, S. 165, Hervorhebung i. O.).

Ähnlich bezeichnet Schofield (2006, S. 74) als *Leistungsgruppierung* „alle Vorgehensweisen […], die Lernende nach ihren Noten, Lehrerempfehlungen, standardisierten Leistungstests oder anderen Leistungsindikatoren zu Gruppen zusammenfassen". Leistungsgruppierung wird als Antwort auf die verschiedenen Lernvoraussetzungen der Schülerinnen und Schüler verstanden, um Unterschiede innerhalb von Lerngruppen im Hinblick auf die Leistung zu reduzieren (*Divergenzminderung*) und eine größere Homogenität der Schülerschaft herzustellen: „In general, ability grouping implies some means of grouping students for instruction by ability or achievement so as to reduce their heterogeneity" (Slavin, 1987a, S. 294). Da Leistungsgruppierung explizit darauf abzielt, Leistungsunterschiede innerhalb von

Lerngruppen zu reduzieren, sollen in dieser Arbeit einheitlich die Begriffe *Leistungshomogenisierung*, wenn damit der Prozess oder die Mechanismen gemeint sind, bzw. *Leistungshomogenität*, wenn damit das Ergebnis dieses Prozesses gemeint ist, verwendet werden.

Da eine Vielzahl empirischer Studien zu Effekten der Leistungshomogenisierung aus dem angloamerikanischen Raum stammt, werden in den Tabellen 2.1 und 2.2 kurz die dort jeweils vorherrschenden Arten der Leistungshomogenisierung aufgeführt. Für das amerikanische Schulsystem unterscheidet Slavin (1987a) sieben verschiedene Formen der Leistungshomogenisierung innerhalb von Schulen. Ireson und Hallam (2001) verwenden für das britische Schulsystem hingegen eine andere Terminologie und unterscheiden sechs Haupttypen der Leistungshomogenisierung innerhalb von Schulen. Die am häufigsten vorgenommene Klassifizierung verschiedener Arten von Leistungsdifferenzierung ist die Unterscheidung zwischen nach Leistung differenzierten, vergleichsweise homogenen Lerngruppen und Lerngruppen, in denen nicht nach Leistung oder anderen Kriterien differenziert wird (Schneider & Ludwig, 2011).

Mit Ausnahme der jahrgangsübergreifenden Unterrichtung beziehen sich die verschiedenen Formen der Leistungshomogenisierung auf die horizontale Organisationsform von Lerngruppen (Goodlad, 1958). Häufig sind die oben genannten Arten der Leistungshomogenisierung jedoch nur schwer voneinander abzugrenzen und werden nicht immer in Reinform umgesetzt (Oakes, 1989; Schneider & Ludwig, 2011). Nimmt man eine etwas gröbere Unterteilung vor, so lassen sich die von Slavin (1987a) und Ireson und Hallam (2001) unterschiedenen Arten der Leistungshomogenisierung im Wesentlichen auf drei Kategorien reduzieren:

1. Homogenisierung nach Leistung innerhalb von Lerngruppen,
2. nach Leistung homogenisierte Lerngruppen ohne curriculare Differenzierung,
3. nach Leistung homogenisierte Lerngruppen mit curricularer Differenzierung.

Die letzten beiden Kategorien sind unter dem Stichwort *externe Differenzierung* bekannt. Die erste Form wird hierzulande als *innere Differenzierung* bezeichnet.

Tabelle 2.1: Arten der Leistungshomogenisierung nach Slavin (1987a)

Ability-grouped class assignment	Leistungsbasierte Zuweisung zu unterschiedlichen Lerngruppen: Die Schülerinnen und Schüler werden aufgrund ihrer Fähigkeiten oder Fachleistungen unterschiedlichen leistungshomogenen Lerngruppen zugewiesen.
Ability grouping for selected subjects	Leistungsdifferenzierung für bestimmte Unterrichtsfächer: Die Schülerinnen und Schüler werden überwiegend gemeinsam in leistungsheterogenen Lerngruppen unterrichtet. Für bestimmte Unterrichtsfächer werden Schülerinnen und Schüler aus verschiedenen Parallelklassen derselben Jahrgangsstufe kleineren, leistungshomogeneren Lerngruppen zugeordnet.
Joplin-Plan	Die Schülerinnen und Schüler werden die meiste Zeit des Tages in leistungsheterogenen Lerngruppen unterrichtet. Für bestimmte Unterrichtsfächer (vor allem im Leseunterricht) werden jedoch jahrgangsübergreifende Lerngruppen gebildet. Eine solche Lerngruppe kann beispielsweise aus den Leistungsstärkeren der Jahrgangsstufe 5, den durchschnittlichen Schülerinnen und Schülern der Jahrgangsstufe 6 und den Leistungsschwächeren der Jahrgangsstufe 7 bestehen. Je nach individueller Lernentwicklung kann die die Lerngruppe bzw. das Anspruchsniveau gewechselt werden.
Nongraded plans	Jahrgangsübergreifender Unterricht: Hierbei wird das Jahrgangsklassenprinzip komplett aufgehoben. Nicht aufgrund ihres Einschulungsjahrgangs, sondern aufgrund ihrer Fachleistungen werden die Schülerinnen und Schüler unterschiedlichen Lernzyklen zugewiesen. Einen beispielsweise drei Jahre umfassenden Lernzyklus können die Leistungsstärkeren durchaus in zwei Jahren durchlaufen, die Leistungsschwächeren benötigen möglicherweise vier Jahre.
Special classes for high achievers	Förderklassen für leistungsstärkere Schülerinnen und Schüler
Special classes for low achievers	Förderklassen für leistungsschwächere Schülerinnen und Schüler
Within-class ability grouping	Leistungsgruppierung innerhalb von Schulklassen: Die Lehrkräfte bilden innerhalb von Schulklassen kleinere Lerngruppen, die je nach Fachleistung unterschiedliches Unterrichtsmaterial bearbeiten oder für die Bearbeitung desselben Lernstoffes einen unterschiedlichen Zeitrahmen zugestanden bekommen. Die leistungsstärkeren Schülerinnen und Schüler bekommen z.B. weiterführende, vertiefende Aufgabenstellungen, die Leistungsschwächeren bekommen die Gelegenheit zu mehr Wiederholung und Übung des behandelten Lernstoffes.

Tabelle 2.2: Arten der Leistungshomogenisierung nach Ireson & Hallam (2001)

Streaming (tracking)	Leistungsbasierte Zuweisung zu unterschiedlichen Schulklassen: Die Schülerinnen und Schüler werden gemäß ihrer mittels Testverfahren festgestellten allgemeinen Leistungsfähigkeit unterschiedlichen Schulklassen zugewiesen. Diese Zuweisung erfolgt für die meisten oder alle Schulfächer.
Banding	Hierbei werden die Schülerinnen und Schüler anhand eines Testverfahrens unterschiedlichen Leistungsniveaus zugeordnet. Jedes Leistungsniveau umfasst mehrere Schulklassen. Für bestimmte Schulfächer kann eine klassenübergreifende Neugruppierung der Schülerinnen und Schüler innerhalb des zugewiesenen Leistungsniveaus vorgenommen werden.
Setting (regrouping)	Fachspezifische Leistungsgruppierung: Diese kann entweder jahrgangs- oder altersübergreifend, innerhalb eines Leistungsniveaus oder stundenweise auf der Grundlage der in einem bestimmten Fach erbrachten Leistungen erfolgen. Die Lerngruppen sind entweder aufeinander aufbauend oder es gibt mehrere parallele Lerngruppen.
Mixed ability (heterogeneous grouping)	Hierbei wird explizit auf eine leistungsbezogene Zuweisung zu unterschiedlichen Schulklassen verzichtet. Zuweisungskriterien sind dagegen beispielsweise das Geschlecht, die soziale oder kulturelle Herkunft. Eine größere Leistungsvariation innerhalb von Schulklassen wird dabei bewusst angestrebt.
Within-class ability grouping	Innerhalb von Schulklassen werden die Schülerinnen und Schüler aufgrund ihrer Fachleistung kleineren, leistungshomogeneren Lerngruppen zugewiesen, welche je nach Unterrichtsfach unterschiedlich zusammengesetzt sind.
Cross-age grouping (cross-grade grouping)	Alters- bzw. jahrgangsübergreifende Lerngruppen: Schülerinnen und Schüler aus zwei oder mehr Jahrgangsstufen werden gemeinsam unterrichtet. Innerhalb dieser Lerngruppen können zusätzliche Maßnahmen der Leistungsdifferenzierung angewandt werden.

Externe Differenzierung

Als *externe* oder *äußere Differenzierung* definieren Klafki und Stöcker (1985) eine Form der Leistungshomogenisierung, bei der die Schülerinnen und Schüler nach bestimmten Auswahlkriterien (z.B. Leistungsniveau oder Interesse) in Gruppen aufgeteilt und räumlich getrennt, von verschiedenen Lehrkräften oder zu verschiedenen Zeiten unterrichtet werden. Eine externe Leistungsdifferenzierung geht oftmals mit einer curricularen Differenzierung einher: Den Schülerinnen und Schülern wird dabei je nach Fähigkeit ein unterschiedliches Bildungsangebot bereitgestellt, das häufig den Erwerb unterschiedlicher Bildungszertifikate ermöglicht. So können leistungsstärkere Schülerinnen und Schüler einen Bildungsgang besuchen, dessen erfolgreicher Abschluss zu einer weiteren wissenschaftlichen Ausbildung berechtigt; leistungsschwächere Schülerinnen und Schüler können dagegen einen Bildungsgang besuchen, der in die berufliche Ausbildung mündet (Köller & Baumert, 2002). Die erworbenen Bildungszertifikate eröffnen im Anschluss verschiedene Berufswege. Je nachdem, welchen Bildungszweig die Schülerinnen und Schüler besuchen, haben sie später die Möglichkeit, beispielsweise einen handwerklichen Beruf mit überwiegend manuellen Tätigkeiten, einen Beruf mit überwiegend Verwaltungstätigkeiten oder einen Beruf zu ergreifen, der eine weitere akademische Ausbildung erfordert. Weit verbreitet ist im angloamerikanischen Raum deshalb eine dreistufige Differenzierung (*higher*, *middle* und *lower track* bzw. *academic*, *general* und *vocational track*; vgl. Hattie, 2002).

Die externe Leistungsdifferenzierung wird in Deutschland vor allem am gegliederten Schulsystem deutlich und setzt bereits mit dem Übergang von der Grundschule auf die weiterführende Schule ein. Die konkrete Ausgestaltung des Schulwesens hinsichtlich des Zeitpunkts und Grads der externen Differenzierung unterliegt der Kulturhoheit der Bundesländer (für einen Überblick vgl. Cortina, Baumert, Leschinsky, Mayer & Trommer, 2008). Eine Dreiteilung im Sekundarschulbereich in Hauptschule, Realschule und Gymnasium findet in allen Bundesländern statt. In manchen Bundesländern gibt es darüber hinaus integrierte Gesamtschulen oder andere integrierte Schulformen. Hier besuchen die Schülerinnen und Schüler ab einer bestimmten Jahrgangsstufe je nach Vorwissensstand Grund- oder Erweiterungskurse in den Kernfächern.[9] Die Zulassung zu verschiedenen Schulformen ist oftmals von formalen Leistungskriterien abhängig (Schneider & Ludwig, 2011). In der Oberstufe kommt an den Gymnasien und integrierten Gesamtschulen mit der Unterscheidung von Grund- und Leistungskursen eine weitere Form der externen Differenzierung hinzu (Köller & Baumert, 2002).

Innere Differenzierung

International deutlich weiter verbreitet ist die *innere Differenzierung*, eine Form der Leistungsdifferenzierung, die innerhalb einer gemeinsam unterrichteten Lerngruppe vorgenommen wird und die eventuelle Nachteile einer externen Differenzierung und die Stigmatisierung von Schülerinnen und Schülern in leistungsschwächeren Lerngruppen vermeiden soll bzw. im Anschluss an diese zur weiteren Differenzierung einsetzt. Zwar liegen der inneren und äußeren Differenzierung grundlegend unterschiedliche Prinzipien zugrunde, Klafki und Stöcker (1985) betonen jedoch für das deutsche Schulsystem, dass sich innere und äußere Differenzierung keinesfalls ausschließen müssen, sondern dass auch innerhalb einer jeden Form von äußerer Differenzierung innere Differenzierung praktiziert werden könne.

Der Umgang mit Leistungsheterogenität wird bei der inneren Differenzierung von der Struktur- auf die Interaktionsebene verschoben, d.h., dass nicht mehr das Schulsystem, sondern die Lehrkräfte gefordert sind, auf die unterschiedliche Zusammensetzung ihrer Schülerschaft zu reagieren (Wischer, 2007b). Die Forderung nach innerer Differenzierung taucht dabei vor allem dann auf, wenn es darum geht, Chancengleichheit zu schaffen bzw. Chancenungleichheit, die unter anderem durch eine externe Differenzierung entstehen kann, zu reduzieren (Klafki & Stöcker, 1985). Obwohl gerade im deutschen Schulsystem die externe Differenzierung nach wie vor deutlichen Vorrang vor der inneren Differenzierung hat, wies bereits 1970

9 Die Besonderheiten des Hamburger Schulsystems, in dessen Kontext die KESS-Studie als Datenbasis für diese Arbeit angesiedelt ist, werden in Abschnitt 6.2 dargestellt.

der Deutsche Bildungsrat auf die Möglichkeiten der inneren Differenzierung hin, um Schülerinnen und Schülern mit unterschiedlichen Leistungsfähigkeiten und Motivationen in ihrer jeweiligen Lerngeschwindigkeit und Auffassungsgabe gerecht zu werden und sie angemessen zu fördern. Demnach kann die innere Differenzierung gerade für die Leistungsschwächeren von Vorteil sein, denen sonst womöglich durch die Zuweisung zu niedrigeren Bildungsgängen Entwicklungsmöglichkeiten und die Entfaltung ihrer individuellen Potenziale vorenthalten blieben:

> „[D]ie innere Differenzierung […] erlaubt es, für verschiedene Schüler oder Schülergruppen unterschiedliche Lernziele zu verfolgen und auf verschiedene Leistungsdispositionen einzugehen, ohne daß die Gefahr der Fixierung des Schülers auf einen einmal erreichten Stand seiner Leistungsfähigkeit und seiner Interessen, damit des Verlustes an Förderungs- und Entwicklungsmöglichkeiten gegeben ist" (Deutscher Bildungsrat, 1970, S. 314).

Innere Differenzierung des Unterrichts kann dabei entweder über die Differenzierung der Methoden und Medien bei gleichen Lernzielen und -inhalten oder über die Differenzierung im Bereich der Lernziele und -inhalte erfolgen (Klafki & Stöcker, 1985).[10] Innere Differenzierung stellt somit zugleich Anforderungen an die didaktische Kompetenz der Lehrenden, „*zu jeder Zeit* die individuellen Bedürfnisse der einzelnen Kinder zu berücksichtigen, ohne dabei die Bedürfnisse der ganzen Lerngruppe aus den Augen zu verlieren" (Graumann, 2002, S. 180, Hervorhebung i. O.). Häufig wird hierfür auch der Begriff *Individualisierung* synonym verwendet, wenn es darum geht, innere Differenzierung so weit anzuwenden, dass nicht mehr nur kleinere Schülereinheiten innerhalb bestehender, fester Lerngruppen, sondern alle Schülerinnen und Schüler jeweils individuell auf sie abgestimmte Aufgaben bearbeiten sollen. Dabei sollte die innere Differenzierung zwar an den individuellen Voraussetzungen der Schülerinnen und Schüler ansetzen, sie aber nicht auf ihren gegenwärtigen Entwicklungsstand fixieren und Möglichkeiten zur Weiterentwicklung eröffnen (Klafki & Stöcker, 1985).

Befunde aus internationalen Schulleistungsstudien wie z.B. IGLU zeigen für Deutschland, dass nach Angabe der Lehrkräfte im Leseunterricht an den Grundschulen immer oder oft im regulären Klassenverband ohne Differenzierung gearbeitet wird und – sofern überhaupt – eine Differenzierung häufig nur erfolgt, indem Schülerinnen und Schülern mit unterschiedlichen Fähigkeiten eine unterschiedliche Bearbeitungszeit für dasselbe Unterrichtsmaterial zugestanden wird (Lankes, Bos,

10 Paradies (2003) unterscheidet bei der inneren Differenzierung hingegen Formen der organisatorischen und didaktischen Differenzierung. Bei der organisatorischen Differenzierung nimmt die Lehrkraft eine Unterteilung nach bestimmten Kriterien vor (z.B. Unterrichtsziele und -inhalte, Unterrichtsmethoden und -medien, Sozialformen, Lernvoraussetzungen, Organisation und Zufall). Bei der didaktischen Differenzierung variiert die Lehrkraft in der Darbietung und Bearbeitung der Lerninhalte (z.B. Lerninteresse, Lernbereitschaft, Lerntempo, Lernstile).

Mohr, Plaßmeier & Schwippert, 2003). Auch im Rechtschreibunterricht erfahren rund zwei Drittel der Schülerinnen und Schüler keine individuelle, auf ihr spezifisches Leistungsvermögen abgestimmte Förderung. Ein Rechtschreibunterricht, der den Schülerinnen und Schülern mehr Selbständigkeit und Eigenaktivität zugesteht, ist demnach eher selten (Valtin, Badel, Löffler, Meyer-Schepers & Voss, 2003).

Prediger (2003) formuliert hingegen schlaglichtartig einige Leitideen für einen produktiven Umgang mit Leistungsheterogenität, der sich nach Möglichkeit durch vielfältige Zugänge zum Lernmaterial, differenzierende und individualisierende Angebote, Methodenvielfalt, Übertragung von mehr Eigenverantwortung für das individuelle Lernen, gezielte Förderung und Diagnostik sowie ein verändertes Leistungsverständnis auszeichnen soll. Die weitere Literatur zum Umgang mit unterschiedlichen Lernvoraussetzungen umfasst vor allem theoretische, konzeptionelle Überlegungen, Praxisbeispiele und exemplarische Fallbeschreibungen erfolgreicher didaktischer Konzepte (Wischer, 2007b). Zu nennen wären hier unter anderem das Arbeiten mit Wochenplänen und Portfolios, Stationenlernen und Öffnung des Unterrichts (z.B. Graumann, 2002). Ein Unterricht, der leistungsschwächere Schülerinnen und Schüler besonders fördert und gleichzeitig auch bei den Leistungsstärkeren zu einer Kompetenzsteigerung führt (hohe Qualifizierung, hohe Egalisierung), zeichnet sich nach Helmke (1988) durch eine hohe Lernstofforientierung und Adaptivität, eine effiziente Klassenführung, Klarheit und diagnostische Kompetenz der Lehrkraft und den Verzicht auf geschwindigkeitsbetonte Leistungsanforderungen aus.

2.2 Leistungshomogene oder leistungsheterogene Lerngruppen? Eine Kontroverse

„Ability grouping is a thorny issue,
tied to fundamental, often conflicting,
ideological positions."
(Ireson & Hallam, 2001, S. 1)

In der Debatte um leistungshomogene und -heterogene Lerngruppen geht es grundlegend darum, durch welche Art der Zusammensetzung von Lerngruppen günstigere Bedingungen für das Lernen geschaffen werden können, damit möglichst alle Schülerinnen und Schüler gleichermaßen hinsichtlich des Lernerfolgs profitieren können. Homogene, nach Leistung gruppierte, und heterogene Lerngruppen mit Schülerinnen und Schülern unterschiedlicher Lernvoraussetzungen sind jeweils mit spezifischen Vor- und Nachteilen verbunden, welche im Folgenden einander gegenüber gestellt werden.

2.2.1 Argumente für eine Leistungshomogenisierung

Die der Leistungshomogenisierung zugrunde liegende Annahme ist, dass dadurch die Leistungen der Schülerinnen und Schüler gesteigert werden können. Demnach wird davon ausgegangen, dass der individuelle Lernerfolg in homogenen, nach Leistung oder Fähigkeit differenzierten Lerngruppen höher ausfällt als in leistungsheterogenen Lerngruppen, in denen Lernende mit unterschiedlichen Leistungsniveaus gemeinsam unterrichtet werden (Dar & Resh, 1986; Oakes, 1989). Schülerinnen und Schüler mit unterschiedlichen Leistungsvoraussetzungen brauchen – den Modellen schulischen Lernens von Carroll (1963) und Bloom (1976) zufolge – unterschiedliche Lernzeiten, um den vorgegebenen Unterrichtsstoff bearbeiten zu können. Dementsprechend wird davon ausgegangen, dass in leistungshomogenen Lerngruppen alle Schülerinnen und Schüler in etwa ähnliche Lernzeiten benötigen.

Aus Sicht der Lehrkräfte können dadurch in leistungshomogen zusammengesetzten Lerngruppen der Lernstoff, der Schwierigkeitsgrad und das Anspruchsniveau, die Unterrichtsmethoden und das Unterrichtstempo gezielter und angemessener auf die Bedürfnisse der jeweiligen Schülerinnen und Schüler ausgerichtet und entsprechend angepasst werden (z.B. Barr & Dreeben, 1983; Dreeben & Barr, 1988; Hallinan, 1994; Hattie, 2002; Ireson & Hallam, 2001). Dreeben und Barr (1988) bezeichnen dies als „Match" von Curriculum, Unterricht und Fähigkeitsniveau der Schülerinnen und Schüler, den die Lehrkräfte zu erreichen versuchen. In leistungsheterogenen Lerngruppen kann dies hingegen schwieriger sein, da es dort den Lehrkräften aufgrund begrenzter zeitlicher und unterrichtsbezogener Ressourcen häufig nur möglich ist, entweder die leistungsschwächeren oder die leistungsstärkeren Schülerinnen und Schüler eher bevorzugt zu fördern. Demnach müssten sowohl für die leistungsstärkeren als auch -schwächeren Schülerinnen und Schüler leistungsheterogene Lerngruppen von Nachteil sein. Daher wird häufig angenommen, dass die Mehrheit der Lehrkräfte Maßnahmen der Leistungshomogenisierung befürwortet (Findley & Bryan, 1975). Weiterhin wird als Vorzug leistungshomogener Lerngruppen genannt, dass es dort den Lehrkräften möglich ist, gleichartigere Lernleistungen zu erwarten. Dadurch soll es ihnen erleichtert werden, einheitliche Lern- und Klassenziele sowie einheitliche Unterrichtspläne festzusetzen, wofür – verglichen mit leistungsheterogenen Lerngruppen – ein geringeres Methodenrepertoire nötig ist. Zu den Vorteilen der Leistungshomogenisierung zählt aus Sicht der Lehrkräfte häufig außerdem, dass sie ein einheitliches Raster zur Bewertung und Belohnung schulischer Leistungen anlegen können (Bellenberg, 1999; Oakes, 1989). Darüber hinaus kann es den Lehrkräften in leistungshomogenen Lerngruppen leichter fallen, die Aufmerksamkeit der Schülerinnen und Schüler für den Unterricht zu gewinnen und zu erhalten, vor allem, wenn innerhalb schon bestehender Lerngruppen zusätzlich mit innerer Differenzierung gearbeitet wird. Dies ermöglicht es den Lehrkräften, mehr Unterrichtsstoff in derselben Zeit zu behandeln und den Schülerinnen und Schülern somit mehr Lerngelegenheiten bereitzustellen (Sørensen & Hallinan, 1986).

Als weiterer Vorteil kann angenommen werden, dass die individuellen Lernvoraussetzungen der Schülerinnen und Schüler in leistungshomogenen Lerngruppen stärker berücksichtigt werden können als in leistungsheterogenen Lerngruppen, so dass es den Schülerinnen und Schülern ermöglicht wird, entsprechend ihrer Fähigkeiten gemeinsam mit anderen, die ihnen hinsichtlich ihrer Fähigkeiten ähnlich sind, zu lernen (Esposito, 1973). Überforderung bei den Leistungsschwächeren sowie Unterforderung, Langeweile und langfristig Resignation bei den Leistungsstärkeren sollen dadurch vermieden werden (Slavin, 1987a).[11] Demnach kann der Unterricht in leistungshomogenen Lerngruppen leichter auf ein gemeinsames Lernziel fokussieren, das für alle Schülerinnen und Schüler erreichbar ist.

Argumente, die eine Leistungshomogenisierung befürworten, beziehen sich vor allem auf die leistungsstärkeren Lerngruppen. In diesen kann der Lernstoff zügiger (*Akzeleration*) oder detaillierter und ergänzend (*enrichment*) behandelt werden. Eine Leistungshomogenisierung ermöglicht somit eine Anhebung sowohl des Unterrichtstempos als auch des Anregungsniveaus. Eine höhere Leistungserwartung in den leistungsstärkeren Lerngruppen soll die Schülerinnen und Schüler zusätzlich anspornen, so dass sie die höchstmöglichen Leistungen erbringen können (Ireson & Hallam, 2001). Leistungsstärkere Schülerinnen und Schüler können demnach in leistungshomogenen Lerngruppen angemessen gefördert werden und werden nicht durch die Anwesenheit Leistungsschwächerer gebremst oder durch ein verringertes Anspruchsniveau in ihren Entwicklungsmöglichkeiten benachteiligt. Die Bildung leistungshomogener Lerngruppen könnte demnach insbesondere im oberen Leistungsbereich negativen Konsequenzen für die weitere Lernentwicklung vorbeugen. Dies ist vor allem am besonderen Fördereffekt des Gymnasiums erkennbar (Köller, 2004). Zudem soll das Interesse leistungsstärkerer Schülerinnen und Schüler geweckt oder zumindest erhalten werden, wenn sie mit anspruchsvollerem Lernmaterial konfrontiert werden (Slavin, 1987a). Köller (2004) kann in diesem Zusammenhang nachweisen, dass mit dem Anstieg des Leistungsniveaus in Schulklassen, das durch die vielfältigen Selektionsprozesse (vgl. hierzu Abschnitt 2.3) erreicht wer-

11 Als Argument für eine Leistungshomogenisierung könnten unter anderem auch die Ergebnisse der Studie von Kim (2004) dienen, in der mittels linearer Regressionsmodelle die Bedeutung verschiedener Schüler- und Schulmerkmale für die Inanspruchnahme von Nachhilfeunterricht in südkoreanischen Sekundarschulen untersucht wurde. Die Anzahl der in Anspruch genommenen Nachhilfestunden pro Tag fiel umso höher aus, je größer die Standardabweichung der Leistungen auf der Schulebene war, d.h., je leistungsheterogener die Schulen zusammengesetzt waren. Dies könnte dahingehend gedeutet werden, dass es Lehrkräften bei sehr heterogenen Leistungsvoraussetzungen der Schülerinnen und Schüler weniger gelingt, angemessen auf ihre unterschiedlichen Lernbedürfnisse zu reagieren, weshalb zusätzlicher Nachhilfeunterricht zur Vertiefung des Unterrichtsstoffes notwendig erscheint.

den soll, die Wahrscheinlichkeit von Aufwärtsvergleichen, also von sozialen Vergleichen mit noch leistungsstärkeren Schülerinnen und Schülern, steigt. Dies bietet gerade den Gymnasiastinnen und Gymnasiasten hilfreiche Informationen, wie sie ihre Kompetenzen weiter optimieren können.

Auch die leistungsschwächeren Schülerinnen und Schüler könnten von leistungshomogenen Lerngruppen profitieren, insofern als ihnen mehr Zeit zum Üben und Wiederholen zugestanden werden kann als bei einer gemeinsamen Unterrichtung mit den Leistungsstärkeren.[12] Die Wahrscheinlichkeit und Häufigkeit von Misserfolgen wird zudem für die Leistungsschwächeren verringert, wenn sie entsprechend ihren Fähigkeiten lernen können und der unmittelbare Vergleich mit den Leistungsstärkeren entfällt. Leistungshomogenisierung kann in diesem Sinne eine Form der psychischen Entlastung bieten. Gleichzeitig werden die Leistungsschwächeren in ihren Anstrengungen ermutigt, da sie nicht von den Leistungsstärkeren übertroffen und Lernerfolge für sie „greifbarer" werden (Slavin, 1987a, 1990a). Leistungshomogenisierung erleichtert in dieser Hinsicht auch ein individuelles Unterrichten, was gerade für die leistungsschwächeren Schülerinnen und Schüler nützlich sein kann: Werden sie gemeinsam mit anderen Schülerinnen und Schülern, die sich auf einem ähnlichen Leistungsniveau befinden, unterrichtet, kann ihnen mehr Aufmerksamkeit und Förderung der Lehrkraft zugestanden werden als bei gemeinsamer Unterrichtung mit den Leistungsstärkeren, denen die Lehrkräfte ansonsten auch mit einer angemessenen Förderung gerecht werden müssten (Esposito, 1973).

Eine faire Leistungshomogenisierung sollte nach Slavin (1987a, S. 322) mindestens diese drei Kriterien erfüllen:

1. Dem Anspruch nach sollen durch eine Leistungshomogenisierung nur fachbezogene Unterschiede zwischen den Schülerinnen und Schülern reduziert werden. Bei einer fairen Leistungshomogenisierung werden die Schülerinnen und Schüler demnach lediglich auf der Grundlage der Beurteilung und Einschätzung ihrer schulischer Leistungen durch die Lehrkräfte verschiedenen hierarchischen Lernstufen oder Leistungsniveaus zugeordnet (vgl. auch Oakes, 1989).
2. Maßnahmen zur Leistungshomogenisierung sollen flexibel gestaltet werden, so dass eine Zuweisung zu einer Lerngruppe mit einem bestimmten Leistungsniveau auch nachträglich korrigiert werden kann und die Lehrkräfte auf veränderte Lernvoraussetzungen ihrer Schülerinnen und Schüler reagieren können (vgl. auch Rytivaara, 2011).

12 Eine höhere Lernzeit kann zudem durch die Einführung von Ganztagsschulen erreicht werden, durch die auch eine intensivere Lernbegleitung und individuelle Lernförderung ermöglicht werden kann. Von einer ganztägigen Beschulung könnten demnach vor allem die leistungsschwächeren Schülerinnen und Schüler profitieren, da so zusätzlicher Raum für Übung, Wiederholung, Vertiefung und Hausaufgabenbetreuung geschaffen werden kann (Holtappels & Rollett, 2008).

3. Lehrkräfte sollen das Unterrichtstempo und -niveau an die Lernbereitschaft und den Lernfortschritt ihrer Schülerinnen und Schüler anpassen. Gerade in Unterrichtsfächern, in denen der Lernstoff hierarchisch aufgebaut ist, ist diese Anpassung besonders wichtig.

2.2.2 Argumente gegen eine Leistungshomogenisierung

Argumente, die häufig gegen eine Homogenisierung der Schülerinnen und Schüler nach ihren Leistungen angeführt werden, beziehen sich vor allem auf die Leistungsschwächeren, für die die Zuweisung zu leistungshomogenen Lerngruppen eine besondere Benachteiligung darstellen kann. Der Verzicht auf Leistungshomogenisierung soll hingegen eine Anhebung des mittleren Leistungsniveaus zur Folge haben, was sich auf die Leistungsschwächeren besonders auswirkt und sie in ihren Leistungen anheben soll (De Vos, 1986, 1989; Hallinan, 1987; Oakes, 1985).

Zwar sehen Befürworter der Leistungshomogenisierung es als Vorteil an, wenn gerade für die leistungsschwächeren Schülerinnen und Schüler in leistungshomogenen Lerngruppen der Vergleich mit den Leistungsstärkeren entfällt. Die Anwesenheit leistungsstärkerer Mitschülerinnen und Mitschüler in leistungsheterogenen Lerngruppen muss für Leistungsschwächeren aber nicht ausschließlich negativ sein: In Lerngruppen mit einer hohen sozialen Kohäsion können sich auch Möglichkeiten für soziale Aufwärtsvergleiche eröffnen, die sich dahingehend auswirken können, dass gerade die Leistungsschwächeren mehr Leistungseinsatz zeigen, um nicht im Lernstoff zurückzubleiben und die Diskrepanz zu den Leistungsstärkeren zu reduzieren, da niedrige Leistungen in den meisten Lerngruppen negativ bewertet werden (Frey, Dauenheimer, Parge & Haisch, 1993). Helmke (1988) kritisiert an einem leistungsegalisierenden Unterricht, der eine Verringerung von Leistungsunterschieden innerhalb von Schulklassen zum Ziel hat, dass es dabei häufig zu Leistungseinbußen bei den Leistungsstärkeren kommt, ohne dass sich bei den Leistungsschwächeren eine nennenswerte Leistungssteigerung einstellt. Vergleichbares lässt sich bei Baumert, Roeder, Sang und Schmitz (1986) nachlesen, die zeigen, dass bei einem streuungsverringernden, also leistungshomogenisierenden Unterricht erhebliche Einbußen im Lernfortschritt des oberen Leistungsdrittels relativ schmalen Lernvorteilen des unteren Leistungsdrittels gegenüberstehen. D.h., Nachteile oder zumindest keine nennenswerten Vorteile können durch eine Leistungshomogenisierung sowohl für die Leistungsstärkeren als auch -schwächeren bestehen. Demnach ist also „eine deutliche Gegenläufigkeit von Divergenzminderung und Leistungsentwicklung“ (Treinies & Einsiedler, 1996, S. 292) beobachtbar. Da allerdings auch die leistungsstärkeren Schülerinnen und Schüler bestrebt sind, ihre Leistungen weiterhin zu steigern, kommt ein langfristiger Gleichgewichtszustand, also ein insgesamt allenfalls durchschnittliches Leistungsniveau mit Einbußen bei den Leistungsstärkeren, eher selten zustande (Frey et al., 1993).

Die Zuweisung zu unterschiedlichen Lerngruppen soll zwar ausschließlich nach Leistungskriterien erfolgen, sie ist aber häufig stark mit Faktoren der sozialen Herkunft konfundiert, wodurch ungleiche Zugangschancen zu höheren Bildungsgängen bestehen bleiben oder sogar verstärkt werden können. Gegner der Leistungshomogenisierung sehen hierin ein Instrument, um vor allem Schülerinnen und Schüler mit niedriger sozialer Herkunft oder Migrationshintergrund niedrigeren Bildungsgängen zuzuweisen (Oakes, 1989; Slavin, 1987a). Leistungshomogenisierung trägt somit entscheidend zur Herstellung und Reproduktion sozialer und ethnischer Ungleichheiten bei (z.B. Boaler & Wiliam, 2001; Findley & Bryan, 1975; Oakes, 1985, 1990; Oakes, Gamoran & Page, 1992; Rubin, 2006). Zudem wirkt sie sich auch langfristig auf Bildungs- und Lebenschancen aus (z.B. Ireson & Hallam, 2001; Oakes, 1989) und verletzt demokratische Grundsätze (Esposito, 1973). Bezogen auf das deutsche Schulsystem bedeutet dies, dass durch die gewünschte leistungsbezogene und eine damit einhergehende, aber nicht intendierte soziale Homogenisierung „diese unterschiedlichen Schulumwelten auch differenzielle Lern- und Entwicklungsmilieus darstellen – und zwar gleichermaßen im Hinblick auf die Leistungs- als auch auf die Persönlichkeitsentwicklung“ (Baumert, Stanat & Watermann, 2006, S. 98). Diese eröffnen unabhängig von und zusätzlich zu individuellen Lernvoraussetzungen und Ressourcen den Schülerinnen und Schülern unterschiedliche Entwicklungsmöglichkeiten, welche die individuelle Förderung je nach besuchtem Bildungsgang beeinflussen, erschweren oder sogar verhindern können. Aktuelle Befunde von Ready und Wright (2011) zeigen zudem, dass die Kompetenzen in leistungsschwächeren und sozial benachteiligten Lerngruppen von den Lehrkräften häufig systematisch unterschätzt werden.

Darüber hinaus geht mit der Leistungshomogenisierung für die leistungsschwächeren Lerngruppen häufig eine Stigmatisierung und Diskriminierung einher (Findley & Bryan, 1975). Eine Zuschreibung negativer Attribute zu leistungsschwächeren Schülerinnen und Schülern führt zur Ablehnung dieser Lerngruppen unter den Lehrkräften und beeinträchtigt auch deren Leistungserwartung (vgl. z.B. auch Ireson & Hallam, 2001). Eine Identifikation mit solchen Zuschreibungen seitens der Schülerinnen und Schüler kann sich nachteilig auf ihre psychosoziale Entwicklung auswirken. Betrachten sie sich selbst als leistungsschwach, kann sich dies negativ auf ihre Lernmotivation, Leistungsbereitschaft und ihr Selbstvertrauen in die eigenen Kompetenzen auswirken und sich letztendlich tatsächlich als Schulversagen niederschlagen (Slavin, 1987a). Dar und Resh (1986, S. 359) bezeichnen diesen Kreislauf auch als „self-fulfilling prophecy of failure“.

Schülerinnen und Schüler in leistungsschwächeren Lerngruppen sind auch dadurch benachteiligt, dass sich der Unterricht in diesen Lerngruppen häufig durch eine verminderte Unterrichtsqualität und einen niedrigeren Anregungsgehalt im Vergleich zu leistungsstärkeren Lerngruppen sowie durch ein langsameres Unterrichtstempo auszeichnet (z.B. Boaler & Wiliam, 2001; Evertson, 1982; Oakes, 1985; Rosenbaum, 1980). So zeigt z.B. eine Studie von Gamoran (1986), dass Effekte der Leistungshomogenisierung hinsichtlich der Anzahl der Wörter, die Grundschülerinnen und -schüler im Laufe des ersten Schuljahres erlernen, nahezu vollständig durch eine je nach Leistungsniveau unterschiedliche Unterrichtung erklärt werden können, insbesondere durch die Anzahl der Wörter, die die Lehrkräfte ihnen beibringen. Durch ein beschränktes Curriculum bleibt den Schülerinnen und Schülern in den leistungsschwächeren Lerngruppen die weitere Aufstiegsmöglichkeit oder Anschlussfähigkeit an leistungsstärkere Lerngruppen demnach zusätzlich verwehrt.

Gegen eine Leistungshomogenisierung innerhalb schon bestehender, fester Lerngruppen spricht auch, dass dadurch den einzelnen Schülerinnen und Schülern weniger Aufmerksamkeit der Lehrkräfte zuteil wird als bei einer gemeinsamen Unterrichtung der gesamten Lerngruppe, wenn die Lehrkräfte sich gleichzeitig an alle Schülerinnen und Schülern mit unterschiedlichen Kompetenzniveaus richten (Sørensen & Hallinan, 1986). Durch eine Leistungshomogenisierung werden unter Umständen die Leistungsschwächeren benachteiligt, da die Lehrkräfte in diesen Lerngruppen mehr Zeit für die Schaffung einer lernförderlichen Atmosphäre benötigen, was zu Lasten der behandelten Stoffmenge geht. Wird einerseits den leistungsschwächeren Schülerinnen und Schülern ausschließlich mehr Zeit zur Wiederholung und Festigung des Unterrichtsstoffes zugestanden, ohne ihnen ihrem Wissensstand angemessene Möglichkeiten zur Vertiefung des Unterrichtsmaterials zu bieten, und werden andererseits in leistungsstärkeren Lerngruppen überwiegend aktivierende, die Lernenden herausfordernde Unterrichtsmethoden eingesetzt, so beeinflusst dies nicht nur die Konzentration und das Interesse der Schülerinnen und Schüler unterschiedlich, sondern führt auch zu einer weiteren Öffnung der Leistungsschere (Oakes, 1989). Ebenso weist Hattie (2002) darauf hin, dass in leistungshomogenen Lerngruppen eine bestmögliche Förderung aller Schülerinnen und Schüler nicht gewährleistet ist. Vielmehr hängt die Effektivität der Leistungshomogenisierung von der Unterrichtsqualität und dem angemessenen Umgang der Lehrkräfte mit unterschiedlichen Lernvoraussetzungen ab, weshalb der Fokus von Effekten der Leistungshomogenisierung auf die Unterrichtsgestaltung gelenkt werden sollte. Zudem zeigen Studien aus dem angloamerikanischen Raum, dass die Lehrkräfte, die die leistungsschwächeren Lerngruppen unterrichten, häufig geringer qualifiziert sind (Oakes, 1990) und das Unterrichten in den leistungsstärkeren (Slavin, 1990a) oder zumindest leistungsheterogenen Lerngruppen (Findley & Bryan, 1975) bevorzugen.

Esposito (1973) führt zudem als Kritikpunkt an der Leistungshomogenisierung an, dass durch die Reduktion von Leistungsunterschieden den Lehrkräften suggeriert wird, dass sich die Schülerinnen und Schüler auch hinsichtlich anderer Kriterien (z.B. Lerntechniken, soziales Verhalten usw.) ähnlich sind (vgl. auch Findley & Bryan, 1975). Eine Leistungshomogenisierung nimmt im Idealfall zwar eine Sortierung der Schülerinnen und Schüler nach ihren fachlichen oder kognitiven Fähigkeiten vor, hinsichtlich anderer, vor allem nichtkognitiver Kriterien liegen dennoch Unterschiede zwischen den Schülerinnen und Schülern innerhalb der Lerngruppen vor (Dar & Resh, 1986). Eine Homogenisierung aufgrund des zu einem bestimmten Zeitpunkt erreichten kognitiven oder fachlichen Leistungsniveaus lässt aber außer Acht, dass sich die Fähigkeiten der Schülerinnen und Schüler ständig und vor allem individuell unterschiedlich weiterentwickeln (Boaler & Wiliam, 2001).

Slavin (1996) führt zudem vier Argumente an, weshalb das Lernen in leistungsheterogenen Lerngruppen günstiger ist als in leistungshomogenen Lerngruppen. Erstens entstehen aus motivationspsychologischer Perspektive in leistungsheterogenen Lerngruppen kooperative Anreizstrukturen: Demnach können individuelle Lernziele vor allem dann erreicht werden, wenn die Lerngruppe als ganze erfolgreich ist. Die Mitglieder einer Lerngruppe stehen somit in wechselseitiger Abhängigkeit voneinander: Sie verfolgen einerseits ein gemeinsames Ziel (*group goals*), für das die Gruppe als Ganzes belohnt wird. Andererseits sind sie auch persönlich für das Gruppenprodukt verantwortlich (*individual accountability*). Zweitens ist damit zugleich der soziale Zusammenhalt innerhalb von Lerngruppen angesprochen, der den Zusammenhang von gemeinsamen Lernzielen und Lernerfolg wesentlich vermittelt. Kooperatives Lernen als „eine Form der Organisation des Klassenzimmers, bei der Schüler in kleineren Gruppen arbeiten, um sich beim Lernen des Stoffes gegenseitig zu helfen“ (Slavin, 1989, S. 129), zeichnet sich demnach vor allem dann durch gegenseitige Unterstützung und wechselseitige Rückmeldung aus, wenn gleiche Erfolgschancen für alle Gruppenmitglieder bestehen und leistungsstärkere und -schwächere Schülerinnen und Schüler gleiche Anteile zum Gruppenergebnis beitragen können. Beide Perspektiven betonen also gemeinsame Ziele und eine wechselseitige Beeinflussung der Lernenden. Drittens können aus kognitiv-konstruktivistischer Perspektive durch den aktiven Austausch und die Interaktion mit kompetenteren Anderen kognitive Schemata und Strukturen weiterentwickelt werden, indem unterschiedliche Sichtweisen anderer mit den eigenen abgeglichen, modifiziert und in individuelle Wissensstrukturen integriert werden. Die vierte Perspektive der kognitiven Elaboration geht hingegen davon aus, dass Lernende bei der Informationsverarbeitung eine kognitive Umstrukturierung und Elaboration des Lernmaterials vornehmen. Eine der effektivsten Strategien soll hierbei darin bestehen, das Material anderen zu erklären (*peer tutoring*). Im Vergleich zu einem traditionellen, lehrerzentrierten Unterricht kann sich die Nutzung kooperativer Lernstrategien positiv auf den Wissenserwerb sowohl bei den leistungsstärkeren als auch -schwächeren Schülerinnen und Schülern auswirken (Slavin, 1990b). Neben einem höheren Wissenszuwachs stärkt kooperatives Lernen in leistungsheterogenen Schulklassen unter anderem das Selbstbewusstsein, die Akzeptanz leistungsschwächerer Klassenkameradinnen und -kameraden und wirkt sich positiv auf schulbezogene Einstellungen und den Zusammenhalt innerhalb von Lerngruppen aus (ebd.).

Graumann (2002) betont, dass die Förderung kognitiver und sozialer Kompetenzen durchaus bestmöglich in leistungsheterogenen Lerngruppen gelingen kann, wenn Schule nicht nur unter dem Gesichtspunkt verwertbarer und objektiv messbarer Leistung, sondern unter dem Aspekt individueller Förderung betrachtet wird. Ein Unterricht, der sich auf mittlerem Niveau einpendelt, wie es häufig in vermeintlich leistungshomogenen Lerngruppen der Fall ist, ist hingegen nicht förderlich, wenn auf höchstem inhaltlichen Niveau gelernt werden soll. In diesem Zusammenhang wird häufig auch eine Veränderung der Leistungsbeurteilung gefordert: Anstelle von Ziffernnoten sollen Verbalzeugnisse und Lernentwicklungsberichte verfasst werden, die nicht erst am Ende eines Schulhalbjahres geschrieben werden, sondern das Ergebnis kontinuierlicher Beobachtung sein sollten. Dies stellt jedoch hohe Anforderungen an die diagnostischen Kompetenzen der Lehrkräfte (ebd.).

In aktuellen Debatten zur Heterogenität in der Schule und im Unterricht wird zudem darauf hingewiesen, dass diese nicht ausschließlich negativ als Belastung, sondern vielmehr als reale Bedingung des Zusammenlebens und damit als Chance für das Erlernen des Umgangs mit gesellschaftlicher Vielfalt und als eine Bereicherung für den Unterricht sowie die kognitive und psychosoziale Entwicklung der Kinder begriffen werden soll (z.B. Bräu & Schwerdt, 2005; Carle, 2005; Graumann, 2002; Prediger, 2003; Prengel, 2004). Nach Esposito (1973) bereitet das Lernen in heterogenen Lerngruppen die Schülerinnen und Schüler auch auf das spätere Berufs- und Erwachsenenleben in einer pluralistischen Gesellschaft vor, das häufig den Umgang mit Heterogenität erfordert. Eine „Pädagogik der Vielfalt“, die aus der Verschiedenheit der Kinder resultiert, versteht sich als

> „Pädagogik der intersubjektiven Anerkennung zwischen gleichberechtigten Verschiedenen. Indem sie Mißachtung im Bildungswesen zu vermeiden sucht, fördert sie persönliche Bildungsprozesse sowie Qualifikations- und Sozialisationsprozesse und wirkt den schädlichen Folgen des im Bildungssystem vorherrschenden Selektionsprinzips entgegen“ (Prengel, 1993, S. 62).

Dieser eher reformorientierte Diskurs stellt auch Ansprüche an die Unterrichtsgestaltung und Qualitätssicherung (zur kritischen Auseinandersetzung mit Heterogenität als komplexer Anforderung an das Lehrerhandeln vgl. auch Wischer, 2007a). Schülerinnen und Schülern mit verschiedenen Ausgangsbedingungen innerhalb einer Lerngruppe müsse auch mit einer größeren Methodenvielfalt, einer Öffnung gegenüber schüleraktiveren Unterrichtsformen und Möglichkeiten zum individualisierten Lernen begegnet werden, so lautet der Anspruch der inneren Differenzierung des Unterrichts in leistungsheterogenen Lerngruppen (z.B. Weinert, 1997). Stichworte wie Binnendifferenzierung, Individualisierung und Methodenvielfalt sind deshalb in aller Munde, um die Verschiedenheit der Kinder zum Lerninhalt selbst zu machen. Wenn der Unterricht hinreichend differenziert angelegt ist, dann können – so Tillmann und Wischer (2006) – auch in leistungsheterogenen Lerngruppen gute Leistungen erzielt werden. Eine veränderte Didaktik in leistungsheterogenen Lerngruppen, mit der die Lehrkräfte ihren Schülerinnen und Schülern mehr Eigenverantwortung für das eigene Lernen zugestehen, sowie eine stärkere Akzeptanz vielfältiger Lernwege und Lernergebnisse fordert auch Graumann (2002). Eine solche Form der Didaktik erzeugt jedoch nicht mehr Belastung bei den Lehrkräften, sondern bedeutet eine Entlastung durch eine der heutigen Kindheit und Jugend angemessenere Herangehensweise im Unterricht. Demnach können nicht nur die Schülerinnen und Schüler, sondern auch die Lehrkräfte von der Leistungsheterogenität in Schulklassen profitieren:

> „Heterogenität gibt der Pädagogik und Didaktik neue Impulse, indem alle – auch die Lehrenden – von der ‚Verschiedenheit der Köpfe' angeregt werden und sich in ihrer Persönlichkeit weiterentwickeln. In der lebendigen Auseinandersetzung und in der täglichen Interaktion mit anderen erwerben die SchülerInnen die Kompetenzen, die sie für ihr zukünftiges Leben brauchen, und erfahren die Lehrenden die Impulse, die sie in ihrer Arbeit vorwärts bringen" (Graumann, 2002, S. 33).

Inwieweit sich jedoch der Unterricht in leistungsheterogenen Lerngruppen für das fachliche Lernen als tatsächlich erfolgreich erweist und welche Schülergruppen gegebenenfalls hiervon am stärksten profitieren, soll unter anderem Gegenstand dieser Arbeit sein.

2.2.3 Eine Zwischenbilanz

Zusammenfassend lässt sich festhalten, dass Argumente, die eine Homogenisierung der Schülerinnen und Schüler nach ihren Leistungen befürworten, die höhere Effektivität des Lehrens und Lernens in diesen Lerngruppen betonen und somit den technischen Aspekt des Lehrens und Lernens fokussieren (Gamoran, 1986). Argumente, die eine Leistungshomogenisierung kritisieren, beziehen sich hingegen sowohl auf die Effektivität als auch auf eine mit der Leistungshomogenisierung einhergehende Benachteiligung bestimmter Schülergruppen und berücksichtigen somit auch den sozialen Aspekt des Lehrens und Lernens (vgl. auch Boaler & Wiliam, 2001; Gamoran, 1986). Ähnlich formuliert es auch Hattie (2002, S. 452):

> „Thus, the major benefits of tracking are claimed to relate to more efficient adaptation of instruction to the needs of a diverse student population [...], whereas arguments opposed to tracking focus on the over-assignment of minorities and students from lower socio-economic groups to the lower tracks and the detriment to low achievers, who receive a slower pace and lower quality of instruction."

Vergleichbares findet sich bei Slavin (1990a):

> „Arguments in favor of ability grouping focus on *effectiveness*, saying in effect that as distasteful as grouping may be, it so enhances the learning of students (particularly but not only high achievers) that its use is necessary. In contrast, arguments opposed to grouping focus at least as much on *equity* as on effectiveness and on democratic values as much as on outcomes" (Hervorhebung i.O.).

Gegner und Befürworter der Leistungshomogenisierung nehmen jedoch „glaubhaft für sich in Anspruch, ‚das Beste' für die SchülerInnen zu wollen" (Graumann, 2002, S. 11). Letztendlich geht es darum, inwiefern der grundlegende Bildungsauftrag der Schule, alle Schülerinnen und Schüler optimal zu fördern, erfüllt werden kann (Sekretariat der Ständigen Konferenz der Kultusminister der Länder in der Bundesrepublik Deutschland, 2005) und welche organisatorischen Voraussetzungen hierfür erforderlich sind.

Die pädagogische Wirksamkeit der Leistungsdifferenzierung und -homogenisierung ist jedoch umstritten. Hierfür haben Klafki und Stöcker bereits 1985 fünf Gründe angeführt:

1. Das Ziel, Lerngruppen zu bilden, die im Hinblick auf ihre Lernausgangslagen wirklich homogen sind, ist nur begrenzt erreichbar.
2. Das Ziel, homogene Lerngruppen zu bilden, ist annäherungsweise auch nur dann erreichbar, wenn nur ein einziges Differenzierungskriterium (z.B. Leistung) angelegt und davon ausgegangen wird, dass sich die Schülerinnen und Schüler hinsichtlich anderer Lernvoraussetzungen (z.B. soziale Herkunft) nicht unterscheiden.
3. Die Lernausgangslagen der Kinder sind sozialisationsbedingt und hochgradig mit der sozialen Herkunft konfundiert. Eine konsequente Leistungshomogenisierung führt somit zwangsweise auch zu einer sozialen Homogenisierung.
4. Die Annahme, dass Schülerinnen und Schüler in leistungshomogenen Lerngruppen erfolgreicher lernen, ist empirisch umstritten.[13]
5. Versteht man den Erziehungs- und Bildungsauftrag der Schule im Hinblick auf die Entfaltung individueller Identität und sozialer Bezugsfähigkeit als optimale Förderung der Schülerinnen und Schüler in *allen* Persönlichkeitsbereichen, also nicht nur den kognitiven, sondern auch den emotionalen und sozialen, so ist die Bildung leistungshomogener Lerngruppen durchaus fragwürdig.

Die Frage nach der „optimalen" Lerngruppenzusammensetzung ist daher seit Jahrzehnten eine der Kernfragen erziehungswissenschaftlicher Forschung. Lernen in

13 Die Ergebnisse empirischer Studien zu Effekten von Leistungsheterogenität und -homogenisierung werden im Überblick über den Forschungsstand (vgl. Kapitel 4) beschrieben.

leistungsheterogenen Gruppen bedeutet demnach nicht, „sich auf einem mittleren Level ‚einzupendeln', damit alle etwas vom Unterricht haben, sondern heiß[t], das höchstmögliche Niveau auf allen Gebieten anzustreben" (Graumann, 2003, S. 133).

Voraussetzungen für einen effektiven Unterricht in leistungsheterogenen Lerngruppen sind jedoch nach Rubin (2006), dass

1. eine Lerngemeinschaft geschaffen wird, die die unterschiedlichen Fähigkeiten der Schülerinnen und Schüler respektiert und produktiv nutzt,
2. Gelegenheiten für verschiedene Arten des Lernens geschaffen werden,
3. Schülerinnen und Schüler gezielte Unterstützung erhalten,
4. alle Schülerinnen und Schüler gefördert werden,
5. Schülerinnen und Schüler aktiv in den Unterricht einbezogen werden,
6. ein Lehrplan erstellt wird, der sowohl auf bereits bekannte Inhalte zurückgreift als auch diese immer weiter vertieft und komplexer differenziert, und dass
7. Schülerinnen und Schüler eigenverantwortlich lernen und immer wieder neu herausgefordert werden.

Doch obwohl vor allem Leistungsheterogenität im Unterricht zunehmend akzeptiert wird, greift im deutschen Schulsystem nach wie vor eine Reihe organisatorischer Maßnahmen mit dem Ziel, die Leistungsunterschiede zwischen den Schülerinnen und Schülern zu reduzieren. Diese Homogenisierungsmechanismen werden im folgenden Abschnitt beschrieben.

2.3 Leistungshomogenisierung im deutschen Bildungssystem

> „Vielmehr wird durch eine Vielzahl von altbekannten Organisationsmechanismen in unserem Schulsystem immer wieder versucht, die homogene Lerngruppe herzustellen […]. Dies ist zwangsläufig mit immer neuen Schritten der Selektion verbunden."
> (Tillmann, 2008, S. 49)

Tillmanns These der „Sehnsucht nach der homogenen Lerngruppe" soll anhand des Instrumentariums der verschiedenen Homogenisierungsstrategien im deutschen Schulsystem – dem Bildungsverlauf der Schülerinnen und Schüler chronologisch folgend – näher beschrieben werden (vgl. auch Tillmann, 2007). Dabei wird gezeigt, dass Leistungsheterogenität offenbar immer dann als problematisch wahrgenommen wird, wenn sie sich in zu geringer Begabungs- oder Leistungsfähigkeit darstellt, die den Leistungsansprüchen der Schule nicht gerecht wird. Die Ausführungen werden durch Ergebnisse nationaler und internationaler Leistungsvergleichsstudien untermauert, die neuerdings verstärkt Anlass zur Wahrnehmung von Leistungsheterogenität gegeben haben (Wenning, 2007).

2.3.1 Die Grundschule – eine Schule für alle Kinder?

Für die Einschulung gilt die Regelung der Kultusministerkonferenz, nach der alle Kinder zum Beginn des neuen Schuljahres schulpflichtig werden, die bis zu einem bestimmten – je nach Bundesland unterschiedlichen – Stichtag das sechste Lebensjahr vollendet haben. Zumindest zu Beginn der Grundschulzeit werden dadurch jeweils etwa gleich alte Kinder zu altershomogenen Jahrgangsklassen zusammengefasst. Altersgleichheit wird dabei als Entwicklungsgleichheit verstanden, d.h., es wird davon ausgegangen, dass Kinder desselben Alters einen vergleichbaren Entwicklungs- und Wissensstand aufweisen, was den Unterricht in altershomogenen Lerngruppen gegenüber jahrgangsübergreifenden Lerngruppen erleichtern soll (Bellenberg, 1999).[14]

Auch wenn die Grundschule traditionell zunächst eine Schule für alle Kinder eines Altersjahrgangs darstellt, so wird Heterogenität bereits durch das lokale Einzugsgebiet der jeweiligen Schulen eingeschränkt. Eine sozial weitgehend homogene Zusammensetzung von Einzelschulen ist zwar nicht intendiert, resultiert aber häufig aus dem Einzugsgebiet der jeweiligen Schulen: Einzelschulen stellen somit oftmals ein unmittelbares Abbild der sozialstrukturellen Zusammensetzung eines Stadtteils oder Wohngebiets dar (Tillmann & Wischer, 2006). In sozial heterogenen Siedlungsgebieten, wie z.B. im Stadtstaat Hamburg, fallen die Unterschiede zwischen den einzelnen Stadtregionen durchaus so groß aus, dass von „räumlich abgegrenzten sozioökonomischen Milieus“ (Lehmann, Peek & Gänsfuß, 1997, S. 52) gesprochen werden kann. Eng damit verbunden sind die soziokulturellen Milieus, die z.B. an der unterschiedlichen Konzentration der nichtdeutschen Wohnbevölkerung in den einzelnen Stadtregionen erkennbar sind. Daraus ergeben sich sehr verschiedene und in sich vergleichsweise homogene Lernkontexte von Schulen, die eher privilegiert oder eher benachteiligt zusammengesetzt sind (Ditton & Krüsken, 2006). Je nach Einzugsgebiet und Zusammensetzung der Grundschulen finden die Schülerinnen und Schüler also ganz unterschiedliche Lernausgangslagen vor.

14 In Berlin, Brandenburg, Nordrhein-Westfalen, Schleswig-Holstein und Thüringen existiert derzeit eine flexible Schuleingangsphase, um Zurückstellungen von der Einschulung bzw. Über- oder Unterforderung bei den Schülerinnen und Schülern zu vermeiden (vgl. hierzu Liebers, Prengel & Bieber, 2008). Dabei werden Schülerinnen und Schüler in den Jahrgangsstufen 1 und 2 in jahrgangsübergreifenden Lerngruppen unterrichtet, die sie mit einer flexiblen Verweildauer zwischen einem und drei Jahren durchlaufen können. Darüber hinaus gibt es in einigen Bundesländern Schulversuche zur Begabtenförderung mit halbjährlicher Einschulung.

2.3.2 Zurückstellung von der Einschulung

Auch wenn Eltern und Grundschullehrkräfte versuchen, den Schulanfang möglichst kindgerecht zu gestalten, stellt er eine für die Kinder spürbare Zäsur im Lebensverlauf dar (Horn, 1996). Bereits vor dem Schulbesuch haben Erziehungsberechtigte, deren Kinder noch nicht „schulreif“ sind oder bei deren Kindern die physischen, kognitiven, sozialen oder motivationalen Voraussetzungen nicht einem fest definierten Entwicklungsstand entsprechen, deshalb die Möglichkeit, ihre Kinder um ein Jahr vom Schulbesuch zurückzustellen oder zusammen mit anderen leistungsschwächeren Kindern in einen Schulkindergarten zu schicken. Von dieser Maßnahme wird in Deutschland häufiger Gebrauch gemacht als in anderen OECD-Ländern: Die PISA-Studie aus dem Jahr 2000 zeigt, dass der Anteil der Schülerinnen und Schüler in der Jahrgangsstufe 9, die erst ein Jahr nach dem Einschulungsstichtag eingeschult worden sind, in Deutschland bei zwölf Prozent liegt – darunter vor allem Kinder aus sozial benachteiligten Familien oder mit Migrationshintergrund (Tillmann & Meier, 2001). In der IGLU-Studie aus dem Jahr 2001 beträgt der Anteil der Kinder, die erst im Alter von sieben Jahren eingeschult werden, 8,6 Prozent (Lankes, Bos, Mohr, Plaßmeier & Schwippert, 2003). In der Hamburger KESS-Studie geben etwa sechs Prozent der Eltern an, ihre Kinder um ein Jahr vom Schulbesuch zurückgestellt zu haben (Lankes & Janke, 2006).

Heterogenität – vor allem, wenn sie sich bereits in der Schuleingangsphase in zu geringer Begabung oder Leistungsfähigkeit äußert – wird offenbar als problematisch für einen Unterricht wahrgenommen, der allen Schülerinnen und Schülern gleichermaßen ein zielgerichtetes Lernen ermöglichen soll, und wird somit schon in der Schuleingangsphase am „unteren Ende“, also durch den Ausschluss der jeweils Leistungsschwächsten, abgeschnitten. Die Zurückstellung von der Einschulung wird mit einer besonderen Fürsorge für die davon betroffenen Kinder begründet, die mit institutionalisiertem Lernen, einer neuen Umgebung und anderen Bezugspersonen noch nicht überfordert werden sollen. Bellenberg (1999) kann jedoch zeigen, dass Späteinschulungen das Risiko, die weitere Schullaufbahn ohne Verzögerung zu durchlaufen, nicht senken können, sondern im Gegenteil einen hohen Vorhersagewert für den späteren Besuch einer Haupt- oder Förderschule besitzen.

2.3.3 Klassenwiederholung

Nicht alle Kinder können in einem gemeinsam-fortschreitenden, gleichschrittigen Unterricht mithalten. Manche liegen in ihren Leistungen auch unterhalb der Erwartungsnorm ihrer Lehrkräfte. Um dieser vermeintlich unerwünschten Leistungsheterogenität vor allem am unteren Ende des Leistungsspektrums zu begegnen, stellen Klassenwiederholungen eine weitere Homogenisierungsmaßnahme dar, mit der diejenigen Kinder aus einem Altersjahrgang aussortiert werden, die das vorgegebene Klassenziel nicht erreicht haben und in zwei oder mehr Schulfächern mangelhafte Leistungen aufweisen. Die abgebenden Klassenverbände sollen durch die Maßnahme der Klassenwiederholung tendenziell leistungshomogener werden, wenn die jeweils Leistungsschwächsten aus einem Jahrgang herausfallen und an die unteren Jahrgänge weitergereicht werden.[15] Durch die Wiederholung des gesamten Lernpensums eines Schuljahres sollen die Wiederholerinnen und Wiederholer – so zumindest der Anspruch – wieder den Anschluss an das vorgegebene Lernziel erreichen und zu ihren Mitschülerinnen und Mitschülern im neuen Klassenverband aufschließen können. Zudem sollen sie durch das Wiederholungsjahr nicht mehr dadurch belastet werden, dass sie zuvor noch zu den leistungsschwächsten Kindern ihrer Schulklasse gehörten (Bless, Schüpbach & Bonvin, 2004). Tillmann (2004, S. 8) kritisiert dieses negative Verständnis von Leistungsheterogenität gerade in Bezug auf die leistungsschwächeren Schülerinnen und Schüler jedoch wie folgt:

> „Heterogenität, das lässt sich daraus entnehmen, gilt in den Jahrgangsklassen der Grundschule vor allem dann als ärgerlich und als unzumutbar, wenn sie sich als *zu geringe* Begabung, als *zu schwache* Leistungsfähigkeit darstellt. Dann reagiert unser Schulwesen auch schon im Primarbereich mit systematischen Formen der Aussonderung“ (Hervorhebung i.O.).

Bundesweit bleiben jährlich etwa drei Prozent aller Schülerinnen und Schüler sitzen (Bellenberg, 1999). Knapp ein Zehntel aller Hamburger Schülerinnen und Schüler beispielsweise hat bereits im Laufe der Grundschulzeit eine Klassenstufe wiederholt. Vergleichsweise hohe Wiederholerquoten treten von der ersten bis zur dritten Jahrgangsstufe auf. Wiederholungen der vierten Jahrgangsstufe sind dagegen seltener. Der gewünschte leistungskompensatorische Effekt, den eine Klassenwiederholung bewirken soll, bleibt für die Wiederholerinnen und Wiederholer jedoch häufig aus: Viele von ihnen erzielen auch nach einer Klassenwiederholung weiterhin sehr niedrige Lernstände und gehören nach wie vor nicht zur Leistungsspitze (Gröhlich & Bos, 2007). Dies ist auch ein Argument, das häufig im Zusammenhang mit Schulreformen angeführt wird, wie aktuell z.B. in Hamburg, wo Klassenwiederholungen – neben weiteren Veränderungen im Schulsystem (vgl. Abschnitt 6.2) – abgeschafft wurden.

2.3.4 Überweisung auf Förderschulen

Schülerinnen und Schülern, die den Leistungs- und Verhaltensansprüchen ihrer Lehrkräfte nicht genügen oder die mehr als zweimal das Klassenziel nicht erreicht haben, droht die Überweisung auf eine Förderschule. Unterschieden wird dabei unter anderem zwischen Schülerinnen und Schülern mit Lernschwierigkeiten und mit

15 Für leistungsstärkere Schülerinnen und Schüler besteht umgekehrt die Möglichkeit, eine Klassenstufe zu überspringen. Dies kann auch als Homogenisierung „am oberen Ende“ der Leistungsverteilung verstanden werden, wenngleich dies nur auf sehr wenige Schülerinnen und Schüler zutrifft (Bos, Gröhlich, Guill, Scharenberg & Wendt, 2010).

Verhaltensauffälligkeiten. Im Schuljahr 2009/2010 haben 4,2 Prozent der Hamburger Grundschulkinder und vier Prozent der Sekundarstufenschülerinnen und -schüler eine Förderschule besucht.[16] Bundesweit besuchen 400.000 Kinder am Ende der Grundschulzeit eine Förderschule, das sind knapp fünf Prozent aller 11-Jährigen (Tillmann, 2004).

Mit der Überweisung auf Förderschulen sollen die leistungsschwachen Schülerinnen und Schüler einerseits gezielte Unterstützung mit dem Ziel der Rückschulung auf die Regelschulen erhalten. Andererseits sollen die Regelschulen durch das Ausscheiden der leistungsschwächsten Schülerinnen und Schüler entlastet werden, wodurch das Lernen für die Verbleibenden effektiviert werden soll (Wocken, 2007). In anderen europäischen Ländern werden Schülerinnen und Schüler mit Lernschwierigkeiten dagegen nicht ausgesondert, sondern selbstverständlich in den regulären Unterricht integriert.

In Anbindung an die Hamburger Schulleistungsstudie KESS können im Rahmen einer Zusatzerhebung die Lernstände und Leistungsentwicklungen an den Förderschulen beschrieben werden (Wocken & Gröhlich, 2009): Die Ergebnisse zeigen, dass an den Förderschulen zwar die Lernstände über einen Zeitraum von etwa zwei Schuljahren gesteigert werden können, dass aber an den Förderschulen selbst zu Beginn der Jahrgangsstufe 7 deutlich niedrigere mittlere Lernstände als an regulären Grundschulen erreicht werden. Die Zuweisung der leistungsschwächsten Schülerinnen und Schüler auf Förderschulen bringt also gerade am unteren Ende des Leistungsspektrums nicht den gewünschten Leistungszuwachs mit sich. Gleichwohl fallen durch das Ausscheiden der leistungsschwächsten Schülerinnen und Schüler aus den Regelschulen hier die mittleren Lernstände nominell höher aus.

Durch Zurückstellungen von der Einschulung, Klassenwiederholungen und Überweisungen auf Förderschulen verbleiben am Ende der Grundschulzeit somit noch etwa 75 Prozent des ursprünglichen Altersjahrgangs (Tillmann, 2004). Ein Viertel der Kinder – ausnahmslos die Leistungsschwächsten – ist bereits aus dem Einschulungsjahrgang herausgefallen und jeweils „nach unten“ durchgereicht worden.

2.3.5 Der Übergang auf die Sekundarschule

Der Übergang auf die weiterführende Schule ist eine entscheidende Schnittstelle in der Bildungsbiografie der Kinder. An diesem Punkt sind alle Schülerinnen und Schüler von der Selektion betroffen: Die Zwei-, Drei- oder Mehrgliedrigkeit ist das Hauptmerkmal der Leistungshomogenisierung im deutschen Bildungssystem, mit dem Ziel, alle Schülerinnen und Schüler innerhalb der jeweiligen Bildungsgänge gezielt und angemessen zu fördern. Die Schullaufbahnempfehlung am Ende der

16 http://www.hamburg.de/contentblob/2191084/data/ex-gesamtinfo-ueberblick-2009-10.xls [10.11.2010].

Grundschulzeit erfordert deshalb eine genaue Passung zwischen dem Anforderungsniveau der jeweiligen Sekundarschulform und dem individuellen Leistungsvermögen der Schülerinnen und Schüler, um sie leistungsgerecht zu institutionell getrennten Bildungsgängen zuweisen zu können (Tillmann, 2004).[17]

Allerdings haben die groß angelegten national vergleichenden Schulleistungsstudien der letzten Jahre immer wieder gezeigt, dass die Schullaufbahnempfehlung der Lehrkräfte und die elterliche Entscheidung für einen der Bildungsgänge erheblich mit der sozialen Herkunft der Schülerfamilien konfundiert sind (z.B. Arnold, Bos, Richert & Stubbe, 2007; Bos, Voss et al., 2004; Pietsch, 2007). Schülerinnen und Schüler mit niedriger sozialer Herkunft erhalten häufiger eine Empfehlung für einen niedrigeren Bildungsgang als Schülerinnen und Schüler aus sozial privilegierteren Familien. So bestätigen z.B. die Befunde der Hamburger Studie zu Aspekten der Lernausgangslage in der Jahrgangsstufe 5 (LAU 5) die Abhängigkeit der Schullaufbahnempfehlung von der sozialen Lage der Familie: Demnach haben Kinder, deren Väter das Abitur absolviert haben, eine mehr als vierfach höhere Chance, eine Gymnasialempfehlung zu erhalten, als Kinder von Vätern ohne Schulabschluss (Lehmann et al., 1997, S. 89 f.). Zwar sollte die Schulleistung der Kinder das offizielle Kriterium für die Bildungsempfehlung sein, es erfolgt aber häufig eine inoffizielle Sortierung nach sozialer Herkunft (Tillmann, 2004).

In der aktuellen bildungspolitischen Diskussion ist häufig die Kritik geäußert worden, dass der Zeitpunkt des Übergangs auf die weiterführende Schule in Deutschland zu früh sei. Eine externe Differenzierung findet hierzulande üblicherweise bereits nach der Jahrgangsstufe 4, also im Alter von etwa zehn Jahren statt. Im internationalen Vergleich setzt die externe Leistungsdifferenzierung der Schülerinnen und Schüler dagegen häufig später ein: In Kanada erfolgt eine externe Differenzierung der Schülerinnen und Schüler erst im Alter von 13 Jahren. In Finnland und Großbritannien wird im Sekundarbereich I auf eine externe Differenzierung ver-

17 In diesem Zusammenhang wird häufig die Problematik der prognostischen Validität der Schullaufbahnempfehlung am Ende der Grundschulzeit für die Lernentwicklung in der Sekundarstufe angeführt. Analysen zur Mobilität und Lernentwicklung nichtempfohlener Gymnasiastinnen und Gymnasiasten im Rahmen der Hamburger KESS-Studie (Scharenberg, Gröhlich & Bos, 2008) zeigen, das rund 15 Prozent der Schülerinnen und Schüler mit einer Empfehlung für die Haupt- und Realschule nach der Grundschule auf ein Gymnasium wechseln. Rund 70 Prozent dieser Kinder ohne entsprechende Empfehlung verbleiben auch nach der Beobachtungsstufe, d.h. über das Ende Jahrgangsstufe 6 hinaus, auf dem Gymnasium. Bis zum Ende der Jahrgangsstufe 8 verbleiben dort noch zwei Drittel der nichtempfohlenen Schülerinnen und Schüler. Im Hinblick auf ihre Lernentwicklung in den Jahrgangsstufen 5 und 6 zeigt sich jedoch, dass sie in der Beobachtungsstufe zwar einen größeren Lernzuwachs im Leseverständnis verzeichnen als gymnasialempfohlene Schülerinnen und Schüler. Dennoch bleiben sie auch am Ende der Jahrgangsstufe 6 im Durchschnitt unter dem Leistungsniveau, das die Gymnasialempfohlenen bereits am Ende der Jahrgangsstufe 4 erreichen.

zichtet. Nach Leistung gebildete Lerngruppen mit curricularer Differenzierung sind hier erst im Alter von etwa 16 Jahren vorgesehen (OECD, 2001).

2.3.6 Selektion als Prinzip auf der Sekundarschule

Aufgrund der mit der sozialen Herkunft der Eltern stark zusammenhängenden Bildungsempfehlung sind auch im weiteren Verlauf der Sekundarstufe Schülerinnen und Schüler mit unterschiedlicher sozialer Herkunft in Deutschland an unterschiedlichen Schulformen anzutreffen. Selbst bei vergleichbarer Leistung besuchen sie unterschiedliche Bildungsgänge. Innerhalb der Schulformen lässt sich also eine *soziale Homogenisierung* beobachten.

Abbildung 2.1: Zusammenhang zwischen Sozialschicht und kognitiven Grundfähigkeiten auf Schulebene (linearer und quadratischer Trend)

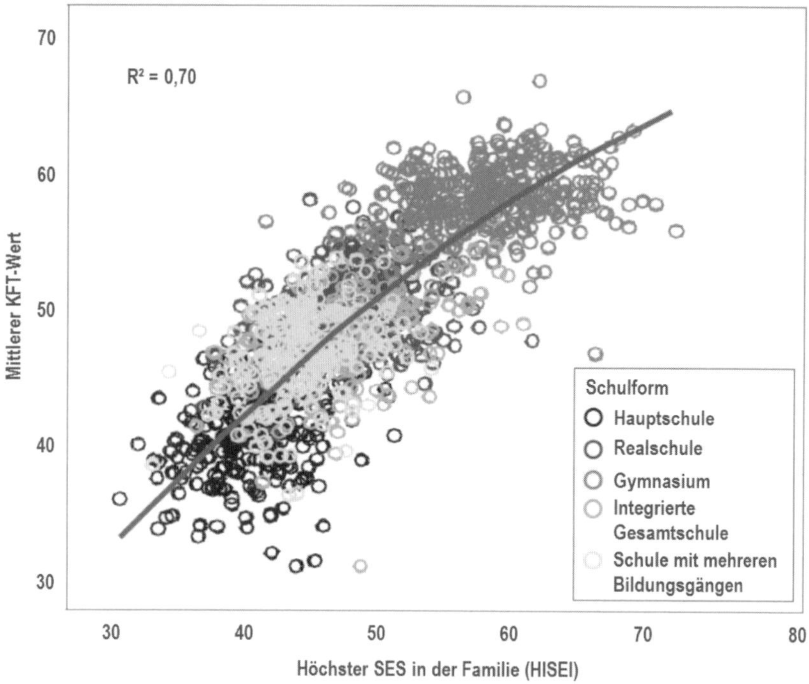

Baumert et al. (2006, S. 96): Programme for International Student Assessment © PISA 2000

Baumert et al. (2006) bezeichnen diese soziale Segregation als Kehrseite der institutionellen Leistungsdifferenzierung, da der Zusammenhang zwischen der sozialen und fähigkeitsbezogenen Zusammensetzung von Schulen sehr eng ausfällt (vgl. Abbildung 2.1). 70 Prozent der Varianz der mittleren kognitiven Grundfähigkeit zwischen den Schulen lässt sich alleine durch die soziale Zusammensetzung der Schülerschaft erklären. Besonders auffällig ist zudem die Häufung bestimmter Schulformen an den beiden Enden dieser Verteilung: Die Hauptschulen, an denen im Durchschnitt die niedrigsten kognitiven Grundfähigkeiten erzielt werden, rekrutieren überwiegend Schülerinnen und Schüler aus Familien mit vergleichsweise niedrigen sozialen Lagen. Die Schülerschaft an den Gymnasien ist hingegen nicht nur sozial privilegierter zusammengesetzt, sondern erreicht auch im Durchschnitt höhere kognitive Grundfähigkeiten. Hier zeigt sich erneut, dass vor allem die Kinder mit ungünstigeren Lernvoraussetzungen durch die Selektions- und Homogenisierungsmaßnahmen im deutschen Schulsystem benachteiligt werden. Da nicht nur auf der Individual-, sondern auch auf der Schulebene mit der sozialen Lage weitere leistungsrelevante Merkmale, wie z.B. der Erwerbstätigkeitsstatus oder das Bildungsniveau der Familie variieren, entstehen durch ein „Syndrom von Kompositionsmerkmalen", das in einer kumulativen Privilegierung oder Benachteiligung von Schulen resultieren kann, „sozialökologisch weitgehend unterschiedliche Schulumwelten" (Baumert et al., 2006, S. 97 f.).

Neben der Sortierung der Schülerinnen und Schüler nach ihrer sozialen Herkunft werden an den Sekundarschulen weitaus häufiger noch als an den Grundschulen Klassenwiederholungen, Überweisungen auf Förderschulen und Schulformwechsel als Selektions- und Homogenisierungsmaßnahmen praktiziert. Die PISA-Studie aus dem Jahr 2000 zeigt, dass bundesweit bis zum Ende der Jahrgangsstufe 9 rund 24 Prozent der Schülerinnen und Schüler mindestens einmal in ihrer Schullaufbahn eine Klassenstufe wiederholt haben. Zudem besteht für jedes Kind jedes Schuljahr erneut die Gefahr, sitzen zu bleiben. Am Ende der Pflichtschulzeit, also im Alter von 15 Jahren, haben nur 64 Prozent der Schülerinnen und Schüler ihre Schullaufbahn ohne zeitliche Verzögerungen, d.h., mit stichtagsgerechter Einschulung und ohne Klassenwiederholung, durchlaufen (Tillmann & Meier, 2001, S. 473).

Muss nach erneuter Klassenwiederholung die Schule oder gar die Schulform verlassen werden, kommt es häufiger zu einem Abstieg auf einen niedrigeren Bildungsgang als zu einem Aufstieg auf eine anspruchsvollere Schulform: Verschiedene Studien ermitteln eine Relation von Auf- und Abstiegen, die zwischen 1:11 (Bellenberg, 1999) und 1:18 (Kemnade, 1989) schwankt. 15,6 Prozent der in PISA 2000 getesteten Hauptschülerinnen und -schüler stammen aus höheren Bildungsgängen, also aus den Realschulen und Gymnasien; 9,4 Prozent der Realschülerinnen und Realschüler besuchten zwei Jahre zuvor noch ein Gymnasium. Die Gymnasien sind hingegen ein „Hort der Stabilität" (Tillmann & Meier, 2001, S. 477), da sich die Zusammensetzung der Schülerschaft hier kaum verändert. An den Hauptschulen ist jedoch die Konzentration von Schülerinnen und Schülern mit Misserfolgskarrieren besonders hoch, da sie überwiegend diejenigen aufnehmen, die höhere Schulformen nach mehrfacher Klassenwiederholung bereits verlassen haben. So haben 35 Prozent der Hauptschülerinnen und Hauptschüler im Alter von 15 Jahren mindestens ein Schuljahr wiederholt. Schümer (2004) zeigt, dass in Hauptschulen mit einer solch negativ ausgelesenen Schülerschaft die Lernstände nochmals deutlich niedriger als erwartet ausfallen und eine schul- und lerndistanzierte Einstellung in diesem Lernmilieu nicht anregungsreich sein kann.

Zurückstellungen, Klassenwiederholungen, Überweisungen auf Förderschulen und Schulformwechsel werden also genutzt, um die jeweils Leistungsschwächsten auszusortieren. Dadurch reduziert sich die Leistungsheterogenität an den leistungsstärkeren abgebenden Schulformen, die Schülerschaft wird dort also leistungshomogener. An den anderen aufnehmenden Schulformen verändert sich durch die Rückläufer zwar ebenfalls das mittlere Leistungsniveau, nicht aber die Leistungsstreuung (Tillmann & Meier, 2001). Selbst integrierte Gesamtschulen, die eigentlich eine Schulform für alle Schülerinnen und Schüler sein sollten, werden ihrem Anspruch meistens nicht gerecht, da hier häufig das obere Leistungsdrittel der gesamten Schülerschaft fehlt, da für diese Schülerinnen und Schüler anspruchsvollere Schulformen offenbar attraktiver sind. Darüber hinaus greifen auch an den integrierten Gesamtschulen Maßnahmen der äußeren Differenzierung, wenn durch Grund- und Erweiterungskurse eine Leistungshomogenisierung der Schülerschaft angestrebt wird (Höhmann, 2009).

2.3.7 Eine Zwischenbilanz

Abschnitt 2.3 hat gezeigt, dass offenbar unerwünschter Leistungsheterogenität in der Schule bereits zu Beginn der Primarstufe mit verschiedensten organisatorischen Maßnahmen begegnet wird, die der Leistungshomogenisierung von Lerngruppen dienen sollen. Das deutsche Schulsystem greift also immer wieder ein, „um die ‚falschen' Schüler zu entfernen" (Tillmann, 2004, S. 6) und die jeweils Leistungsschwächsten auszuschließen. Grund hierfür ist die weit verbreitete Überzeugung, dass das Unterrichten in leistungshomogenen Lerngruppen, in denen alle Schülerinnen und Schüler in etwa dasselbe Leistungsniveau aufweisen, leichter zu organisieren sei, nicht zuletzt, weil dann eine einheitliche Grundlage zur Bewertung schulischer Leistungen vorliege. Leistungsheterogenität wird hingegen häufig als Störfaktor für gewohnte Unterrichtsabläufe verstanden (Höhmann, 2009). Der Frage aber, ob durch eine Vielzahl an Selektionsmechanismen die Leistungsheterogenität im deutschen Schulsystem tatsächlich reduziert werden kann, wird im Folgenden nachgegangen.

2.4 Leistungsheterogenität trotz Leistungshomogenisierung?

„Eine vergleichbar große Streuung wird von keinem anderen Land auch nur annähernd erreicht [...]. In Deutschland ist also insgesamt eine sehr große Bandbreite von Leistungen 15-jähriger Schülerinnen und Schüler im Lesen zu verzeichnen".
(Artelt et al., 2001, S. 108)

Falls durch die verschiedenen Selektionsmechanismen, die gerade für das deutsche Schulsystem kennzeichnend sind, eine Leistungshomogenisierung gelingen würde und der Anspruch einer optimalen Förderung aller Schülerinnen und Schüler verwirklicht werden könnte, müsste sich im internationalen Vergleich zu anderen Ländern, die z.B. auf eine äußere Leistungsdifferenzierung verzichten, Folgendes beobachten lassen: Erstens müsste demnach in Deutschland die Leistungsheterogenität – gemessen über den Abstand zwischen den leistungsstärksten und den leistungsschwächsten Schülerinnen und Schülern – geringer ausfallen als in Ländern ohne externe Leistungsdifferenzierung. Zweitens wäre zu erwarten, dass auch die leistungsschwächeren Schülerinnen und Schüler von der Leistungshomogenisierung profitieren können und hierzulande höhere oder zumindest keine niedrigeren Kompetenzen erzielen als in Ländern ohne äußere Leistungsdifferenzierung. Drittens müsste in Deutschland auch die Leistungsstreuung innerhalb der verschiedenen Bildungsgänge geringer ausfallen als zwischen den Bildungsgängen.

Nationale und internationale Schulleistungsstudien der letzten Jahre haben einerseits gezeigt, dass die Testleistungen der Schülerinnen und Schüler in Deutschland unterhalb des OECD-Durchschnitts liegen. Andererseits fällt in keinem anderen Land der Abstand zwischen den leistungsstärksten und -schwächsten Schülerinnen und Schülern hinsichtlich ihrer Leistungen so groß aus wie in Deutschland. Abbildung 2.2 macht dies anhand der Verteilung der Lesekompetenz einiger ausgewählter Teilnehmerstaaten der PISA-Studie 2000[18] deutlich (vgl. Artelt et al., 2001, S. 106 f.). Als Vergleichsländer werden exemplarisch Finnland, Kanada und Großbritannien gewählt. Zwar unterscheiden sich diese Länder in vielen Merkmalen des

18 Aktuellere Ergebnisse liegen mit PISA 2003 für Mathematik und PISA 2006 für die Naturwissenschaften vor. Die nachfolgenden Ausführungen beschränken sich jedoch auf die Lesekompetenz, da sie als „Werkzeug" für den selbstständigen Wissenserwerb auch in anderen Kompetenzdomänen die grundlegendste Voraussetzung ist (OECD, 2001, vgl. hierzu auch Abschnitt 6.1.2). Zu den sprachlichen Kompetenzen von Schülerinnen und Schülern der Jahrgangsstufe 9 sind aktuell auch die Ergebnisse im Ländervergleich veröffentlicht worden, welcher an die Stelle der nationalen PISA-Ergänzungsstudie (PISA-E) getreten ist und vom Institut zur Qualitätsentwicklung im Bildungswesen (IQB) durchgeführt wurde (Köller, Knigge & Tesch, 2010).

Bildungssystems, der Schul- und Unterrichtsorganisation (vgl. z.B. Döbert, Klieme, von Kopp & Weiß, 2003). Sie werden dennoch als Vergleichsländer herausgegriffen, da sie auf eine externe Leistungsdifferenzierung verzichten oder diese erst später einsetzt als hierzulande.

Die Leistungsverteilung innerhalb der Vergleichsländer ist in Abbildung 2.2 anhand von Perzentilbändern dargestellt. Die Perzentile kennzeichnen denjenigen Testwert, der den angegebenen Anteil der Leistungsverteilung abschneidet: Unterhalb des 25. Perzentils liegen die 25 Prozent der leistungsschwächsten Schülerinnen und Schüler, oberhalb des 95. Perzentils liegen die fünf Prozent der leistungsstärksten Schülerinnen und Schüler. Die Perzentilbänder geben also die um Ausreißer bereinigte Leistungsstreuung an. Je breiter die Perzentilbänder sind, desto stärker unterscheiden sich die Leistungen innerhalb eines Landes. Die Leistungen sind auf einen Mittelwert von 500 Skalenpunkten und eine Standardabweichung von 100 Skalenpunkten standardisiert.

Abbildung 2.2: Testleistungen im internationalen Vergleich (PISA 2000)

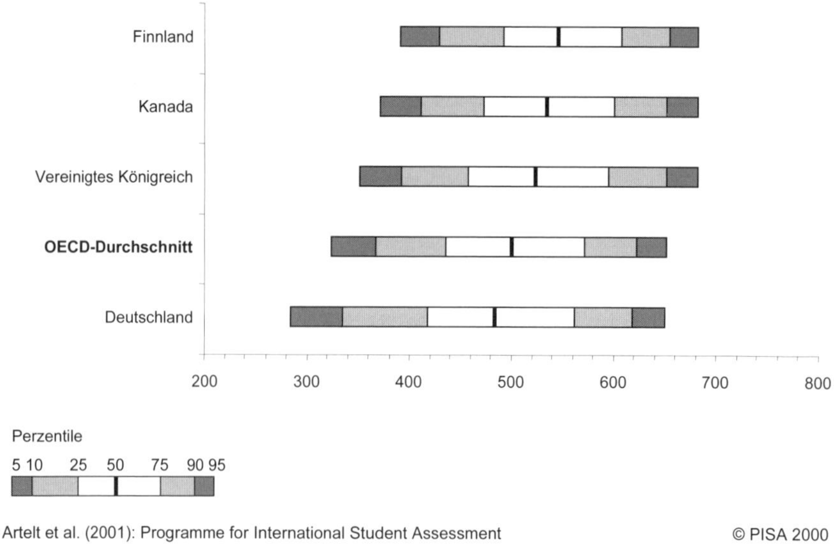

Die Abbildung zeigt, dass in allen ausgewählten Ländern die Leistungen unterschiedlich breit um den jeweiligen Mittelwert streuen. In Finnland und Kanada fällt die Standardabweichung der Lesekompetenz mit 89 bzw. 95 Skalenpunkten unterdurchschnittlich aus. In Großbritannien entspricht die Standardabweichung der Lesekompetenz mit 100 Skalenpunkten dem OECD-Durchschnitt. In Deutschland fällt dagegen die Standardabweichung mit 111 Skalenpunkten international am höchsten aus. Auch der Abstand zwischen den fünf Prozent der leistungsstärksten und den fünf Prozent der leistungsschwächsten Schülerinnen und Schüler, erkennbar an der Länge der Perzentilbänder, ist in Deutschland mit 366 Skalenpunkten am größten. Eine Leistungshomogenisierung, die sich an einer im Vergleich zu den anderen Ländern geringeren Leistungsstreuung ablesen ließe, gelingt also offenbar hierzulande nicht. Im Gegenteil stehen Unterschiede zwischen Schulen hinsichtlich der Lesekompetenz durchaus in einem Zusammenhang mit der Systemstruktur: So beträgt in den Ländern, die auf eine Leistungsdifferenzierung verzichten, der Varianzanteil zwischen den Schulen im Durchschnitt 17 Prozent. In Ländern, in denen eine externe Leistungsdifferenzierung später einsetzt, liegt dieser Anteil bei etwa 45 Prozent und in Ländern mit einer früh einsetzenden Leistungsdifferenzierung bei 55 Prozent (Ditton, 2009).

Gerade die leistungsschwächsten Schülerinnen und Schüler erzielen in den Vergleichsländern durchweg höhere Testleistungen als in Deutschland. Zudem lässt sich hierzulande ein besonders hoher Anteil an Schülerinnen und Schülern feststellen, die ein Mindestmaß grundlegender Kompetenzen, welche für die weitere Schul- und Berufslaufbahn und eine gesellschaftliche Partizipation unerlässlich sind, nicht erreichen. Rund ein Viertel der Schülerinnen und Schüler zählt in PISA 2000 zu dieser Risikogruppe. Auf der anderen Seite entspricht der Anteil der Schülerinnen und Schüler mit höchsten Kompetenzen, die zur Spitzengruppe zählen, in Deutschland dem internationalen Durchschnitt (Artelt et al., 2001). Die breite Leistungsstreuung geht in Deutschland also nicht mit einer besonderen Förderung der Leistungsstärksten einher.

Der aktuellste PISA-Zyklus aus dem Jahr 2009, dessen Ergebnisse im Dezember 2010 vorgestellt wurden (Naumann, Artelt, Schneider & Stanat, 2010), zeigt, dass in Deutschland im Trend eine kontinuierliche und statistisch signifikante Verbesserung des Leseverständnisses bei den Schülerinnen und Schülern zu verzeichnen ist, so dass nunmehr mittlere Lernstände im Leseverständnis erzielt werden, die im Bereich des OECD-Durchschnitts liegen. Auch die Standardabweichung der Lesekompetenz unterscheidet sich mit 95 Skalenpunkten nicht mehr signifikant vom OECD-Durchschnitt (*SD* = 93). Dementsprechend fällt der Abstand zwischen den fünf Prozent der Leistungsstärksten und den fünf Prozent der Leistungsschwächsten in Deutschland mit 307 Skalenpunkten so groß aus wie im OECD-Durchschnitt. Neben der Zunahme der durchschnittlichen Lesekompetenz ist also in Deutschland auch eine Abnahme der Leistungsheterogenität im Trend über die zurückliegenden PISA-Erhebungen hinweg feststellbar. In Finnland und Kanada fällt der Abstand zwischen den Leitungsstärksten und -schwächsten nach wie vor geringer, in Großbritannien hingegen etwa so groß aus wie in Deutschland.

Abbildung 2.3: Testleistungen im nationalen Vergleich (PISA-E 2000)

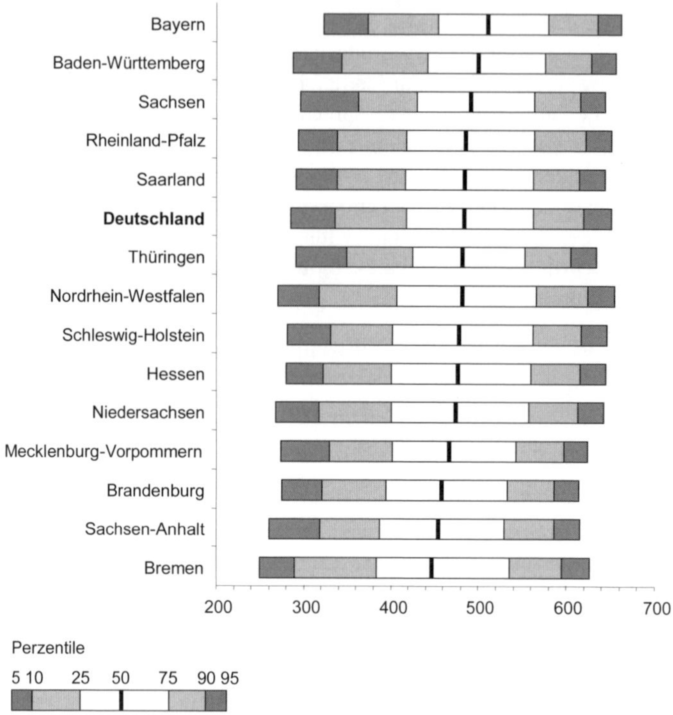

Artelt et al. (2002, S. 64): Programme for International Student Assessment © PISA 2000

Im Rahmen der nationalen Erweiterungsstudie (PISA-E 2000) ist darüber hinaus auch ein Vergleich der Bundesländer möglich. Abbildung 2.3 stellt die Leistungsverteilungen der Lesekompetenz auf der Ebene der Bundesländer geordnet nach den höchsten mittleren Lesekompetenzen dar (vgl. auch Artelt, Schneider & Schiefele, 2002, S. 64 f.).[19]

19 Die Gesamtbeteiligung auf der Schülerebene lag in Hamburg bei PISA 2000 nur bei 70 Prozent der Sollstichprobe, womit die kritische Grenze von 80 Prozent unterschritten wurde. Möglicherweise haben gerade die leistungsschwächeren Schülerinnen und Schüler nicht an der PISA-Studie teilgenommen, wodurch die Verteilungsparameter verzerrt sein können (Baumert, Artelt, Carstensen, Sibberns & Stanat, 2002, S. 28 f.). Hamburg musste deshalb – genau wie Berlin – von den schulformunspezifischen Auswertungen ausgeschlossen und konnte lediglich für den Gymnasialvergleich aller Bundesländer (Artelt et al., 2002, S. 89 ff.) berücksichtigt werden.

Die Abbildung zeigt, dass die Streuung der Lesekompetenzen auch innerhalb der Bundesländer sehr groß ausfällt. Das Bundesland mit der größten Leistungsheterogenität ist Nordrhein-Westfalen, hier fällt der Abstand zwischen dem 5. und dem 95. Perzentil am größten aus. Die leistungshomogensten Bundesländer sind Bayern und Brandenburg, hier sind die Abstände zwischen dem 5. und 95. Perzentil am geringsten, die Perzentilbänder dementsprechend am kürzesten. Obwohl diese beiden Bundesländer zwar im Hinblick auf ihre Leistungsheterogenität durchaus vergleichbar sind, unterscheiden sie sich in den mittleren Leistungen ihrer Schülerinnen und Schüler recht deutlich: Bayern nimmt im innerdeutschen Vergleich die Spitzenposition ein, Brandenburg landet hingegen auf dem drittletzten Platz. Die Ergebnisse verdeutlichen, dass auch bei hoher Leistungsheterogenität überdurchschnittliche Leistungen erzielt werden können.

Leistungsverteilungen innerhalb von Bildungsgängen

Im Rahmen von PISA ist es außerdem möglich, die Leistungsverteilungen differenziert nach Bildungsgängen[20] zu beschreiben. Abbildung 2.4 zeigt zunächst, dass sich die mittleren Leistungsniveaus zwischen den Bildungsgängen deutlich unterscheiden; die Unterschiede zwischen allen Schulformen sind dabei signifikant. Andererseits ist aus der Abbildung auch ersichtlich, dass es zwischen den Bildungsgängen erhebliche Überlappungsbereiche gibt: Z.B. weisen 70 Prozent der Schülerinnen und Schüler an den integrierten Gesamtschulen Lesekompetenzen auf, die auch von durchschnittlichen Schülerinnen und Schülern sowohl an den Hauptschulen als auch Gymnasien erzielt werden. Im mittleren Leistungsbereich, also im Bereich zwischen etwa 425 und 575 Skalenpunkten, sind Schülerinnen und Schüler aller Bildungsgänge vertreten. Die Leistungsstreuung innerhalb der Bildungsgänge fällt dabei nahezu so groß aus wie die Gesamtbreite der Leistungen über alle Bildungsgänge hinweg. Da die integrierte Gesamtschule ihrem Anspruch nach eine Schulform für alle Schülerinnen und Schüler ist und dementsprechend ihre Schülerschaft nicht auf der Basis der in der Grundschule erbrachten Leistungen auswählt, fallen hier die Lesekompetenzen erwartungsgemäß sehr heterogen aus.

20 Schülerinnen und Schüler aus Schulen mit mehreren Bildungsgängen werden den Hauptschulen zugeordnet, wenn sie eine Hauptschulklasse besuchen, und den Realschulen zugeordnet, wenn sie eine Realschulklasse besuchen.

Abbildung 2.4: Verteilung der Leseleistungen nach Bildungsgang (PISA 2000)

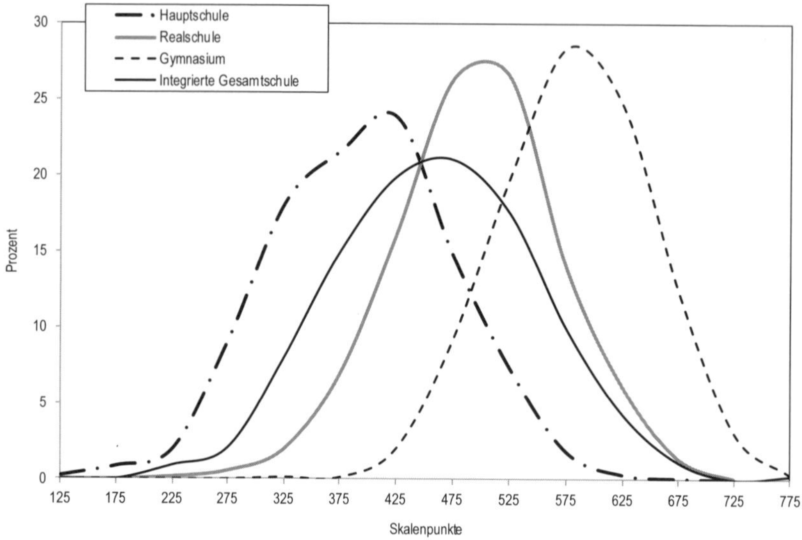

Artelt et al. (2001, S. 121): Programme for International Student Assessment © PISA 2000

2.5 Zusammenfassung und Implikationen für die eigene Arbeit

Kapitel 2 hat gezeigt, dass vermeintlich unerwünschter Leistungsheterogenität im deutschen Schulsystem mit verschiedenen organisatorischen Maßnahmen begegnet wird. Die Bemühungen um Leistungshomogenität in Schule und Unterricht beruhen dabei auf der Überzeugung, dass das Lehren und Lernen in leistungshomogenen Lerngruppen leichter und effektiver sei. Des Weiteren hat dieses Kapitel auch die spezifischen Vor- und Nachteile aufgezeigt, die mit einer Leistungshomogenisierung der Schülerschaft verbunden sind. Die Probleme der dem Anspruch nach ausschließlich leistungsbezogenen Homogenisierung sind durch Ergebnisse internationaler und nationaler Leistungsvergleichsstudien untermauert worden.

Dieses Kapitel hat jedoch auch gezeigt, dass das Ziel, wirklich homogene Lerngruppen z.B. hinsichtlich der Leistungsfähigkeit zu schaffen, faktisch nur sehr begrenzt realisierbar ist (Klafki & Stöcker, 1985). Trotz aller Bemühungen um Reduktion von Leistungsheterogenität sind auch in Deutschland die Lerngruppen keineswegs leistungshomogen. Wie der Vergleich ausgewählter PISA-Teilnahmestaaten gezeigt hat, fällt in Deutschland der Abstand zwischen den Leistungsstärksten und -schwächsten sogar am größten aus. Der innerdeutsche Vergleich hat gezeigt, dass die Leistungsheterogenität innerhalb der Bundesländer sehr unterschiedlich ausfällt. Bemerkenswert ist, dass trotz vergleichbarer Leistungsheterogenität in einigen Bundesländern überdurchschnittliche, in anderen Bundesländern dagegen unterdurchschnittliche Kompetenzen erreicht werden. Leistungsheterogenität kann also sowohl auf hohem als auch auf niedrigem mittlerem Niveau vorliegen. Auch innerhalb institutionell getrennter Bildungsgänge, dem Hauptmerkmal der Leistungshomogenisierung im deutschen Bildungssystem, besteht eine erhebliche Leistungsheterogenität, da nicht nur nach den erzielten Leistungen selektiert wird, sondern offenbar auch die soziale Herkunft der Schülerinnen und Schüler ein inoffizielles Auslesekriterium ist (Tillmann, 2004). Leistungsheterogenität ist somit – auch im gegliederten Schulsystem – immer gegeben. Der Frage, ob und wie sich diese Leistungsheterogenität auf den Lernerfolg von Schülerinnen und Schülern auswirkt, ob sie also überhaupt ein leistungsrelevantes Merkmal von Lerngruppen ist, soll daher in dieser Arbeit nachgegangen werden.

3 Leistungsheterogenität als Kompositionsmerkmal von Lerngruppen

> „Classroom composition can be expressed in terms of mean scores on student background variables […], and in terms of the between student variation on these variables. In the latter case we are in the realm of the issue of homogeneous or heterogeneous grouping.“
> (Scheerens, 2008, S. 20 f.)

Leistungsheterogenität wird häufig aus der Perspektive einer alltäglichen Herausforderung für die Lehrenden aufgefasst. Aus der Diskussion darüber, ob das Lernen in eher leistungshomogenen oder -heterogenen Lerngruppen effektiver ist (vgl. Abschnitt 2.2), lässt sich für die vorliegende Arbeit ableiten, dass neben individuellen Lernvoraussetzungen der Schülerinnen und Schüler auch von der Zusammensetzung der Schülerschaft Effekte auf die Kompetenzentwicklung vermutet werden können. Merkmale, die die Zusammensetzung von Untersuchungseinheiten im Hinblick auf eine bestimmte Variable beschreiben, werden auch als *Kompositionsmerkmale* bezeichnet. Neben der leistungsbezogenen Zusammensetzung ist auch die soziale Zusammensetzung von Lerngruppen ein Merkmal, dessen Auswirkungen auf schulische Leistungen häufig diskutiert werden.

Im Rahmen dieser Arbeit ist eine Analyse von Leistungsheterogenität als Kompositionsmerkmal von Schulklassen vorgesehen. Nach einer begrifflichen Klärung zeigt dieses Kapitel deshalb zunächst verschiedene Wirkungsweisen von Kompositionsmerkmalen und deren empirische Nachweise auf. Weiterhin soll gezeigt werden, welche Konsequenzen die Zusammensetzung der Lerngruppen nicht nur für das Lernen, sondern auch für soziale Interaktionen und die Entstehung leistungsbezogener Normen innerhalb von Lerngruppen haben kann und über welche Vermittlungsprozesse sich diese auswirken können. Abschließend werden konzeptuelle und methodische Aspekte, die es bei der Analyse von Kompositionsmerkmalen zu berücksichtigen gilt, thematisiert und im Hinblick auf ihre Implikationen für die eigene Arbeit gedeutet.

3.1 Definition und Wirkungsweisen von Kompositionsmerkmalen

„Das Ganze ist mehr als die Summe
seiner Teile.“
(Aristoteles)[21]

Auswirkungen der Zusammensetzung der Schülerschaft auf die individuelle Lernentwicklung werden in der einschlägigen Forschungsliteratur unter dem Stichwort *Kompositionseffekte* diskutiert. Hierbei handelt es sich um Effekte von auf einer höheren Analyseebene aggregierten Individualmerkmalen (*Kompositionsmerkmale*), wie beispielsweise das durchschnittliche Vorwissen, die durchschnittliche soziale Zusammensetzung oder der relative Anteil von Schülerinnen und Schülern mit Migrationshintergrund innerhalb von Schulen. Diesen Kompositionsmerkmalen wird eine neue und eigenständige Bedeutung für die Vorhersage einer abhängigen Variablen zugeschrieben, die über die Wirkung derselben Merkmale auf der Individualebene hinausgeht:

> „In many school effects studies, achievement differences are found to be related to differences in the composition of the body of students. This is known as the ‚compositional‘ effect. Such an effect is often reported when a school-level aggregate of an individual-level variable makes an independent contribution to the explanation of outcome variance. In other words, the school-level aggregated variable makes a significant contribution to the explanatory model over and above the contribution of the same variable at the individual level“(Harker & Tymms, 2004, S. 177).

Im Unterschied zu einem *individuellen Matthäus-Effekt*, d.h. einer differenziellen Lernentwicklung in Abhängigkeit von individuellen Lernvoraussetzungen, können Kompositionseffekte auch als *institutionelle Matthäus-Effekte* bezeichnet werden, wenn eine unterschiedliche Lernentwicklung der Schülerinnen und Schüler auf eine unterschiedliche Zusammensetzung der Schülerschaft zurückzuführen ist (Baumert et al., 2006, S. 101). D.h., dass Schülerinnen und Schüler auch unabhängig von und zusätzlich zu unterschiedlichen individuellen Lernausgangslagen je nach Zusammensetzung ihrer Schulklassen oder Schulen, also je nach Leistungsstärke ihrer Mitschülerinnen und Mitschüler, unterschiedliche Lernerfolge erzielen: „[T]wo pupils with similar prior scores but attending different schools can be predicted to have different scores depending on the average score of the other pupils in their schools“ (Harker & Tymms, 2004, S. 178).

Von den Kompositionsmerkmalen abzugrenzen sind so genannte *Kontextmerkmale*, zu denen Kennzeichen der weiteren Umgebung zählen, wie z.B. weitere Merkmale des Lernen und des Unterrichts, die Klassengröße oder Bedingungen in der Schule:

21 Zitiert nach http://www.zitate-online.de/autor/aristoteles [05.04.2011].

> „‚Contextual‘ is a term often used with explanatory variables describing a variety of background characteristics of individual students in schools, and can hence be confusing if applied to the aggregate effect being discussed here. [...] [T]he term ‚contextual effect‘ is now used in a way that includes other differences between schools, such as governance structures, grade levels, size, and so on [...], these additional variables could be seen as other level-2 [...] variables to be examined for their mediating effects of a basic compositional effect“ (ebd., S. 183).

In empirischen Studien zu Wirkungsweisen von Kompositionsmerkmalen wird häufig ein *linearer Effekt* angenommen: Dabei wird davon ausgegangen, dass mit steigender Ausprägung eines auf der höheren Analyseebene aggregierten Merkmals stetig höhere (positiv linear) oder stetig niedrigere (negativ linear) Ausprägungen der abhängigen Variable einhergehen. Es ist jedoch ebenso möglich, dass bis zu einem gewissen Punkt mit dem Anstieg eines Aggregatmerkmals gar keine Veränderung in der abhängigen Variable auftritt und sich ein Effekt dieses Kompositionsmerkmals erst dann nachweisen lässt, wenn es einen kritischen *Schwellenwert* überschreitet. Weiterhin ist es denkbar, dass ein Kompositionsmerkmal nur einen Effekt auf bestimmte Schülergruppen (z.B. leistungsschwächere Schülerinnen und Schüler) hat und für andere Schülergruppen (z.B. leistungsstärkere Schülerinnen und Schüler) nicht leistungsrelevant ist. Diese Art der Wirkungsweise wird auch als *differenzielle Effektivität* bezeichnet. Alle drei möglichen Wirkungsweisen können im Rahmen dieser Arbeit bei der Bestimmung der Bedeutung von Leistungsheterogenität für die Kompetenzentwicklung modelliert werden.

Empirischer Nachweis von Kompositionseffekten

Kompositionseffekte im Zusammenhang mit dem Leistungserwerb von Schülerinnen und Schülern sind bereits vielfach nicht nur in der internationalen Forschungsliteratur zur Schuleffektivität (z.B. Bryk, Lee & Holland, 1993; Coleman, 1966; Jencks & Mayer, 1990), sondern auch für den deutschsprachigen Raum für die soziale und leistungsbezogene Zusammensetzung der Schülerschaft nachgewiesen worden. In empirischen Analysen werden dabei üblicherweise *lineare Effekte* der Kompositionsmerkmale angenommen. So können beispielsweise Baumert et al. (2006) zeigen, dass sich – auch unter Kontrolle der mittleren kognitiven Grundfähigkeit[22] und der Schulform – mit steigendem Anteil der Eltern ohne Berufsausbildung auf der Schulebene[23] die Lesekompetenz 15-jähriger Schülerinnen und Schüler signifikant verringert. Für die Entwicklung der Lese- und Mathematikleistung im Verlauf des sechsten Schuljahres an Berliner Grundschulen kann Nikolova

22 Allein die mittlere kognitive Grundfähigkeit auf der Schulebene erklärt bereits 76 Prozent der Varianz der Lesekompetenz (Baumert et al., 2006).

23 Der prozentuale Anteil der Eltern ohne Berufsausbildung auf der Schulebene wird dabei als Indikator für die soziale Zusammensetzung der Schülerschaft verwendet.

(2011) unter Kontrolle weiterer Kompositionsmerkmale signikante Effekte des mittleren Leistungsniveaus der Schulklassen nachweisen und zeigen, dass auch die Klassenkontexte der Grundschulen differenzielle Lern- und Entwicklungsmilieus darstellen.

Im Rahmen der Hamburger Längsschnittstudie KESS kann hingegen ein Effekt der mittleren sozialen Lage (HISEI) auf der Schulebene – unter Kontrolle des mittleren Vorwissens, des prozentualen Migrantenanteils und der Schulform – am Ende der Jahrgangsstufe 8 weder für das Leseverständnis noch für die Mathematikleistung nachgewiesen werden (Gröhlich, Guill, Scharenberg & Bos, 2010a, 2010b). Diesen Analysen zufolge ist das bei weitem wichtigste Kompositionsmerkmal hingegen das Leistungs- bzw. Fähigkeitsniveau der Schülerschaft. Steigt das mittlere Vorwissen, also die mittlere Testleistung zum vorherigen Messzeitpunkt, innerhalb der Schulen um eine Standardabweichung, so erzielen die Schülerinnen und Schüler am Ende der Jahrgangsstufe 8 unter ansonsten gleichen Voraussetzungen um etwa ein Drittel einer Standardabweichung höhere Testleistungen im Leseverständnis und in Mathematik. Allerdings scheinen in den Jahrgangsstufen 5 und 6 eher institutionelle Merkmale der Schulformgliederung, in den Jahrgangsstufen 7 und 8 dagegen eher leistungsbezogene Kompositionsmerkmale eine Bedeutung für die Kompetenzentwicklung der Schülerinnen und Schüler in Mathematik zu haben. Für die gesamte Lernentwicklung in Mathematik über einen Zeitraum von vier Schuljahren ist den Analysen zufolge aber sowohl die leistungsmäßige und soziale Komposition der Schülerschaft als auch die besuchte Schulform bedeutsam (Gröhlich et al., 2010b). Zu bedenken ist bei der Analyse von Effekten von Kompositionsmerkmalen jedoch, dass sich diese zwar durchaus analytisch von institutionellen Lernbedingungen wie z.B. der besuchten Schulform trennen lassen, aber in hohem Maße mit dieser konfundiert sind: „Komposition und Institution: Beides zählt für die Leistungsentwicklung – gemeinsam und in spezifischer Weise“ (Baumert et al., 2006, S. 132).

Einen *kritischen Schwellenwert* von Kompositionsmerkmalen kann beispielsweise Stanat (2006) anhand der PISA-Daten aus dem Jahr 2000 für den Anteil der Schülerinnen und Schüler mit Migrationshintergrund innerhalb von Schulen nachweisen, dessen Überschreitung mit signifikant niedrigeren Leistungsergebnissen in der Lesekompetenz einhergeht. Demnach weisen Schülerinnen und Schüler in Schulen mit einem Migrantenanteil[24] von mindestens 40 Prozent auch unter Kontrolle individueller Voraussetzungen sowie der sozialen und kognitiven Schulzusammensetzung einen signifikanten Leistungsrückstand gegenüber Jugendlichen in Schulen mit einem Migrantenanteil von weniger als fünf Prozent auf, der umgerechnet etwa

24 Der Migrantenanteil ist hierbei operationalisiert über Anteil der Schülerinnen und Schüler innerhalb von Schulen, die normalerweise zu Hause eine andere Sprache als Deutsch sprechen.

einem Schuljahr entspricht. Eine Replikation dieser Befunde nehmen Stanat, Schwippert und Gröhlich (2010) für die Hamburger KESS-Studie vor. Auch sie finden zunächst einen signifikant negativen Effekt für den Anteil von Schülerinnen und Schülern mit nicht-deutscher Familiensprache innerhalb von Schulklassen, der jedoch unter Berücksichtigung der sozialen und leistungsbezogenen Komposition der Schulklassen verschwindet. Sie identifizieren ebenfalls einen kritischen Schwellenwert, der jedoch unter Kontrolle weiterer Kompositions- und Institutionsmerkmale nicht mehr signifikant ist. Auf der Schulebene lässt sich dagegen für die Hamburger Schülerinnen und Schüler weder für das Leseverständnis noch für die Mathematikleistung am Ende der Jahrgangsstufe 8 ein signifikanter Effekt für den Migrantenanteil innerhalb von Schulen[25] nachweisen (Gröhlich et al., 2010a, 2010b), was eine weitere Überprüfung eines möglichen Schwellenwertes erübrigt.

3.2 Vermittlung von Kompositionseffekten

„This ‚black box‘ approach to tracking has limited our understanding [...] of how tracking works [...].“
(Oakes, 1989, S. 181)

Kompositionsmerkmale wirken überwiegend über verschiedene Vermittlungs- sowie Lern- und Entwicklungsprozesse auf schulische Leistungen, Selbstbewertungen und Aspirationen (Baumert et al., 2006), welche in der Terminologie nach Harker und Tymms (2004) zu den Kontexteffekten zu zählen sind. Bei der Analyse von Zusammenhängen zwischen individuellen Lernvoraussetzungen und Kompositionsmerkmalen sowie deren Auswirkungen auf die Kompetenzentwicklung wird auf unterschiedliche wissenschaftliche Disziplinen wie z.B. der (Fach-)Didaktik, Soziologie und Psychologie zurückgegriffen. Hierzu zählen wiederum mehrere Bereiche von Erklärungsfaktoren (Herkunftsmerkmale der Schülerinnen und Schüler und ihrer Eltern; Lernumwelt, Klassen- und Unterrichtsmerkmale; Lern- und Entwicklungsprozesse), die zum Teil auf unterschiedlichen Analyseebenen (z.B. Individual- und Klassenebene) zu verorten sind und auch untereinander in Beziehung stehen.

Demnach werden Kompositionsmerkmale hauptsächlich über drei Wege vermittelt und moderiert: *erstens* über unterrichtsorganisatorische, curriculare und didaktische Vorgaben der Schule, denen eine besondere Bedeutung zukommt, sowie Erwartungen seitens der Lehrkräfte, *zweitens* über die Interaktion mit Gleichaltrigen und daraus resultierenden Verhaltensnormen als soziologischer Erklärungsansatz und *drit-*

25 Der Migrantenanteil ist hierbei operationalisiert über den Anteil der Schülerinnen und Schüler innerhalb von Schulen, bei denen mindestens ein Elternteil nicht in Deutschland geboren worden ist.

tens über soziale Vergleichsprozesse innerhalb von und zwischen Referenzgruppen als psychologischer Erklärungsansatz (Dreeben & Barr, 1988). Des Weiteren sind auch Leistungs- und Verhaltenserwartungen sowie das Engagement der Eltern zu den kulturellen Ressourcen von Schulen zu zählen, über welche die Zusammensetzung der Schülerschaft im Wesentlichen moderiert wird. Damit lässt sich nach Baumert et al. (2006) das in Abbildung 3.1 dargestellte Vermittlungsmodell für schulische Kontexteffekte skizzieren.

Abbildung 3.1: Vermittlungsmodell für Kontexteffekte nach Baumert et al. (2006)

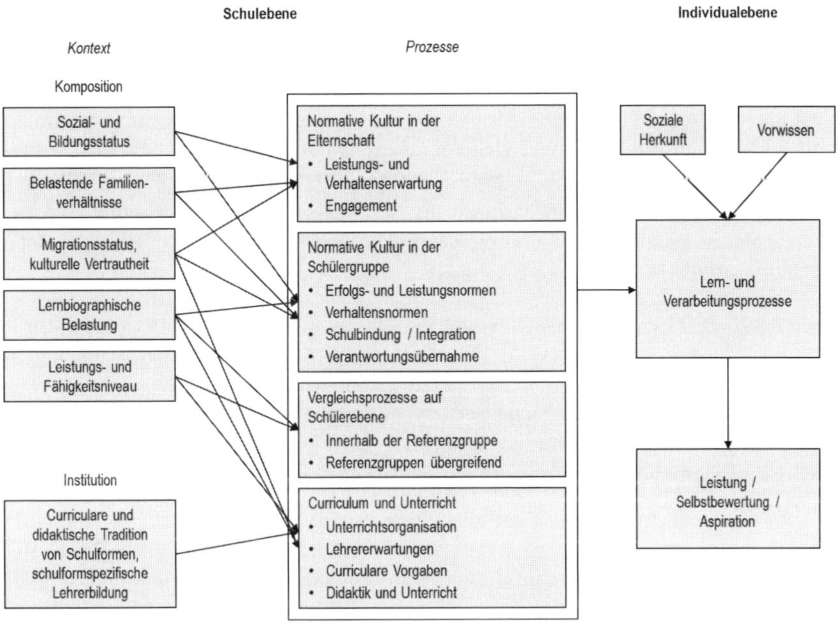

Baumert et al. (2006, S. 126): Programme for International Student Assessment © PISA 2000

Einige Auswirkungen der Zusammensetzung von Lerngruppen im Hinblick auf die Anpassung von Curriculum und Unterricht, die sich auf Aspekte der Unterrichtsgestaltung, des kognitiven Anregungsgehalts der dargebotenen Inhalte sowie Merkmale von Lehr- und Lernprozessen beziehen, sind bereits in Abschnitt 2.2 dargestellt worden. Nachfolgend werden deshalb ausschließlich die Konsequenzen der leistungsbezogenen Zusammensetzung von Lerngruppen aus bezugsgruppentheoretischer Perspektive thematisiert.

Zu unterscheiden ist dabei zwischen einer *normativen* und einer *komparativen Funktion*, die sich durchaus wechselseitig ergänzen: Nach Fend (1991) bestehen in Schulklassen Normen, wie Schule und Lehrkräfte einzuschätzen und zu beurteilen sind. Diese Klassennormen bestimmen maßgeblich den Handlungsspielraum der Lehrkräfte, ihre Vorbildfunktion und Glaubwürdigkeit sowie die Art und Weise, wie die Schulklasse sie wahrnimmt. So gibt es beispielsweise Schulklassen, in denen schulische Leistungen hoch bewertet werden, und solche, in denen andere außerschulische Kriterien für die Beliebtheit und das Prestige bei den Mitschülerinnen und Mitschülern ausschlaggebend sind. Je weniger leistungsorientiert eine Schulklasse ist und je mehr die Beliebtheit der Schülerinnen und Schüler durch andere als leistungsbezogene Kriterien bestimmt ist, desto weniger hängt auch die individuelle Selbstbewertung der Schülerinnen und Schüler von der klassenspezifischen Leistungshierarchie ab. Dies beeinflusst auch langfristig die subjektive Bedeutung von Anstrengung und Motivation sowie das konkrete Leistungsverhalten und letztendlich die erzielten Leistungen (vgl. auch Jerusalem, 1997). Auch Dar und Resh (1986) betonen die normative Funktion des sozialen Lernumfeldes (*socio-learning environment*), wonach die Schulklasse eine normgebende Bezugsgruppe ist, innerhalb derer sich eine Gruppen- und Lernkultur entwickelt, welche Verhaltensmodelle und -rollen bereitstellt.

Neben normativen Funktionen zeichnet sich die Schulklasse auch durch *komparative Prozesse* aus, die eine wichtige Informationsquelle für Selbsteinschätzungen sind. Diese Prozesse scheinen besonders motivations- und leistungsrelevant zu sein, da sie Effekte der mittleren Zusammensetzung von Lerngruppen auf weitere Variablen weitgehend hierüber vermitteln (Köller, 2004). Demnach bildet also der Kontext der Lerngruppe[26] den Referenzrahmen für soziale Vergleiche[27] mit signifikanten Anderen:

---

26 Dass die Schulklasse den Kontext für soziale Vergleiche mit anderen darstellt, legen Studien nahe, die gezeigt haben, dass Selbstkonzept und Leistungsängstlichkeit von Schülerinnen und Schülern mit der Leistungsverteilung innerhalb ihrer Schulklassen variieren (Fend, 1991; Jerusalem & Schwarzer, 1991). Zur Bedeutung der Schulklasse als der unmittelbaren Lernumwelt der Schülerinnen und Schüler vergleiche auch Abschnitt 3.3.1.

27 Die Theorie sozialer Vergleichsprozesse geht zurück auf Festinger (1954). Ihm zufolge haben Personen das Bedürfnis, ihre eigenen Meinungen und Fähigkeiten zu bewerten (*self-evaluation*), um zu einer Selbsteinschätzung zu gelangen. Dabei gilt es, Fehleinschätzungen zu vermeiden. Soziale Vergleiche können hinsichtlich objektiver oder sozialer Kriterien angestellt werden, wobei erstere bevorzugt werden. Die Präferenz für soziale Vergleiche steigt mit der Bedeutsamkeit der Bezugsgruppe. Für den Vergleich werden keineswegs beliebige Personen herangezogen, sondern solche, die eine möglichst hohe Ähnlichkeit hinsichtlich vergleichsrelevanter Dimensionen haben (*Ähnlichkeitshypothese*). Des Weiteren haben Personen das Bedürfnis, ihre Fähigkeiten zu steigern (*self-improvement*). Deshalb werden als Vergleichspersonen solche herangezogen, die auf der vergleichsrelevanten Dimension höhere Werte aufweisen, um Informationen darüber zu erhalten, wie man sich selbst verbessern

> „It was accompanied by *comparative reference*, a dimension in which the class is a frame of reference within and through which the student locates him- or herself on subjectively important status scales and develops, accordingly, feelings of relative deprivation or gratification that may affect his or her scholastic behavior"(Dar & Resh, 1986, S. 359, Hervorhebung i. O.).

Je nach Leistungsniveau ihrer Lerngruppe schätzen Schülerinnen und Schüler also ihre eigene Leistungsfähigkeit unterschiedlich ein: Ein Schüler wird – wie in Abbildung 3.2 durch die Größe der Fische symbolisiert – in einer leistungsschwächeren Lerngruppe (*little pond*) seine Fähigkeiten positiver einschätzen (*big fish*) als ein entsprechender Schüler mit derselben Leistung (also demselben Ordinatenwert), der sich in einer leistungsstärkeren Lerngruppe befindet. Man spricht deshalb auch vom *Big-fish-little-pond-Effekt* (BFLPE, Marsh & Parker, 1984; für einen Überblick vgl. Marsh et al., 2008).

Abbildung 3.2: Grafische Veranschaulichung des Big-fish-little-pond-Effekts

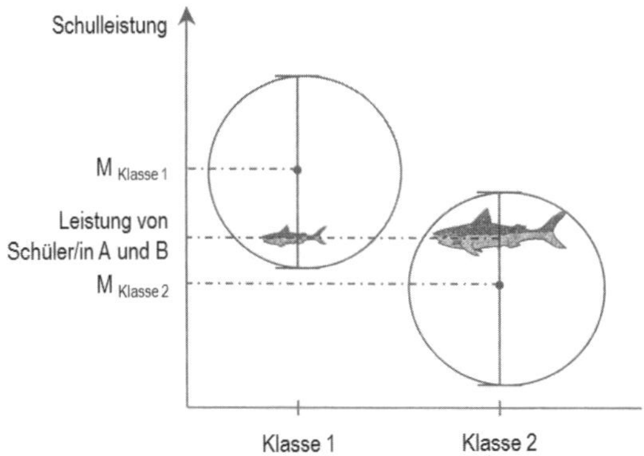

Köller (2004, S. 2): Konsequenzen von Leistungsgruppierungen

kann. Beide Bedürfnisse sind miteinander vereinbar, wenn man davon ausgeht, dass für den Vergleich eine Person herangezogen wird, die zwar hinreichend ähnlich, aber dennoch etwas besser als man selbst ist. Darüber hinaus sind zahlreiche Modifikationen von Festingers Theorie vorgenommen worden (für einen Überblick vgl. z.B. Köller, 2004; Wagner, 1999). Ergänzend zum Bedürfnis nach Selbsteinschätzung sind weitere Motive untersucht worden: das Motiv nach Bereichsgrenzenbestimmung (*range-seeking*, vgl. Wheeler et al., 1969), das Motiv nach Selbstvalidierung (*self-validation*, vgl. Fazio, 1979) sowie hinsichtlich des Selbstwertgefühls die Motive nach Selbstwertschutz (*self-protection*) und Selbstwerterhöhung (*self-enhancement*, vgl. Wills, 1981). Weiterhin sind verschiedene Modifikationen zur Richtung sozialer Vergleiche vorgenommen worden (z.B. *basking in reflected glory*, vgl. Cialdini et al., 1976; *cutting off reflected failure*, vgl. Snyder, Lassegard & Ford, 1986).

Bezogen auf Effekte der Leistungshomogenisierung (z.B. beim Übergang von der Grundschule in die Sekundarstufe) bedeutet dies, dass leistungsschwächere Schülerinnen und Schüler hiervon hinsichtlich ihrer psychosozialen Entwicklung durchaus profitieren können, und zwar insofern als ein ungünstiger Leistungsvergleich mit deutlich leistungsstärkeren Mitschülerinnen und -schülern im unmittelbaren Lernumfeld entfällt, was positive Effekte auf das Selbstwertgefühl bzw. die Selbstwahrnehmung der eigenen Kompetenz haben kann. Für die leistungsstärkeren Schülerinnen und Schüler kann sich die Leistungshomogenisierung hingegen genau entgegengesetzt auswirken: Zwar gehören sie in der Grundschule zur Leistungsspitze, erleben aber nach dem Übergang auf die weiterführende Schule, dass auch andere Schülerinnen und Schüler ebenso hohe oder sogar höhere Leistungen erbringen. Auch das Bewusstsein, mit dem Gymnasium zur Leistungsspitze aller Schülerinnen und Schüler zu gehören, kann nach Köller (2004) diese psychosozialen Kosten der Leistungshomogenisierung nicht aufwiegen. Beim Big-fish-little-pond-Effekt handelt es sich folglich nach Harker und Tymms (2004, S. 185) um einen *negativen Kompositionseffekt*, da auf der Individualebene zwar mit einem höheren Vorwissen eine höhere Selbstwahrnehmung der eigenen Kompetenz korreliert, eine Berücksichtigung des mittleren Vorwissens auf der Aggregatebene aber mit einem niedrigeren Selbstkonzept einhergeht.

Diese Bezugsgruppeneffekte der leistungsbezogenen Zusammensetzung von Lerngruppen werden in dieser Arbeit nicht überprüft, da sie bereits hinreichend und in verschiedensten Modifikationen für die Grundschule und Sekundarstufe nachgewiesen worden sind: In empirischen Studien schlägt sich der Big-fish-little-pond-Effekt unter Kontrolle individueller Leistungen nieder in negativen Vorzeichen von Pfad- oder Regressionskoeffizienten der mittleren Klassen- oder Schulleistung auf das akademische und fachspezifische Selbstkonzept, die Schulnoten oder das Kurswahlverhalten in der gymnasialen Oberstufe sowie in niedrigeren Chancen auf eine Gymnasialempfehlung am Ende der Grundschulzeit bzw. auf die endgültige Gymnasialberechtigung am Ende der Hamburger Beobachtungsstufe (vgl. z.B. Gröhlich & Guill, 2009; Köller, 2004; Tiedemann & Billmann-Mahecha, 2007; Trautwein & Baeriswyl, 2007).

Hinsichtlich der Lern*entwicklung* kann jedoch ein anderer Zusammenhang angenommen werden. Durch den Vergleich mit den Leistungsstärkeren in einer Lerngruppe ist auch eine Steigerung der Leistungsmotivation denkbar, was zu einem höheren Wissenszuwachs führen kann:

> „When the majority of students in a school are highly motivated and have high levels of prior attainments, the achievements of all students in the school will be enhanced over-and-above expectations derived from the effects of variables at the individual level.“ (Harker & Tymms, 2004, S. 179)

Insgesamt scheinen leistungsstärkere Lerngruppen auch unabhängig von ihrem höheren Leistungsniveau ein anregungsreicheres Lernmilieu zu sein:

> „Whilst motivation is most often cited as the explanation of the peer effect, there is another possibility and that is that the general interaction between peers, in particular their level of conversation, shared hobbies, books and out-of-class activities, raises the overall academic performance.“ (ebd.: 179)

3.3 Konzeptuelle und methodische Aspekte bei der Analyse von Leistungsheterogenität als Kompositionsmerkmal

Obwohl mittlerweile Einigkeit über die Existenz von Kompositionseffekten herrscht und hierzu eine ausreichend empirische Evidenz vorliegt, wird immer wieder Kritik an der Wahl der Analyseebene, Operationalisierung von Indikatoren und Modellierung von Effekten geübt (Schneider & Ludwig, 2011). Dieser Abschnitt zeigt daher, wie diese konzeptuellen und methodischen Aspekte bei der Analyse von Leistungsheterogenität als Kompositionsmerkmal von Schulklassen berücksichtigt und gegebenenfalls angepasst werden müssen.

3.3.1 Die Wahl der Analyseebene: Die Schulklasse als unmittelbare Lernumwelt

> „[A]ttention needs to be directed at more careful curriculum specification, higher quality teaching, and higher expectations that students can meet appropriate challenges – and these occur once the classroom door is closed“.
> (Hattie, 2002, S. 473)

Aus sozialökologischer Sicht, die sich auf die Rahmenbedingungen, also den Kontext, der menschlichen Entwicklung bezieht, sind Individuen eingebettet in verschiedene Interaktionssysteme. Bronfenbrenner (1981) unterscheidet dabei *Mikrosysteme* (Familie, Schule, Beziehungen zu anderen), *Mesosysteme* (Gesamtheit der Beziehungen eines Menschen), *Exosysteme* (denen andere Bezugspersonen angehören), *Chronosysteme* (zeitliche Dimension von Beziehungen) und *Makrosysteme* (Gesamtheit aller Beziehungen in einer Gesellschaft). Diese Systeme beeinflussen die Individuen und stehen auch untereinander in einer wechselseitigen Beziehung.

Übertragen auf das Bildungssystem bedeutet dies, dass auch Bedingungsfaktoren schulischer Leistungen in *proximale*, also unmittelbare, und *distale*, also weiter entfernte, Ebenen eingebettet sind. Hierbei gilt es, die *Schulklasse* als die unmittelbare Lernumwelt der Schülerinnen und Schüler anzusehen (vgl. Abbildung 3.3, Baumert, Blum & Neubrand, 2004). Von Saldern (2010, S. 362) definiert den Begriff

Schulklasse als „eine Gruppe von Schülern mit nahezu fixer Schülerzahl, die dauerhaft besteht, um unter Anleitung zu lernen. Unterrichtsorganisationen wie in der reformierten Oberstufe oder in der Gesamtschule (Team-Kleingruppen-Modell) sollen nicht darunter fallen.“ Als Schulklasse soll im Rahmen dieser Arbeit die Organisationsform von Lerngruppen bezeichnet werden, der die Schülerinnen und Schüler zwangsweise zugeordnet werden und mit der üblicherweise eine altershomogene Einteilung in Jahrgangsklassen angestrebt wird. Innerhalb eines Jahrgangs existieren in der Regel mehrere Parallelklassen.

Abbildung 3.3: Konzeptuelles Rahmenmodell für Indikatoren des Lehrens und Lernens nach Baumert et al. (2004)

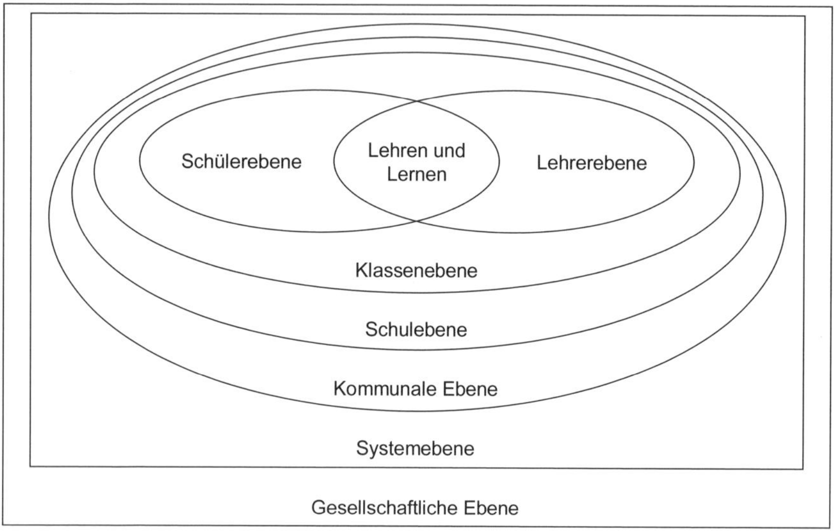

Baumert et al. (2004, S. 146): Programme for International Student Assessment © PISA 2000

In dem Modell von Baumert et al. (2004) bilden in horizontaler Richtung Lehr- und Lernprozesse die Schnittmenge zwischen Bedingungsfaktoren auf der Schüler- und Lehrerebene. In vertikaler Richtung ist die Schulklasse traditionell die Organisationseinheit, in der schulisches Lernen und Lehren stattfindet. Sie stellt die unmittelbare Lernumwelt und Bezugsgruppe für die Schülerinnen und Schüler dar, in der diese zumeist gleich für mehrere Schuljahre zusammengefasst werden. Die spezifischen Erfahrungen der Schülerinnen und Schüler sind deshalb an den Klassenkontext gebunden, in den sie eingebettet sind (Jerusalem, 1997) und der den Rahmen für Unterrichtsprozesse bildet (vgl. Abbildung 3.4). So hängen die Unterrichtsgestaltung durch die Lehrkräfte und vermittelt über diese auch der Lernerfolg der

Schülerinnen und Schüler zwar durchaus von den schulischen Voraussetzungen (Schulform, Einzugsgebiet usw.), vor allem aber von der Zusammensetzung und den Eingangsvoraussetzungen der von ihnen jeweils unterrichteten Lerngruppe, also der Schulklasse, ab (Helmke, 2009, S. 86 ff.).[28]

Abbildung 3.4: Konzeptuelles Rahmenmodell für Vermittlungsprozesse von Kompositionsmerkmalen unter Berücksichtigung der Mehrebenenstruktur des Bildungssystems nach Baumert et al. (2004)

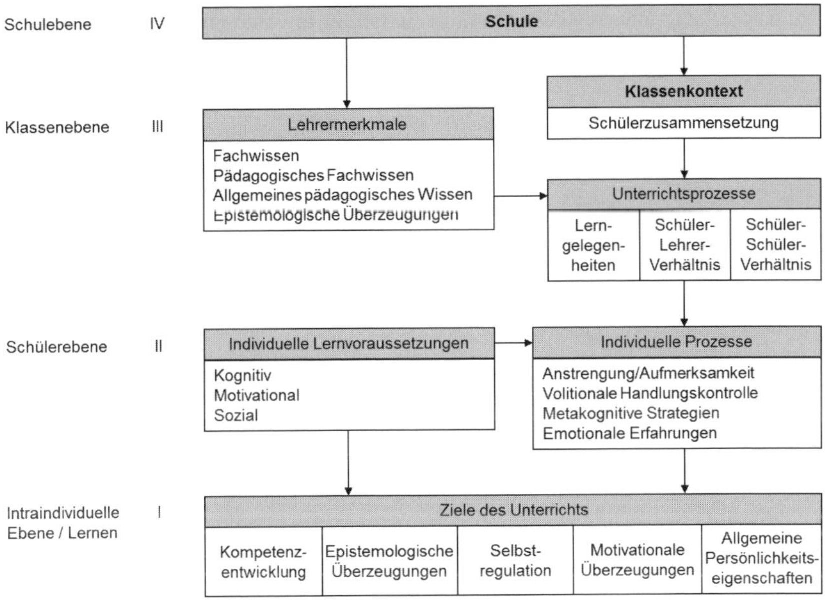

Baumert et al. (2004, S. 149): Programme for International Student Assessment © PISA 2000

Wenn Bedingungsfaktoren schulischer Leistungen auf verschiedenen Ebenen anzusiedeln sind, sollten sich auch Kompositionseffekte auf verschiedenen Ebenen verorten lassen. Die Art der Schülerzusammensetzung als Merkmal des unmittelbaren

28 Dieser eher statischen Sichtweise steht ein dynamisches Verhältnis von Klassenkontext und Unterrichtsqualität gegenüber, welches Unterrichtsqualität als Ursache (z.B. für die Lernentwicklung der Schülerinnen und Schüler) und Wirkung (da sie abhängig von der Zusammensetzung der Lerngruppe ist) zugleich sieht. Eine eher ungünstige Klassenzusammensetzung kann demnach eine verminderte Unterrichtsqualität bewirken, sofern keine Anpassung des Lernstoffs an die Voraussetzungen der Schülerinnen und Schüler stattfindet oder diese ignoriert werden (passive Reaktionsform). Eine günstige Klassenzusammensetzung kann dagegen die Unterrichtsqualität und -effektivität fördern (Helmke, 2009, S. 87).

Klassenkontextes beeinflusst demnach neben unterrichtsrelevanten Lehrermerkmalen auch die Bereitstellung von Lerngelegenheiten sowie das Verhältnis der Schülerinnen und Schüler untereinander und zu ihren Lehrkräften, welche vermittelt über individuelle Lernprozesse auf den Kompetenzerwerb wirken. Diese Interaktionen auf der Klassenebene sind ihrerseits wiederum in den schulischen Kontext eingebunden und unterliegen kommunalen Regelungen. Letztlich bezieht sich das Modell auf die Schule als ein Subsystem der Gesellschaft.

Empirische Studien (vgl. auch Kapitel 4), die lediglich zwischen der Individual- und Schulebene unterscheiden, belegen in der Regel einen höheren Varianzanteil der Fachleistung, der auf die Einzelschule entfällt, als Studien, die zusätzlich die Klassenebene berücksichtigen (Luyten, 2003). Wird jedoch die Klassenebene bei der Modellbildung berücksichtigt, verringert sich zwar die Bedeutung der Einzelschule, gleichzeitig erhöht sich aber der Varianzanteil der Fachleistung, der durch die Schulklasse und die Einzelschule gemeinsam erklärt wird (Hill & Rowe, 1996; Luyten & Snijders, 1996). Hill und Rowe (1996) schließen daraus, dass Einzelschulen zwar durchaus bedeutsam zur Varianz individueller schulischer Leistungen beitragen, die aber im Wesentlichen auf die unterschiedliche Förderung der Schülerinnen und Schüler durch ihre Lehrkräfte innerhalb ihrer jeweiligen Schulklassen zurückgeführt werden kann.

Zwar siedeln Baumert et al. (2006) in dem in Abbildung 3.1 skizzierten Modell die komplexen Vermittlungsprozesse von Kompositionsmerkmalen eher auf der Schulebene an. Gerade aber aufgrund der Bedeutung, die die leistungs- und fähigkeitsbezogene Zusammensetzung der Schülerinnen und Schüler für soziale Vergleichsprozesse sowie das Curriculum und den Unterricht hat, kann davon ausgegangen werden, dass dieselben Prozesse auch und vor allem auf der Ebene der Schulklasse stattfinden. Zudem ist die Klassenebene der Ort, an dem die Lehrkräfte unmittelbar mit der Verschiedenheit ihrer Schülerinnen und Schüler konfrontiert werden und ihren Unterricht entsprechend didaktisch gestalten müssen.

Ebenso argumentieren auch Opdenakker und van Damme (2006): Demnach sind schulische Leistungen sowohl von individuellen und familiären Bedingungsfaktoren als auch von Merkmalen der Schulen und Schulklassen abhängig. Dabei bestimmt die Schule einerseits die Klassenzusammensetzung und andererseits den Zusammenhang zwischen Klassenmerkmalen und individuellen schulischen Leistungen. Auch Dar und Resh (1986, S. 360) betonen die Unmittelbarkeit des Klassenkontextes für das schulische Lernen:

> „The […] assumption was that the composition of classrooms rather than of schools affects the quality of the student's learning environment and, consequently, his or her scholastic achievement. [...] [T]here is a strong argument for considering *classrooms, the actual and proximal learning settings*, as the

effective context especially when school composition does not necessarily reflect class composition." (Hervorhebung d. Verf.)

Im Rahmen dieser Arbeit wird also zu untersuchen sein, ob und inwiefern die Komposition von *Schulklassen* für den Lernerfolg relevant ist, d.h., ob sich Effekte der Leistungsheterogenität innerhalb von Schulklassen als die für die Kompetenzentwicklung relevante Analyseebene (ebd.) nachweisen lassen.

3.3.2 Gütekriterien für die Modellierung von Kompositionseffekten und Implikationen für die eigene Arbeit

Neben der Wahl der adäquaten Analyseebene ist als Kritikpunkt an bisherigen Analysen zu Kompositionseffekten zudem angeführt worden, dass diese „oftmals gravierende methodische Mängel" aufweisen (Baumert et al., 2006, S. 104), da die Analysemodelle häufig fehlspezifiziert oder nicht ausreichend theoretisch eingebettet seien. Dies kann zu der Annahme führen, dass Kompositionsmerkmale lediglich statistische Artefakte darstellen. Um Fehlinterpretationen von Kompositionseffekten entgegenzuwirken, entwerfen Thrupp, Lauder und Robinson (2002) einen Katalog mit Gütekriterien, welcher explizite Standards ausweist und einen theoretischen Referenzrahmen zur Beurteilung und Einordnung empirischer Befunde liefert. Demzufolge gilt bei der Analyse von Kompositionseffekten Folgendes zu beachten:

1. Die Stichprobe soll hinreichend groß sein, um Schülerinnen und Schüler unterschiedlichster sozialer Herkunft berücksichtigen zu können.
2. Hintergrundvariablen schulischer Leistungen sollen vollständig kontrolliert werden und auch das Vorwissen der Schülerinnen und Schüler berücksichtigen, um auszuschließen, dass Kompositionseffekte aufgrund unberücksichtigter Eingangsselektivität bestimmt werden.
3. Es sollen Variablen berücksichtigt werden, die sich auf alle Dimensionen des Vermittlungsprozesses von Kompositionsmerkmalen beziehen.
4. Verschiedene Kompositionsmerkmale sollen kombiniert (z.B. leistungsbezogene und soziale Zusammensetzung der Schülerschaft) und ihre Beziehung untereinander bei der Analyse berücksichtigt werden.
5. Wenn möglich sollen mehrere Schultypen berücksichtigt werden.
6. Die Untersuchung soll – wenn möglich – längsschnittlich angelegt sein.
7. Es sollen verschiedene Techniken zur Messung von Kompositionseffekten angewandt werden.
8. Zur Operationalisierung der sozialen Herkunft und anderer Kompositionsmerkmale sollen robuste Indikatoren genutzt werden.

9. Es sollen zusätzliche Merkmale erfasst werden, um den Interpretationsspielraum der Kompositionseffekte einzugrenzen.

10. Für die Datenauswertung sollen mehrebenenanalytische Verfahren verwendet werden.

In ihrem Überblick über den Forschungsstand zu Kompositionseffekten referieren Thrupp et al. (2002) eine Vielzahl von Studien aus Großbritannien, den Vereinigten Staaten, Neuseeland und Belgien. Sie zeigen jedoch, dass bisher keine Studie diesen Gütekriterien angemessen entsprechen kann. Bezogen auf die für diese Arbeit vorliegenden Daten der Hamburger KESS-Studie (vgl. hierzu Kapitel 6) können diese Gütekriterien wie folgt umgesetzt werden:

1. Mit KESS liegt eine Vollerhebung aller Schülerinnen und Schüler eines gesamten Einschulungsjahrgangs (vgl. Abschnitt 6.1) vor, der das gesamte Spektrum der sozialen Herkunft dieser Kohorte abdeckt.

2. Neben den Leistungsdaten liegen auch eine Reihe von Hintergrundinformationen zu den Bedingungsfaktoren schulischer Leistungen vor, die über Befragungen der Schülerinnen und Schüler, ihrer Eltern, der Lehrkräfte und der Schulleitungen erhoben wurden (vgl. Abschnitt 6.1.3). Da KESS als Längsschnittstudie angelegt ist (vgl. Abschnitt 6.1.2), kann insbesondere auch das fachspezifische Vorwissen der Schülerinnen und Schüler, also die Testleistung zu einem früheren Messzeitpunkt, berücksichtigt werden.

3. Die Vermittlungsprozesse (vgl. Abschnitt 3.2) sind vor allem *theoretisch* bedeutsam, da sie als Bindeglied zwischen Kontextfaktoren und schulischen Lernergebnissen fungieren. Normen und Verhaltensweisen, die sich innerhalb von Lerngruppen ausbilden und von ihren Mitgliedern gemeinsam geteilt werden, sind für die Entwicklung schulischer Einstellungen und Aspirationen sowie motivationaler Orientierungen durchaus relevant und können sich auch auf den Lernerfolg der Schülerinnen und Schüler niederschlagen. Sie werden allerdings im Rahmen dieser Arbeit explizit nicht überprüft, da hierzu bislang nur wenige Analysen mit teilweise inkonsistenten Befunden vorliegen (Baumert et al., 2006; Thrupp et al., 2002), was eine theoretische Verortung, Hypothesengenerierung und -prüfung erschwert. Des Weiteren bleiben die Vermittlungsprozesse hier außer Acht, da diese eher vom Leistungs*niveau* der Lerngruppen ausgehen und nicht von deren Leistungs*heterogenität* bzw. *-homogenität.*

4. Kompositionseffekte wurden bisher überwiegend für die soziale und die mittlere leistungsbezogene Zusammensetzung von Lerngruppen nachgewiesen (vgl. Abschnitt 3.1). Diese sollen deshalb zusätzlich zur Leistungsheterogenität berücksichtigt werden, um spezifische und konfundierte Effekte verschiedener Kompositionsmerkmale bestimmen zu können (vgl. Abschnitt 7.6.6).

5. Da KESS eine Vollerhebung eines gesamten Hamburger Schülerjahrgangs ist, können im Prinzip alle Schulformen (vgl. Abschnitt 6.2) berücksichtigt werden.
6. Ergänzend zu 2. lässt sich das Vorwissen der Schülerinnen und Schüler über die Längsschnittdaten abbilden. In KESS wurden die Lernstände der Schülerinnen und Schüler zu mehreren Messzeitpunkten erhoben (vgl. Abschnitt 6.1).
7. Kompositionsmerkmale werden hier über quantitative Indikatoren abgebildet.
8. Die soziale Herkunft kann über den höchsten sozioökonomischen Status (HISEI) in den Familien der Schülerinnen und Schüler abgebildet werden. Dieses Maß ist auch schon in anderen nationalen und internationalen Schulleistungsstudien angewendet worden und wird als intervenierende Variable zwischen dem Bildungsniveau einer Person und ihrem Einkommen verstanden (vgl. Abschnitt 6.3.2). Die leistungsbezogene Zusammensetzung der Schülerschaft kann über die klassenbezogenen Ausprägungen domänenspezifischer Kompetenzen erfasst werden, die nicht nur für die Schule, sondern auch für die alltägliche Lebensbewältigung relevant sind (vgl. Abschnitt 6.1.2).
9. Neben verschiedenen Kompositionsmerkmalen soll in dieser Arbeit auch die Schulform als institutionelles Merkmal berücksichtigt werden, um einer Überschätzung von Kompositionsmerkmalen vorbeugen, deren gemeinsame und spezifische Bedeutung für die Kompetenzentwicklung (vgl. Abschnitt 7.6.6) sowie schulformspezifische Besonderheiten bei der Wirkung von Kompositionsmerkmalen aufzeigen zu können (vgl. Abschnitte 7.6.8 und 7.7.3).
10. Die Daten werden mehrebenenanalytisch ausgewertet (vgl. Abschnitt 6.4.2) und berücksichtigen neben der Individual- auch die Klassenebene.

Da die von Thrupp et al. (2002) formulierten Gütekriterien im Rahmen dieser Arbeit überwiegend angemessen umgesetzt werden können, scheint mit der KESS-Studie eine geeignete Datengrundlage vorzuliegen, um Effekte von Kompositionsmerkmalen auf die schulische Kompetenzentwicklung untersuchen und die Analysen – anders als bisher üblich – auch auf die Ebene der Schulklassen als der unmittelbaren Lernumwelt der Schülerinnen und Schüler übertragen zu können.

Um die Analysen in der vorliegenden Arbeit auch empirisch verorten zu können, schließt sich nachfolgend ein Überblick über ausgewählte nationale und internationale Forschungsbefunde zu Effekten von Leistungsheterogenität und -homogenisierung an.

4 Überblick über den Forschungsstand

„Ability grouping is one of the oldest and most
controversial issues in education.“
(Slavin, 1987a, S. 293)

Die pädagogische Wirksamkeit der Leistungshomogenisierung ist nicht nur theoretisch umstritten (vgl. Abschnitt 2.2). Auch die empirische Befundlage ist keineswegs eindeutig, wie dieses Kapitel in einem Überblick über den nationalen und internationalen Forschungsstand zeigen wird. Systematische Forschung zu Auswirkungen von Leistungshomogenisierung und Leistungsheterogenität gibt es etwa seit den 1930er Jahren. Forschungsbefunde seit den 1970er Jahren sind bereits in anderen aktuellen Arbeiten ausführlich referiert worden (z.B. Baumert et al., 2006; Bellin, 2009; Schneider & Ludwig, 2011; Schofield, 2006). Die beiden nachfolgenden Abschnitte beschränken sich deshalb auf eine Auswahl der für die vorliegende Arbeit besonders interessanten Forschungsbefunde sowie Ergebnisse aus Meta-Analysen und ergänzen diese um aktuelle Publikationen.

4.1 Der internationale Forschungsstand

Studien, die sich mit den Auswirkungen der leistungsbezogenen Zusammensetzung von Lerngruppen auf den Lernerfolg von Schülerinnen und Schülern beschäftigen, stammen überwiegend aus dem angloamerikanischen Raum. Darüber hinaus finden sich für diese Arbeit relevante Forschungsansätze auch in Belgien, China, Frankreich, Israel, den Niederlanden und Südkorea.

Belgien

Im Rahmen der Längsschnittstudie LOSO[29] untersuchen Opdenakker und van Damme (2001) für eine repräsentative Stichprobe flämischer Sekundarschulen den Zusammenhang zwischen der Zusammensetzung der Schülerschaft und verschiedenen Kompositionsmerkmalen (z.B. mittleres Fähigkeitsniveau, mittlere soziale Lage, kognitive Heterogenität auf der Schulebene) sowie schulischen Prozessindikatoren (z.B. Unterrichtspraktiken und Einschätzungen zur Schulorganisation durch die Lehrkräfte). Sie finden zunächst nur einen geringen Zusammenhang zwischen der kognitiven Heterogenität, also der Standardabweichung der numerischen Intelligenz, und dem Niveau, also dem Mittelwert, der numerischen Intelligenz auf der Schulebene ($r = 0,16$). Demnach handelt es sich bei dem kognitiven Fähigkeitsniveau und der kognitiven Heterogenität um zwei voneinander fast unabhängige Kompositionscharakteristika von Schulen. Darüber hinaus finden die Autoren einen kleinen Zusammenhang zwischen der Standardabweichung der numerischen Intel-

29 LOSO: Longitudinal Onderzoek Secundair Onderwijs

ligenz auf der Schulebene und dem Stellenwert von Disziplin für den Kompetenzerwerb. Das bedeutet, dass umso mehr darauf geachtet wird, dass Schülerinnen und Schüler diszipliniert arbeiten, je heterogener die Schulzusammensetzung hinsichtlich kognitiver Fähigkeiten ist (r = 0,35). In Mehrebenenanalysen besteht unter Kontrolle individueller Merkmale, schulischer Prozessindikatoren und dem mittleren Fähigkeitsniveau der Schulen zwar ein positiver, aber nicht signifikanter Effekt der kognitiven Heterogenität auf die Mathematikleistung (γ = 0,143; *SE* = 0,447; *n.s.*[30]). Weiterhin lässt sich kein signifikanter Interaktionseffekt zwischen der kognitiven Heterogenität auf der Schulebene und den individuellen Testwerten nachweisen (γ = –0,022; *SE* = 0,014; *n.s.*), d.h., es liegen keine differenziellen Effekte für eine kognitiv heterogene Schulzusammensetzung vor. Darüber hinaus ergeben die Analysen, dass sich die Vorteile einer im Durchschnitt leistungsstarken Schulzusammensetzung (γ = 0,434; $p < .001$) vor allem für die ohnehin schon leistungsstärkeren Schülerinnen und Schüler einstellen (γ = 0,008; $p < .01$). Eine Homogenisierung nach individuellen Lernvoraussetzungen verstärkt somit offenbar die Differenzen zwischen den leistungsstärkeren und -schwächeren Schülerinnen und Schülern zusätzlich. Die Autoren vermuten deshalb, dass unter bestimmten Bedingungen eine kognitiv heterogene Schulzusammensetzung (*heterogeneous grouping*, vgl. Tabelle 2.2) vor allem den Leistungsschwächeren nützen könne und sich für Schülerinnen und Schüler im mittleren Fähigkeitsbereich dagegen kaum auswirke.

China

Carman und Zhang (under review) analysieren Effekte der leistungsbasierten Zuweisung zu unterschiedlichen Lerngruppen (*ability-grouped class assignment*, vgl. Tabelle 2.1) auf den Lernstand in den Fächern Mathematik, Chinesisch und Englisch. Datengrundlage sind 923 chinesische Schülerinnen und Schüler in 16 Schulklassen der Jahrgangsstufen 7 bis 9. Die leistungsbezogene Zusammensetzung der Schulklassen wird einerseits operationalisiert über den Klassenmittelwert abzüglich der individuellen Testleistung und andererseits über die Standardabweichung der Testwerte auf der Klassenebene. Es zeigt sich, dass die Schülerinnen und Schüler in Mathematik und Chinesisch in leistungsstärkeren gegenüber durchschnittlich zusammengesetzten Schulklassen einen tendenziellen Leistungsvorsprung aufweisen, der zwischen einem Drittel und fast einer halben Standardabweichung beträgt ($0,366 \leq \beta \leq 0,416$; $p < .10$). Darüber hinaus lässt sich jedoch für kein Fach ein signifikanter Effekt der Leistungsheterogenität innerhalb der Schulklassen nachweisen ($-0,071 \leq \beta \leq 0,282$; *n.s.*). Um zu überprüfen, ob Effekte der Klassenzusammensetzung für Schülerinnen und Schüler mit unterschiedlichen Lernausgangslagen differenziell wirken, führen die Autoren die Analysen getrennt nach Leistungsquintilen durch. In Mathematik und Chinesisch profitieren Schülerinnen und Schüler im mittleren Leistungsbereich signifikant von leistungsstärkeren Mitschülerinnen und

30 *n.s.*: nicht signifikant

Mitschülern ($0{,}397 \leq \beta \leq 0{,}693$; $p < .05$). Für die leistungsstärksten und -schwächsten Schülerinnen und Schüler des oberen bzw. unteren Leistungsquintils ist die durchschnittliche Leistungszusammensetzung der Lerngruppen dagegen nicht bedeutsam. Im Fach Englisch ergeben sich jedoch signifikante Nachteile einer leistungsstärkeren Klassenzusammensetzung für die Leistungsschwächsten des unteren Leistungsquintils ($\beta = -0{,}746$; $p < .05$).

Frankreich

Duru-Bellat und Mingat (1998) untersuchen die Bedeutung der Leistungshomogenisierung (*ability-grouped class assignment*, vgl. Tabelle 2.1) für die Lernentwicklung in Französisch und Mathematik für etwa 30.000 Schülerinnen und Schüler in den Jahrgangsstufen 6 und 7. Zur Vorhersage individueller Lernstände am Ende der Jahrgangsstufe 7 berücksichtigen sie neben dem individuellen Vorwissen, d.h. der Testleistung zum vorherigen Messzeitpunkt, auch die mittleren Lernstände und die Leistungsstreuung auf der Klassenebene. Auch sie berichten signifikant höhere Lernfortschritte der Schülerinnen und Schüler in leistungsstärkeren Schulklassen, die gegenüber durchschnittlich zusammengesetzten Schulklassen einen Leistungsvorsprung von einer Zehntel Standardabweichung ($\beta = 0{,}10$; $p < .01$) ausmachen. Mit steigender Leistungsstreuung auf der Klassenebene ergeben sich ebenfalls signifikante Vorteile in vergleichbarer Größenordnung ($\beta = 0{,}08$; $p < .01$). Darüber hinaus prüfen Duru-Bellat und Mingat (1998) anhand verschiedener Terzilkombinationen, wie sich die Effekte der Leistungsstreuung für unterschiedlich leistungsstarke Schulklassen darstellen. Demnach erzielen die Schülerinnen und Schüler in den Schulklassen mit den höchsten Leistungsniveaus auch bei unterschiedlicher Leistungsstreuung generell signifikant höhere Lernstände als in Lerngruppen mit durchschnittlichem oder niedrigerem Leistungsniveau, die entweder leistungshomogen oder -heterogen zusammengesetzt sind. Die niedrigsten Lernstände erzielen die Schülerinnen und Schüler unter ansonsten gleichen Voraussetzungen in den leistungshomogenen Lerngruppen mit dem niedrigsten mittleren Leistungsniveau. Die Autoren schränken die Aussagekraft ihrer Analysen jedoch dahingehend ein, dass ihre Datengrundlage nicht explizit auf die Untersuchung von Kompositionseffekten angelegt sei und die Modellspezifikation für belastbarere Aussagen entsprechend angepasst werden müsse.

Großbritannien

Kerckhoff (1986) kann im Rahmen einer groß angelegten Längsschnittstudie über zwei Messzeitpunkte mit 9.399 Schülerinnen und Schülern anhand linearer Regressionsanalysen zeigen, dass die generellen Effekte einer äußeren Leistungsdifferenzierung (*separation of students into different school types*) unter Kontrolle des Vorwissens, soziokultureller Hintergrundmerkmale und der Schulform eher gering und zum Teil nicht signifikant ausfallen. Zudem ergeben sich durchaus inkonsistente Befunde für die Kompetenzbereiche Lesen und Mathematik. Die größten Unterschiede zwischen verschiedenen Schulformen bestehen in Mathematik: Demnach erzielen die Schülerinnen und Schüler an den leistungsstärksten Schulen unter ansonsten gleichen Voraussetzungen einen Leistungsvorsprung gegenüber den Schülerinnen und Schülern an Schulen ohne äußere Leistungsdifferenzierung, der zwischen einem Fünftel und einem Drittel einer Standardabweichung ausmacht. Allerdings zeigen sich hohe und signifikante differenzielle Effekt einer leistungsbezogenen Homogenisierung innerhalb der Schulformen (*ability-grouped class assignment*, vgl. Tabelle 2.1) je nach Leistungsstärke der einzelnen Lerngruppen. Die Nachteile, die sich aus einer Leistungshomogenisierung innerhalb von Schulen für die Leistungsschwächeren gegenüber Schülerinnen und Schülern in Schulen ohne jegliche Art der Leistungshomogenisierung ergeben, sind größer als die Vorteile dieser Art der Leistungshomogenisierung für die Leistungsstärkeren. Außerdem bestehen die Effekte einer äußeren und inneren Leistungshomogenisierung weitgehend unabhängig voneinander. Kerckhoff (1986) schließt daraus, dass eine Leistungshomogenisierung die Leistungsunterschiede verstärke, was auf unterschiedliche Lehrpläne und Stundentafeln zurückzuführen sei.

Israel

Dar und Resh (1986) untersuchen die Effekte kognitiv homogener und heterogener Klassenzusammensetzung, operationalisiert als Mediansplit der Varianz der kognitiven Grundfähigkeit innerhalb von Schulklassen, auf den Lernerfolg von Schülerinnen und Schülern ($N \sim 3.500$) an israelischen Sekundarschulen. Dabei finden sie, dass die kognitive Zusammensetzung der Schülerschaft, gemessen über einen allgemeinen Schulleistungstest, von größerer Bedeutung für den Lernerfolg ($R^2 = 0{,}049$) ist als die soziale ($R^2 = 0{,}008$) oder ethnische Zusammensetzung ($R^2 = 0{,}000$). Zudem können sie eine höhere Bedeutung von Aggregatmerkmalen auf der Klassenebene ($R^2 = 0{,}048$) als von Merkmalen auf der Schulebene ($R^2 = 0{,}010$) nachweisen. Weiterhin kommt ihren Analysen zufolge der durchschnittlichen kognitiven Zusammensetzung von Schulklassen eine größere Bedeutung für den Lernerfolg zu als deren Streuung ($R^2 = 0{,}003$). Demnach steigen mit einer im Durchschnitt günstigeren Klassenzusammensetzung die Chancen der Schülerinnen und Schüler, höhere Leitungen zu erzielen. Darüber hinaus berichten die Autoren signifikante Interaktionseffekte zwischen der mittleren Klassenzusammensetzung und den individuellen Lernvoraussetzungen der Schülerinnen und Schüler: Demnach fällt der Effekt der mittleren Klassenzusammensetzung auf den individuellen Lernerfolg in linearen Regressionsanalysen für die Leistungsschwächeren höher ($\beta = 0{,}45$) aus als für die Leistungsstärkeren ($\beta = 0{,}28$). Eine Homogenisierung von Lerngruppen (*ability-grouped class assignment*, vgl. Tabelle 2.1), die für die Leistungsschwächeren mit einem deutlichen Absinken des mittleren Leistungsniveaus einhergeht, stellt demnach gerade für diese Schülerinnen und Schüler eine Benachteiligung dar, insofern als dadurch Leistungsdifferenzen im

Vergleich zu leistungsstärkeren Kindern bzw. Lerngruppen vergrößert werden. Die Autoren berichten zudem differenzielle Effekte einer kognitiv heterogenen Klassenzusammensetzung (*heterogeneous grouping*, vgl. Tabelle 2.2): Demnach überwiegt der Leistungsgewinn, den die leistungsschwächeren Schülerinnen und Schüler aus kognitiv heterogen zusammengesetzten Schulklassen ziehen können, unter Kontrolle des Notendurchschnitts, Geschlechts und der sozialen Herkunft die vergleichsweise geringen Leistungseinbußen, die für die leistungsstärkeren Kinder in kognitiv heterogenen Schulklassen entstehen, um ein Vielfaches. Verglichen mit dem Effekt individueller Lernvoraussetzungen sind die Effekte der Klassenzusammensetzung jedoch insgesamt sehr gering.

In einer weiteren Studie untersuchen Resh und Dar (1992) Effekte von Leistungshomogenisierung innerhalb von Schulen (*ability-grouped class assignment,* vgl. Tabelle 2.1) auf den Lernerfolg der Schülerinnen und Schüler am Ende der Jahrgangsstufe 9 ($N = 9.140$). In linearen Regressionsmodellen prüfen sie zunächst, ob mit einer Leistungshomogenisierung unter Kontrolle der mittleren Leistungszusammensetzung der Schulen höhere mittlere Lernstände im Leseverständnis und in den Naturwissenschaften einhergehen. In einem weiteren Schritt bestimmen sie die Effekte der Leistungshomogenisierung auf die individuellen Lernstände der Schülerinnen und Schüler unter Kontrolle des individuellen Leistungsniveaus. In beiden Testbereichen gehen mit einer Leistungshomogenisierung zwar nominell niedrigere mittlere Testleistungen auf der Schulebene einher, die Effekte fallen aber nicht signifikant aus ($-0,12 \leq \beta \leq -0,01$; *n.s.*). Des Weiteren lässt sich allgemein für das Leseverständnis kein Effekt ($\beta = 0,00$; *n.s.*), in den Naturwissenschaften dagegen ein signifikanter, aber sehr geringer negativer Effekt ($\beta = -0,04$; $p < .001$) der Leistungshomogenisierung auf die individuellen Lernstände aller Schülerinnen und Schüler nachweisen. In beiden Kompetenzbereichen ist eine Leistungshomogenisierung für die Leistungsstärkeren (Mediansplit) offenbar nicht von Belang ($\beta = 0,00$; *n.s.*). Die Leistungsschwächeren werden hingegen durch eine Leistungshomogenisierung sowohl im Leseverständnis ($\beta = -0,04$; $p < .05$) als auch in den Naturwissenschaften ($\beta = -0,06$; $p < .001$) benachteiligt. Die Autoren schließen daraus, dass eine Leistungshomogenisierung im Allgemeinen nicht zu einer Leistungssteigerung führe, sondern schlimmstenfalls durch die Benachteiligung der Leistungsschwächeren zu einer Vergrößerung von Leistungsunterschieden beitrage.

Interessant sind auch die Analysen von Linchevski und Kutscher (1998). Sie vergleichen in einem quasiexperimentellen Design die Lernentwicklung in Mathematik von Schülerinnen und Schülern ($N = 1.629$) in leistungshomogenen und -heterogenen Lerngruppen (*heterogeneous grouping*, vgl. Tabelle 2.2) in israelischen Sekundarschulen. Sie kommen zu dem Ergebnis, dass die Lernzuwächse in leistungshomogenen und -heterogenen Lerngruppen vergleichbar ausfallen, wenn Schülerinnen und Schüler mit identischen Lernausgangslagen verglichen werden.

Daneben können auch sie aus ihren Daten schließen, dass gerade in leistungsheterogenen Lerngruppen durchschnittliche und leistungsschwächere Schülerinnen und Schüler besonders große Lernzuwächse erzielen, während gleichzeitig die leistungsstärkeren Schülerinnen und Schüler kaum und nicht signifikant in ihrer Lernentwicklung beeinträchtigt werden.

Niederlande

Luyten und van der Hoeven-van Doornum (1995) untersuchen den Zusammenhang zwischen Schülerkomposition und individuellem Lernerfolg anhand des durchschnittlichen Intelligenzniveaus und der -streuung sowie deren Interaktion in niederländischen Schulklassen der Jahrgangsstufe 8. Auch wenn ihre Studie längsschnittlich angelegt ist, greifen die Autoren explizit nicht auf Testleistungen früherer Messzeitpunkte zur Kontrolle der differenziellen Eingangsselektivität von Lerngruppen zurück, sondern berücksichtigen ausschließlich die kognitive Grundfähigkeit als Intelligenzmaß, da diese über die Zeit hinweg stabiler und im Vergleich zum fachspezifischen Vorwissen weniger unterrichtsabhängig sei. Die individuellen Lernstände der Schülerinnen und Schüler ($N = 3.993$) in einem allgemeinen Fachleistungsindex, der die Testbereiche Leseverständnis und Mathematik umfasst, werden in Mehrebenenanalysen durch individuelle Merkmale (kognitive Grundfähigkeit und soziale Lage) und Merkmale der Schulklassen ($N = 221$; über den Mittelwert und die Standardabweichung aggregierte kognitive Grundfähigkeit) vorhergesagt. Die Ergebnisse zeigen, dass eine Leistungshomogenisierung mit durchschnittlich höheren Lernständen einhergeht, der Vorteil leitungsstärkerer gegenüber -schwächeren Lerngruppen aber gering ist ($\beta = 0{,}113$; $p < .05$). Darüber hinaus besteht ein signifikant negativer, aber ebenfalls geringer Effekt für die Streuung der kognitiven Grundfähigkeit ($\beta = -0{,}063$; $p < .05$): Demnach werden in kognitiv heterogenen Schulklassen unter ansonsten gleichen individuellen und klassenbezogenen Voraussetzungen niedrigere Lernstände erzielt als in kognitiv homogenen. Des Weiteren besteht zwar ein signifikanter negativer, geringer Interaktionseffekt zwischen der mittleren kognitiven Grundfähigkeit auf der Klassenebene und der individuellen Ausprägung dieses Merkmals ($\beta = -0{,}034$; $p < .05$), aber kein Interaktionseffekt für die Streuung der kognitiven Grundfähigkeit ($\beta = -0{,}015$; $p > .05$). Letzteres bedeutet, dass leistungsschwächeren Schulerinnen und Schülern in leistungsheterogenen Schulklassen kein Nachteil entsteht. Zudem können die Autoren Effekte einer veränderten Klassenzusammensetzung simulieren: Demnach führt zwar eine leistungshomogenere Klassenzusammensetzung (*ability-grouped class assignment*, vgl. Tabelle 2.1) zu einer Leistungssteigerung bei den Leistungsstärkeren, aber gleichzeitig auch zu einem Leistungsrückgang bei den Leistungsschwächeren, wodurch sich insgesamt die Leistungsvariation vergrößert, das durchschnittliche Leistungsniveau aller Schülerinnen und Schüler aber nur geringfügig steigert. Eine leistungsheterogenere Klassenzusammensetzung (*hetero-*

geneous grouping, vgl. Tabelle 2.2) hebt vor allem das Leistungsniveau der Leistungsschwächeren an und ist für Schülerinnen und Schüler mit durchschnittlichen oder höheren Fähigkeiten nahezu nicht von Belang. Hierdurch ergibt sich zwar insgesamt keine Veränderung des mittleren Leistungsniveaus aller Schülerinnen und Schüler, aber die Leistungsvariation verringert sich insgesamt.

Südkorea

Kim, Lee und Lee (2008) beziehen sich auf eine repräsentative Stichprobe von Schülerinnen und Schülern südkoreanischer High Schools (N = 3.024). In Gegenden, in denen die Schulen eher leistungshomogen zusammengesetzt sind (*tracking*, vgl. Tabelle 2.2), liegen die durchschnittlichen Testleistungen der Schülerinnen und Schüler unter Kontrolle schulischer und individueller Kovariaten um etwa ein Drittel einer Standardabweichung signifikant über den mittleren Lernständen der Schulen, die eine eher leistungsheterogene Schülerschaft rekrutieren. Dieser Befund ist insofern interessant, als in den Gegenden, in denen die Schulen eher leistungsheterogen (*heterogeneous grouping*, vgl. Tabelle 2.2) zusammengesetzt sind, das Durchschnittseinkommen, die Infrastruktur der Bildungseinrichtungen und die Bildungsnähe der Bevölkerung günstiger ausfallen, so dass Schulen in diesen Gebieten vermutlich eine eher privilegierte Schülerschaft rekrutieren. Die Vorteile leistungshomogener Schulen sind in den Testbereichen Mathematik, Englisch und Naturwissenschaften besonders ausgeprägt und liegen in der Größenordnung zwischen einem Drittel und einer halben Standardabweichung. Analysen für verschiedene Leistungsperzentile zeigen darüber hinaus, dass fachübergreifend sowohl die leistungsstärkeren als auch -schwächeren Schülerinnen und Schüler in leistungshomogenen Schulen höhere Lernerfolge erzielen können als in leistungsheterogenen, wobei die Vorteile für die Leistungsstärksten am größten ausfallen. In fachspezifischen Analysen zeigt sich hingegen, dass sich für Schülerinnen und Schüler, deren Lernstände oberhalb des Medians liegen, durch eine Leistungshomogenisierung günstigere Lernstände ergeben, während für die Leistungsschwächeren, deren Lernstände unterhalb des Medians liegen, immerhin keine signifikanten Nachteile bestehen.

Kang (2007) untersucht im Rahmen der TIMS-Studie die Effekte der leistungsbezogenen Zusammensetzung von Schulklassen auf die Mathematikleistung in den Jahrgangsstufen 7 und 8. Zur Vorhersage der individuellen Testleistung der Schülerinnen und Schüler (N = 4.813, in den Analysen gewichtet) werden in linearen Regressionsanalysen neben anderen Kontrollvariablen auch die durchschnittliche Testleistung auf der Klassenebene sowie deren Standardabweichung berücksichtigt, von denen jeweils der individuelle Testwert abgezogen wird. Dabei zeigt sich ein signifikant positiver Effekt der mittleren Klassenleistung auf die individuelle Testleistung ($0{,}258 \leq \beta \leq 0{,}653$; $p < .01$). Das bedeutet, dass unter ansonsten gleichen Voraussetzungen die Schülerinnen und Schüler leistungsstärkerer Lerngruppen höhere Testwerte erzielen. Für die Leistungsstreuung innerhalb der Schulklassen besteht dagegen kein signifikanter Effekt ($0{,}012 \leq \beta \leq 0{,}034$; *n.s.*). Die Mathematikleistungen von Schülerinnen und Schülern aus leistungshomogenen und -heterogenen Schulklassen (*streaming* versus *heterogeneous grouping*, vgl. Tabelle 2.2) unterscheiden sich demnach nicht signifikant voneinander. Um mögliche differenzielle Effekte für unterschiedlich leistungsstarke Schülerinnen und Schüler aufzudecken, werden getrennte Analysen für unterschiedliche Leistungsperzentile vorgenommen. Dabei zeigt sich, dass die Leistungsstreuung für durchschnittliche Schülerinnen und Schüler unerheblich ist ($\beta = 0{,}043$; *n.s.*). Schülerinnen und Schüler des unteren Leistungsviertels erzielen jedoch mit steigender Leistungsstreuung, also in eher leistungsheterogenen Lerngruppen, signifikant niedrigere Lernstände ($\beta = -0{,}223$; $p < .01$) als Schülerinnen und Schüler des oberen Leistungsviertels ($\beta = 0{,}248$; $p < .01$). Für die zehn Prozent der leistungsschwächsten Schülerinnen und Schüler fällt der negative Effekt einer leistungsheterogenen Klassenzusammensetzungen nochmals stärker aus ($\beta = -0{,}725$; $p < .01$) als der positive Effekt für die zehn Prozent der Leistungsstärksten ($\beta = 0{,}369$; $p < .01$). Die Aussagekraft der Befunde ist jedoch dahin gehend eingeschränkt, dass das Vorwissen der Schülerinnen und Schüler zu einem früheren Messzeitpunkt in den Analysen nicht kontrolliert werden kann. Trotzdem kann nach Kang (2007) davon ausgegangen werden, dass die Befunde reliabel und valide seien, da eine Aufteilung der Schülerinnen und Schüler auf verschiedene Schulen zufällig, d.h. unabhängig von deren Vorwissen, erfolge.

USA

In einer Untersuchung an amerikanischen Grundschulen in Nordkalifornien mit 564 Schülerinnen und Schülern in 45 Schulklassen der Jahrgangsstufen 5 bis 7 berichten Sørensen und Hallinan (1986) für das Leseverständnis, dass Schülerinnen und Schüler in leistungsstärkeren Lerngruppen mit einem höheren mittleren Vorwissen auch unter Kontrolle weiterer Variablen signifikant höhere Lernzuwächse erzielen als in leistungsschwächeren Lerngruppen. Der Effekt der Leistungsstreuung innerhalb von Schulklassen auf den Lernzuwachs fällt zwar negativ, aber nicht signifikant aus. Allerdings besteht ein signifikant negativer Interaktionseffekt zwischen der Leistungsstreuung und der Größe der Lerngruppe. Das bedeutet, dass Schülerinnen und Schüler in leistungshomogeneren und kleineren Arbeitsgruppen innerhalb bestehender Lerngruppen (*within-class ability grouping*, vgl. Tabelle 2.2) größere Lernfortschritte erzielen als bei einer gemeinsamen Unterrichtung aller Schülerinnen und Schüler. Die Autoren führen dies darauf zurück, dass in leistungshomogeneren Kleingruppen der Lernstoff leichter an die Voraussetzungen der Lernenden angepasst und ihnen mehr Aufmerksamkeit der Lehrkraft zugestanden werden könne.

Hanushek, Kain, Markman und Rivkin (2003) berichten im Rahmen einer längsschnittlichen Panelstudie texanischer Schülerinnen und Schüler der Klassenstufen 3 bis 8 ($N = 1.028.162$) unter Kontrolle individueller soziokultureller Hintergrundmerkmale einen hohen, signifikant positiven Effekt des durchschnittlichen Leistungsniveaus innerhalb von Jahrgangsstufen auf die individuellen Lernstände in Mathematik ($\beta = 0{,}42$). Allerdings zeigt sich dieser positive Effekt nicht für den Lernzuwachs als abhängige Variable ($\beta = -0{,}07$; *n.s.*). Darüber hinaus finden sie für die Leistungsheterogenität, operationalisiert über die Standardabweichung der Testwerte innerhalb der Schulstufe, weder Effekte auf den Lernstand noch auf die Lernentwicklung in Mathematik ($-0{,}07 \leq \beta \leq 0{,}09$; *n.s.*). Für schriftsprachliche Kompetenzen deuten die Befunde in eine ähnliche Richtung. Als Kritikpunkt an dieser Studie sei an dieser Stelle die Wahl der Analyseebene angeführt, da keine Effekte einer unterschiedlichen Zusammensetzung der unmittelbaren Lernumwelt geprüft werden können.

Hoffer (1992) vergleicht die Lernentwicklung von Schülerinnen und Schülern in Mathematik und den Naturwissenschaften in Schulen, in denen nach Leistung differenziert wird (*tracking*, vgl. Tabelle 2.2), mit Schulen, die auf eine Leistungshomogenisierung mit curricularer Differenzierung verzichten. Datengrundlage ist eine Substichprobe von rund 1.900 Schülerinnen und Schülern der Jahrgangsstufen 7 bis 9 einer Längsschnittstudie über vier Jahre. In einem zweistufigen Vorgehen werden die Effekte der Leistungshomogenisierung anhand linearer Regressionsanalysen getrennt für die Lernentwicklung in den Jahrgangsstufen 7 und 8 sowie 8 und 9 bestimmt. Es zeigt sich, dass der durchschnittliche Effekt einer Leistungshomogenisierung unter Kontrolle der sozialen und kulturellen Herkunft, des individuellen Vorwissens, d.h. der Testleistung zum vorherigen Messzeitpunkt, sowie der sozialen Zusammensetzung der Schulen und der Schulgröße zwar durchaus negativ ($-0{,}535 \leq \beta \leq -0{,}065$; *n.s.*), aber nicht signifikant und deshalb zu vernachlässigen ist. Hoffer (1992) kann jedoch differenzielle Effekte nachweisen: Verglichen mit Schülerinnen und Schülern, die in Schulen ohne jegliche Differenzierung unterrichtet werden, fällt für Schülerinnen und Schüler in leistungsstärkeren Lerngruppen der Lernzuwachs in den Naturwissenschaften nur unwesentlich höher aus ($d = 0{,}08$). Schülerinnen und Schüler in leistungsschwächeren Lerngruppen sind hingegen gegenüber jenen, die ohne curriculare Differenzierung unterrichtet werden, stärker benachteiligt ($-0{,}40 \leq d \leq -0{,}17$). In Mathematik fallen die Vorteile einer Leistungshomogenisierung für die Leistungsstärkeren größer aus ($0{,}18 \leq d \leq 0{,}26$) als in den Naturwissenschaften. Auch die Leistungsschwächeren sind durch eine Leistungshomogenisierung benachteiligt ($-0{,}36 \leq d \leq -0{,}32$). Eine Leistungshomogenisierung bringt somit für die Leistungsstärkeren geringe Vorteile, für die Leistungsschwächeren dagegen stärkere Nachteile mit sich und scheint insgesamt nur mit sehr geringen Effekten verbunden zu sein. Die Effekte manifestieren sich vor allem für die Lernentwicklung in den Jahrgangsstufen 7 und 8.

Leiter (1983) untersucht anhand linearer Regressionsanalysen die Effekte der Zusammensetzung von Schulklassen auf den Lernerfolg. Dabei modelliert er Heterogenität über die auf der Individualebene disaggregierten Merkmale der Schulklassen, d.h., alle Schülerinnen und Schüler derselben Lerngruppe bekommen als Wert die Leistungsvariation ihrer jeweiligen Lerngruppen zugewiesen. Leiter (1983) beobachtet fachspezifische Effekte des mittleren Leistungsniveaus der Schulklassen: Demnach erzielen Schülerinnen und Schüler in Mathematik in durchschnittlich leistungsstärkeren Lerngruppen auch unter Kontrolle von Geschlecht, soziokultureller Herkunft, Vorwissen, Schulgröße sowie Merkmalen auf der Klassenebene signifikant höhere Lernstände als in durchschnittlich leistungsschwächeren Lerngruppen ($\beta = 0{,}51$; $p < .01$). Für das Leseverständnis zeigt sich hingegen ein umgekehrter Effekt, wonach die Lernentwicklung in leistungsstärkeren Lerngruppen ungünstiger verläuft als in leistungsschwächeren Lerngruppen ($\beta = -0{,}19$; $p < .05$). Leiter (1983) schließt daraus, dass der Kompetenzerwerb im Lesen stärker von außerschulischen Faktoren beeinflusst werde und nicht so stark vom Kontext der Lerngruppe abhänge wie in Mathematik. Als Indiz hierfür führt er die Kontrollvariablen an, die alleine bereits 60 Prozent der Varianz des Leseverständnisses erklären. In Mathematik hingegen liegt der durch individuelle Merkmale aufgeklärte Varianzanteil bei 34 Prozent, so dass mehr Erklärungsspielraum für Kompositionseffekte bleibt. Darüber hinaus besteht weder für das Leseverständnis ($\beta = -0{,}30$; *n.s.*) noch für Mathematik ($\beta = 0{,}18$; *n.s.*) ein zusätzlicher signifikanter Effekt der Leistungsvariation innerhalb der Lerngruppen. Schülerinnen und Schüler erzielen demnach in Lerngruppen mit einer großen Leistungsvariation keine höheren Lernstände als in Lerngruppen mit einer niedrigeren Leistungsvariation. Leiter (1983) berücksichtigt in seinen Analysen außerdem einen Interaktionseffekt der Leistungsvariation auf das mittlere Leistungsniveau der Schulklassen, um zu überprüfen, ob der Effekt der Leistungsheterogenität mit dem Leistungsniveau gleich ausfällt. Dabei ergeben sich für beide Testbereiche nur insignifikante Effekte (Leseverständnis: $\beta = 0{,}27$, *n.s.*; Mathematik: $\beta = 0{,}01$, *n.s.*). Die Nichtexistenz differenzieller Effekte einer leistungsheterogenen Klassenzusammensetzung führt Leiter (1983) für das Leseverständnis darauf zurück, dass es im Leseunterricht üblich sei, leistungshomogenere Kleingruppen innerhalb bestehender Lerngruppen zu bilden. Für Mathematik sei es hingegen denkbar, dass sich Vorteile einer leistungshomogenen Zusammensetzung der Lerngruppen für die leistungsstärkeren Schülerinnen und Schüler und die Nachteile für die leistungsschwächeren Schülerinnen und Schüler gegenseitig aufheben. Als Kritikpunkt an seinen Analysen kann angeführt werden, dass diese nicht der hierarchischen Struktur der Daten gerecht werden.

Länderübergreifend

Eine länderübergreifende Studie liegt von Zimmer und Toma (2000) vor, die in einer Reanalyse der Längsschnittdaten von SIMS[31] Effekte der Leistungszusammensetzung von Schulklassen (*tracking*, vgl. Tabelle 2.2) in Belgien, Frankreich, Neuseeland, Kanada (Ontario) und den USA untersuchen. Zur Vorhersage der Mathematikleistung am Ende der Jahrgangsstufe 8 berücksichtigen sie individuelle Merkmale der Schülerinnen und Schüler (N = 16.560), wie z.B. das Vorwissen, d.h. die Testleistung zu Beginn der Jahrgangsstufe 8, das Bildungsniveau und den Berufsstatus der Eltern als Merkmale der sozialen Herkunft, das Geschlecht und die Übereinstimmung von Schul- und Familiensprache. Als Kompositionsmerkmale werden unter anderem das mittlere Vorwissen und dessen Standardabweichung innerhalb der Schulklassen als disaggregierte Merkmale berücksichtigt.

Die Ergebnisse zeigen, dass die Schülerinnen und Schüler unter ansonsten gleichen Voraussetzungen in leistungsstärkeren Schulklassen signifikant höhere Lernstände am Ende der Jahrgangsstufe 8 erzielen als in leistungsschwächeren (β = 0,77; $p < .05$). Gerade die leistungsschwächeren Schülerinnen und Schüler können von einem höheren Fähigkeitsniveau ihrer Lerngruppe profitieren, für die leistungsstärkeren Schülerinnen und Schüler ist dieser Vorteil hingegen geringer (β= –0,01; $p < .05$). Darüber hinaus bestehen in leistungsheterogenen gegenüber -homogenen Schulklassen signifikante Vorteile: Steigt die Leistungsstreuung innerhalb der Schulklassen um eine Standardabweichung, so erzielen die Schülerinnen und Schüler um rund ein Viertel einer Standardabweichung signifikant höhere Testleistungen in Mathematik (β= 0,23; $p < .05$). Der Effekt fällt tendenziell in leistungsstärkeren Lerngruppen geringer aus als in leistungsschwächeren (β = –0,01; $p < .10$). Insgesamt lassen sich keine signifikanten Unterschiede zwischen den vier Ländern nachweisen (–0,06 ≤ β ≤ 0,02; *n.s.*).

Als Kritikpunkt an den Analysen von Zimmer und Toma (2000) kann angeführt werden, dass sie zwar systematisch und anhand verschiedenster Operationalisierungen die Effekte der leistungsbezogenen Zusammensetzung von Lerngruppen untersuchen. Allerdings ignorieren sie die hierarchische Struktur der Daten. Indem sie Merkmale, die sich auf die Aggregatebene beziehen, disaggregieren, weisen sie allen Schülerinnen und Schülern einer Schulklasse dieselben Leistungswerte als Merkmale ihrer Lerngruppen zu. Die Analysen werden also nur auf der Individualebene durchgeführt, was zu einer Unterschätzung der Standardfehler und Überinterpretation der Ergebnisse führen kann. Zudem bleiben institutionelle Effekte der Schulformgliederung, die zumindest für den flämischen Teil Belgiens relevant wären, unberücksichtigt, so dass davon ausgegangen werden muss, dass ein Großteil

31 SIMS: Second International Mathematics Study

der nachgewiesenen Kompositionseffekte mit institutionellen Effekten konfundiert ist (vgl. auch Baumert et al., 2006).

Meta-Analysen

In seiner Meta-Analyse zu Effekten der Leistungshomogenisierung in den Jahrgangsstufen 1 bis 6 im Primarschulbereich findet Slavin (1987a) für Maßnahmen einer leistungsbasierten Zuweisung von Schülerinnen und Schülern zu unterschiedlichen Lerngruppen (*ability-grouped class assignment*, vgl. Tabelle 2.1) gegenüber leistungsheterogenen Lerngruppen keinen generellen Effekt. Befunde zu Effekten einer Leistungsdifferenzierung für bestimmte Unterrichtsfächer (*ability grouping for selected subjects*, vgl. Tabelle 2.1) sind uneinheitlich. Vorteile dieser Art der Leistungshomogenisierung ergeben sich offenbar nur dann, wenn die Lehrkräfte das Unterrichtsniveau und -tempo an die Lernvoraussetzungen und Bedürfnisse der Schülerinnen und Schüler anpassen und die Leistungsdifferenzierung nur für ein oder zwei Unterrichtsfächer erfolgt. Andernfalls ist sie ineffektiv. Jahrgangsübergreifende Lerngruppen (*Joplin Plan* bzw. *nongraded plans*, vgl. Tabelle 2.1) können dagegen zu einer Leistungssteigerung führen. Besonders effektiv ist diese Art der Leistungshomogenisierung gegenüber leistungsheterogenen Lerngruppen im Kompetenzbereich Lesen. Empirische Befunde für Mathematik liegen dagegen kaum vor. Befunde zur differenziellen Effektivität dieser Art der Leistungshomogenisierung fallen uneinheitlich aus und deuten auf besondere Vorteile mal für die leistungsstärkeren, mal für die leistungsschwächeren Schülerinnen und Schüler hin. In keiner der in der Meta-Analyse berücksichtigten Studien gehen jedoch die Vorteile der einen auf Kosten der anderen. Demnach profitieren entweder alle Schülerinnen und Schüler gleichermaßen von einer Unterrichtung in jahrgangsübergreifenden leistungsheterogenen Lerngruppen oder es zeigen sich weder für die Leistungsstärkeren noch -schwächeren Vorteile verglichen mit einer leistungsbasierten Zuweisung zu unterschiedlichen Lerngruppen. Eine maximale Leistungssteigerung kann nach Slavin (1987a) vor allem dann erreicht werden, wenn eine Leistungshomogenisierung nur für ein oder zwei Unterrichtsfächer praktiziert werde, die Schülerinnen und Schüler aber die meiste Zeit gemeinsam in einer Lerngruppe unterrichtet werden, wenn eine Leistungshomogenisierung aufgrund bestimmter Fähigkeiten vorgenommen werde und wenn Schülerinnen und Schüler die Arbeitsgruppe häufiger wechseln können. Vorteile einer Leistungshomogenisierung innerhalb von Schulklassen (*within-class ability grouping*, vgl. Tabelle 2.1) gegenüber leistungsheterogenen Lerngruppen fallen zwar nicht immer signifikant aus. In Mathematik ergeben sich jedoch für die Leistungsschwächeren durch diese Art der Leistungshomogenisierung die größten Vorteile.

In einer anderen Meta-Analyse über 29 Studien im Sekundarschulbereich berichtet Slavin (1990a), dass im Wesentlichen keine generellen Vorteile einer Leistungshomogenisierung (*ability-grouped class assignment*, vgl. Tabelle 2.1) gegenüber einer gemeinsamen Unterrichtung aller Schülerinnen und Schüler bestehen. Dies gilt auch, wenn man die Effekte von Leistungshomogenisierung versus -heterogenität für unterschiedlich leistungsstarke Schülerinnen und Schüler bestimmt. Untersucht man jedoch nur die Effekte der Leistungshomogenisierung und fragt danach, welche Schülerinnen und Schüler hiervon am meisten profitieren können, so zeigt sich zumeist auch unter Kontrolle weiterer Hintergrundmerkmale eine deutliche Benachteiligung durch Homogenisierungsmaßnahmen für die Leistungsschwächeren gegenüber den Leistungsstärkeren.

Weitere Meta-Analysen zu Effekten der Leistungshomogenisierung liegen von Kulik und Kulik (1982, 1984) vor. Sie untersuchen für den Grundschulbereich anhand von 31 experimentellen Studien Effekte einer leistungsbasierten Zuweisung zu unterschiedlichen Lerngruppen innerhalb von Schulen (*ability-grouped class assignment*, vgl. Tabelle 2.1). Es zeigt sich, dass eine Leistungshomogenisierung von Lerngruppen überwiegend signifikante und positive Effekte auf die Leistungen der Schülerinnen und Schüler hat. Die Vorteile einer Leistungshomogenisierung gegenüber einer gemeinsamen, nicht nach Leistung differenzierten Unterrichtung aller Schülerinnen und Schüler fallen jedoch im Allgemeinen eher gering aus und machen im Durchschnitt weniger als ein Fünftel einer Standardabweichung aus. Leistungsstärkere oder hochbegabte Schülerinnen und Schüler in speziellen Lerngruppen, in denen der Lernstoff detaillierter und ergänzend behandelt wird (*enrichment*), profitieren hingegen am stärksten von einer Leistungshomogenisierung, da diese Art der Leistungshomogenisierung die höchste und genaueste Passung an das Niveau der Lerngruppen erfordert. Die beobachteten Effektstärken fallen jedoch auch hier mit einer Größenordnung von durchschnittlich etwa einer halben Standardabweichung moderat aus.

Bei einer Analyse von 52 experimentellen Studien für den Sekundarschulbereich finden Kulik und Kulik (1982), dass die Effekte der Leistungshomogenisierung innerhalb von Schulen (*ability-grouped class assignment*, vgl. Tabelle 2.1) auf die Leistungen der Schülerinnen und Schüler zwar positiv, aber nur gering sind. Die Vorteile einer Leistungshomogenisierung gegenüber einer gemeinsamen, nicht nach Leistung differenzierten Unterrichtung aller Schülerinnen und Schüler liegen in einer durchschnittlichen Größenordnung von einer Zehntel Standardabweichung. Je nach Untersuchungsdesign fallen die Effekte unterschiedlich aus: Auch im Sekundarschulbereich zeigen sich die stärksten Effekte für leistungshomogene Lerngruppen mit einem höheren Leistungsniveau, die aber ebenfalls insgesamt moderat ausfallen. Für durchschnittliche oder leistungsschwächere Schülerinnen und Schüler lassen sich dagegen kaum Effekte einer Leistungshomogenisierung nachweisen. Sie erzielen demnach in leistungshomogenen Lerngruppen dieselben Lernerfolge wie in leistungsheterogenen Lerngruppen. Die in den beiden Meta-Analysen von Kulik und Kulik (1982, 1984) berücksichtigten Studien deuten aber immerhin auch nicht auf signifikant negative Effekte einer Leistungshomogenisierung hin – auch nicht für leistungsschwächere Schülerinnen und Schüler.

Eine weitere Meta-Analyse über 63 Studien zu Effekten der Leistungsgruppierung innerhalb von Schulklassen (*within-class ability grouping*, vgl. Tabelle 2.1) liegt von Lou et al. (1996) vor. Im Unterschied zu den Meta-Analysen von Kulik und Kulik (1982, 1984) und Slavin (1987a, 1990a) analysieren Lou et al. (1996) jedoch nicht nur die Vorteile einer Leistungshomogenisierung gegenüber einer gemeinsamen, nicht nach Leistung differenzierten Unterrichtung aller Schülerinnen und Schüler (*grouping* versus *no grouping*), was in 51 der zugrunde liegenden Studien untersucht worden ist. Sie können darüber hinaus explizit die Effekte leistungshomogener und -heterogener Lerngruppenzusammensetzungen (*homogeneous* versus *heterogeneous ability grouping*) miteinander vergleichen, was in nur 12 der zugrunde liegenden Studien untersucht worden ist. Ihren Analysen zufolge ergeben sich aus einer Leistungshomogenisierung insgesamt nur geringe Vorteile für die Schülerinnen und Schüler ($d = 0,17$), die zudem mit der Art des Kriteriums (z.B. allgemeiner Fähigkeitstest, standardisierter Leistungstest) variieren. Weiterhin berichten sie nur leichte Vorteile leistungshomogener gegenüber -heterogenen Lerngruppenzusammensetzungen ($d = 0,12$). Leistungsschwächere Schülerinnen und Schüler scheinen allerdings stärker in leistungsheterogenen ($d = -0,60$), durchschnittliche Schülerinnen und Schüler stärker in leistungshomogenen Lerngruppen ($d = 0,51$) zu profitieren. Für die leistungsstärksten Schülerinnen und Schüler ist die Art der Lerngruppenzusammensetzung unerheblich ($d = 0,09$). Gleiches gilt auch für Mathematik und die naturwissenschaftlichen Fächer ($d = 0,00$). Für das Leseverständnis sind leistungshomogene im Vergleich zu -heterogenen Lerngruppenzusammensetzungen leistungsförderlicher ($d = 0,36$).

Tabelle 4.1: Studien zu Leistungsheterogenität und -homogenisierung in anderen Ländern

Autor	Ebene[1]	N[2]	Alter/Jgst.[3]	Bildungsbereich[4]	Prädiktor	Kriterium	Methodik	Längsschnitt	MZP[5]
Belgien									
Opdenakker & van Damme (2001)	Schule	L1: 4.699 L2: 52	Alter: 12	Secondary School	Standardabweichung der numerischen Intelligenz auf der Schulebene	Mathematikleistung	HLM[6]	nein	–
China									
Carman & Zhang (under review)	Klasse	L1: 923 L2: 16	Jgst. 7–9	Middle School	Standardabweichung der Testleistung auf der Klassenebene	Fachleistung in Mathematik, Englisch und Chinesisch	HLM	ja	5
Frankreich									
Duru-Bellat & Mingat (1998)	Klasse	L1: 30.000 L2: 1.200	Jgst. 6 & 7	Collège	Standardabweichung des Vorwissens auf der Klassenebene	Französisch- und Mathematikleistung	HLM	ja	2
Großbritannien									
Kerckhoff (1986)	Schule	L1: 9.399	Alter: 11–16	Secondary School	äußere Leistungsdifferenzierung bzw. Schulen mit Leistungshomogenisierung und curricularer Differenzierung vs. Schulen ohne Leistungshomogenisierung und ohne curriculare Differenzierung	Leseverständnis und Mathematikleistung	Regression	ja	2

Tabelle 4.1 (Fortsetzung, Teil 1)

Autor	Ebene[1]	N[2]	Alter/Jgst.[3]	Bildungsbereich[4]	Prädiktor	Kriterium	Methodik	Längsschnitt	MZP[5]
Israel									
Linchevski & Kutscher (1998)	Klasse	L1: 1 629 L2: 72	Jgst. 7 & 8	Junior High School	leistungsstärkere vs. -schwächere Schülerinnen und Schüler in leistungshomogenen vs. -heterogenen Lerngruppen	Mathematikleistung	Quasi-experiment. Design (regression discontinuity)	ja	2
Resh & Dar (1992)	Schule	L1: 9.140 L2:[7] 273 L3: 47	Jgst. 8 & 9	Junior High School	Schulspezifischer Quotient aus der Varianz der Fachleistung zwischen und innerhalb von Schulklassen	Fachleistung im Leseverständnis & in den Naturwissenschaften	Regression	nein	–
Dar & Resh (1986)	Klasse	L1: 3.500 L2: 135	Jgst. 8	Middle School	Varianz der kognitiven Grundfähigkeit auf der Klassenebene (Mediansplit)	allgemeiner Schulleistungsindex	Regression	nein	–
Niederlande									
Luyten & van der Hoeven-van Doornum (1995)	Klasse	L1: 3.993 L2: 221	Jgst. 8	Primary School	Standardabweichung der kognitiven Grundfähigkeit auf der Klassenebene	allgemeiner Schulleistungsindex (Leseverständnis und Mathematik)	HLM	nein	–
Südkorea									
Kim, Lee & Lee (2008)	Schule	L1: 3.024	Jgst. 10 & 11	High School	Schulen mit überwiegend homogener Schülerschaft vs. Schulen mit überwiegend heterogener Schülerschaft	Allgemeiner Fachleistungsindex, Mathematik, Englisch, Natur- und Sozialwissenschaften, Koreanisch	Regression	nein	–
Kang (2007)	Klasse	L1[8]: 13.598 L2: 248	Jgst. 8 & 9 Alter: 13	Middle School	Standardabweichung der Mathematikleistung auf der Klassenebene minus individueller Testwert	Mathematikleistung	Regression	nein	–

Tabelle 4.1 (Fortsetzung, Teil 2)

Autor	Ebene[1]	N[2]	Alter/Jgst.[3]	Bildungsbereich[4]	Prädiktor	Kriterium	Methodik	Längsschnitt	MZP[5]
USA									
Hanushek, Kain, Markman & Rivkin (2003)	Jgst.	L1: 1.028.162	Jgst. 3–8	Primary School	Standardabweichung des Vorwissens auf Ebene der Jahrgangsstufen	Lernstand und Lernzuwachs in Mathematik	HLM	ja	3
Hoffer (1992)	Schule	L1: 3.116 L2: 51	Jgst. 7–9	Middle School	Schulen mit Leistungshomogenisierung und mit curricularer Differenzierung vs. Schulen ohne Leistungshomogenisierung und ohne curriculare Differenzierung	Lernentwicklung in Mathematik und den Naturwissenschaften	Regression	ja	3
Sørensen & Hallinan (1986)	Klasse	L1: 584 L2: 45	Jgst. 5–7	Primary School	Standardabweichung des Vorwissens bzw. Leistungsheterogenität * Klassengröße	Lernzuwachs im Leseverständnis	Regression	ja	2
Leiter (1983)	Klasse	L1: 294 L2: 15	Jgst. 3	Primary School	Varianz in Leseverständnis und Mathematikleistung zum vorherigen MZP	Leseverständnis und Mathematikleistung	Regression	nein	–
Länderübergreifend									
Zimmer & Toma (2000)	Klasse	L1: 16.560	Jgst. 8 Alter: 13–14	Middle School	Standardabweichung des Vorwissens innerhalb von Schulklassen	Mathematikleistung	Regression	nein	–

[1] Aggregatebene zur Untersuchung von Leistungsheterogenität und -homogenisierung
[2] Anzahl der in die Analysen einbezogenen Fälle auf Individualebene (L1) und/oder Aggregatebene (L2)
[3] Jgst.: Jahrgangsstufe
[4] Die englischen und französischen Bezeichnungen für den Bildungsbereich haben zum Teil kein entsprechendes Äquivalent im deutschen Schulsystem.
[5] MZP: Messzeitpunkte
[6] HLM: Mehrebenenanalysen
[7] L2: Klassen
[8] Fallzahlen gewichtet

Zwischenfazit

Unterschiede zwischen den in diesem Abschnitt präsentierten internationalen Studien bestehen nicht nur hinsichtlich der Ergebnisse, sondern auch hinsichtlich der Konzeption und Operationalisierung von Leistungsheterogenität und -homogenisierung. Einen Überblick über die Anlage der Studien (ohne die Meta-Analysen), die angewandten empirischen Forschungsmethoden, Stichprobengrößen und Untersuchungsdesigns gibt Tabelle 4.1. Einige Studien fokussieren bei der Analyse von Kompositionseffekten Merkmale der Schulebene, andere fokussieren eher Merkmale der Klassenebene. Des Weiteren unterscheiden sich die Studien erheblich in der Stichprobengröße, dem untersuchten Bildungsbereich (Primarstufe, Sekundarstufe usw.) und dem Alter bzw. der Jahrgangsstufenzugehörigkeit der Probanden. Bei der Operationalisierung werden als Kriterium überwiegend Ergebnisse standardisierter Leistungstests herangezogen, die entweder fachspezifisch sind oder über allgemeine Leistungsindikatoren abgebildet werden. Neben weiteren Kontrollvariablen wird als Prädiktor für die erzielten Lernstände häufig ein Streuungsmaß oder die Art der Lerngruppenzusammensetzung herangezogen. Als wichtiger Kritikpunkt muss angeführt werden, dass nicht alle der hier referierten Studien die hierarchische Struktur der Daten berücksichtigen und in der Lage sind, unterschiedliche Eingangsvoraussetzungen der Schülerinnen und Schüler angemessen kontrollieren zu können.

4.2 Der nationale Forschungsstand

Während die Wirksamkeit von Leistungshomogenisierung und Leistungsheterogenität international breit erforscht worden ist, liegen für den bundesdeutschen Kontext vergleichsweise wenige[32] und durchaus widersprüchliche Befunde vor. So untersuchen beispielsweise Treiber und Weinert (1985) in mehreren Einzelstudien die Vereinbarkeit der beiden Zielkriterien Leistungssteigerung und Verringerung von Leistungsunterschieden in 77 Hauptschulklassen der Jahrgangsstufe 5. Es zeigt sich, dass die mathematische Lernentwicklung leistungsstärkerer Schülerinnen und Schüler in leistungsegalisierenden Schulklassen, in denen sich die Leistungsstreuung verringert, ungünstiger verläuft als in leistungsdivergenten Schulklassen, in denen sich die Leistungsstreuung vergrößert. Demnach sind die Leistungsstärkeren in leistungshomogenisierenden Lerngruppen benachteiligt, ohne dass sich die Leistungsschwächeren hier verbessern. In leistungsdivergenten Schulklassen können hingegen die Schülerinnen und Schüler mit einem höheren Lernausgangsniveau stärker gefördert werden, während die Leistungsschwächeren in diesen Schulklassen nicht benachteiligt werden, also ähnliche Lernstände erzielen wie in leistungskonvergenten Lerngruppen.

32 Wirkungen von Leistungshomogenisierung und -heterogenität sind in Deutschland vor allem im Bereich der Integrationsforschung thematisiert worden.

Ähnlich kann Helmke (1988) in einer Studie mit 39 Münchener Hauptschulklassen zeigen, dass ein Mathematikunterricht, der eine Verringerung von Leistungsunterschieden innerhalb von Schulklassen und somit leistungshomogenere Lerngruppen zum Ziel hat, mit Leistungseinbußen bei den leistungsstärkeren Schülerinnen und Schülern einhergeht. Für die Leistungsschwächeren kann eine angestrebte Verringerung des Leistungsspektrums, wie sie für einen egalisierenden Unterricht kennzeichnend ist, dann von Vorteil sein, wenn sie dadurch in ihrem Leistungsniveau angehoben werden. Ein Unterricht in so genannten *Optimalklassen*, in denen Qualifizierung und Egalisierung gleichzeitig realisiert werden, zeichnet sich dabei durch eine außerordentlich effiziente Klassenführung sowie ein hohes Ausmaß an Lernstofforientierung, Adaptivität und diagnostischer Kompetenz der Lehrkräfte aus. Umgekehrt entwickelt sich die Leistung von Schülerinnen und Schülern mit einem hohen Vorkenntnisniveau offenbar günstiger, wenn ein Unterricht praktiziert wird, in dem sich die Leistungsstreuung innerhalb von Schulklassen vergrößert.

Gegenteiliges finden allerdings Treinies und Einsiedler (1996) in einer Untersuchung mit 21 Schulklassen der 4. Jahrgangsstufe aus 16 verschiedenen Grundschulen im Großraum Erlangen/Nürnberg ($N = 419$): Ihnen zufolge sind Leistungsunterschiede innerhalb von Grundschulklassen für die leistungsstärkeren Schülerinnen und Schüler nicht von Belang, da sie sowohl in unterschiedsausgleichenden als auch unterschiedsverstärkenden Schulklassen durchschnittlich die höchsten Lernstände erzielen. Im Gegensatz dazu profitieren leistungsschwächere und durchschnittliche Schülerinnen und Schüler zum Teil in erheblichem Ausmaß von einem unterschiedsausgleichenden Unterricht. Die Autoren räumen aber ein, dass die Befunde möglicherweise schulstufenspezifische Eigenheiten dokumentieren. Demnach handelt es sich bei den Grundschülerinnen und -schülern um eine noch nicht nach Leistung ausgelesene Stichprobe, bei der sich die Leistungspotenziale prägnanter profilieren. Weiterhin bezieht sich die Kritik auf das Untersuchungsdesign, das als Prädiktor die Leistungsentwicklung und nicht das -niveau verwendet. Außerdem berücksichtigen die Autoren zwar die hierarchische Struktur der Daten, aber nicht in der heute üblichen und angemessenen Form.

Nach Niklas, Schmiedeler und Schneider (2010) ist Leistungsheterogenität kein Thema, das allein auf die Schulzeit beschränkt werden dürfe. In einer Längsschnittstudie über drei Messzeitpunkte untersuchen sie bereits anderthalb Jahre vor Schulbeginn die Entwicklung der Sprachkompetenz, schulrelevanten schriftsprachlichen und mathematischen Vorläuferfähigkeiten bei 610 Kindern in Kindergärten und Kindertagesstätten in Baden-Württemberg. Demnach besteht bereits bei Kindergartenkindern eine beträchtliche Leistungsheterogenität, die sich fast über die gesamte Leistungsspannbreite der eingesetzten Testverfahren erstreckt. Über die drei Messzeitpunkte hinweg verringert sich zwar in fast allen untersuchten Bereichen die Leistungsstreuung vor allem zugunsten von Kindern beispielsweise mit Migrationshintergrund oder niedriger sozialer Lage. Dies ist aber vermutlich auf Deckeneffekte der eingesetzten Tests zurückzuführen, welche besonders im unteren Leistungsbereich gut differenzieren.

Bellin (2009) untersucht die Auswirkungen von Kompositionsmerkmalen der Schul- bzw. Klassenzusammensetzung auf die Schulleistungen. Datengrundlage ihrer längsschnittlichen Analysen über acht Messzeitpunkte vom Beginn der Jahrgangsstufe 1 bis zum Ende der Jahrgangsstufe 4 sind 627 Schülerinnen und Schüler in 36 Schulklassen, die zu allen Messzeitpunkten an der „Berliner Längsschnittstudie zur Lesekompetenzentwicklung von Grundschulkindern“ (BeLesen) teilgenommen haben. Mit dieser Datenbasis ist es ihr möglich, Auswirkungen bezüglich der Homogenität bzw. Heterogenität der intellektuellen Zusammensetzung – operationalisiert über die Standardabweichung der kognitiven Grundfähigkeiten auf der Klassenebene – auf das Sprach- und Leseverständnis zu analysieren. Das Sprach- und Leseverständnis wird dabei über Aufgaben zum Textverständnis, einen C-Test und einen Lesegeschwindigkeitstest erfasst. Neben signifikant positiven Effekten der mittleren kognitiven Grundfähigkeit und der mittleren sozialen Lage findet sie für keinen der drei Testbereiche signifikante Effekte für die Streuung der kognitiven Grundfähigkeit auf der Klassenebene.

Künsting, Post, Greb, Faust und Lipowsky (2010) überprüfen im Rahmen einer Längsschnittstudie zur Persönlichkeits- und Lernentwicklung von Grundschulkindern (PERLE) den Zusammenhang zwischen der Veränderung von Heterogenität, operationalisiert über die Differenz der klassenbezogenen Standardabweichung der Leistung zwischen zwei Messzeitpunkten, und der arithmetischen Kompetenz. Sie untersuchen 624 Schülerinnen und Schüler in 38 Schulklassen der ersten beiden Grundschuljahre. Dabei beobachten sie, dass der Lernzuwachs eingangs leistungsschwächerer Schülerinnen und Schüler über alle drei Messintervalle ($t_1 \rightarrow t_2$, $t_2 \rightarrow t_3$, $t_1 \rightarrow t_3$) hinweg signifikant höher ausfällt als für Schülerinnen und Schüler, die bereits zu Beginn der Grundschule hohe Ausgangsleistungen aufweisen. Dies deutet auf einen leistungsausgleichenden, leistungshomogenisierenden Anfangsunterricht hin, wenngleich das Unterrichtshandeln der Lehrkräfte nicht erfasst worden ist. In den mehrebenenanalytischen Berechnungen beträgt der Effekt der Streuungsentwicklung auf den Lernzuwachs weniger als ein Zehntel einer Standardabweichung und kann bei allen drei Messintervallen diesen nicht signifikant vorhersagen. In leistungsheterogenen Schulklassen fällt jedoch der Leistungszuwachs im zweiten Schuljahr ($t_2 \rightarrow t_3$) signifikant geringer aus ($\beta = -0{,}212$; $p < .01$) als in leistungshomogenen Schulklassen. Darüber hinaus zeigen sich signifikante Interaktionseffekte zwischen der Streuungsentwicklung zwischen zwei Messzeitpunkten und dem Vorwissen der Schülerinnen und Schüler auf den Leistungszuwachs bei allen drei Messintervallen ($0{,}157 \leq \beta \leq 0{,}236$; $p < .001$). Das bedeutet, dass leistungsstärkere Schülerinnen und Schüler, die in leistungsausgleichende Schulklassen (Streuungsabnahme, Leistungshomogenisierung) gehen, geringere Lernzuwächse verzeichnen als Schülerinnen und Schüler aus unterschiedsverstärkenden

Schulklassen (Streuungszunahme). Bei den Leistungsschwächeren verhält es sich genau umgekehrt.

Stumpf und Schneider (2008) untersuchen, inwiefern sich Schülerinnen und Schüler an Würzburger Gymnasien, die seit der Jahrgangsstufe 5 in spezielle Begabtenklassen (IQ $\geq$ 120) mit akzelerierter Beschulung gehen ($N = 46$), von Schülerinnen und Schülern in regulären Gymnasialklassen ($N = 69$) hinsichtlich ihrer Lernstände in standardisierten Leistungstests in Rechtschreiben, Mathematik und Englisch unterscheiden. Zwar sind in den regulären Gymnasialklassen ebenfalls Schülerinnen und Schüler mit hohen intellektuellen Begabungen anzutreffen. Die varianzanalytischen Auswertungen ergeben aber erwartungsgemäß, dass in den Begabtenklassen sowohl zu Beginn der Jahrgangsstufe 5 als auch zu Beginn der Jahrgangsstufe 7 signifikant höhere Lernstände erzielt werden als in den regulären Gymnasialklassen ($p < .05$). Die mittleren Leistungsunterschiede sind aber insgesamt gering. Weiterhin zeigt sich, dass die Streuung der Leistungen in den Begabtenklassen überwiegend geringer ausfällt als in den Kontrollklassen, die also etwas heterogener sind. Interessant sind auch die Befunde hinsichtlich der Arbeitshaltung und der Motivation beim Übergang in die Jahrgangsstufe 5 (Stumpf & Schneider, 2009): Schülerinnen und Schüler in den Begabtenklassen schätzen ihre Arbeitshaltung, Stressbewältigung, Lerntechniken und Lernzielorientierungen signifikant und bedeutsam niedriger ein als Schülerinnen und Schüler der Kontrollklassen ($0{,}55 \leq d \leq 1{,}50$; $p < .01$). Darüber hinaus beschreiben sich die Schülerinnen und Schüler der Kontrollklassen beim Übergang auf das Gymnasium als tendenziell motivierter, ihre eigenen Fähigkeiten auszuweiten und hohe Fähigkeiten auch hervorzuheben ($d = 0{,}38$; $p < .10$). Allerdings besteht eine signifikante Interaktion zwischen der Klassenart und der Zeit im Hinblick auf die Faktoren Stressbewältigung und Lerntechnik. Das bedeutet, dass sich die Unterschiede zwischen den Begabten- und Kontrollklassen über die Messzeitpunkte hinweg einander angleichen. Bei der Arbeitshaltung besteht hingegen kein signifikanter Interaktionseffekt. Demnach schätzen Schülerinnen und Schüler der Begabtenklassen ihre Arbeitshaltung durchgehend signifikant niedriger ein als Schülerinnen und Schüler der Kontrollklassen. Die Autoren räumen allerdings ein, dass die Befunde aufgrund der geringen Stichprobengröße nur begrenzt aussagekräftig seien.

Von besonderer Bedeutung für diese Arbeit sind die Analysen von Lehmann (2006), der die Frage nach der Bedeutung der kognitiven Heterogenität von Schulklassen für den Lernerfolg am Ende der Jahrgangsstufe 4 aufgreift. Im Rahmen der Längsschnittstudie „Erhebung zum Lese- und Mathematikverständnis – Entwicklungen in den Jahrgangsstufen 4 bis 6 in Berlin" (ELEMENT) untersucht er Effekte der Zusammensetzung von Schulklassen ($N = 135$) auf die individuellen Lernstände der Schülerinnen und Schüler ($N = 3.254$) im Leseverständnis und in Mathematik am Ende der Jahrgangsstufe 4. Als Prädiktoren werden dabei auf der Individualebene das Geschlecht, der Migrationshintergrund (operationalisiert über die Staatsangehörigkeit), die soziale Lage und das Lernpotenzial, also die kognitive Grundfähigkeit, berücksichtigt. Auf der Klassenebene wird als Prädiktor neben der mittleren sozialen Lage und dem mittleren Lernpotenzial auch die Heterogenität der Schülerschaft, operationalisiert über die klassenbezogene Standardabweichung der kognitiven Grundfähigkeit, berücksichtigt. Es lässt sich ein bemerkenswert hoher positiver und signifikanter Effekt der kognitiven Variation innerhalb der Schulklassen auf die individuellen Leseleistungen am Ende der Jahrgangsstufe 4 beobachten, der in einer Größenordnung von etwa einer halben Standardabweichung liegt ($\gamma = 0,46$; $p < .001$). Bei der Mathematikleistung besteht kein signifikanter Effekt für die kognitive Heterogenität. Da die Analysen auf dem ersten Messzeitpunkt der ELEMENT-Studie beruhen und somit querschnittlich angelegt sind, lassen sie keine Kausalschlüsse zu. Offen bleibt daher, ob dieser positive Effekt allein durch die Streuung der kognitiven Grundfähigkeit innerhalb der Schulklassen zustande kommt. Denkbar wäre auch, dass es sich hierbei um ein Auslesephänomen handelt: So könnte es z.B. sein, dass heterogene Schulklassen vornehmlich aus Schülerinnen und Schülern mit einer höheren kognitiven Grundfähigkeit bestehen.

In einer Längsschnittstudie mit fünf Messzeitpunkten über einen Zeitraum von zehn Jahren untersucht Rindermann (2007) im Rahmen einer wissenschaftlichen Begleitforschung zu einem Schulmodellversuch in Baden-Württemberg die Bedeutung der Klassenzusammensetzung für das Unterrichtsgeschehen (z.B. Art der Instruktion, Anforderungsniveau, Verhalten und Mitarbeit der Schülerinnen und Schüler) und die Entwicklung kognitiver Fähigkeiten. Datengrundlage seiner Untersuchung sind 527 Schülerinnen und Schüler aus 22 Schulklassen an sechs Gymnasien. Mittels Pfadanalysen wird dabei auch der Effekt der Klassenheterogenität, operationalisiert über die Varianz der kognitiven Grundfähigkeit der Schülerinnen und Schüler innerhalb von Schulklassen, auf schulnahe kognitive Fähigkeiten geschätzt. Die Effekte werden zum einen in einem Gesamtmodell und zum anderen in mehreren Sequenzmodellen, die jeweils einen Zeitraum von zwei Schuljahren umfassen, geschätzt. Dabei zeigt sich, dass die Klassenheterogenität weder in den Sequenzmodellen ($-0,02 \leq \beta \leq 0,07$; *n.s.*) noch über den gesamten Zeitraum hinweg ($\beta = 0,03$; *n.s.*) für die Ausbildung schulnaher kognitiver Fähigkeiten relevant ist. Darüber hinaus wirkt sich die Klassenheterogenität auch nicht signifikant auf das Verhalten und die Mitarbeit der Schülerinnen und Schüler im Unterricht aus ($\beta = 0,07$; *n.s.*). Rindermann (2007) gibt bei der Interpretation der Befunde allerdings zu bedenken, dass es sich bei den Gymnasien bereits um eine vorselektierte Schulform (vgl. auch Abschnitt 2.3.5) handele und die Fähigkeitsheterogenität dort folglich niedriger ausfalle als an anderen Schulformen.

Seeber (2010) analysiert im Rahmen der Hamburger „Untersuchung der Leistungen, Motivation und Einstellungen“ (ULME II) die Lernentwicklung von 507 Jugendlichen in 44 Schulklassen an teilqualifizierenden Berufsfachschulen in den Bereichen Wirtschaft und Verwaltung. Dabei geht sie der Frage nach, in welchem Zusammenhang die Heterogenität in den individuellen Lernvoraussetzungen der Jugendlichen mit weiteren wirtschaftsberuflichen Kompetenzen steht, welche für den Übergang in das Berufsleben erforderlich sind. Auf der Klassenebene wird die Heterogenität über die Streuung der mathematischen und sprachlichen Testleistung zum vorherigen Messzeitpunkt abgebildet. In den Mehrebenenanalysen erweist sich die Streuung der Lesekompetenz als ein Merkmal, das neben individuellen Lernvoraussetzungen und dem kognitiven Fähigkeitsniveau der Schulklassen einen signifikant positiven Effekt auf die wirtschaftsberuflichen Testleistungen hat (γ_{01} = 0,507; p = .012). Seeber (2010) deutet diesen Effekt als ein differentielles Wachstum: Demnach werde in heterogenen Lerngruppen, in denen die allgemeinen kognitiven Voraussetzungen tendenziell ungünstiger ausfallen als in homogenen Lerngruppen, stärker kompensatorisch gearbeitet. Lernfortschritte im Bereich der Lesekompetenz gehen also auch mit Lernfortschritten im wirtschaftskundlichen Fachgebiet einher, wovon vor allem die leistungsschwächeren Schülerinnen und Schüler profitieren. Für die Leistungsheterogenität im Bereich Mathematik zeigen sich dagegen keine Effekte auf die wirtschaftsberuflichen Testleistungen.

Zwischenfazit

Tabelle 4.2 gibt einen Überblick über die in diesem Abschnitt beschriebenen nationalen Studien zu Leistungsheterogenität und -homogenisierung. Allen Studien ist gemeinsam ist, dass sie Effekte der Leistungsheterogenität vor allem auf der Ebene der Schulklassen untersuchen. Sie unterscheiden sich jedoch deutlich hinsichtlich der untersuchten Schülerpopulation, dem Design und in ihrer Anlage als Quer- oder Längsschnittstudie. Außerdem berücksichtigen nicht alle Studien die hierarchische Datenstruktur in einer angemessenen Weise. Darüber hinaus wird deutlich, dass Leistungsheterogenität unterschiedlich operationalisiert wird, wobei die meisten Studien auf ein Streuungsmaß als Prädiktor zurückgreifen. Weiterhin unterscheiden sich die Studien in der jeweils abhängigen Variable, die üblicherweise die individuelle Testleistung der Schülerinnen und Schüler in einem standardisierten Leistungstest darstellt.

Tabelle 4.2: Studien zu Leistungsheterogenität und -homogenisierung in Deutschland

Autor/Studie	Ebene[1]	N[2]	Alter/Jgst.[3]	Schulform	Prädiktor	Kriterium	Methodik	Längsschnitt	MZP[4]
Künsting, Post, Greb, Faust & Lipowsky (2010)	Klasse	L1: 624 L2: 38	Jgst. 1 & 2	Grundschule	Differenz der klassenbezogenen Standardabweichung zwischen zwei MZP	Leistungszuwachs der arithmetischen Kompetenz	HLM[5]	ja	3
Niklas, Schmiedeler & Schneider (2010)	MZP	L1: 610 L2[6]: 63	Kindergarten / Kindertagesstätte	–	Range[7]	Vorläuferfertigkeiten der Sprach- und Mathematikkompetenz	HLM	ja	3
Seeber (2010)	Klasse	L1: 507 L2: 44	Teilqualifizierende Berufsfachschule	Berufsfachschule	Streuung der wirtschaftsberuflichen Kompetenz innerhalb der Klassen	Wirtschaftsberufliche Kompetenz	HLM	ja	2
Bellin (2009)	Klasse	L1: 627 L2: 36	Jgst. 1–4	Grundschule	Streuung der kognitiven Grundfähigkeit innerhalb der Klassen	Sprach- und Leseverständnis	HLM	ja	8
Stumpf & Schneider (2008)	Klasse	L1[8]: 115	Jgst. 5–7	Gymnasium	Homogene Begabtenklassen vs. gymnasiale Regelklassen	Standardisierte Leistungstests in Rechtschreiben, Mathematik und Englisch	ANOVA[9]	ja	4
Rindermann (2007)	Klasse	L1: 527 L2: 22 L3: 6	Jgst. 5–7 Jgst. 7–9 Jgst. 9–11 Jgst. 11–12/13	Gymnasium davon G8: 4, G9: 2	Varianz der kognitiven Grundfähigkeit innerhalb der Klassen	Kognitive Grundfähigkeit	Pfadanalyse	ja	5
Lehmann (2006)	Klasse	L1: 3.254 L2: 135	Jgst. 4	Grundschule	Standardabweichung der kognitiven Grundfähigkeit innerhalb der Klassen	Leseverständnis und Mathematikleistung	HLM	nein	1

Tabelle 4.2 (Fortsetzung)

Autor/Studie	Ebene[1]	N[2]	Alter/Jgst.[3]	Schulform	Prädiktor	Kriterium	Methodik	Längs-schnitt	MZP[4]
Treinies & Einsiedler (1996)	Klasse	L1: 419 L2: 21	Jgst. 4	Grundschule	Unterschieds-ausgleichender vs. unterschieds-verstärkender Unterricht	Lehrzielvalider informeller Test	HLM	ja	2
Helmke (1988)	Klasse	L2: 39	Jgst. 5 & 6	Hauptschule	Verringerung der klasseninternen Leistungsstreuung	Mathematikleistung	ANOVA	ja	4
Treiber & Weinert (1985)	Klasse	L1: 2.200 L2: 77	Jgst. 5	Hauptschule	Semi-Interquartil-Range[9]	Lehrzielbezogener Leistungstest in Mathematik	ANOVA Regression	ja	2

[1] Aggregatebene zur Untersuchung von Leistungsheterogenität und -homogenisierung
[2] Anzahl der in die Analysen einbezogenen Fälle auf Individualebene (L1) und Aggregatebene (L2)
[3] Jgst.: Jahrgangsstufe
[4] MZP: Messzeitpunkte
[5] HLM: Mehrebenenanalysen
[6] L2: Einrichtungen
[7] Range: Differenz zwischen Minimum und Maximum
[8] *N* = 115, davon *N* = 46 in Förderklassen und *N* = 69 in Kontrollklassen
[9] ANOVA: Varianzanalyse
[10] Semi-Interquartil-Range (Quartildifferenzquotient): Durchschnittliche Differenz zwischen dem ersten und dritten Quartil [(Q3-Q1)/2)].

4.3 Implikationen für die eigene Arbeit

„Empirisch konnte bislang offensichtlich nicht nachgewiesen werden, ob heterogene oder homogene Lerngruppen für schulisches Lernen geeigneter sind.“
(Graumann, 2003, S. 137)

Die in den beiden vorangegangen Abschnitten beschriebenen Ergebnisse nationaler und internationaler Studien zu Effekten von Leistungshomogenisierung und -heterogenität lassen sich in drei Punkten zusammenfassen: *Erstens* deuten die Befunde in keine eindeutige Richtung, d.h., manche Studien bewerten eine leistungshomogene Zusammensetzung von Lerngruppen positiver, andere Studien eine leistungsheterogene. Wiederum andere Studien kommen zu dem Schluss, dass die Lernerfolge in leistungshomogenen und -heterogenen Lerngruppen durchaus vergleichbar ausfallen. Es kann deshalb nicht davon ausgegangen werden, dass durch eine Leistungshomogenisierung die Lernstände von Schülerinnen und Schülern grundsätzlich gesteigert werden können: „The bulk of evidence, however, does not support widely held beliefs that tracking generally increases students' learning or that it enhances students' attitudes about themselves and schooling“ (Oakes, 1989, S. 176). *Zweitens* fällt der Effekt der Leistungshomogenisierung insgesamt eher gering aus. D.h., für Schülerinnen und Schüler, die in leistungshomogenen Lerngruppen unterrichtet werden, ergeben sich zunächst unabhängig von ihrem Vorwissen kaum oder nur geringe Vorteile gegenüber Schülerinnen und Schülern in Lerngruppen, in denen nicht nach Leistung differenziert wird, die also leistungsheterogen zusammengesetzt sind. *Drittens* sind durchaus differenzielle Effekte beobachtbar. Demnach profitieren leistungsstärkere Schülerinnen und Schüler offenbar stärker von einer leistungshomogenen Lerngruppenzusammensetzung, leistungsschwächere Schülerinnen und Schüler scheinen dadurch hingegen eher benachteiligt oder in ihrer Lernentwicklung gehemmt zu sein. Im Gegensatz dazu scheinen von einer leistungsheterogenen Lerngruppenzusammensetzung die Leistungsschwächeren am stärksten zu profitieren. Für die Leistungsstärkeren scheinen sich aus einer leistungsheterogenen Lerngruppenzusammensetzung kaum Nachteile zu ergeben, da hier auch für sie durchaus Vorteile bestehen können, welche aber offenbar geringer ausfallen als die ihrer leistungsschwächeren Mitschülerinnen und Mitschüler.

Bei einer kritischen Reflexion der hier referierten internationalen und nationalen Forschungsbefunde ist dem Resümee von Helmke und Weinert (1997, S. 93) zuzustimmen, die in ihrer Meta-Analyse feststellen, dass es „weltweit eine große Anzahl von Untersuchungen, aber kein einheitliches Befundmuster [gibt], weil die Effektivität der Fähigkeits- und Leistungsgruppierungen von zu vielen Bedingungsfaktoren beeinflusst wird“. Auch Oakes (1989, S. 176) kritisiert, dass Studien zu Effekten der Lerngruppenzusammensetzung nicht nur zu sehr unterschiedlichen Ergebnissen kommen, sondern auch in ihrer Qualität variieren: „Unfortunately, this body of work is plagued with studies of varying quality and conflicting conclusions".

Aufgrund der unterschiedlichen Forschungsbefunde kann also davon ausgegangen werden, dass bisher noch nicht abschließend geklärt ist, ob der Lernerfolg für Schülerinnen und Schüler in eher leistungshomogenen oder -heterogenen Lerngruppen höher ausfällt und welche Schülerinnen und Schüler in leistungsheterogenen Lerngruppen gegebenenfalls am meisten profitieren können. Im Gegenteil lassen gerade die Befunde aus dem deutschsprachigen Forschungsraum eher vermuten, dass sich eine Leistungshomogenisierung vor allem für die leistungsschwächeren Schülerinnen und Schüler nachteilig auswirkt. Zudem existieren durchaus Befunde, die auf Vorteile oder zumindest keine Nachteile leistungsheterogener Lerngruppen hindeuten. Auch die Frage, inwiefern leistungsstärkere und -schwächere Schülerinnen und Schüler unterschiedlich von Leistungsheterogenität profitieren können, ist bisher zumindest in Deutschland kaum empirisch untersucht worden.

Für die Untersuchung von Effekten der Zusammensetzung von Lerngruppen auf den Lernerfolg von Schülerinnen und Schülern lassen sich aus den hier referierten Forschungsbefunden mindestens diese fünf Implikationen für die eigene Arbeit ableiten:

Identifikation eines adäquaten Indikators für Leistungsheterogenität und -homogenität von Lerngruppen

Gerade die international referierten Studien fokussieren eher Effekte einer leistungsstärkeren oder -schwächeren Lerngruppenzusammensetzung. Sie berücksichtigen also vor allem das durchschnittliche Leistungs*niveau* von Lerngruppen. Als Kompositionsmerkmal ist die Leistungs*streuung* bisher in nur wenigen Studien berücksichtigt worden, wobei es auch Arbeiten gibt, die ihre Bedeutung für die Schulleistungs- und Schuleffektivitätsforschung betonen: „There are some interesting hints in the recent literature that the *range* or variation in school and teacher factors may be important determinants of outcomes and effectiveness additionally to the *average* levels scored on the factors themselves" (Reynolds & Teddlie, 2000, S. 331, Hervorhebung i. O.).

Da viele der hier beschriebenen Analysen vor allem aus dem angloamerikanischen Raum auf Querschnittsdaten basieren, können sie die Zusammensetzung von Lerngruppen häufig nur approximativ über die kognitive Grundfähigkeit erfassen. Diese wird üblicherweise zeitgleich mit den Fachleistungen erhoben. Sie kontrolliert das Vorwissen daher nur teilweise und ist ein zu ungenauer Indikator für die Lernausgangslagen. Als aggregierte Merkmale der Zusammensetzung von Lerngruppen können dadurch ihre Effekte für die Kompetenzentwicklung zum einen überschätzt werden. Zum anderen beeinflusst die Schule nicht nur die fachliche Lernentwicklung, sondern auch die Intelligenzentwicklung, was zu einer Unterschätzung von Kompositionseffekten führen kann (Köller & Baumert, 2002).

Mit den vorliegenden Daten der Hamburger KESS-Studie (vgl. Abschnitt 6.1) besteht jedoch die Möglichkeit, Effekte der Zusammensetzung von Lerngruppen nicht nur über die kognitive Grundfähigkeit, sondern auch über das fachspezifische Vorwissen, also die Testleistung zu einem früheren Messzeitpunkt, abzubilden. Da es sich um eine Vollerhebung aller Schülerinnen und Schüler eines Einschulungsjahrgangs handelt, kann die Zusammensetzung der Lerngruppen nicht nur über das mittlere Leistungsniveau, sondern auch über die Streuung der Lernstände zum vorherigen Messzeitpunkt abgebildet werden.

Bestimmung der Effekte von Leistungsheterogenität und -homogenität über einen längeren Zeitraum hinweg

Bei Studien zu Effekten von Leistungsheterogenität und -homogenität hat sich vor allem in Deutschland ein längsschnittliches Untersuchungsdesign mittlerweile durchgesetzt. Dadurch können nicht nur individuelle Lernvoraussetzungen, sondern auch die leistungsbezogene Zusammensetzung von Lerngruppen adäquat abgebildet werden. In nur wenigen Studien ist es jedoch möglich, die Effekte von Leistungsheterogenität und -homogenität über einen Zeitraum von mehreren Jahren abzuschätzen. Gerade für das deutsche Schulsystem ist dies insofern interessant, da sich mit dem Übergang von der Grund- zur weiterführenden Schule nicht nur die Lerngruppen neu konstituieren, sondern sich auch spezifische Lernmilieus herausbilden, die die weitere Lernentwicklung nachhaltig beeinflussen (vgl. z.B. Baumert et al., 2006). Fraglich ist zudem, ob Leistungsheterogenität auch in einem gegliederten Sekundarschulsystem wie in Deutschland ein leistungsrelevantes Merkmal von Lerngruppen ist. Im Rahmen der KESS-Studie ist es möglich, Effekte der Leistungsheterogenität über drei Messzeitpunkte bis zum Ende der Jahrgangsstufe 8 zu bestimmen.

Berücksichtigung der Mehrebenenstruktur

Als weiterer Kritikpunkt muss angeführt werden, dass nicht alle der hier vorgestellten Studien methodisch vollständig zufrieden stellend sind: Effekte von Leistungsheterogenität können nämlich durch die Nichtberücksichtigung der hierarchischen Datenstruktur verzerrt sein, wenn sie nur auf einer Analyseebene spezifiziert oder die Daten auf einer zu hohen Ebene aggregiert werden (zur Fehlspezifikation von Modellen vgl. Baumert et al., 2006). Durch die (Weiter-)Entwicklung mehrebenenanalytischer Verfahren ist es jedoch mittlerweile möglich, Effekte der Zusammensetzung von Lerngruppen auf verschiedenen Ebenen zu untersuchen und diese auch analytisch voneinander zu trennen. Wie in Abschnitt 3.3.1 erläutert worden ist, sollte die Schulklasse als unmittelbare Lernumwelt der Schülerinnen und Schüler dabei im Vordergrund stehen. Dies ist im Rahmen einer Vollerhebung wie KESS möglich, da hier auch die Lernvoraussetzungen kompletter Schulklassen erhoben worden sind.

Bestimmung spezifischer Effekte von Leistungsheterogenität

Wie der Forschungsstand und vor allem die Befunde der Meta-Analysen (vgl. Abschnitt 4.1) gezeigt haben, scheint die leistungsbezogene Zusammensetzung der Lerngruppen insgesamt von eher geringer Bedeutung zu sein. Dies könnte daran liegen, dass sie einerseits mit weiteren Aspekten der Zusammensetzung der Schülerschaft sowie institutionellen Merkmalen verknüpft ist und andererseits indirekt über Vermittlungsprozesse wirkt (vgl. Abschnitt 3.2). In einem ersten Schritt wäre es also wünschenswert, die spezifische, eigenständige Bedeutung von Leistungsheterogenität für die Kompetenzentwicklung zu bestimmen. Speziell für Deutschland wäre eine Trennung von Effekten der Schulform, also institutionellen Merkmalen, und der sozialen und leistungsbezogenen Zusammensetzung der Lerngruppen, also kompositionellen Merkmalen, aufschlussreich.

Bestimmung differenzieller Effekte von Leistungsheterogenität

Auch wenn der allgemeine Effekt der Leistungshomogenisierung eher gering ausfällt, so deuten die hier referierten Forschungsbefunde auf eine Benachteiligung leistungsschwächerer Schülerinnen und Schüler hin, da das mit der Leistungshomogenisierung einhergehende Absinken des mittleren Leistungsniveaus in leistungsschwächeren Lerngruppen zu einer weiteren Öffnung der Leistungsschere zuungunsten dieser Schülerinnen und Schüler führt. Leistungsstärkere Schülerinnen und Schüler scheinen hingegen in leistungshomogenen Lerngruppen am stärksten zu profitieren.

> „The evidence from research is conflicting, but taken as a whole indicates that ability grouping does not have a strong impact on *overall* attainment. [...] Ability grouping can raise the attainment of those in higher groups, but this is often at the expense of those in lower groups, who do better in a mixed ability environment" (Ireson & Hallam, 2001, S. 13, Hervorhebung d. Verf.).

Es müsste also auch geklärt werden, ob und inwiefern die Art der Leistungszusammensetzung von Lerngruppen für Schülerinnen und Schüler mit unterschiedlichen Lernvoraussetzungen gleichermaßen relevant ist.

5 Formulierung der Forschungsfragen

„Few questions about classroom organization have been around for so long; few have stirred so much controversy; and few have inspired so much research."
(Kulik & Kulik, 1982, S. 415)

Aus den theoretischen und konzeptuellen Überlegungen (Kapitel 2 und 3) und der empirischen Befundlage (Kapitel 4) lässt sich das Hauptinteresse dieser Arbeit ableiten: Es soll die Frage beantwortet werden, ob und inwieweit sich bei den Schülerinnen und Schülern in Abhängigkeit von der Zusammensetzung der Schulklassen als ihrer unmittelbaren Lernumwelt unterschiedliche Lernentwicklungen vollziehen. Die am Ende des vorangegangenen Kapitels aufgezeigten Forschungsdesiderata sollen in diesem Kapitel konkretisiert und in Forschungsfragen „übersetzt" werden, so dass sie sich mit den vorliegenden Daten der Hamburger KESS Studie beantworten lassen.

5.1 Zusammensetzung der Hamburger Schulklassen

Zuerst soll ein Überblick über die vorliegenden Daten gewonnen werden, bevor vertiefende und multivariate Analysen durchgeführt werden. Dabei soll zunächst die Zusammensetzung der Schulklassen hinsichtlich des Leistungsniveaus sowie leistungsrelevanter Hintergrundmerkmale rein deskriptiv beschrieben werden. Es wird auch aufgezeigt, inwiefern sich Schulklassen verschiedener Schulformen dabei unterscheiden.

Unterschiede in der Zusammensetzung der Schulklassen zwischen den Schulformen

Unterscheiden sich Schulklassen der verschiedenen Schulformen hinsichtlich der mittleren Lernstände in den beiden Kompetenzdomänen Leseverständnis und Mathematik? Unterscheiden sich Schulklassen der verschiedenen Schulformen hinsichtlich der sozialen Zusammensetzung? Unterscheiden sich Schulklassen der verschiedenen Schulformen hinsichtlich der kognitiven Zusammensetzung? An welchen Schulformen befinden sich die Schulklassen mit den im Durchschnitt günstigsten Lernvoraussetzungen? An welchen Schulformen befinden sich die Schulklassen mit den im Durchschnitt ungünstigsten Lernvoraussetzungen?

5.2 Die Bedeutung der kognitiven Heterogenität von Schulklassen für den individuellen Lernerfolg am Ende der Jahrgangsstufe 4

Von den in Abschnitt 4.2 beschriebenen Studien zu den Effekten der Zusammensetzung von Lerngruppen kommt den Analysen von Lehmann (2006) eine besondere Bedeutung zu: Mit der ELEMENT-Studie liegen umfassende Daten für Berliner Schulen vor. Da hierbei auch komplette Schulklassen getestet worden sind, erlaubt die Studie es, die Frage nach der Bedeutung von Kompositionsmerkmalen für den Lernerfolg auch auf die Ebene der Schulklassen als der unmittelbaren Lernumwelt der Schülerinnen und Schüler zu übertragen. Zwar ist ELEMENT als Längsschnittstudie angelegt, die Analysen beruhen jedoch nur auf dem ersten Messzeitpunkt und lassen somit lediglich Aussagen zur Bedeutung der kognitiven Heterogenität von Schulklassen für den Lernerfolg am Ende der Jahrgangsstufe 4 zu.

Im Rahmen der Hamburger KESS-Studie ist es möglich, die Befunde von Lehmann (2006) für einen weiteren Stadtstaat zu replizieren. Es wird also gefragt: Ist kognitive Heterogenität ein Kompositionsmerkmal von Schulklassen? Hierfür muss zuvor geklärt werden, inwiefern sich die Schulklassen überhaupt hinsichtlich der Lernstände am Ende der Jahrgangsstufe 4 unterscheiden.

Leistungsbezogene Unterschiede zwischen Schulklassen am Ende der Jahrgangsstufe 4

Wie groß ist der Varianzanteil des Leseverständnisses und der Mathematikleistung am Ende der Jahrgangsstufe 4, der auf Unterschiede zwischen den Schulklassen bzw. auf Unterschiede zwischen den Schülerinnen und Schülern entfällt? Lassen sich signifikante Unterschiede zwischen den Schulklassen in den beiden Kompetenzdomänen auch dann noch nachweisen, wenn man die individuellen Lernvoraussetzungen der Schülerinnen und Schüler berücksichtigt?

Replikation der Befunde von Lehmann (2006)

In einem nächsten Schritt wird diesen Unterschieden zwischen den Schulklassen nachgegangen. Analog zu Lehmanns Analysen werden hierbei unter Hinzunahme weiterer individueller und klassenbezogener Variablen die Effekte der kognitiven Heterogenität innerhalb der Schulklassen auf den individuellen Lernerfolg bestimmt. Dabei wird folgenden Fragen nachgegangen: Lässt sich für die Streuung der kognitiven Grundfähigkeit innerhalb von Schulklassen auch unter Berücksichtigung weiterer leistungsrelevanter Merkmale auf der Klassenebene ein eigenständiger Effekt auf die Lernstände der Schülerinnen und Schüler am Ende der Jahrgangsstufe 4 nachweisen? Fallen die Lernstände der Schülerinnen und Schüler in kognitiv homogenen oder kognitiv heterogenen Schulklassen höher aus? D.h., gehen mit einer höheren Streuung der kognitiven Grundfähigkeit innerhalb der

Schulklassen signifikant höhere oder niedrigere individuelle Lernstände einher? Fällt der Effekt der Streuung der kognitiven Grundfähigkeit für beide Kompetenzdomänen gleichermaßen relevant aus? Fällt der Effekt der Streuung der kognitiven Grundfähigkeit für beide Kompetenzdomänen gleich hoch aus?

Analog zu den Befunden von Lehmann (2006) wird auch für die Hamburger Schulklassen erwartet, dass mit steigender Streuung der kognitiven Grundfähigkeit innerhalb von Schulklassen unter ansonsten gleichen individuellen und klassenbezogenen Voraussetzungen signifikant höhere Lernstände am Ende der Jahrgangsstufe 4 erzielt werden.

5.3 Leistungsheterogenität in Hamburger Schulklassen

Im Rahmen von KESS kann nicht nur die Bedeutung von *kognitiver* Heterogenität für den Kompetenzerwerb untersucht werden. Durch das längsschnittliche Design (siehe hierzu Abschnitt 6.1) kann auch das Vorwissen der Schülerinnen und Schüler adäquat erfasst werden, über dessen Standardabweichung innerhalb von Schulklassen (zur genauen Operationalisierung der analyserelevanten Variablen vgl. Abschnitt 6.3.2) sich die *Leistungs*heterogenität als Prädiktor für die weitere Kompetenzentwicklung abbilden lässt.

Da die Analysen im Rahmen dieser Arbeit grundlegend der Frage nach der Kompetenzentwicklung von Schülerinnen und Schülern in unterschiedlich leistungsheterogenen Lerngruppen nachgehen, ist deshalb in einem weiteren Schritt zunächst zu klären, wie heterogen die Hamburger Schulklassen überhaupt hinsichtlich der Lernstände im Leseverständnis bzw. in Mathematik sind. Es wird also gefragt: Wie groß ist die Leistungsstreuung auf der Klassenebene zu den einzelnen Messzeitpunkten? Darüber hinaus werden auch Unterschiede in der klassenbezogenen Leistungsheterogenität zwischen den Schulformen bestimmt.

Unterschiede der klassenbezogenen Leistungsheterogenität zwischen den Schulformen

Unterscheiden sich Schulklassen verschiedener Schulformen zu den verschiedenen Messzeitpunkten hinsichtlich ihrer Leistungsheterogenität? An welchen Schulformen sind die Schulklassen im Durchschnitt am leistungshomogensten, d.h., an welchen Schulformen befinden sich die Schulklassen mit der niedrigsten Leistungsstreuung? An welchen Schulformen sind die Schulklassen im Durchschnitt am leistungsheterogensten, d.h., an welchen Schulformen befinden sich die Schulklassen mit der größten Leistungsstreuung?

Es wird erwartet, dass an Schulformen, die ihrem Anspruch nach Schulen für Schülerinnen und Schüler unterschiedlichster Leistungsniveaus sind, die Leistungsheterogenität innerhalb von Lerngruppen höher ausfällt als an Schulformen, die nur

Schülerinnen und Schülern mit einem bestimmten Leistungsniveau und einer entsprechenden Schullaufbahnempfehlung offen stehen.

Auf die für den untersuchten Schülerjahrgang gültigen Besonderheiten des Hamburger Schulsystems und die verschiedenen Formen der externen Leistungsdifferenzierung, aus denen sich Konsequenzen für die eigene empirische Arbeit ergeben, wird in Abschnitt 6.2 gesondert eingegangen.

5.4 Veränderung der Leistungsheterogenität

Wie Abschnitt 2.3 ausgeführt worden ist, zeichnet sich das deutsche Bildungssystem durch eine Vielzahl von Mechanismen aus, mittels derer versucht wird, Leistungsunterschiede zwischen den Schülerinnen und Schülern zu reduzieren und möglichst leistungshomogene Lerngruppen herzustellen (*Divergenzminderung*). Ebenso soll durch einen leistungsegalisierenden Unterricht gewährleistet werden, dass möglichst viele Schülerinnen und Schüler ein gemeinsames, anspruchsvolles Kompetenzniveau erreichen (Helmke, 1988). Es soll deshalb untersucht werden, ob und in welchem Ausmaß sich dadurch die Leistungsheterogenität im Laufe der Sekundarschulzeit verändert. Dabei sollen folgende Fragen beantwortet werden: Verändert sich die Leistungsstreuung auf der Klassenebene über die Messzeitpunkte hinweg? Werden Schulklassen bezüglich der Leistungen eher homogener oder eher heterogener? Wird die Leistungsstreuung auf der Klassenebene also größer oder kleiner?

Es wird erwartet, dass die Schulklassen im Laufe der Sekundarschulzeit immer homogener hinsichtlich der erzielten Lernstände werden, dass sich also die Leistungsstreuung auf der Klassenebene über die Messzeitpunkte hinweg verringert.

5.5 Der Zusammenhang von Leistungsheterogenität innerhalb von Schulklassen und individuellem Lernerfolg

In einem weiteren Schritt ist der Zusammenhang zwischen der Leistungsheterogenität in Schulklassen und dem Lernerfolg der Schülerinnen und Schüler zunächst bivariat zu bestimmen. Dabei wird folgenden Fragen nachgegangen: Gibt es einen Zusammenhang zwischen der Leistungsstreuung auf der Klassenebene und dem individuellen Lernerfolg? Gehen mit einer größeren Leistungsstreuung höhere oder niedrigere individuelle Lernstände einher?

Es wird erwartet, dass auch mit steigender Streuung der Lernstände innerhalb von Schulklassen höhere individuelle Lernstände erzielt werden.

5.6 Leistungsheterogenität als Kompositionsmerkmal von Schulklassen

Nach der Bestimmung des Ausmaßes der Leistungsheterogenität und ihres Zusammenhangs mit den fachlichen Kompetenzen der Schülerinnen und Schüler wird in einem nächsten Schritt der Frage nachgegangen, ob diese auch neben anderen individuellen und klassenbezogenen Faktoren ein für den Lernerfolg relevantes Merkmal der Zusammensetzung von Lerngruppen ist. Dabei wird an die Analysen von Lehmann (2006) angeknüpft (vgl. Abschnitt 4.2). Im Rahmen der KESS-Studie ist es möglich, seine Analysen in einem längsschnittlichen Design systematisch weiterzuentwickeln und auch die Bedeutung von Leistungsheterogenität in Schulklassen für den Lernerfolg über einen längeren Zeitraum bzw. für die Kompetenzentwicklung und im gegliederten Sekundarschulsystem abzuschätzen. Auch hierbei muss zunächst geprüft werden, inwiefern sich die Schulklassen hinsichtlich der Lernstände im Leseverständnis und in Mathematik unterscheiden.

Leistungsbezogene Unterschiede innerhalb und zwischen den Schulklassen

Wie groß ist der Varianzanteil der fachspezifischen Lernstände, der auf Unterschiede zwischen den Schulklassen bzw. auf Unterschiede zwischen den einzelnen Schülerinnen und Schülern entfällt? Lassen sich signifikante Unterschiede zwischen den Schulklassen auch dann noch nachweisen, wenn man die individuellen Lernvoraussetzungen der Schülerinnen und Schüler berücksichtigt?

In einem sozial und kulturell so heterogenen Siedlungsgebiet wie Hamburg (vgl. Abschnitt 2.3.1) sollten Schülerinnen und Schüler nicht nur in verschiedenen Schulen und Schulformen, sondern letztlich auch in ihren jeweiligen Lerngruppen unterschiedliche Leistungsvoraussetzungen vorfinden.

Es wird erwartet, dass signifikante Varianzanteile der Fachleistung auf die Klassenzugehörigkeit entfallen, die sich selbst dann noch nachweisen lassen sollten, wenn individuelle Lernvoraussetzungen der Schülerinnen und Schüler berücksichtigt werden.

Leistungsheterogenität als Kompositionsmerkmal von Schulklassen

Im nächsten Schritt werden unter Hinzunahme weiterer individueller und klassenbezogener Variablen die Effekte der Leistungsheterogenität auf den Lernerfolg der Schülerinnen und Schüler bestimmt. Im Mittelpunkt stehen dabei diese Forschungsfragen: Fallen die individuellen Lernstände der Schülerinnen und Schüler in leistungshomogenen oder leistungsheterogenen Lerngruppen höher aus? D.h., gehen mit einer höheren Leistungsstreuung auf der Klassenebene unter Kontrolle weiterer individueller und klassenbezogener Merkmale höhere oder niedrigere individuelle Lernstände einher? Wie verändert sich der Effekt der Leistungsheterogenität unter Berücksichtigung weiterer Kompositions- und Institutionsmerkmale? Lässt sich ein eigenständiger Effekt der Leistungsstreuung auf der Klassenebene auf den Lernerfolg der Schülerinnen und Schüler nachweisen?

Abschnitt 2.2.2 hat gezeigt, dass die Argumente, die eine Leistungshomogenisierung ablehnen, gegenüber Argumenten, die diese befürworten, überwiegen. Erstere beziehen sich nicht nur auf die Effektivität, also den eher technischen Aspekt des Lernens, sondern auch auf eine mit der Leistungshomogenisierung einhergehende Benachteiligung bestimmter Schülergruppen und berücksichtigen somit auch den sozialen Aspekt des Lernens. Die Forschungsbefunde in Kapitel 4 lassen zwar keinen eindeutigen Schluss zu, deuten aber darauf hin, dass sich Vorteile leistungshomogener Lerngruppen nicht generell manifestieren, dass sich für leistungsheterogene Lerngruppen hingegen überwiegend positive oder neutrale Effekte nachweisen lassen. Die Art der Lerngruppenzusammensetzung scheint also in jedem Fall von Bedeutung zu sein.

Aufgrund eher negativer Effekte von Leistungshomogenisierung für den Lernerfolg wird umgekehrt und analog zu den Befunden von Lehmann (2006) erwartet, dass mit steigender Streuung der Lernausgangslagen innerhalb von Schulklassen unter ansonsten gleichen individuellen und klassenbezogenen Voraussetzungen signifikant höhere Lernstände zu einem späteren Messzeitpunkt erzielt werden. Je heterogener also die Schulklassen hinsichtlich der Lernvoraussetzungen zusammengesetzt sind, d.h., je größer die Streuung des Vorwissens auf der Klassenebene ausfällt, desto höhere Lernstände sollten die Schülerinnen und Schüler erzielen.

Schulformspezifische Analysen

Da bisherige Analysen zur Relevanz von Kompositionsmerkmalen (z.B. Baumert et al., 2006) gezeigt haben, dass Dimensionen der Zusammensetzung der Schülerschaft in hohem Maße mit institutionellen Faktoren konfundiert sind, ist von Wechselwirkungen zwischen Kompositionsmerkmalen und Schulform auszugehen. Je nach besuchter Schulform erhalten die Schülerinnen und Schüler nicht nur differenzielle Entwicklungschancen. Auch eine leistungsheterogene Klassenzusammensetzung kann für Schülerinnen und Schüler an unterschiedlichen Schulformen aufgrund unterschiedlicher institutioneller Arbeits- und Lernbedingungen sowie aufgrund schulformspezifischer pädagogisch-didaktischer Traditionen und Lehrerausbildung hinsichtlich des Umgangs mit Leistungsheterogenität mit jeweils spezifischen Vor- oder Nachteilen verbunden sein. In schulformspezifischen Analysen wird deshalb untersucht, ob Leistungsheterogenität innerhalb von Schulklassen an allen Schulformen gleichermaßen bedeutsam ist. Es wird also gefragt: An welchen Schulformen übt die Leistungsstreuung auf der Klassenebene den stärksten Effekt auf die Lernstände der Schülerinnen und Schüler aus? An welchen Schulformen lässt sich kein Effekt der Leistungsstreuung nachweisen?

Schulformen, die ihrem Anspruch nach Schülerinnen und Schüler aller Leistungsniveaus aufnehmen, sowie Schulformen, die eine Art Orientierungsstufe eingerichtet haben, um den Übergang von der Grund- auf die weiterführende Schule zu entschärfen, sollten Leistungsvielfalt stärker befürworten.

Es wird daher erwartet, dass positive Effekte von Leistungsheterogenität innerhalb von Schulklassen auf den individuellen Lernerfolg an diesen Schulformen am größten ausfallen.

Spezifische und konfundierte Varianzanteile

Bisherige Analysen zur Bedeutung von Kompositions- und Institutionsmerkmalen (z.B. Baumert et al., 2006) zeigen, dass diese in erheblichem Ausmaß konfundiert sind. In einem weiteren Schritt gilt es deshalb zu überprüfen, inwieweit sich Leistungsheterogenität als Kompositionsmerkmal analytisch von anderen kompositionsbedingten und institutionellen Lernbedingungen trennen lässt. Mittels einer Sequenz von auf der Aggregatebene unterschiedlich spezifizierten Modellen soll daher gezeigt werden, inwiefern die Leistungsheterogenität einen spezifischen Beitrag zur Erklärung individueller Lernstände leistet. Es wird also gefragt, welcher Varianzanteil der Fachleistung sich unter Kontrolle individueller Lernvoraussetzungen allein auf die Leistungsstreuung innerhalb von Schulklassen zurückführen lässt. Oder anders ausgedrückt: Hängt die Bedeutung von Leistungsheterogenität für den individuellen Lernerfolg auch von der sozialen und leistungsbezogenen Zusammensetzung der Schulklassen und der Schulform ab?

Analog zu bisherigen Befunden, die zeigen, dass das mittlere Fähigkeitsniveau von Schulen, die soziale Zusammensetzung und die Schulformzugehörigkeit in hohem Maße gemeinsam zur Erklärung von Leistungsunterschieden zwischen Schülerinnen und Schülern beitragen (z.B. Baumert et al., 2006), wird erwartet, dass die spezifischen Effekte der Leistungsheterogenität nur sehr gering ausfallen und dass Leistungsheterogenität mit anderen Kompositions- und Institutionsmerkmalen konfundiert ist.

5.7 Differenzielle Effektivität von Leistungsheterogenität

Die theoretischen Überlegungen und die Forschungsbefunde haben gezeigt, dass keineswegs davon auszugehen ist, dass die Art der Lerngruppenzusammensetzung für alle Schülerinnen und Schüler gleichermaßen leistungsrelevant ist. Vielmehr scheint es so, als habe sowohl das mittlere Leistungsniveau als auch die Leistungsvariation innerhalb von Lerngruppen je nach individuellen Leistungsvoraussetzungen unterschiedliche Konsequenzen. Es wird also gefragt: Können alle Schülerinnen und Schüler gleichermaßen in leistungsheterogenen Schulklassen profitieren? D.h., ist der Effekt der Leistungsstreuung innerhalb der Schulklassen auf den individuellen Lernerfolg für die leistungsstärkeren oder -schwächeren Schülerinnen und Schüler höher?

In Anlehnung an Köller (2004, S. 104) wird vermutet, dass gerade die leistungsschwächeren Schülerinnen und Schüler in leistungsheterogenen Schulklassen ein gesteigertes Bedürfnis nach Selbstverbesserung haben. Soziale Aufwärtsvergleiche (vgl. Abschnitt 3.2) sollten dominieren, welche Anreize für die Leistungsmotivation und positive Impulse für das konkrete Leistungsverhalten bieten. Lernerfolgsorientierte Einstellungen leistungsstärkerer Mitschülerinnen und Mitschüler sollten eine Vorbildfunktion haben und dazu anregen, diese nachzuahmen. Außerdem können durch die Anwesenheit leistungsstärkerer Mitschülerinnen und Mitschüler klassenspezifische Leistungsnormen vermittelt werden, denen die leistungsschwächeren Schülerinnen und Schüler zu entsprechen versuchen (Jerusalem, 1997).

Bezogen auf die schulischen Kompetenzen wird also vermutet, dass die leistungsschwächeren Schülerinnen und Schüler in leistungsheterogenen Schulklassen am stärksten profitieren können. D.h., Effekte der Leistungsheterogenität sollten für Schülerinnen und Schüler mit niedrigerem Vorwissen höher ausfallen als für Schülerinnen und Schüler mit höherem Vorwissen.

Für die leistungsstärkeren Schülerinnen und Schüler wird hingegen angenommen, dass diese in leistungsheterogenen Lerngruppen zwar geringere Vergleichsmöglichkeiten nach oben haben, streng genommen Aufwärtsvergleiche aber nur für die Schülerinnen und Schüler mit den allerhöchsten Lernständen ausfallen. In Anlehnung an Slavin (1990) wird aus der Perspektive der kognitiven Elaboration (vgl. Abschnitt 2.2.2) angenommen, dass die leistungsstärkeren Schülerinnen und Schüler in leistungsheterogenen Schulklassen ebenfalls hinsichtlich ihres Lernerfolgs profitieren können. Wenn sie die Leistungsschwächeren bei der Erarbeitung des Unterrichtsmaterials unterstützen, indem sie z.B. den Lernstoff erklären, umstrukturieren und Zusammenhänge aufzeigen, dann sollte dies zu einem erweiterten und vertieften Verständnis des Unterrichtsmaterials beitragen. Ziel dieser Arbeit ist es jedoch nicht, die genauen Vermittlungsprozesse zwischen der Zusammensetzung der Lerngruppen und dem Lernerfolg der Schülerinnen und Schüler zu untersuchen. Zudem soll hier nicht bestimmt werden, ob die Lerngruppenzusammensetzung stärker über soziale Vergleichsprozesse oder die Interaktion mit Gleichaltrigen moderiert wird. Den obigen Ausführungen folgend, wird jedoch vermutet, dass auch die Leistungsstärkeren hinsichtlich ihres Lernerfolgs von der Leistungsheterogenität in ihren Lerngruppen profitieren können.

Es wird also erwartet, dass Schülerinnen und Schüler mit einem höheren Vorwissen in Schulklassen mit einer höheren Leistungsstreuung zumindest höhere Lernstände aufweisen als in Lerngruppen, in denen alle Mitschülerinnen und -schüler ein ähnliches Fähigkeitsniveau wie sie selbst aufweisen.

Für Schülerinnen und Schüler mit einem durchschnittlichen Vorwissen ist unklar, welche Richtung bei sozialen Vergleichen dominiert, ob sie sich also eher mit Leistungsstärkeren oder -schwächeren vergleichen. Zudem ist unklar, ob ein möglicher Vorteil in leistungsheterogenen Schulklassen für sie eher durch eine Orientierung an den Leistungsstärkeren, welche als motivationaler Anreiz dienen sollte, oder durch tutorielles Lernen und kognitive Elaboration zustande kommt.

Es wird daher erwartet, dass die Art der Klassenzusammensetzung für Schülerinnen und Schüler mit durchschnittlichem Vorwissen unerheblich ist.

Die Annahme differenzieller Effekte der Lerngruppenzusammensetzung für Schülerinnen und Schüler mit unterschiedlichen Lernausgangslagen ist kompatibel mit Befunden aus Meta-Analysen (vgl. Abschnitt 4.1):

> „Low-ability students may gain most in heterogeneous groups from having other students provide them with timely and elaborated assistance and guidance. In contrast, when low-ability students are placed in homogeneous groups there may be no student capable of providing those explanations. High-ability students may benefit from being placed in heterogeneous groups to the extent that they are often called upon to provide elaborated explanations to their less able peers. Medium-ability students, however, may act neither as tutor nor tutee and, therefore, neither give nor receive explanations. Consequently, heterogeneous grouping is not as beneficial for these students. Homogeneous grouping may be better for medium-ability students because they may share in giving and receiving explanations among themselves." (Lou et al., 1996, S. 449)

5.8 Zur Bedeutung der Breite der klasseninternen Leistungsstreuung

Wie in Abschnitt 2.2.1 ausgeführt, wird es – vor allem aus Sicht der Lehrkräfte – als einer der Vorteile leistungshomogener Lerngruppen angesehen, dass die Unterrichtsmaterialien und Lernmethoden leichter an die individuellen Voraussetzungen und Bedürfnisse der Schülerinnen und Schüler angepasst werden können. Demnach wird davon ausgegangen, dass in leistungshomogenen Lerngruppen alle Schülerinnen und Schüler ähnliche Lernzeiten brauchen, um den Unterrichtsstoff zu bewältigen. Auch wenn ein gewisses Ausmaß an Leistungsheterogenität zunehmend als Chance und Bereicherung für den Unterricht angesehen wird (z.B. Bräu & Schwerdt, 2005; Graumann, 2002; Prengel, 1993), so ist es durchaus denkbar, dass es aufgrund begrenzter unterrichtsbezogener und letztlich zeitlicher Ressourcen für die Lehrkräfte schwieriger wird, sowohl die Leistungsstärkeren als auch -schwächeren gleichermaßen und angemessen zu fördern, wenn die Leistungsheterogenität innerhalb von Lerngruppen ein gewisses Ausmaß annimmt oder dieses übersteigt (Beckerman & Good, 1981). Ebenso schreiben Helmke und Weinert (1997) *begrenzt* heterogen zusammengesetzten Schulklassen Vorteile zu, sofern innere Differenzierungsmöglichkeiten ausreichend genutzt werden.

Für diese Arbeit gilt es deshalb auch zu klären, ob der Effekt der Leistungsheterogenität kontinuierlich ausfällt oder ob sich Hinweise auf einen nichtlinearen Effekt finden lassen. Es wird deshalb gefragt: Fällt der Zusammenhang zwischen der Leistungsstreuung auf der Klassenebene und dem individuellen Lernerfolg *stetig* aus? Oder gibt es möglicherweise *sprunghafte Effekte* bzw. einen *kritischen Schwellenwert*, bis zu dem sich die Leistungsstreuung innerhalb der Schulklassen positiv auswirken kann, ohne dass dies mit signifikanten Nachteilen für die Schülerinnen und Schüler verbunden ist? Falls dies der Fall ist, müssten sich folgende Fragen anschließen: Bestehen für Schulklassen mit unterschiedlich breiter Leistungsstreuung signifikante Vor- oder Nachteile im Vergleich zu sehr leistungshomogenen Schulklassen? Gibt es diesbezüglich Unterschiede zwischen den Schulformen?

Es wird erwartet, dass mit einer Steigung der klasseninternen Leistungsstreuung bis zu einem noch zu ermittelnden kritischen Schwellenwert keine Nachteile für die Schülerinnen und Schüler einhergehen. Übersteigt die Leistungsstreuung innerhalb der Schulklassen jedoch diesen Wert, wird erwartet, dass die Schülerinnen und Schüler in diesen Lerngruppen signifikant niedrigere Lernstände erzielen als Schülerinnen und Schüler in sehr leistungshomogenen Lerngruppen.

Eine weitere Möglichkeit, die Bedeutung des Ausmaßes der Leistungsheterogenität in Schulklassen für den Lernerfolg der Schülerinnen und Schüler abzuschätzen, besteht in einer komplexeren Modellierung des Zusammenhangs zwischen klassenbezogener Leistungsstreuung und individuellem Lernstand. Denkbar wären nämlich auch *nichtlineare (z.B. quadratische) Zusammenhänge* zwischen Merkmalen der Schülerzusammensetzung und den Lernständen der Schülerinnen und Schüler, wodurch Kompositionseffekte möglicherweise unentdeckt bleiben könnten. Solche Analysen wurden im Rahmen von PISA 2000 beispielsweise von Baumert et al. (2006) für den Zusammenhang von Lesekompetenz und schulischem Anteil von Jugendlichen, die in ihren Familien nicht deutsch sprechen oder deren Eltern keine abgeschlossene Berufsausbildung haben, sowie von Schümer (2004) zum Zusammenhang von ungünstiger Schulkomposition (z.B. hinsichtlich des Anteils von Schülerinnen und Schülern mit niedriger sozialer Lage, aus bildungsfernen Elternhäusern oder deren Väter nicht vollzeitbeschäftigt sind) und individueller Leseleistung durchgeführt. Die dort vorgelegten Analysen bestätigen die Existenz nichtlinearer Effekte der Zusammensetzung der Schülerschaft jedoch nicht eindeutig.

Auch für die Hamburger Schulklassen wird erwartet, dass die Annahme nichtlinearer Effekte der klasseninternen Leistungsstreuung auf den Lernerfolg der Schülerinnen und Schüler im Vergleich zur Annahme linearer Effekte, also einer einfacheren Modellspezifikation, zu keiner signifikanten Modellverbesserung führt.

6 Daten und Methode

Abschnitt 6.1 stellt zunächst die Datengrundlage dieser Arbeit, die Hamburger KESS-Studie, vor. Auf die Besonderheiten des Hamburger Schulsystems geht Abschnitt 6.2 ein. Abschnitt 6.3 beschreibt, welche Datensätze für die Analysen verwendet werden. Der Schwerpunkt liegt dabei auf der Beschreibung der untersuchten Schülerpopulation hinsichtlich der Verteilung der Schülerinnen und Schüler auf die Schulformen und ihrer Kompetenzen im Leseverständnis und in Mathematik. Die Abschnitte 6.4 und 6.5 beschreiben das methodische Vorgehen und den Umgang mit fehlenden Werten.

6.1 Datengrundlage: Die Hamburger KESS-Studie[33]

Datengrundlage der hier vorgestellten Analysen bildet die Hamburger Schulleistungsstudie KESS (Kompetenzen und Einstellungen von Schülerinnen und Schülern). Diese Längsschnittstudie ist als kooperatives Forschungsprojekt angelegt. Auftraggeber ist die Behörde für Schule und Berufsbildung (BSB) der Freien und Hansestadt Hamburg. Die wissenschaftliche Leitung der Studie liegt bei Prof. Dr. Wilfried Bos vom Institut für Schulentwicklungsforschung (IFS) der Technischen Universität Dortmund, wo auch die Datenauswertung stattgefunden hat. Mit KESS kann die Lernentwicklung einer gesamten Schülerkohorte der Freien und Hansestadt Hamburg über drei Messzeitpunkte vom Ende der Jahrgangsstufe 4 bis zum Ende der Jahrgangsstufe 8 nachgezeichnet werden. Wie bereits der Titel der Studie impliziert, handelt es sich bei KESS nicht nur um eine reine Lernstandserhebung. Neben der Erfassung schulischer Kompetenzen wurden auch die Schülerinnen und Schüler, deren Eltern sowie die Lehrkräfte und Schulleitungen befragt, um die Rahmenbedingungen des Lernens zu erfassen, anhand derer weiterführende Zusammenhangsanalysen von schulischen und außerschulischen Faktoren und den erzielten Lernständen der Schülerinnen und Schüler durchgeführt werden können (Bonsen, Bos, Gröhlich & Rau, 2009; Bos, Gröhlich, Guill, Scharenberg & Wendt, 2010; Bos & Pietsch, 2006).

Im Schuljahr 2002/2003 wurden die Lernstände der Schülerinnen und Schüler an allen Hamburger Grundschulen am Ende der Jahrgangsstufe 4 erhoben (KESS 4). Etwa zwei Jahre später wurden die Schülerinnen und Schüler im Schuljahr

33 Nachfolgende Ausführungen beschränken sich ausschließlich auf die ersten drei Messzeitpunkte der KESS-Studie (KESS 4, KESS 7 und KESS 8). Zusätzlich zu den drei ersten Messzeitpunkten erfolgten weitere Datenerhebungen im Sommer 2009 am Ende der Sekundarstufe I bzw. zu Beginn der gymnasialen Oberstufe, im Frühjahr 2011 am Ende der Studienstufe der zweijährigen Oberstufe des achtstufigen Gymnasiums sowie im Frühjahr 2012 am Ende der Studienstufe der dreijährigen Oberstufe an integrierten Gesamtschulen, Aufbaugymnasien und Beruflichen Gymnasien (vgl. hierzu Ivanov, Nikolova & Vieluf, 2011).

2005/2006 zu Beginn der Jahrgangsstufe 7 getestet. Die Testung erfolgte nach den Sommerferien unmittelbar zu Beginn des siebten Schuljahres im September 2005 (KESS 7). Der dritte Messzeitpunkt lag am Ende der Jahrgangsstufe 8 im Schuljahr 2006/2007 (KESS 8). Da zudem bekannt ist, auf welche Schule und Schulform die Schülerinnen und Schüler im Anschluss an die Grundschulzeit wechselten, können die Lernstände aus KESS 4 auch dazu genutzt werden, die Lernausgangslagen zum Beginn der fünften Jahrgangsstufe darzustellen. Da die KESS-7-Erhebung unmittelbar nach dem Übertritt der Schülerinnen und Schüler in die Jahrgangsstufe 7 erfolgte, bilden die Leistungswerte aus KESS 7 zugleich die Lernstände der Schülerschaft zum Ende der sechsten Jahrgangsstufe nach einer zweijährigen Sekundarschulzeit ab. Für die Schülerinnen und Schüler liegen in KESS 7 zudem Angaben zur Klassenzugehörigkeit für die Jahrgangsstufe 6 und die Schulzugehörigkeit in den Jahrgangsstufen 5 und 6 vor, so dass die gesamte schulische Lernentwicklung und die Bildungsverläufe über einen Zeitraum von vier Schuljahren nachgezeichnet werden können.

Abbildung 6.1: Überblick über die Messzeitpunkte der LAU- und KESS-Studien

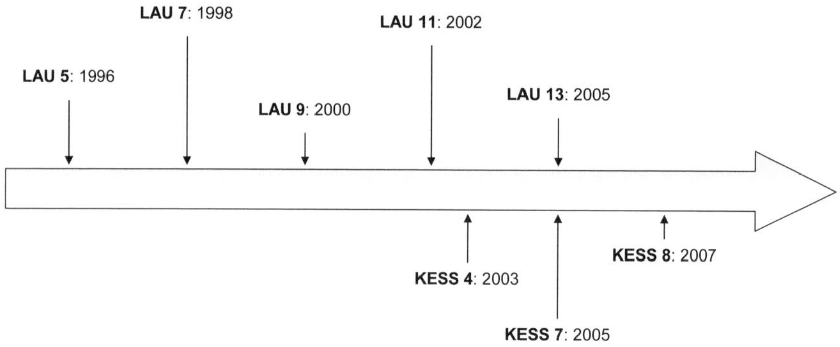

Schulleistungsstudien wie KESS folgen einer langen Tradition und werden in Hamburg bereits seit 15 Jahren systematisch durchgeführt: Im Zeitraum von 1996 bis 2005 fand dort die Erhebung zu Aspekten der Lernausgangslage und der Lernentwicklung (LAU) unter der wissenschaftlichen Leitung von Prof. Dr. Dr. h.c. Rainer H. Lehmann statt. Im Zwei-Jahres-Rhythmus wurden dort von der Jahrgangsstufe 5 bis zur Jahrgangsstufe 13 ebenfalls alle Hamburger Schülerinnen und Schüler als Vollerhebung eines Jahrgangs befragt und deren Lernstände in verschiedenen Kompetenzdomänen ermittelt (Lehmann, Gänsfuß & Peek, 1999; Lehmann, Hunger, Ivanov, Gänsfuß & Hoffmann, 2004; Lehmann et al., 1997, 2002; Trautwein, Köller, Lehmann & Lüdtke, 2006). Die Erfassung der Lernstände der Hamburger Abiturientinnen und Abiturienten im Rahmen der LAU-Studie und die

Befragung der Schülerinnen und Schüler zu Beginn der Jahrgangsstufe 7 im Rahmen der KESS-Studie fanden beide im Jahr 2005 statt (vgl. Abbildung 6.1).

Bei der Zusammenstellung der Testaufgaben wurde zudem darauf geachtet, dass diese beiden Schulleistungsstudien miteinander verschränkt werden können, d.h., in beiden Erhebungen wurden teilweise dieselben Testaufgaben eingesetzt. Auf Basis der Itemschwierigkeiten der in LAU eingesetzten Testaufgaben können die Personenfähigkeiten der Schülerinnen und Schüler in KESS auch geschätzt werden, um die Ergebnisse beider Studien auf einer gemeinsamen Metrik abzubilden.

6.1.1 Anlage und Durchführung der Studie

Bei allen drei Messzeitpunkten der KESS-Studie erstreckte sich die Befragung der Schülerinnen und Schüler über jeweils zwei Testtage. Die Aufgaben der Leistungstests wurden dabei auf verschiedene Testhefte verteilt. Es wurde ein rotiertes Testheftdesign (ein so genanntes *Multi-Matrix-Design*) eingesetzt, d.h., innerhalb der Schulklassen bearbeiteten die Schülerinnen und Schüler verschiedene Testheftversionen mit unterschiedlichen Aufgaben. Dies hat den Vorteil, dass durch eine hinreichend große Anzahl unterschiedlicher Testaufgaben eine hohe Testgüte gewährleistet werden kann, ohne die einzelnen Schülerinnen und Schüler mit zu vielen Aufgaben zu überfordern. Die Testzeit betrug an den jeweiligen Testtagen etwa drei Schulstunden.

In KESS 4 wurde am ersten Testtag zunächst ein kognitiver Fähigkeitstest (KFT, Heller & Perleth, 2000) eingesetzt, mit dem über figurale und verbale Analogien die kognitiven Grundfähigkeiten der Schülerinnen und Schüler sprachfrei erfasst werden können. Im Anschluss mussten die Schülerinnen und Schüler Aufgaben aus den Bereichen Leseverständnis, Mathematik, Naturwissenschaften und Englisch (Hörverstehen) bearbeiten. Am zweiten Testtag wurden über ein Diktat die Kompetenzen der Grundschülerinnen und -schüler im Rechtschreiben erfasst. Außerdem verfassten die Kinder in KESS 4 im Rahmen einer Schreibaufgabe einen Aufsatz zu einem vorgegebenen Thema.

In KESS 7 wurde den Schülerinnen und Schülern am ersten Testtag ebenfalls zunächst der kognitive Fähigkeitstest (figurale Analogien) vorgelegt und anschließend Aufgaben aus den Bereichen Leseverständnis und Mathematik. Am zweiten Testtag waren Aufgaben aus den Bereichen Naturwissenschaften, Englisch (Wortergänzungs-, Leseverständnis- und Stolperwörterlesetest) und Orthografie (Diktat) zu bearbeiten.

Am ersten Testtag in KESS 8 ging dem Leseverständnistest erneut ein Test zur Erfassung der kognitiven Grundfähigkeit (figurale Analogien) voraus. Im Anschluss an den Lesetest bearbeiteten die Schülerinnen und Schüler Aufgaben zum Sprachverständnis, gefolgt von einem Mathematikfragebogen und zwei fachspezifischen

Schülerfragebögen zu den beiden Fächern Deutsch und Mathematik. Am zweiten Testtag gab es einen weiteren Lesetest sowie einen Englischtest. Des Weiteren waren Aufgaben zum Sprachverständnis und ein Naturwissenschaftstest sowie allgemeine und fachspezifische Schülerfragebögen zu bearbeiten.

Zu allen drei Messzeitpunkten mussten die Schülerinnen und Schüler zudem allgemeine und fachspezifische Schülerfragebögen bearbeiten, mit denen Aspekte zu familiären und schulischen Lebens- und Lernbedingungen, Unterrichtserfahrungen und selbstbezogenen Kognitionen erfragt wurden.

6.1.2 Erfassung und Skalierung der Leistungsdaten

Die Auswahl der Texte und Testaufgaben in KESS orientierte sich an einem Konzept der Grundbildung, das im Englischen auch als *Literacy* bezeichnet wird. Kompetenzen werden hierbei als Fähigkeiten verstanden, die nicht nur für den Unterricht und das schulische Lernen, sondern für die alltägliche Lebensbewältigung der Schülerinnen und Schüler in konkreten Anwendungssituationen von größter Bedeutung sind. Wer über *Literacy* verfügt, kann an einer Kultur teilhaben, deren Wissen überwiegend in schriftlicher Form tradiert wird, und ist für das weitere Lernen in der Schule, in Ausbildung und Beruf anschlussfähig (Lankes, Bos, Mohr, Plaßmeier, Schwippert et al., 2003). Lesekompetenz (*reading literacy*) beispielsweise ist demnach mehr als nur das bloße Entziffern von Buchstaben, sondern bezeichnet die aktive Auseinandersetzung mit Texten, um sich Wissen anzueignen oder zu erweitern und am gesellschaftlichen und politischen Leben teilzuhaben. Die Lesekompetenz ist somit noch vor der mathematischen oder naturwissenschaftlichen Kompetenz die grundlegendste Fähigkeit, da sie vor allem dem selbstständigen Wissenserwerb auf anderen Gebieten dient (OECD, 2001).

Die Items in der KESS-Studie wurden so zusammengestellt, dass

1. für die beiden Kompetenzdomänen Leseverständnis und Mathematik Leistungsdaten für alle drei Messzeitpunkte vorliegen und somit die gesamte Lernentwicklung der Hamburger Schülerinnen und Schüler vom Ende der Grundschulzeit bis zum Ende der Jahrgangsstufe 8 nachvollzogen werden kann,[34]
2. ein Vergleich mit der LAU-Studie möglich ist, um in einem Kohortenvergleich die Veränderungen der Lernstände Hamburger Schülerinnen und Schüler aufzeigen zu können,

34 Darüber hinaus wurden zu allen drei Messzeitpunkten die orthografischen Kompetenzen der Schülerinnen und Schüler erfasst. Für die Kompetenzen in Englisch und in den Naturwissenschaften kann die Lernentwicklung der Schülerinnen und Schüler vom Beginn der Jahrgangsstufe 7 bis zum Ende der Jahrgangsstufe 8, also über zwei Schuljahre, nachvollzogen werden.

3. die Lernstände der Grundschülerinnen und -schüler aus KESS 4 an die Internationale Grundschul-Leseuntersuchung (IGLU 2001) angebunden werden können (Bos, Pietsch & Stubbe, 2006).

Die Kompetenzen der Schülerinnen und Schüler im Leseverständnis und in Mathematik werden anhand domänenspezifischer globaler Lernstandswerte beschrieben (vgl. nachfolgend auch Bos, Gröhlich, Guill, Scharenberg & Wendt, 2010). Die Skalierung der Leistungstests basiert auf der so genannten *Item-Response-Theorie (IRT*, vgl. Rost, 2004). Hierbei wird angenommen, dass sich die komplexen Fähigkeiten von Personen mithilfe der eingesetzten Tests messen lassen. Aufgabenschwierigkeiten und Personenfähigkeiten können dabei direkt aufeinander bezogen und auf einer gemeinsamen Skala abgebildet werden, so dass anhand der Antwortwahrscheinlichkeiten auf die Fähigkeiten der untersuchten Personen, die als latente kontinuierliche Personenvariable dem konkreten Antwortverhalten der Schülerinnen und Schüler zugrunde liegen, geschlossen werden kann. Ein Schüler, dessen Fähigkeit die Aufgabenschwierigkeit eines bestimmten Items übersteigt, wird dieses Item und alle leichteren Items mit einer Wahrscheinlichkeit von über 50 Prozent richtig lösen. Übersteigt die Schwierigkeit eines bestimmten Items hingegen die Fähigkeiten eines Schülers, so kann er dieses Item mit hoher Wahrscheinlichkeit nicht lösen. Dieses Verfahren wird sehr anschaulich z.B. auch von Baumert, Bos und Lehmann (2000) beschrieben.

Gegenüber klassischen Testverfahren bietet die Item-Response-Theorie darüber hinaus den Vorteil, dass jede Person bei einem rotierten Testdesign lediglich eine Teilmenge aller Aufgaben eines Tests zu bearbeiten hat (Hartig, 2007). Die Leistungstests wurden anhand des so genannten *einparametrischen Rasch-Modells* skaliert. Dabei wird davon ausgegangen, dass sich die Fachleistungen der Schülerinnen und Schüler zufrieden stellend als eindimensionale homogene Konstrukte abbilden lassen. Die Prüfung und Optimierung der Kompetenztests im Rahmen von KESS unterlag ähnlichen Kriterien, die auch im Rahmen anderer Schulleistungsstudien Anwendung finden (Adams & Wu, 2002; Wright & Linacre, 1994).

Durch die Nutzung so genannter *Anker-Items*, also Testaufgaben, die zu mehreren Messzeitpunkten identisch eingesetzt werden, können die Lernstände der Schülerinnen und Schüler zu allen Messzeitpunkten mit derselben Metrik gemessen werden. Als Anker-Items werden nur Items ausgewählt, die einerseits sowohl bei getrennter als auch gemeinsamer Skalierung aller Messzeitpunkte gute Kennwerte aufweisen, und die andererseits auch geeignet sind, die Lernzuwächse der Schülerinnen und Schüler in der jeweiligen Kompetenzdomäne abzubilden und änderungssensitiv sind.

Hierbei wird die so genannte *fixed parameters*-Methode (von Davier & von Davier, 2007) angewendet, bei der „aus der Mitte heraus" verankert wird: Die Schwierigkeitsparameter der Anker-Items aus der Skalierung der Leistungsdaten des zweiten

Messzeitpunktes (KESS 7) werden für die Schätzung der Personenparameter zum ersten (KESS 4) und dritten Messzeitpunkt (KESS 8) genutzt. Darüber hinaus gibt es für jeden Messzeitpunkt zusätzliche Aufgaben, die nur zum jeweiligen Messzeitpunkt eingesetzt und altersgerecht angepasst sind, um eine präzise Schätzung der Schülerfähigkeiten für jeden Messzeitpunkt zu erhalten. Durch dieses Verfahren können Differenzen in den Testleistungen der Schülerpopulation zwischen den Messzeitpunkten als *Kompetenzentwicklung* interpretiert werden. Dabei ist jedoch zu beachten, dass die ermittelten Veränderungsmaße auch Messfehlern unterliegen (Hartig & Kühnbach, 2006; Rost, 2004).

Für eine anschauliche Darstellung der mit dieser Rasch-Skalierung ermittelten und in Abschnitt 6.3.1 deskriptiv beschriebenen Lernstände im Leseverständnis und in Mathematik wurden die Kennwerte so transformiert, dass sie für die KESS-7-Population einen Mittelwert (*M*) von 500 und eine Standardabweichung (*SD*) von 100 aufweisen. Somit liegen die Kompetenzen von etwa 70 Prozent der Schülerinnen und Schüler in einem Bereich zwischen 400 und 600 Skalenpunkten. Die Lernstände von rund 95 Prozent der befragten Kinder streuen im Bereich zwischen 300 und 700 Skalenpunkten um den Mittelwert.

6.1.3 Erfassung der Hintergrundmerkmale schulischen Lernens

Neben Leistungstests zur Erfassung der Kompetenzen von Schülerinnen und Schülern wurden auch Fragebögen zu Bedingungen schulischen Lernens von Eltern, Lehrkräften und Schulleitungen ausgefüllt. Hierfür wurde ein theoretisches Rahmenmodell (Lankes, Bos, Mohr, Plaßmeier, Schwippert et al., 2003) zugrunde gelegt, welches schulische Kompetenzen als Ergebnisse komplexer Lernprozesse im mehrdimensionalen Zusammenhang mit individuellen, familiären, schulischen und außerschulischen sowie bildungspolitischen Rahmenbedingungen versteht. Zwar ist es weder möglich noch beabsichtigt, das in Abbildung 6.2 dargestellte Modell zu prüfen, es soll aber als Orientierung bei der Auswahl von Hintergrundmerkmalen für die empirischen Analysen in Kapitel 7 dienen.

Um das Unterrichtsgeschehen und die vielfältigen Bedingungen, die die Leistungsergebnisse beeinflussen, multikriterial und mehrperspektivisch zu erfassen, wurden verschiedene Personengruppen befragt (vgl. Abbildung 6.3):

- Über den Eltern- und den Schülerfragebogen werden familiäre und individuelle lern- und leistungsrelevante Merkmale der Schülerinnen und Schüler erhoben.
- Über die Fragebögen für die Schülerinnen und Schüler, Lehrkräfte und Schulleitungen werden Unterrichtsmerkmale erfasst.
- Über den Schulfragebogen werden zudem die leistungsrelevanten Voraussetzungen der jeweiligen Schulen erfragt.

Abbildung 6.2: Rahmenmodell für den Zusammenhang zwischen schulischen Leistungsergebnissen und deren Bedingungen

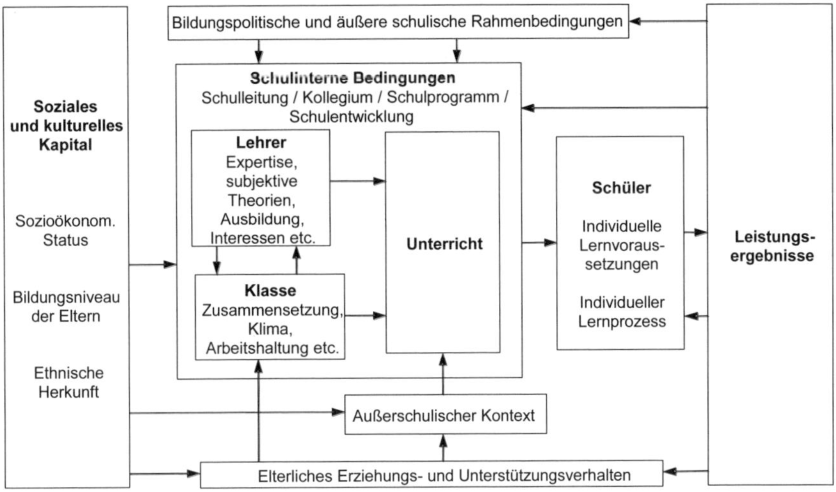

IEA: Progress in International Reading Literacy Study © IGLU-Germany

Der *allgemeine Schülerfragebogen* erfasst familiäre und schulische Aspekte, wie z.B. grundlegende demografische Merkmale, Unterrichtserfahrungen, Unterstützung durch Familie und Freunde, selbstbezogene Kognitionen und Einstellungen sowie außerschulische Lerngewohnheiten. Über einen *fachspezifischen Schülerfragebogen* werden die Lernbedingungen im jeweiligen Fachunterricht erhoben. Die Schülerinnen und Schüler schätzen hier beispielsweise ihr Verhältnis zur Fachlehrkraft, die Unterrichtsmethoden oder ihr eigenes Arbeitsverhalten ein.

Der *Elternfragebogen* erfasst neben soziodemografischen Faktoren lern- und leistungsrelevante Merkmale im Elternhaus, wie z.B. das Unterstützungsverhalten der Eltern, die Zufriedenheit mit den Schulleistungen des Kindes und der gewählten Schulform. Hinzu kommen Fragen zur Erwartung des zukünftigen Bildungsweges des Kindes, zu Lesegewohnheiten und gemeinsamen Aktivitäten von Eltern und Kindern.

Der *Lehrerfragebogen*[35] erfragt in einem allgemeinen Teil unter anderem Aspekte des Schulklimas, der Zusammenarbeit im Kollegium sowie demografische Merk-

35 In KESS 4 werden die Lehrkräfte im Deutsch-, Mathematik- und Sachunterricht befragt. In KESS 7 richtet sich der Lehrerfragebogen an die Lehrkräfte in Deutsch, Englisch, Mathematik und den Naturwissenschaften. In KESS 8 werden die Lehrkräfte der Fächer Deutsch, Englisch und Mathematik befragt.

male und den persönlichen Werdegang der Lehrkräfte. In einem fachspezifischen Teil werden beispielsweise die Koordination mit dem Fachkollegium, Maßnahmen zur inneren Differenzierung und Fortbildung der Lehrkräfte sowie die Ausstattung der Schule und Klassenräume erfasst.

Abbildung 6.3: Kontextfragebögen in KESS und damit erhobene Merkmale

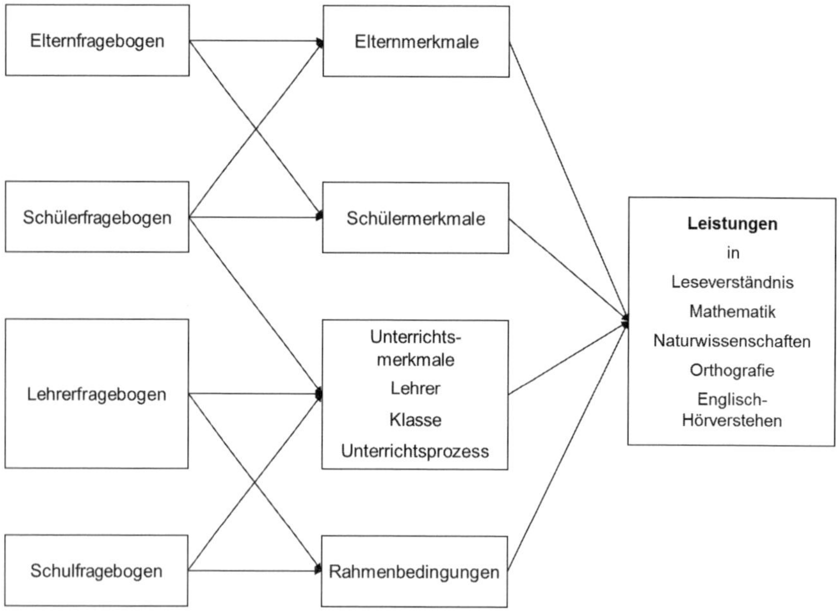

BBS / IFS / LI : Kompetenzen und Einstellungen von Schülerinnen und Schülern © KESS 4

Der *Schulfragebogen* erfasst aus Sicht der Schulleitungen die besonderen Charakteristika der jeweiligen Schule, wie z.B. den Standort, die personelle und materielle Ausstattung der Schule oder die Zusammenarbeit zwischen der Schulleitung und dem Kollegium. Daneben wird auch die Elternbeteiligung an Aktivitäten der Schule, Förder- und Betreuungsangebote sowie Maßnahmen zur Qualitätsentwicklung und -steigerung erfasst.

6.1.4 Teilnahme- und Rücklaufquoten

Die Schulleistungstests und Schülerbefragungen erstreckten sich über zwei jeweils aufeinander folgende Testtage. Die Teilnahme am Schulleistungstest war für alle Schülerinnen und Schüler obligatorisch. Dementsprechend hoch fallen die Beteiligungsquoten für die Leistungstests aus und liegen bei allen drei Messzeitpunkten zwischen 94,4 und 96,6 Prozent (vgl. Tabelle 6.1, vgl. auch Bonsen et al., 2009; Bos et al., 2006; Bos, Gröhlich, Guill, Scharenberg & Wendt, 2010). Das Ausfüllen der Begleitfragebögen, mit denen Hintergrundmerkmale des schulischen Lernens und familiäre Lebensbedingungen erhoben wurden, war hingegen freiwillig und setzte das explizite Einverständnis der Eltern voraus. Da nicht alle Schülerinnen und Schüler eine Einverständniserklärung der Eltern vorweisen konnten, fallen die Rücklaufquoten für die Schülerfragebögen jeweils deutlich geringer aus als für die Leistungstests.

Die Rücklaufquoten für die Schülerfragebogen liegen zwischen 58,6 (KESS 8) und 85,3 Prozent (KESS 7). Während in KESS 4 noch rund 69 Prozent der Eltern die Hintergrundfragebögen, die nur in deutscher Sprache vorliegen, ausgefüllt haben, sinkt der Rücklauf der Elternfragebögen in KESS 8 auf 47,3 Prozent. Ähnliches lässt sich für die Lehrerfragebögen beobachten: Eine für die Schul- und Unterrichtsforschung vergleichsweise hohe Teilnahmebereitschaft lässt sich in KESS 4 bei den Lehrkräften beobachten, wo der Rücklauf zwischen 64 und 70 Prozent liegt. Der Rücklauf der Schulleiterfragebogen ist mit über 95 Prozent bei den ersten beiden Messzeitpunkten ebenfalls sehr hoch.

Tabelle 6.1: Teilnahme- und Rücklaufquoten

	KESS 4		KESS 7		KESS 8	
	Testtag		Testtag		Testtag	
	1	2	1	2	1	2
Test[1]	95,8%	95,7%	96,6%	95,8%	95,6%	94,4%
Schülerfragebogen[2]	75,9%	76,4%		85,3%		58,6%
Elternfragebogen		68,9%		60,4%		47,3%
Fragebogen für die Lehrkräfte						
in Deutsch		68,0%		52,2%		41,2%
in Mathematik		70,0%		51,5%		40,6%
in Naturwissenschaften/Sachkunde		64,0%		48,9%		
in Fremdsprachen				52,7%		35,5%
Schulleiterfragebogen		98,5%		95,9%		65,3%

[1] Gründe für eine Nichtteilnahme am Test: Schulwechsel, Krankheit, Abwesenheit der Schülerin / des Schülers.
Gemäß den Vorgaben aus vergleichbaren Studien wurden zusätzlich folgende Schülerinnen und Schüler vom Test ausgeschlossen:
a) Schülerinnen und Schüler mit einer nichtdeutschen Muttersprache, die weniger als ein Jahr in deutscher Sprache unterrichtet worden sind;
b) körperlich behinderte Schülerinnen und Schüler und
c) geistig behinderte Schülerinnen und Schüler.
[2] Schülerinnen und Schüler ohne Elterngenehmigung wurden von der Teilnahme an der Fragebogenerhebung ausgeschlossen.

6.2 Das Hamburger Schulsystem

Die in Kapitel 7 berichteten Analysen berücksichtigen als Merkmal auf der Aggregatebene auch die Schulform bzw. werden getrennt nach den von den Schülerinnen und Schülern besuchten Schulformen des gegliederten Schulsystems ausgewiesen.

Das Hamburger Schulsystem zeichnet sich hierbei durch einige Besonderheiten aus (vgl. Abbildung 6.4), wie z.B. die Beobachtungsstufe in den Jahrgangsstufen 5 und 6 an einigen Schulformen sowie verschiedene integrierte Schulformen, die nachfolgend näher beschrieben werden (vgl. im Folgenden auch Bos, Gröhlich, Guill et al., 2010). Alle Angaben gelten für den im Rahmen von KESS untersuchten Schülerjahrgang, der im Jahr 1999 eingeschult worden ist. Auf die aktuellen Veränderungen im Rahmen der Hamburger Schulstrukturreform wird abschließend gesondert eingegangen.

Der Übergang von der Grundschule zur weiterführenden Schule

Nach einer vierjährigen Grundschulzeit erhalten die Hamburger Schülerinnen und Schüler je nach ihrem Leistungsstand eine Schullaufbahnempfehlung für eine Beobachtungsstufe der Haupt- und Realschule oder für die Beobachtungsstufe des Gymnasiums. Alle Schülerinnen und Schüler werden am Ende der Grundschulzeit darüber hinaus ausdrücklich für eine integrierte Gesamtschule empfohlen. Im Gegensatz zu anderen Bundesländern, in denen die Schullaufbahnempfehlung der Grundschullehrkräfte verbindlich ist, entscheiden in Hamburg die Eltern über die Wahl des weiteren Bildungsganges. Zwar folgen die meisten Eltern der Schullaufbahnempfehlung der Grundschullehrkräfte, ein nicht unerheblicher Anteil der Eltern entscheidet sich jedoch für einen anderen als den empfohlenen Bildungsgang: 39,3 Prozent der Schülerinnen und Schüler mit einer Empfehlung für die Haupt- und Realschule wechseln nach der Grundschule tatsächlich auf diese Schulform, rund 60 Prozent wählen jedoch einen anderen als den empfohlenen Bildungsgang.[36] 45,6 Prozent der Haupt- und Realschulempfohlenen wechseln im Anschluss an die Grundschule auf eine integrierte Gesamtschule, die für diese Schülerinnen und Schüler offenbar eine besonders beliebte Alternative darstellt. 15,2 Prozent der Schülerinnen und Schüler mit einer Schullaufbahnempfehlung für die Haupt- und Realschule besuchen in der Jahrgangsstufe 5 ein Gymnasium und weisen somit die größtmögliche Mobilität „nach oben" auf. Von den Gymnasialempfohlenen entscheiden sich hingegen mehr als 90 Prozent der Schülerinnen und Schüler für diese Schulform, während nur weniger als zehn Prozent einen anderen Bildungsgang, und hier vor allem die integrierte Gesamtschule, wählen (vgl. auch Scharenberg, Gröhlich & Bos, 2009).

Diese unterschiedlichen Übergangsquoten haben auch Auswirkungen auf die Zusammensetzung der Schülerschaft an den jeweiligen Schulformen zu Beginn der Jahrgangsstufe 5. Die Hamburger Haupt- und Realschulen bestehen in der Jahrgangsstufe 5 zu 97,8 Prozent aus Schülerinnen und Schülern mit konformer Schullaufbahnentscheidungen, d.h., in diesen Fällen sind die Eltern der Schullaufbahn-

36 Die Angaben beziehen sich auf die Schülerinnen und Schüler, die an KESS 4, KESS 7 und KESS 8 teilgenommen haben (vgl. Abschnitt 6.3.1) und für die Angaben zur Schulform vorliegen.

empfehlung der Grundschullehrkräfte gefolgt. An den Gymnasien fällt der Anteil der Schülerinnen und Schüler mit konformer Schullaufbahnentscheidung mit 80,6 Prozent geringer aus. Rund 20 Prozent der Schülerinnen und Schüler, die in der Jahrgangsstufe 5 diese Schulform besuchen, haben folglich am Ende der Grundschulzeit eine andere Schullaufbahnempfehlung erhalten (vgl. ebd.).

Das Hamburger Schulsystem in den Jahrgangsstufen 5 und 6

Eine zweijährige Beobachtungsstufe in den Jahrgangsstufen 5 und 6 an den nichtintegrierten Schulformen soll dazu beitragen, den Grundschulübergang am Ende der Jahrgangsstufe 4 zu entschärfen: Eine Korrektur der elterlichen Schulformwahl soll somit ermöglicht und die endgültige Bildungsentscheidung möglichst lange offen gehalten werden. Schulformwechsel finden dabei hauptsächlich in den Jahrgangsstufen 5 und 6, danach aber nur noch relativ selten statt (Scharenberg, Gröhlich, Guill & Bos, 2010).

Die Einrichtung einer Beobachtungsstufe folgte den Bedenken der Kultusministerkonferenz, dass sich die weitere schulische Entwicklung nicht für jedes Kind bereits am Ende der Jahrgangsstufe 4 mit hinreichender Sicherheit vorhersagen lasse, da sich die Lernentwicklung individuell und in Phasen von unterschiedlicher Dauer vollziehe. Vielmehr sei ein längeres Prognoseverfahren zu wählen, in dem die beteiligten Lehrpersonen ausreichend Gelegenheit zur Beobachtung des Kindes und zur Beratung der Eltern erhalten müssten (Sekretariat der Ständigen Konferenz der Kultusminister der Länder in der Bundesrepublik Deutschland, 2006).

In den Jahrgangsstufen 5 und 6 ist deshalb in Hamburg an den Haupt- und Realschulen eine Beobachtungsstufe eingerichtet, innerhalb derer diese beiden Schulformen als eine pädagogische Einheit zusammengefasst sind. Die Schülerinnen und Schüler werden in einem gemeinsamen Klassenverband ohne äußere Differenzierung unterrichtet. Die Beobachtungsstufe existiert auch an den Gymnasien und Kooperativen Gesamtschulen.

Am Ende der Jahrgangsstufe 6 wird dann mit Ausnahme der Schülerinnen und Schüler an den integrierten Gesamtschulen die endgültige Berechtigung für den Besuch einer Hauptschule, einer Realschule oder eines Gymnasiums ausgesprochen. Grundlage für diese Berechtigung sind die mit dem Zeugnis am Ende der Jahrgangsstufe 6 mitgeteilten Schulnoten. Für den Übergang aus der Beobachtungsstufe der Haupt- und Realschulen in ein Gymnasium sind ein Notendurchschnitt von mindestens 2,5 sowie mindestens gute Leistungen in mindestens zwei Hauptfächern erforderlich. Für den Wechsel aus der Beobachtungsstufe der Haupt- und Realschule in die Jahrgangsstufe 7 einer Realschule sind ein Notendurchschnitt von mindestens 3,0 und mindestens befriedigende Leistungen in mindestens zwei Hauptfächern erforderlich. Schülerinnen und Schüler an den Gymnasien, die auch in der Jahrgangsstufe 7 auf dieser Schulform verbleiben möchten, müssen einen mindestens ausreichenden Notendurchschnitt haben.

Das Hamburger Schulsystem ab der Jahrgangsstufe 7

Mit dem Wechsel der Schülerinnen und Schüler in die Jahrgangsstufe 7 zeichnet sich das Hamburger Schulsystem durch eine sehr viel stärkere Differenzierung aus (vgl. Abbildung 6.4).

Abbildung 6.4: Das Hamburger Schulsystem in der Sekundarstufe

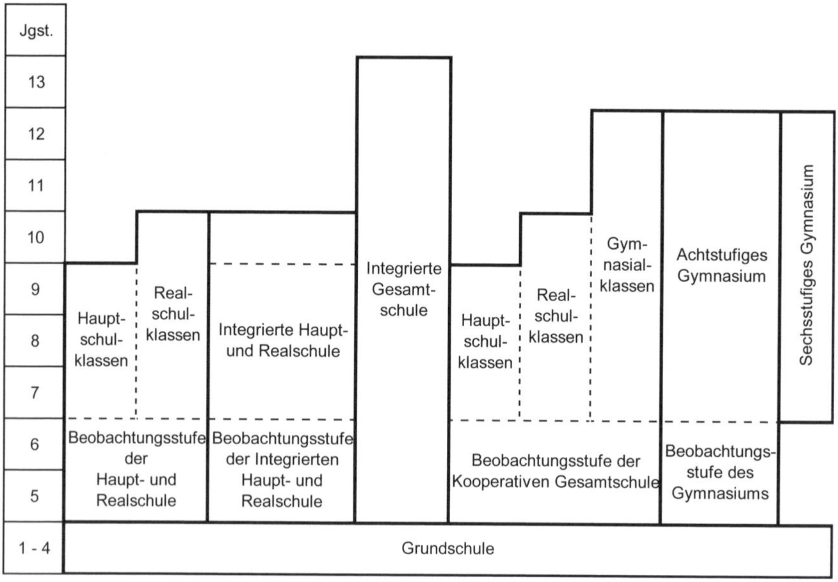

BSB / IFS / LI : Kompetenzen und Einstellungen von Schülerinnen und Schülern © KESS 8

An den *Haupt- und Realschulen* findet eine Gliederung in getrennte Hauptschul- bzw. Realschulklassen statt, in denen jeweils die schulformspezifischen Schulabschlüsse erworben werden können. In den *integrierten Haupt- und Realschulen* gibt es hingegen keine schulformspezifische Klassenaufteilung. Die Schülerinnen und Schüler verbleiben hier zwar bis zum Ende der Jahrgangsstufe 9 oder 10 innerhalb ihres Klassenverbandes und werden gemeinsam, durch die Zuordnung eines Hauptschul- oder Realschulstatus aber differenziert nach ihrem Leistungsvermögen unterrichtet. Die Leistungsdifferenzierung nach Hauptschul- oder Realschulstatus erfolgt in den Fächern Deutsch, Mathematik und Englisch.

An den *integrierten Gesamtschulen* erfolgt die Fachleistungsdifferenzierung in einen leistungsstärkeren Ier- und einen leistungsschwächeren IIer-Kurs nur in Englisch und Mathematik. Im Anschluss an die Sekundarstufe I können die integrierten Gesamtschulen eine gymnasiale Oberstufe führen und somit das Abitur als höchsten Bildungsabschluss offen halten. *Kooperative Gesamtschulen* sind ab Jahrgangsstufe 7 in die Schulformen Hauptschule, Realschule und Gymnasium gegliedert.

In grundständigen *achtstufigen Gymnasien* ist nach der Beobachtungsstufe der Jahrgangsstufen 5 und 6 in den Jahrgangsstufen 7 bis 10 die so genannte *Mittelstufe* vorgesehen. Eine besondere Form des Gymnasiums ist das *sechsstufige Gymnasium*. Dieses ist für jene Schülerinnen und Schüler eingerichtet, die die Beobachtungsstufe der Haupt- und Realschule besuchen und die leistungsbezogenen Voraussetzungen für den Übergang in die Jahrgangsstufe 7 des Gymnasiums erworben haben.

Die aktuelle Schulstrukturreform in Hamburg

Seit dem Schuljahr 2010/11 gibt es im Anschluss an die Grundschule neben den Gymnasien nur noch die so genannten *Stadtteilschulen*. Diese umfassen die (integrierten) Haupt- und Realschulen, integrierten und kooperativen Gesamtschulen sowie die Aufbaugymnasien. Die Stadtteilschulen werden sich deshalb vermutlich im Vergleich zu den bisherigen Schulformen durch eine noch größere Leistungsheterogenität ihrer Schülerschaft auszeichnen. Ihrem Anspruch nach sollen sie ein individualisiertes und praxisorientiertes Lernen auf allen Anforderungsniveaus ermöglichen, ohne die Schülerinnen und Schüler zu unter- oder überfordern und sie gegebenenfalls bei nicht ausreichenden Leistungen auf weniger anspruchsvolle Schulformen abzuschulen.[37] Sowohl an den Gymnasien als auch an den Stadtteilschulen können die Schülerinnen und Schüler ihr Abitur absolvieren. Das Entscheidungsrecht der Eltern und die endgültige Schulformentscheidung am Ende der Jahrgangsstufe 6 bleiben von der Einführung der Stadtteilschule unberührt. Die Einführung einer sechsjährigen *Primarschule*, die ebenfalls ein längeres gemeinsames Lernen aller Schülerinnen und Schüler ermöglichen sollte, wurde am 18. Juli 2010 per Volksentscheid abgelehnt.[38]

6.3 Daten

Nachfolgend wird zunächst rein deskriptiv dargestellt, welche Schülerinnen und Schüler für die Analysen berücksichtigt werden, wie sie sich auf die Schulformen am Ende der Jahrgangsstufe 6 bzw. 8 verteilen und welche Lernstände sie im Leseverständnis und in Mathematik zu den verschiedenen Messzeitpunkten erzielen

37 http://www.hamburg.de/contentblob/2036990/data/broschuere-weiterfuehrende-schulen.pdf, S. 10 [05.03.2011].

38 http://www.abendblatt.de/hamburg/article1571419/Primarschule-gescheitert-So-geht-es-jetzt-weiter.html [01.11.2010].

(Abschnitt 6.3.1). Anschließend wird beschrieben, wie die Variablen für die Analysen operationalisiert werden (Abschnitt 6.3.2).

6.3.1 Untersuchte Schülerpopulation

An KESS 4 haben 14.110 Schülerinnen und Schüler aller Hamburger Grundschulen teilgenommen. Dieselbe Schülerkohorte (*N* = 14.200) ist knapp zwei Jahre später erneut befragt worden. Mit KESS 8 liegen Angaben für insgesamt 13.871 Schülerinnen und Schüler am Ende der achten Jahrgangsstufe vor. Die Lernentwicklung in den ersten vier Sekundarschuljahren kann für 9.628 Schülerinnen und Schüler nachvollzogen werden.[39] Ein beträchtlicher Teil der Schülerinnen und Schüler hat also nur an einem oder zwei Messzeitpunkten teilgenommen (vgl. Abbildung 6.5).

Abbildung 6.5: Schülerpopulation im Längsschnitt

KESS 4 (2003)		KESS 7 (2005)		KESS 8 (2007)
2.712				
1.770	→	1.770		
9.628	→	9.628	→	9.628
		2.107	→	2.107
		695		
				2.136
14.110		14.200		13.871

BSB / IFS / LI : Kompetenzen und Einstellungen von Schülerinnen und Schülern © KESS 8

In die nachfolgenden Analysen werden ausschließlich diejenigen Schülerinnen und Schüler einbezogen, die zu allen drei Messzeitpunkten an der KESS-Studie teilgenommen haben und somit „echte" Längsschnittkinder sind (*N* = 9.628). Diese erste Auswahl wird schon alleine dadurch begründet, dass Schülerinnen und Schüler, die im Laufe ihrer Schulzeit von der Grundschule bis zum Ende der Jahrgangsstufe 8 eine Jahrgangsstufe wiederholen müssen, ausgeschlossen werden. Eine so genannte *Kreuzklassifikation* (vgl. z.B. Goldstein, 1997), bei der die Schülerinnen und Schüler den Lernkontext, z.B. eine Jahrgangsstufe, wechseln, liegt somit nicht vor.[40]

39 Die in dieser Arbeit berichtete Populationsgröße ist identisch mit den von Bos, Gröhlich, Guill, Scharenberg und Wendt (2010) berichteten Fallzahlen. Aufgrund einer erneuten Datenbereinigung im Rahmen der Berichtslegung von KESS 10/11 (Nikolova, Ivanov & Vieluf, 2011) weichen die Fallzahlen für die vorangegangen Messzeitpunkte jedoch von den hier berichteten ab.

40 Gegenüber Schülerinnen und Schülern, die nur zu einem oder zwei Messzeitpunkten teilgenommen haben, stellen die Längsschnittkinder eine positiv ausgelesene Teilgruppe dar, in der die jeweils Leistungsschwächsten bereits aufgrund von Klassenwiederholungen nicht mehr

Von den Längsschnittkindern werden Schülerinnen und Schüler ausgeschlossen, für die keine Schulformangabe vorliegt oder für die die Klassenzugehörigkeit in den Jahrgangsstufen 5 bis 8 nicht nachvollzogen werden kann bzw. fehlende Werte aufweist. Zu beachten ist bei der Interpretation der Daten folglich, dass sie sich nur auf die Schülerinnen und Schüler beziehen darf, die ihre Schullaufbahn vom Ende der Grundschulzeit bis zum Ende der Jahrgangsstufe 8 nahtlos durchlaufen haben. Es handelt sich hierbei also um eine positiv ausgelesene Stichprobe. Nach Ditton (1998, S. 123 ff.) muss zudem ein Untersuchungsdesign angewendet werden, das hinreichend viele Untersuchungseinheiten auf jeder Untersuchungsebene sicherstellt. Häufig werden hier als Richtwert zehn Untersuchungsobjekte bzw. Untersuchungseinheiten vorgegeben (Maas & Hox, 2005).

Wie bereits in Abschnitt 6.2 beschrieben, setzt mit Beginn der Jahrgangsstufe 7 in Hamburg an den integrierten Gesamtschulen eine fachspezifische Leistungsdifferenzierung ein, so dass die Schülerinnen und Schüler ihrem Vorwissen entsprechend unterschiedlichen Leistungsniveaus zugeordnet werden. Kinder aus verschiedenen Parallelklassen werden dann je nach Leistungsniveau gemeinsam in einem Kurs unterrichtet. Nach von Saldern (2010, vgl. auch Abschnitt 3.3.1) handelt es sich bei den durch die fachspezifische Leistungsdifferenzierung an den integrierten Gesamtschulen gebildeten Lerngruppen auch nicht um Schulklassen, da diese weder dauerhaft bestehen noch für alle Unterrichtsfächer dieselbe Schülerzahl aufweisen. Da bei der vorliegenden Datengrundlage die Kooperation der Parallelklassen untereinander und die Zusammensetzung der hierdurch neu gebildeten Lerngruppen nicht bekannt ist, müssen die integrierten Gesamtschulen von den Berechnungen für den zweiten Analyseschritt (Jahrgangsstufen 7 und 8) ausgeschlossen werden. Ebenso werden Schülerinnen und Schüler, die eine integrierte Haupt- und Realschule besuchen, für den zweiten Analyseschritt ausgeschlossen, da es sich hierbei um eine für Hamburg besondere, aber anteilig geringe Schülerschaft (3,9 Prozent) handelt, die zwar differenziert nach individuellem Leistungsvermögen und unterschiedlichem Schulformstatus, aber gemeinsam in einem Klassenverband unterrichtet wird (vgl. Abschnitt 6.2).

Im Einzelnen werden also ausgeschlossen:

1. für den ersten Analyseschritt (Jahrgangsstufen 5 und 6):

– Kinder ohne Schulformangabe:	$N =$ 200
– Kinder ohne Klassenzugehörigkeitsangabe:	$N =$ 437
– Kinder in zu kleinen Schulklassen ($N < 10$):	$N =$ 217

enthalten sind. Auch Ausfälle z.B. aufgrund von Umzug der Eltern, Krankheit, mangelnder Beteiligungsbereitschaft o.ä. treten durch dieses Vorgehen von vornherein nicht auf.

2. für den zweiten Analyseschritt (Jahrgangsstufen 7 und 8):

   – Kinder ohne Schulformangabe: *N* = 86
   – Kinder an integrierten Gesamtschulen: *N* = 2.972
   – Kinder an integrierten Haupt- und Realschulen: *N* = 372
   – Kinder ohne Klassenzugehörigkeitsangabe: *N* = 0
   – Kinder in zu kleinen Schulklassen (*N* < 10): *N* = 257

Für den ersten Analyseschritt stehen somit Angaben von 8.774 Schülerinnen und Schülern in 498 Schulklassen zur Verfügung. Für die Berechnungen für den zweiten Analyseschritt liegen Daten von 5.941 Schülerinnen und Schülern in 331 Schulklassen vor.

6.3.1.1 Verteilung der Schülerinnen und Schüler auf die Schulformen

Bevor die schulischen Kompetenzen der Hamburger Schülerinnen und Schüler analysiert werden, wird ihre Verteilung auf die verschiedenen Schulformen beschrieben (vgl. Tabelle 6.2). Am Ende der Jahrgangsstufe 6 liegt der Anteil der Haupt- und Realschülerinnen und -schüler bei 23 Prozent. 33,9 Prozent der Kinder gehen auf eine integrierte Gesamtschule. Mehr als 40 Prozent der Schülerinnen und Schüler besuchen am Ende der Jahrgangsstufe 6 ein Gymnasium. Für die noch in der Beobachtungsstufe zusammengefassten Schülerinnen und Schüler an den Haupt- und Realschulen steht am Ende der Jahrgangsstufe 6 eine reguläre Bildungsentscheidung an. Anders als bei der Schullaufbahnempfehlung am Ende der Jahrgangsstufe 4 ist hier der Beschluss der Zeugniskonferenz bindend. Schülerinnen und Schüler, die in der Jahrgangsstufe 6 eine Haupt- und Realschule besucht haben, wechseln zu etwa gleichen Anteilen auf eine Hauptschule (36,8 Prozent) und eine Realschule (39,3 Prozent; Stubbe, 2009).

Tabelle 6.2: Besuchte Schulform am Ende der Jahrgangsstufen 6 und 8

	Ende Jgst. 6		Ende Jgst. 8	
	N	Prozent	N	Prozent
Haupt- und Realschule	2.016	23,0		
Hauptschule			691	11,6
Realschule			1.249	21,0
Integrierte Gesamtschule	2.972	33,9		
Gymnasium	3.786	43,2	4.001	67,3
Gesamt	8.774	100,0	5.941	100,0

Am Ende der Jahrgangsstufe 8 besuchen 11,6 Prozent der für die nachfolgenden Analysen berücksichtigten Schülerinnen und Schüler eine Hauptschule, mehr als 20 Prozent der Schülerinnen und Schüler besuchen dagegen eine Realschule. Der größte Anteil der Schülerinnen und Schüler geht auf ein Gymnasium. Durch den Ausschluss der Schülerinnen und Schüler an den integrierten Gesamtschulen für den zweiten Analyseschritt fällt der relative Anteil der Gymnasiastinnen und Gymnasiasten am Ende der Jahrgangsstufe 8 sehr hoch aus: Mehr als zwei Drittel (67,3 Prozent) der Schülerinnen und Schüler der den nachfolgenden Analysen zugrunde liegenden Stichprobe besuchen diese Schulform.

6.3.1.2 Die Kompetenzen der Schülerinnen und Schüler im Leseverständnis und in Mathematik

Lernstände und Leistungsverteilungen am Ende der Jahrgangsstufe 6

Tabelle 6.3 differenziert die erreichten Lernstände der Schülerinnen und Schüler im Leseverständnis und in Mathematik am Ende der Jahrgangsstufe 6 nach Schulform. Im Durchschnitt erreichen die Schülerinnen und Schüler, die für die Analysen der Lernentwicklung in den Jahrgangsstufen 5 und 6 berücksichtigt werden, 505,4 Skalenpunkte sowohl im Leseverständnis als auch in Mathematik. Die mittleren Lernstände der Schülerinnen und Schüler unterscheiden sich zwischen den Schulformen deutlich: Erwartungsgemäß werden an den Gymnasien in beiden Kompetenzdomänen die höchsten Lernstände erzielt (564,5 Skalenpunkte im Leseverständnis bzw. 574,6 Skalenpunkte in Mathematik). Es folgen die integrierten Gesamtschulen (471,1 Skalenpunkte im Leseverständnis bzw. 460,3 Skalenpunkte in Mathematik), an denen die Differenz zu den an den Gymnasien erzielten Lernständen gut eine Standardabweichung beträgt. An den Haupt- und Realschulen werden die niedrigsten Lernstände im Leseverständnis (445,3 Skalenpunkten) und in Mathematik (442,0 Skalenpunkte) erzielt. An den Haupt- und Realschulen beträgt die Differenz zu den Gymnasien 1,2 bzw. 1,3 Standardabweichungen, zu den integrierten Gesamtschulen ein Viertel (Leseverständnis) bzw. ein Fünftel einer Standardabweichung (Mathematik).

In Tabelle 6.3 sind zusätzlich die Effektstärken (d) angeben, die anzeigen, wie stark die mittleren Lernstände an den einzelnen Schulformen vom Gesamtmittelwert abweichen.[41] An den Gymnasien werden in beiden Kompetenzdomänen im Durchschnitt Lernstände erzielt, die deutlich über dem Gesamtmittelwert aller Schülerinnen und Schüler liegen ($d = 0{,}62$ im Leseverständnis bzw. $d = 0{,}70$ in Mathematik). Für die integrierten Gesamtschulen ($d = -0{,}35$ bzw. $d = -0{,}46$) und die Haupt- und Realschulen ($d = -0{,}62$ bzw. $d = -0{,}65$) lassen sich dagegen negative Effektstärken beobachten, d.h., hier liegen die Lernstände deutlich unterhalb des Populationsmit-

41 Die Effektstärken werden in dieser Arbeit als Quotient aus der Abweichung eines Gruppenmittelwertes vom *Gesamt*mittelwert und der *Gesamt*standardabweichung ermittelt. Diese Art der Berechnung folgt dem Vorgehen bisheriger Analysen im Rahmen von KESS (vgl. z.B. Bonsen et al., 2009). Nach Bortz und Döring (1995, S. 567 f.) gelten Effektstärken von 0,20 als klein, Effektstärken von 0,50 als mittel und Effektstärken von 0,80 als groß.

telwertes, wobei die vergleichsweise schwächsten Leistungen von den Schülerinnen und Schülern der Haupt- und Realschulen erbracht werden.

Tabelle 6.3: Mittlere Lernstände im Leseverständnis und in Mathematik am Ende der Jahrgangsstufe 6 nach Schulform

Schulform	Mittelwert	(SD)	N	d
Leseverständnis				
Gymnasium	564,5	(82,1)	3.786	0,62
Haupt- und Realschule	445,3	(81,7)	2.016	-0,62
Integrierte Gesamtschule	471,1	(89,5)	2.972	-0,35
Gesamt	505,4	(99,4)	8.774	
Mathematik				
Gymnasium	574,6	(87,5)	3.786	0,70
Haupt- und Realschule	442,0	(69,5)	2.016	-0,65
Integrierte Gesamtschule	460,3	(78,8)	2.972	-0,46
Gesamt	505,4	(101,0)	8.774	

Wie schon in Abschnitt 2.5 für den internationalen Vergleich der an PISA teilnehmenden Staaten geschehen, soll auch für die an der Hamburger KESS-Studie teilnehmenden Schülerinnen und Schüler die Leistungsverteilung anhand von Perzentilbändern genauer beschrieben werden. Die Perzentile kennzeichnen jeweils denjenigen Testwert, der den angegebenen Anteil der Leistungsverteilung abschneidet. Unterhalb des 25. Perzentils liegen die 25 Prozent der leistungsschwächsten Schülerinnen und Schüler, oberhalb des 75. Perzentils liegt das obere Leistungsviertel.

Abbildung 6.6 stellt die Perzentilbänder für die beiden Kompetenzdomänen getrennt nach Schulform dar. Zwar unterscheiden sich die mittleren Lernstände am Ende der Jahrgangsstufe 6 zwischen den Schulformen in beiden Kompetenzdomänen deutlich, gleichzeitig überlappen sich die Leistungsverteilungen zwischen den Schulformen in weiten Teilen. Die Leistungsverteilung an den Haupt- und Realschulen bzw. den integrierten Gesamtschulen deckt sich in beiden Kompetenzdomänen größtenteils mit der Leistungsverteilung an den Gymnasien: 55,3 Prozent der Schülerinnen und Schüler an den Haupt- und Realschulen bzw. 64,5 Prozent der Schülerinnen und Schüler an den integrierten Gesamtschulen erzielen durchaus Lernstände im Leseverständnis, die auch an den Gymnasien erreicht werden. Die Leistungsverteilung im Leseverständnis an den Haupt- und Realschulen und den integrierten Gesamtschulen deckt sich zu 85,7 Prozent. In Mathematik erreichen 49,6 Prozent der Schülerinnen und Schüler an den Haupt- und Realschulen bzw. 57,6 Prozent der Schülerinnen und Schüler an den integrierten Gesamtschulen Lernstände im gymnasialen Leistungsbereich. Die Leistungsverteilung in Mathematik deckt sich an den Haupt- und Realschulen und den integrierten Gesamtschulen zu 87,1 Prozent.

Abbildung 6.6: Leistungsverteilung im Leseverständnis und in Mathematik nach Schulform am Ende der Jahrgangsstufe 6

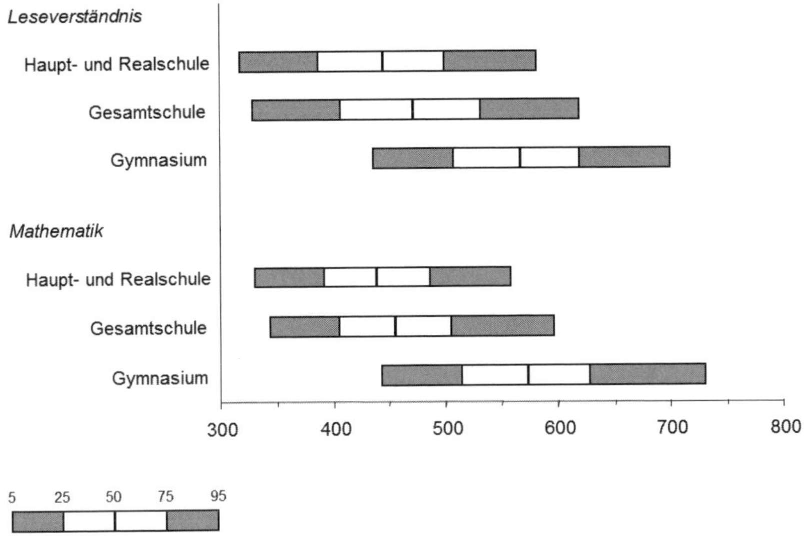

Lernstände und Leistungsverteilungen am Ende der Jahrgangsstufe 8

Die Schülerinnen und Schüler, die für die Lernentwicklung in den Jahrgangsstufen 7 und 8 berücksichtigt werden, erreichen am Ende der Jahrgangsstufe 8 im Durchschnitt 607,2 Skalenpunkte im Leseverständnis und 592,7 Skalenpunkte in Mathematik. Bei einer differenzierteren Betrachtung der mittleren Lernstände nach Schulform ergibt sich ein ähnliches Bild wie für den ersten Analyseschritt: Auch am Ende der Jahrgangsstufe 8 erzielen die Gymnasiastinnen und Gymnasiasten mit 640,9 Skalenpunkten im Leseverständnis und 634,5 Skalenpunkten in Mathematik die höchsten mittleren Lernstände (vgl. Tabelle 6.4). Es folgen die Realschülerinnen und -schüler mit 563,4 Skalenpunkten im Leseverständnis und 529,8 Skalenpunkten in Mathematik. Die niedrigsten mittleren Lernstände werden an den Hauptschulen erzielt (491,1 Skalenpunkte im Leseverständnis bzw. 464,3 Skalenpunkte in Mathematik). Der Leistungsrückstand im Leseverständnis beträgt an den Realschulen gegenüber den Gymnasien somit etwa drei Viertel einer Standardabweichung bzw. eine Standardabweichung in Mathematik. An den Hauptschulen fällt der Rückstand gegenüber den Gymnasien mit anderthalb Standardabweichungen – und mehr – noch größer aus als an den Realschulen. Die Differenz zwischen den Haupt- und den Realschulen macht in beiden Kompetenzdomänen etwa zwei Drittel einer Standardabweichung aus.

Tabelle 6.4: Mittlere Lernstände im Leseverständnis und in Mathematik am Ende der Jahrgangsstufe 8 nach Schulform

Schulform	Mittelwert	(SD)	N	d
Leseverständnis				
Gymnasium	640,9	(71,2)	4.001	0,41
Hauptschule	491,1	(73,0)	691	-1,32
Realschule	563,4	(69,4)	1.249	-0,51
Gesamt	607,2	(88,2)	5.941	
Mathematik				
Gymnasium	634,5	(78,6)	4.001	0,46
Hauptschule	464,3	(56,9)	691	-1,36
Realschule	529,8	(62,9)	1.249	-0,68
Gesamt	592,7	(96,4)	5.941	

Tabelle 6.4 gibt zusätzlich in Effektstärken (*d*) an, wie stark die mittleren Lernstände an der jeweiligen Schulform vom Gesamtmittelwert abweichen. Die Gymnasiastinnen und Gymnasiasten heben sich am Ende der Jahrgangsstufe 8 in beiden Kompetenzdomänen deutlich vom Gesamtmittelwert ab ($d = 0{,}41$ im Leseverständnis bzw. $d = 0{,}46$ in Mathematik) und bilden die Leistungsspitze. Der Leistungsrückstand an den Realschulen und den Hauptschulen gegenüber dem Durchschnittswert der Gesamtpopulation ist dagegen als mittlerer Effekt an den Realschulen ($d = -0{,}51$ bzw. $d = -0{,}68$) bis hoher Effekt an den Hauptschulen ($d = -1{,}32$ bzw. $d = -1{,}36$) zu klassifizieren.

Stellt man die Leistungsverteilung am Ende der Jahrgangsstufe 8 erneut anhand von Perzentilbändern dar, so wird deutlich, dass sich die mittleren Lernstände der verschiedenen Schulformen zwar unterscheiden; die Leistungsspektren der einzelnen Schulformen überschneiden sich aber – wie schon am Ende der Jahrgangsstufe 6 – auch am Ende der Jahrgangsstufe 8 stark (vgl. Abbildung 6.7). 35,3 Prozent der Hauptschülerinnen und Hauptschüler bzw. 74,9 Prozent der Realschülerinnen und Realschüler erzielen durchaus Lernstände im Leseverständnis, die auch an den Gymnasien erreicht werden. Die Leistungsverteilung im Leseverständnis an den Hauptschulen und den Realschulen deckt sich zu 67,9 Prozent. In Mathematik erreichen 21,9 Prozent der Hauptschülerinnen und -schüler bzw. 64,4 Prozent der Realschülerinnen und -schüler Lernstände im gymnasialen Leistungsbereich. An den Hauptschulen und den Realschulen deckt sich die Leistungsverteilung zu 66,7 Prozent.

Abbildung 6.7: Leistungsverteilung im Leseverständnis und in Mathematik nach Schulform am Ende der Jahrgangsstufe 8

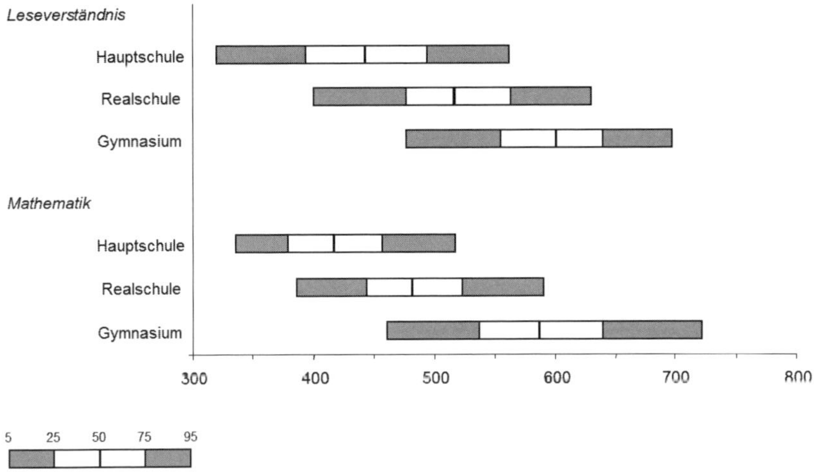

Zusammenfassend hat dieser Abschnitt gezeigt, dass sowohl am Ende der Jahrgangsstufe 6 als auch am Ende der Jahrgangsstufe 8 in beiden Kompetenzdomänen erhebliche Unterschiede in den mittleren Lernständen der Schülerinnen und Schüler an den verschiedenen Schulformen bestehen. Erwartungsgemäß werden die höchsten Lernstände an den Gymnasien, die niedrigsten an den Haupt- bzw. Realschulen erzielt. Trotz dieser Unterschiede in den mittleren Lernständen überschneiden sich die Leistungsverteilungen zwischen allen Schulformen des gegliederten Schulsystems in zum Teil beträchtlichen Anteilen, d.h., es gibt auch eine große Leistungsheterogenität innerhalb der Schulformen im gegliederten Schulsystem.

6.3.2 Operationalisierung der analyserelevanten Variablen

Da angenommen wird, dass Leistungsheterogenität ein auf der Ebene der Schulklassen relevanter Bedingungsfaktor schulischer Leistungen ist (vgl. Abschnitt 3.3.1), wird für die Analysen in Kapitel 7 jeweils getrennt für die beiden Analyseschritte (von Jahrgangsstufe 5 zu 6, von Jahrgangsstufe 7 zu 8) neben einem Datensatz mit individuellen Schülermerkmalen auch ein Datensatz mit Klassenmerkmalen erstellt. Der Individualdatensatz enthält neben der Schüler- und Schulklassen-ID die Variablen Geschlecht, Migrationshintergrund, soziale Lage, kognitive Grundfähigkeit und die Leistungsindikatoren. Der Klassendatensatz enthält neben der Schulklassen-ID die Variablen zur sozialen und leistungsbezogenen Zusammensetzung der Schulklassen, die Leistungsheterogenität und die Schulform. Individual- und Klassendatensätze lassen sich somit für die mehrebenenanalytischen Berechnungen (Abschnitte 7.6 bis 7.8) über die Schulklassen-ID zusammenfügen. Nachfolgend wird beschrieben, wie die Variablen operationalisiert werden.

Merkmale auf der Individualebene

Das *Geschlecht* der Schülerinnen und Schüler wird über die Schülerteilnahmeliste in KESS 8 erfasst. Als Referenz wird in den multivariaten Analysen die Kategorie 0 *Jungen* gewählt. Der Migrationshintergrund wird über das Geburtsland der Eltern erfasst. Hierfür werden die Angaben aus dem Elternfragebogen genutzt. Daraus wird ein dichotomes Merkmal gebildet mit den Ausprägungen 0 *beide Eltern in Deutschland geboren* (Referenz) und 1 *mindestens ein Elternteil im Ausland* geboren. Die kognitive Grundfähigkeit wird über den kognitiven Fähigkeitstest (KFT) für die 4. bis 12. Schulklassen von Heller und Perleth (2000) anhand der figuralen Analogien erfasst und zusammen mit den Leistungsindikatoren erhoben.

Soziale Lage: Sowohl in Studien der Sozialwissenschaften als auch in anderen Disziplinen ist die soziale Herkunft einer Person eine wichtige Hintergrundvariable, mit der oft eine Reihe anderer Merkmale systematisch variiert. Die Erfassung der sozialen Lage gestaltet sich jedoch als problematisch. Fragt man direkt nach der Höhe des Einkommens, so wird diese Frage häufig nicht beantwortet, oder die Angaben können stark verzerrt sein. Deshalb wird die soziale Lage über Indikatoren wie z.B. die berufliche Stellung oder das Berufsprestige erhoben. Um die Angaben zur sozialen Lage auch international vergleichen zu können, werden in den meisten Schulleistungsstudien Berufsklassifikationen verwendet, die die Berufe in die Sozialstruktur der jeweiligen Länder einordnen (Baumert & Maaz, 2006). Ausgehend von der vom Internationalen Arbeitsamt (*International Labour Office, ILO*) entwickelten kategorialen Internationalen Standardklassifikation der Berufe (ISCO-68; revidierte Fassung: ISCO-88) lassen sich weitere Berufsskalen ableiten, wie z.B. der *International Socio-Economic Index of Occupational Status (ISEI)* nach Ganzeboom und Treiman (1996), der auch für die Hamburger Schülerfamilien vorliegt. Der ISEI misst den sozioökonomischen Status einer Person. Dabei wird angenommen, dass für jede berufliche Tätigkeit ein bestimmtes Bildungsniveau erforderlich ist, das durch ein entsprechendes Einkommen entlohnt wird. Die berufliche Tätigkeit wird also als intervenierende Variable zwischen dem Bildungsniveau einer Person und ihrem Einkommen verstanden. Der höchste sozioökonomische Status in einer Familie (*HISEI*) wird aus den Angaben der Eltern gewonnen und ist der ISEI-Wert des Elternteils mit der höheren sozialen Lage bzw. der Code desjenigen Elternteils, für den gültige Angaben vorliegen. Der Index variiert zwischen 16 (*landwirtschaftliche, Fischerei- und verwandte Hilfsarbeiter*) und 90 (*Richter*). Höhere Werte stehen also für eine privilegiertere soziale Herkunft.

Das *Vorwissen* der Schülerinnen und Schüler wird erfasst über ihre Ausgangsleistung in der jeweiligen Kompetenzdomäne zum vorherigen Messzeitpunkt. Für die

Analysen in den Jahrgangsstufen 5 und 6 wird das Vorwissen über die Testleistung in KESS 4 erfasst. Da KESS 4 unmittelbar vor dem Übergang in die Jahrgangsstufe 5 durchgeführt worden ist, kann der Lernstand am Ende der Jahrgangsstufe 4 auch als Lernausgangslage zu Beginn der Jahrgangsstufe 5 abgebildet und interpretiert werden. Für die Analysen in den Jahrgangsstufen 7 und 8 wird das Vorwissen über die Lernausgangslage zu Beginn der Jahrgangsstufe 7, also über den Lernstand in KESS 7, gemessen.

Als *abhängige Variable* dienen die am Ende der Jahrgangsstufe 6 (Analyseschritt 1) bzw. 8 (Analyseschritt 2) erzielten individuellen Lernstände der Schülerinnen und Schüler in der jeweiligen Kompetenzdomäne. Da diese Lernstände in den multivariaten Analysen stets unter Kontrolle des individuellen Vorwissens vorhergesagt werden, kann dies auch als *Kompetenzentwicklung* interpretiert werden.[42]

Merkmale auf der Klassenebene

Als Heterogenitätsmerkmal wird die *Leistungsheterogenität* als klassenbezogene Standardabweichung der fachspezifischen Lernstände im Leseverständnis bzw. in Mathematik operationalisiert. Bei den Analysen zur Vorhersage des Lernstandes am Ende der Jahrgangsstufe 6 wird die klassenbezogene Leistungsheterogenität

42 Für die vorliegende Datengrundlage könnte auch ein *hierarchisches Wachstumsmodell* mit drei Ebenen (Raudenbush & Bryk, 2002) spezifiziert werden. Auf der untersten Analyseebene wird der durchschnittliche Entwicklungsverlauf modelliert. Hierfür werden die wiederholten Messwerte innerhalb der Individualeinheiten geschachtelt, d.h., jedem Individuum werden seine Testwerte der verschiedenen Messzeitpunkte zugewiesen. Auf der zweiten Ebene wird die Variation dieser Werte zwischen den Untersuchungsobjekten innerhalb der Aggregateinheiten repräsentiert. Die Variation zwischen den Aggregateinheiten ist schließlich auf der höchsten Ebene angesiedelt. Ein solches Vorgehen bietet den Vorteil, dass Ausfalleffekte im Längsschnitt bei der Schätzung der Modellparameter explizit in Rechnung gestellt werden, d.h., dass auch Untersuchungsobjekte mit unvollständigen Messreihen berücksichtigt werden können. Auch der zeitliche Abstand zwischen den einzelnen Messzeitpunkten kann variieren. Darüber hinaus kann durch diese Art der Modellierung eine so genannte *Regression zur Mitte* (Nachtigall & Suhl, 2002), die die Tendenz von extremen Messwerten beschreibt, bei einer weiteren Messung näher am Mittelwert zu liegen, ausgeschlossen werden.
Auch wenn die Modellierung von Wachstumsmodellen somit durchaus Vorteile bietet, wird sich aus zwei Gründen dagegen entschieden: Erstens ist auf Grund der Besonderheiten des Hamburger Schulsystems (vgl. Abschnitt 6.2) und einer damit verbundenen hohen Schülermobilität beim Übergang von der Jahrgangsstufe 6 in die Jahrgangsstufe 7 eine Unterteilung in zwei Analyseschritte – von Jahrgangsstufe 5 zu 6 und von Jahrgangsstufe 7 zu 8 – sinnvoll. Es liegen somit nur zwei Mess*intervalle* vor. Für eine differenziertere Bestimmung des Entwicklungsverlaufs empfiehlt Ditton (1998) jedoch eine größere Anzahl an Messwiederholungen (z.B. vier oder fünf). Zweitens ist die Annahme einer linearen Leistungsveränderung über den kompletten Zeitraum vom Beginn der Jahrgangsstufe 5 bis zum Ende der Jahrgangsstufe 8 nur bedingt haltbar, da der Lernzuwachs zumindest im Leseverständnis in den Jahrgangsstufen 7 und 8 etwas höher ausfällt als in den Jahrgangsstufen 5 und 6 (Wendt, Gröhlich, Guill, Scharenberg & Bos, 2010).

unmittelbar zu Beginn der Jahrgangsstufe 5 berücksichtigt. Hierfür werden die Leistungskennwerte aus KESS 4 über die Klassenzugehörigkeit am Ende der Jahrgangsstufe 6 als Standardabweichung aggregiert. Zur Vorhersage des Lernstandes am Ende der Jahrgangsstufe 8 wird die klassenbezogene Leistungsheterogenität unmittelbar zu Beginn der Jahrgangsstufe 7 berücksichtigt. Hierfür werden die Leistungskennwerte aus KESS 7 über die Klassenzugehörigkeit am Ende der Jahrgangsstufe 8 als Standardabweichung aggregiert.

Die Schul- und *Klassenzugehörigkeit* der Schülerinnen und Schüler wurde in KESS 7 über die Schülerteilnahmeliste retrospektiv erfasst. Anhand der Schulnummern kann die besuchte Schule in den Jahrgangsstufen 5 und 6, anhand der Klassenbezeichnung die besuchte Schulklasse in der Jahrgangsstufe 6 genau bestimmt werden. Umsetzungen von Schülerinnen und Schülern in Parallelklassen derselben Jahrgangsstufe dürfen nach dem Hamburgischen Schulgesetz (HmbSG, § 49, Abs. 3 und 4) nur bei „schwerwiegenden Erziehungskonflikten" als Ordnungsmaßnahme oder zur „Sicherung der Erziehungs- und Unterrichtsarbeit der Schule oder zum Schutz beteiligter Personen" eingesetzt werden und kommen dementsprechend nur in sehr seltenen Ausnahmefällen vor. Sofern sich die besuchte Schulform und Einzelschule in den Jahrgangsstufen 5 und 6 bzw. in den Jahrgangsstufen 7 und 8 nicht verändert haben, kann also davon ausgegangen werden, dass die Längsschnittschülerinnen und -schüler nicht die Schulklasse innerhalb einer Jahrgangsstufe gewechselt haben und die Lerngruppen während des jeweiligen Analyseschritts konstant geblieben sind.

Bei den Analysen zur Replikation der querschnittlichen Befunde von Lehmann (2006) wird zur Vorhersage der Lernstände am Ende der Jahrgangsstufe 4 die kognitive Heterogenität ebenfalls als klassenbezogene Standardabweichung der kognitiven Grundfähigkeit operationalisiert. Hierfür wird allerdings – analog zu Lehmanns Analysen – die am Ende der Jahrgangsstufe 4 zeitgleich mit den Leistungsdaten erhobene kognitive Grundfähigkeit verwendet.

Das *mittlere Vorwissen* und die *mittlere soziale Lage* werden aus den entsprechenden Individualmerkmalen gebildet. Dabei werden sie bei der Vorhersage der Lernstände am Ende der Jahrgangsstufe 6 über die Klassenzugehörigkeit am Ende der Jahrgangsstufe 6 und bei der Vorhersage der Lernstände am Ende der Jahrgangsstufe 8 über die Klassenzugehörigkeit am Ende der Jahrgangsstufe 8 als Klassenmittelwerte aggregiert.

Schulform: Für die Analysen in den Jahrgangsstufen 5 und 6 wird die Schulform am Ende der Jahrgangsstufe 6 kontrolliert. Die kooperativen Gesamtschulen werden für den ersten Analyseschritt zu den Gesamtschulen gezählt, da auch hier wie an den integrierten Gesamtschulen eine Beobachtungsstufe eingerichtet ist. Haupt- und Realschulen und integrierte Haupt- und Realschulen werden zusammengefasst und bilden die Referenzkategorie. Für die Analysen in den Jahrgangsstufen 7 und 8 wird die Schulform am Ende der Jahrgangsstufe 8 kontrolliert. Schülerinnen und Schüler der kooperativen Gesamtschulen werden je nach besuchtem Zweig den Schulformen des gegliederten Schulsystems zugeordnet. Die Haupt- und Realschulklassen der Haupt- und Realschulen werden jeweils als eigene Schulform modelliert. Schülerinnen und Schüler einer Haupt- und Realschule werden je nach Kursstatus so behandelt, als würden sie zwei verschiedene Schulen, also entweder eine Hauptschule oder eine Realschule, besuchen. Die Referenzkategorie bilden die Hauptschulklassen der Haupt- und Realschulen. Alle anderen Schulformen liegen als dummy-kodierte Einzelvariablen vor.

Alle kontinuierlichen Prädiktoren (kognitive Grundfähigkeit, soziale Lage, Leistungsindikatoren) werden auf der Individualebene am Gesamtmittelwert z-standardisiert ($M = 0$; $SD = 1$). Als Aggregatmerkmale werden das mittlere Vorwissen, die mittlere soziale Lage und die Leistungsstreuung nicht erneut standardisiert.

6.4 Darstellung der verwendeten Analyseverfahren

„Compositional effects [...] have received specialized attention [. . .] because they lend themselves to a form of analysis whereby the same variable can be expressed simultaneously in both individual and aggregate forms.“
(Dreeben & Barr, 1988, S. 129)

6.4.1 Uni- und bivariate Analysen

Zur Beschreibung der Variablen, die in den hierarchischen linearen Regressionsanalysen Anwendung finden, werden verschiedene Verteilungsmaße berichtet (Mittelwert, Standardabweichung, *Range*). Um zu überprüfen, ob sich verschiedene Gruppen, also z.B. Schulformen, hinsichtlich der erzielten Lernstände oder anderer leistungsrelevanter Merkmale signifikant voneinander unterscheiden, werden einfaktorielle Varianzanalysen durchgeführt. Hierbei wird der Post hoc Test nach Scheffé angewendet, um multiple Mittelwertsvergleiche anzustellen. Der Scheffé-Test ist gerade für die schulformspezifische Datenauswertung ein geeignetes Verfahren, das eher konservativ ist und sich als relativ robust gegenüber Verletzungen statistischer Voraussetzungen erwiesen hat (Backhaus, Erichson, Plinke & Weiber, 2008; Bortz, 2005, S. 274 ff.). Darüber hinaus werden Effektstärken bestimmt, um die Relevanz von Mittelwertsdifferenzen – gerade bei einer großen Stichprobe, wie sie in dieser Arbeit vorliegt – zu quantifizieren (Wolf, 2010).

Um bivariate Zusammenhänge zwischen zwei Variablen aufzuzeigen und die Beziehung zwischen zwei unabhängigen Variablen oder zwischen einer unabhängigen und der abhängigen Variable, also der Testleistung zu einem bestimmten Messzeitpunkt, zu bestimmen, wird die Produkt-Moment-Korrelation nach Pearson (*r*) berechnet. Diese ist der Quotient aus der Kovarianz und dem Produkt der Standardabweichungen zweier Variablen (Bortz, 2005, S. 204 f.).

Die bivariaten Analysen erfolgen auf einem Signifikanzniveau von $p < .05$.

6.4.2 Multivariate Methoden: Hierarchisch-lineare Regressionsanalysen

Um zu bestimmen, inwiefern sich schulische Leistungen durch verschiedene Prädiktoren – wie z.B. das Geschlecht oder die soziale Herkunft von Schülerinnen und Schülern – vorhersagen lassen, findet das Verfahren der multiplen linearen Regression Anwendung (vgl. Backhaus et al., 2008). Hierbei können nicht nur mehrere Prädiktoren zur Vorhersage der abhängigen Variablen berücksichtigt, sondern auch anhand der Größe standardisierter Regressionskoeffizienten deren relative Bedeutung im Vergleich zu anderen Prädiktoren abgeschätzt werden. Darüber hinaus lässt sich anhand eines Determinationskoeffizienten (R^2) die Güte eines Schätzmodells bestimmen.

Eine wichtige Voraussetzung der linearen Regressionsanalyse ist jedoch, dass einzelne Untersuchungseinheiten voneinander unabhängig sind. Dies ist jedoch häufig – z.B. in der sozialwissenschaftlichen, psychologischen und vor allem in der erziehungswissenschaftlichen Forschung – nicht der Fall, wenn ineinander verschachtelte, hierarchische Datenstrukturen (*nested structure*) vorliegen, wenn also einzelne Untersuchungsobjekte eindeutig höheren, übergeordneten Analyseeinheiten angehören. Einzelne Schülerinnen und Schüler lassen sich beispielsweise unterschiedlichen Schulklassen zuordnen, welche wiederum Bestandteil einzelner Schulen sind und die interessierende Untersuchungseinheit sind (*Klumpenstichprobe*, vgl. Abbildung 6.8).[43]

Dies hat zur Folge, dass einzelne Beobachtungen nicht unabhängig voneinander sind, da die Untersuchungsobjekte gemeinsamen Einflüssen, Bedingungen und Erfahrungen unterliegen, welche charakteristisch für die jeweils übergeordneten Analyseeinheiten sind. So sind sich Schülerinnen und Schüler innerhalb derselben Schulklasse untereinander ähnlicher als diejenigen, die in unterschiedliche Schulklassen oder Schulen gehen, da sie z.B. von denselben Lehrkräften unterrichtet werden und gemeinsame Sozialbeziehungen pflegen. Die eigentlich notwendige Unabhängigkeit der Beobachtungen ist bei solch hierarchischen Datenstrukturen somit nicht gegeben.

---

43 Eine weitere Anwendungsmöglichkeit von Mehrebenenanalysen besteht in der Modellierung von Messzeitpunkten auf der untersten Analyseebene, die innerhalb übergeordneter Untersuchungseinheiten (z.B. Schülerinnen und Schüler) geschachtelt sind und sich anhand von Wachstumsmodellen auswerten lassen (vgl. Fußnote 42).

Abbildung 6.8: Untersuchungsebenen bei hierarchischen Datenstrukturen

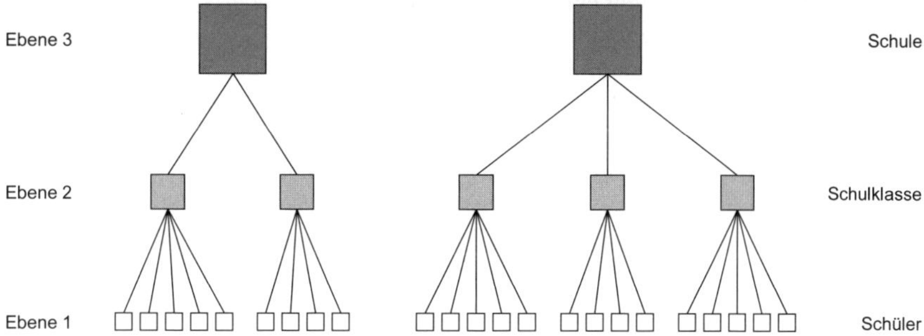

Wird die Mehrebenenstruktur bei der Analyse hierarchischer Daten nicht beachtet, so können die Ergebnisse zwar durchaus interpretierbar und plausibel sein, sie können jedoch bei einer Gesamtanalyse auf der Individualebene, die die Zugehörigkeit der Schülerinnen und Schüler zu einer bestimmten Lerngruppe nicht berücksichtigt, zu gravierenden Fehlschlüssen führen, da die Zusammenhänge zwischen Variablen innerhalb der Analyseeinheiten systematisch variieren können (Burstein, 1986; Cronbach, 1976): So kann beispielsweise über alle Schulklassen hinweg ein positiver Zusammenhang zwischen der Schulfreude und den erzielten Lernständen der Schülerinnen und Schüler bestehen. Innerhalb einzelner Lerngruppen kann dieser jedoch stärker positiv, stärker negativ oder überhaupt nicht vorhanden sein. Dies wird bei einer einfachen linearen Regression missachtet.

Die statistischen Analysemethoden müssen entsprechend angepasst werden und die verschiedenen Ebenen berücksichtigen, da davon ausgegangen werden muss, dass die Gruppierung der Schülerinnen und Schüler zu Lerngruppen für die Entwicklung schulischer Leistungen von Bedeutung ist (vgl. im Folgenden Snijders & Bosker, 1999, S. 13 f.). Bei einer einfachen *Aggregation von Individualdaten* auf einer nächsthöheren Ebene sind nur noch Analysen auf der Aggregatebene, aber nicht mehr auf der Individualebene möglich. Durch die Aggregation von Individualdaten verringert sich zudem die Varianz analyserelevanter Variablen und die Aggregateinheiten werden hinsichtlich der Beziehung analyserelevanter Variablen untereinander fälschlicherweise als homogen betrachtet. Dies kann zu einer Verringerung der Effektstärken führen. Außerdem kann sich durch eine einfache Aggregation von Individualmerkmalen deren Bedeutung verändern. So beschreibt beispielsweise das Konstrukt Schulfreude die persönliche Wahrnehmung der einzelnen Schülerinnen und Schüler und ist kein Merkmal der Schule. Umgekehrt besteht die Gefahr eines so genannten *okologischen Fehlschlusses*, wenn Zusammenhänge zwischen Variablen, die sich auf die Aggregatebene beziehen, als Zusammenhänge zwischen

Merkmalen auf der Individualebene interpretiert werden. Bei einer *Disaggregation von Aggregatmerkmalen*, bei der jedem Individuum die Merkmale seiner Aggregateinheit zugewiesen werden, kommt es schon allein aufgrund der künstlich erhöhten Fallzahl zu signifikanten Parameterschätzungen, da die Standardfehler als Funktion der Stichprobengröße in solchen Fällen unterschätzt werden. Ein Aggregatmerkmal kann also nicht zerlegt werden, um Merkmale der Individuen zu erhalten. Sowohl die Aggregation von Individualdaten als auch die Disaggregation von Aggregatmerkmalen schränken die Zuverlässigkeit statistischer Aussagen ein und führen zu Problemen bei deren Interpretation (Schwippert, 2001). Mehrebenenanalysen sind folglich bei einer hierarchischen Datenstruktur für eine realistische Schätzung der Parameter und Standardfehler zwingend erforderlich.

Eine weitere wichtige Voraussetzung für die Verwendung von Mehrebenenanalysen ist, dass die Beziehungen zwischen den unabhängigen Variablen und der abhängigen Variablen linear beschrieben werden können. Darüber hinaus muss das Schätzmodell korrekt spezifiziert sein, d.h., nicht mit in das Modell aufgenommene Variablen sollten nicht mit den verwendeten Prädiktoren korrelieren. Außerdem wird davon ausgegangen, dass die Fehlerterme auf den verschiedenen Analyseebenen nicht miteinander korrelieren. Eine entscheidende Voraussetzung für ein korrekt spezifiziertes Modell ist nicht zuletzt dessen theoretische Herleitung (Ditton, 1998). Im Unterschied zu Strukturgleichungsmodellen, die – wie z.B. beim Softwareprogramm Mplus (Muthén & Muthén, 1998–2010) – auch die Verwendung latenter Variablen (z.B. Leistungsmotivation, Fähigkeitsselbstkonzept) erlauben, kann bei einer hierarchisch-linearen Modellierung jedoch keine Kausalität geprüft werden.

Varianzzerlegung

Ähnlich wie bei der linearen Regression wird auch in der Mehrebenenanalyse versucht, die Varianz in der abhängigen Variable, also die mittlere quadratische Abweichung der Messwerte vom Mittelwert, durch eine oder mehrere unabhängige Variablen zu erklären. Die Varianz der Kriteriumsvariable wird dabei zerlegt in eine Komponente, die sich auf die Varianz innerhalb von Aggregateinheiten bezieht (*within units*), und in eine Komponente, die sich auf die Varianz zwischen den Aggregateinheiten bezieht (*between units*). Ein vollständig unkonditioniertes Modell (*One-Way ANOVA with Random Effects Model*) prüft dabei zunächst, ob die abhängige Variable signifikant zwischen den Aggregateinheiten variiert, d.h., ob überhaupt Unterschiede zwischen den Aggregateinheiten im Hinblick auf die abhängige Variable bestehen. Die abhängige Variable kann z.B. die Schulleistung Y eines Schülers i in der Schulklasse j sein. Auf beiden Analyseebenen ist das unkonditionierte Modell „leer“, es werden also keine Prädiktorvariablen eingeführt. Dabei wird angenommen, dass die abhängige Variable (Y_{ij}) innerhalb der Aggregateinheiten zufällig um einen Mittelwert (β_{0j}) und zwischen den Aggregateinheiten zufällig um einen Gesamtmittelwert (γ_{00}) verteilt ist.

$$Y_{ij} = \beta_{0j} + r_{ij} \quad [6.1]$$

$$\beta_{0j} = \gamma_{00} + u_{0j} \quad [6.2]$$

Zusammengefasst ergibt sich daraus folgende Gleichung:

$$Y_{ij} = \gamma_{00} + u_{0j} + r_{ij} \quad [6.3]$$

Die Gesamtvarianz der abhängigen Variable Y_{ij} ergibt sich folglich aus der Summe der Varianz zwischen den Aggregateinheiten ($u_{0j} = \tau_{00}$, so genannte *Parametervarianz*) und der Varianz innerhalb der Aggregateinheiten ($r_{ij} = \sigma^2$, so genannte *Fehlervarianz*), die als normalverteilt mit einem Mittelwert von Null angenommen werden.

$$Var(Y_{ij}) = Var\,(u_{0j} + r_{ij}) \quad [6.4]$$

Aus diesen Varianzkomponenten lässt sich die Intraklassenkorrelation (ρ bzw. *ICC*) bestimmen, die den Anteil der Varianz in der abhängigen Variable angibt, der auf Unterschiede zwischen den Aggregateinheiten, also die Gruppenzugehörigkeit, entfällt:

$$\rho = \tau_{00} / (\tau_{00} + \sigma^2) \quad [6.5]$$

Bezogen auf das obige Beispiel gibt die Intraklassenkorrelation den Anteil der Varianz der Schulleistung an, der auf Unterschiede zwischen den Schulklassen entfällt. Wichtig ist bei der Varianzzerlegung, dass die richtige Aggregatebene gewählt und deren unterschiedliche Zusammensetzung im Hinblick auf Merkmale der untersten Analyseebene kontrolliert wird, um zu verhindern, dass die Bedeutung der Aggregatebene für die Analysen überschätzt wird (vgl. z.B. Opdenakker, van Damme, de Fraine, van Landeghem & Onghena, 2002).

Bestimmung des Design-Effektes

Neben der Intraklassenkorrelation ist auch der so genannte *Design-Effekt* ein Maß zur Bestimmung der Notwendigkeit von Mehrebenenanalysen. Dieser gibt an, wie ähnlich sich die Aggregateinheiten untereinander sind und ob Mehrebenenanalysen überhaupt angebracht sind. Der Design-Effekt (*DEFF*) berücksichtigt neben der Intraklassenkorrelation (*ICC*) auch die durchschnittliche Stichprobengröße und wird nach folgender Formel berechnet (Maas & Hox, 2005):

$$DEFF = 1 + (\textit{mittlere Stichprobengröße} - 1) \cdot ICC \quad [6.6]$$

Als Faustregel gilt nach Maas und Hox (2005), dass man ab einem Design-Effekt, der größer oder gleich 2 ausfällt, die Mehrebenenstruktur der Daten berücksichtigen sollte.

Schätzung von Effekten

Das Ziel einer Mehrebenenanalyse besteht nun in der Aufklärung der empirisch vorhandenen Varianz in der abhängigen Variablen durch Hinzunahme eines oder mehrerer Prädiktoren. Bei der Modellierung hierarchischer Datenstrukturen werden die Regressionsparameter durch das Verfahren der kleinsten Quadrate (Ordinary Least Squares [OLS], vgl. z.B. Backhaus et al., 2008) geschätzt.

Mit Hilfe von Mehrebenenanalysen können drei Arten von Effekten (vgl. Snijders & Bosker, 1999 und Abbildung 6.9) simultan geschätzt werden, um Verzerrungen in den Parameterschätzungen, die bei einfachen Regressionsanalysen durch Aggregation oder Disaggregation der Daten zustande kämen, zu vermeiden:

1. Effekte von Individualmerkmalen *X* auf eine abhängige Variable *Y*[44]
2. Effekte von Aggregatmerkmalen *W* auf eine abhängige Variable *Y*
3. Effekte, die durch das Zusammenwirken von Individual- und Aggregatmerkmalen entstehen. Hierbei wird unterschieden zwischen
   a) additiven Effekten, d.h., Effekte auf der Individualebene (*X*) und Aggregatebene (*W*) wirken unabhängig voneinander auf eine abhängige Variable (*Y*), und
   b) Interaktionseffekten, d.h., Aggregatmerkmale wirken auf den Zusammenhang zwischen einem Individualmerkmal *X* und einer abhängigen Variable *Y* (so genannte *cross-level interactions*).

Abbildung 6.9: Effekte von Merkmalen auf der Individual- und Aggregatebene nach Snijders & Bosker (1999)

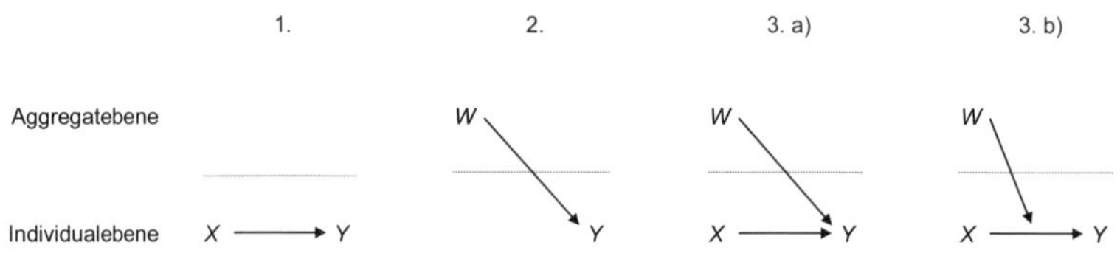

44 Die Bezeichnung der Parameter variiert in der Forschungsliteratur. Da die Analysen im Rahmen dieser Arbeit mit dem Softwareprogramm HLM 6.08 durchgeführt werden, orientiert sich die Bezeichnung der Variablen und Parameter an Raudenbush und Bryk (2002).

Im einfachsten Fall, bei dem zunächst nur ein Regressionsparameter auf der Individualebene berücksichtigt wird, lässt sich für jede Aggregateinheit *j* eine spezifische Regressionsgleichung zur Vorhersage eines Merkmals auf der Individualebene wie folgt bestimmen:

$$Y_{ij} = \beta_{0j} + \beta_{1j} X_{ij} + r_{ij} \qquad [6.7]$$

mit

Y_{ij}: Ausprägung des Merkmals *Y* (*Kriterium*) für das Untersuchungsobjekt *i* in der Aggregateinheit *j*

β_{0j}: Achsenabschnitt der Regressionsgeraden (Regressionskonstante, *Intercept*) für die Aggregateinheit *j*

X_{ij}: Ausprägung des Merkmals *X* (*Prädiktor*) für das Untersuchungsobjekt *i* in der Aggregateinheit *j*

β_{1j}: Regressionssteigung (*slope*) der Regressionsgeraden in der Aggregateinheit *j*

r_{ij}: Abweichung von der Regressionskonstanten (*Residuum*) für das Untersuchungsobjekt *i* in der Aggregateinheit *j*

Anhand von Gleichung 6.4 lässt sich somit beispielsweise zunächst die Leistung eines Schülers *i* in einer Schulklasse *j* unter Berücksichtigung des Vorwissens vorhersagen, wobei es für jede Schulklasse *j* eine spezifische Regressionskonstante β_{0j} und Regressionssteigung β_{1j} gibt (vgl. Abbildung 6.10, in Anlehnung an Schwippert, 2001). Es werden also so viele Regressionsgeraden bestimmt, wie es Schulklassen gibt.

Abbildung 6.10: Bezeichnung der Regressionsparameter in einem hierarchisch-linearen Modell mit zwei Analyseebenen

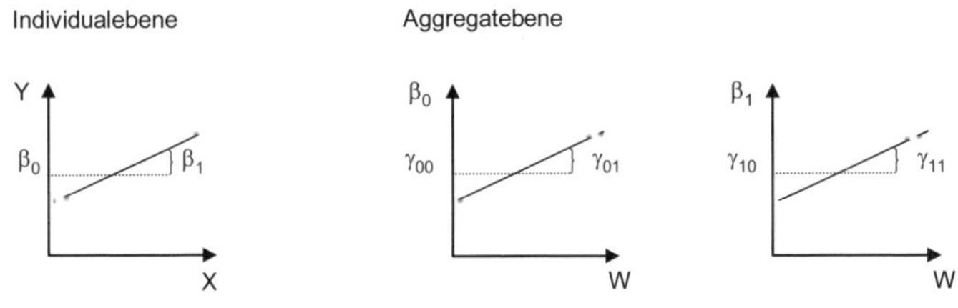

Es wird angenommen, dass der Prädiktor X_{ij} unabhängig von den Residuen r_{ij} der untersten Ebene ist. Für die Residuen r_{ij} wird postuliert, dass sie unkorreliert und innerhalb der Aggregateinheiten normalverteilt sind mit einen Mittelwert von Null und in allen Aggregateinheiten dieselbe Varianz σ^2 aufweisen. Es gilt also:

$$r_{ij} \sim N(0,\sigma^2) \qquad [6.8]$$

Die Regressionskonstante β_{0j} und der Regressionskoeffizient β_{1j} werden ihrerseits durch Merkmale auf der Aggregatebene – wie z.B. das mittlere Vorwissen auf der Klassenebene – vorhergesagt und sind somit zugleich abhängige Variablen:

$$\beta_{0j} = \gamma_{00} + \gamma_{01}W_j + u_{0j} \qquad [6.9]$$

$$\beta_{1j} = \gamma_{10} + \gamma_{11} W_j + u_{1j} \qquad [6.10]$$

mit

γ_{00}: Gesamtmittelwert des Merkmals Y (*Kriterium*)
W_j: Ausprägung des Merkmals W (*Prädiktor*) in der Aggregateinheit j
γ_{01}: Regressionssteigung (*slope*) für die aggregatspezifische Abweichung vom Gesamtmittelwert in Abhängigkeit von der Ausprägung des Prädiktors W
γ_{10}: Achsenabschnitt der Regressionssteigung für alle Aggregateinheiten
γ_{11}: Regressionssteigung (*slope*) für die aggregatspezifische Abweichung von der Gesamtregressionsgeraden in Abhängigkeit von der Ausprägung des Prädiktors W
u_{0j}: aggregatspezifische Zufallskomponente der Regressionskonstanten β_{0j}
u_{1j}: aggregatspezifische Zufallskomponente der Regressionssteigung β_{1j}

Für die Zufallskomponenten auf der Aggregatebene wird ebenfalls angenommen, dass sie unabhängig von den Prädiktoren auf der Aggregatebene und den Residuen auf der Individualebene sind, multivariat normalverteilt sind und einen Mittelwert von Null und die Varianz τ_{00} aufweisen:

$$u_{0j} \sim N(0, \tau_{00}) \qquad [6.11]$$

Setzt man die beiden Gleichungen 6.9 und 6.10 in die Gleichung 6.7 ein, so ergibt sich folgende Gesamtgleichung:

$$Y_{ij} = \gamma_{00} + \gamma_{01}W_j + u_{0j} + (\gamma_{10} + \gamma_{11}W_j + u_{1j})X_{ij} + r_{ij} \qquad [6.12]$$

Ausmultipliziert ergibt dies:

$$Y_{ij} = \gamma_{00} + \gamma_{01}W_j + u_{0j} + \gamma_{10}X_{ij} + \gamma_{11}W_jX_{ij} + u_{1j}X_{ij} + r_{ij} \qquad [6.13]$$

Sortiert man die Parameter nach festen Effekten (*fixed effects*) und Zufallseffekten (*random effects*), die die Abweichungen innerhalb der Aggregateinheiten vom Aggregatmittelwert und zwischen den Aggregateinheiten vom Gesamtmittelwert darstellen, so ergibt sich die endgültige Gesamtgleichung:

$$Y_{ij} = \underbrace{(\gamma_{00} + \gamma_{01}W_j + \gamma_{10}X_{ij} + \gamma_{11}W_jX_{ij})}_{\textit{fixed effects}} + \underbrace{(u_{oj} + u_{1j}X_{ij} + r_{ij})}_{\textit{random effects}} \qquad [6.14]$$

Zentrierung der Parameter

Die Art der Zentrierung der Parameter sollte vor der Durchführung von Mehrebenenanalysen und bei der Interpretation der Ergebnisse berücksichtigt werden (Ditton, 1998, S. 77). Bei der Wahl der Metrik kontinuierlicher Parameter wird unterschieden zwischen einer Zentrierung am gruppenspezifischen Mittelwert (*group mean centering*) und einer Zentrierung am Gesamtmittelwert (*grand mean centering*). Bei der Zentrierung am gruppenspezifischen Mittelwert wird der Mittelwert der jeweiligen Aggregateinheit ($\bar{X}_{.j}$), welcher ein Untersuchungsobjekt angehört, vom individuellen Messwert eines Untersuchungsobjekts (X_{ij}) subtrahiert. Im oben genannten Beispiel wäre dies die Abweichung der Schulleistung eines Schülers *i* vom Mittelwert seiner Schulklasse *j*:

$$X_{ij} - \bar{X}_{.j} \qquad [6.15]$$

Die Regressionskonstante β_{0j} kann in diesem Fall interpretiert werden als der Wert, den ein Untersuchungsobjekt annimmt, das innerhalb der jeweiligen Aggregateinheit dem Durchschnitt entspricht. Die Konstante wäre also z.B. die Schulleistung, die ein durchschnittlicher Schüler in einer bestimmten Schulklasse erzielen würde.

Bei der Zentrierung am Gesamtmittelwert, die in dieser Arbeit als Vorgehen gewählt wird, wird hingegen der Gesamtmittelwert eines Prädiktors ($\bar{X}_{..}$) vom individuellen Messwert eines Untersuchungsobjekts (X_{ij}) abgezogen (z-standardisiert). Im oben genannten Beispiel wäre dies die Abweichung eines Schülers *i* vom Gesamtmittelwert aller untersuchten Schülerinnen und Schüler:

$$X_{ij} - \bar{X}_{..} \qquad [6.16]$$

Wird zudem die abhängige Variable am Gesamtmittelwert standardisiert, so wird die Interpretation der Ergebnisse erheblich erleichtert, da die Regressionskonstante β_{0j} in solch einem Fall den Wert vorhersagt, den ein Untersuchungsobjekt bei durchschnittlicher Ausprägung aller berücksichtigten Prädiktoren annimmt. Im gewählten Beispiel wäre dies ein Schüler mit einem durchschnittlichen Vorwissen in einer Schulklasse, in der das mittlere Vorwissen durchschnittlich ausfällt.

Bei der Verwendung von Dummy-Variablen, die nur zwei Ausprägungen annehmen können, beziehen sich die geschätzten Parameter auf die jeweilige Referenzkategorie. Für den Fall, dass zur Vorhersage der Schulleistung als Variable beispielsweise nur das Geschlecht mit den Ausprägungen 0 (*männlich*) und 1 (*weiblich*) verwendet wird, ergibt der Koeffizient β_{1j} direkt die Differenz der Mittelwerte zwischen Jungen und Mädchen in der abhängigen Variablen. Die Regressionskonstante

β_{0j} ist in diesem Fall hingegen die Schulleistung für die Referenzkategorie, also für die Jungen.

Verwendung von Mehrebenenanalysen im Rahmen dieser Arbeit

Will man die Wirksamkeit von Leistungsheterogenität, Kompositions- und Institutionseffekten auf die Lernentwicklung untersuchen, so ist – wie bereits oben beschrieben – bei der Datenauswertung ein mehrebenenanalytisches Vorgehen erforderlich. Zur Vorhersage der individuellen Lernstände der Schülerinnen und Schüler wird ein Modell auf zwei Ebenen gewählt. Da angenommen wird, dass Leistungsheterogenität ein leistungsrelevantes Merkmal vor allem auf der Ebene der Schulklassen ist (vgl. Abschnitt 3.3.1), wird neben der Individualebene auch die Klassenebene berücksichtigt.

Hierbei wird zunächst überprüft, welcher Varianzanteil auf die Individual- und Klassenebene entfällt, d.h., wie viel Varianz der abhängigen Variable auf Unterschiede zwischen den Schülerinnen und Schülern bzw. zwischen den Schulklassen entfällt. Am Beispiel des Leseverständnisses am Ende der Jahrgangsstufe 6 lässt sich dieser Varianzanteil anhand folgender Modellgleichung bestimmen:

$$\overline{lesen6}_{ij} = \gamma_{00} + u_{0j} + r_{ij}$$

mit

$\overline{lesen6}_{ij}$: Individueller Lernstand im Leseverständnis am Ende der Jahrgangsstufe 6, am Gesamtmittelwert z-standardisiert

γ_{00}: Gesamtmittelwert des Leseverständnisses am Ende der Jahrgangsstufe 6

u_{0j}: Abweichung von der Regressionskonstanten für eine Schulklasse j vom Gesamtmittelwert

r_{ij}: Abweichung von der Regressionskonstanten für einen Schüler i in der Schulklasse j [6.17]

Das Individualmodell (*random coefficient model*) ist auf der untersten Analyseebene komplett spezifiziert. Es umfasst die Merkmale Geschlecht, Migrationshintergrund, kognitive Grundfähigkeit, soziale Lage und das Vorwissen (zur Operationalisierung vgl. Abschnitt 6.3.2). Die kontinuierlichen Prädiktoren auf der Individualebene, also die kognitive Grundfähigkeit, die soziale Lage und das Vorwissen, werden dabei jeweils am Gesamtmittelwert zentriert, d.h. z-standardisiert. Die Prädiktoren werden als feste Effekte behandelt, da zunächst davon ausgegangen wird, dass diese in allen Aggregateinheiten einen gleich hohen Zusammenhang mit der abhängigen Variable aufweisen und nicht zwischen den Aggregateinheiten variieren. Mit einem T-Test lässt sich für die festen Effekte prüfen, ob sie sich signifikant von Null unterscheiden.

Das Individualmodell ist somit wie folgt spezifiziert:

$$\overline{lesen6_{ij}} = \gamma_{00} + \gamma_{10} \cdot geschlecht + \gamma_{20} \cdot migrant + \gamma_{30} \cdot (KFT_{ij} - \overline{KFT_{..}}) + \gamma_{40} \cdot (HISEI_{ij} - \overline{HISEI_{..}}) + \gamma_{50} (lesen5_{ij} - \overline{lesen5_{..}}) + u_{0j} + u_1 \cdot geschlecht + u_2 \cdot migrant + u_3 \cdot KFT + u_4 \cdot HISEI + u_5 \cdot lesen5 + r_{ij} \quad [6.18]$$

Die Auswertungen prüfen dann in schrittweise auf der Klassenebene unterschiedlich spezifizierten Modellen, ob sich – unter Kontrolle des mittleren Vorwissens, der mittleren sozialen Lage und der Schulform auf der Aggregatebene – ein eigenständiger positiver oder negativer Effekt der Leistungsstreuung auf die erzielten Lernstände der Schülerinnen und Schüler nachweisen lässt. Hierfür werden die entsprechenden Individualmerkmale auf der Klassenebene als Mittelwert bzw. als Standardabweichung aggregiert und nicht erneut z-standardisiert, um direkt den Effekt des mittleren Vorwissens, der mittleren sozialen Lage und der Leistungsstreuung als Kompositionsmerkmale der Schulklassen schätzen zu können.

Es wird ein zweischrittiges Vorgehen gewählt: In einem ersten Analyseschritt wird in den Mehrebenenanalysen die Bedeutung der Prädiktoren auf der Individual- und Klassenebene für den Lernerfolg am Ende der Jahrgangsstufe 6 ermittelt. In einem zweiten Schritt werden unter Kontrolle der neuen Eingangsselektivität[45] die Effekte der Prädiktoren für den Lernerfolg am Ende der Jahrgangsstufe 8 geschätzt. Alle Leistungsindikatoren (Lernstand zum einem bestimmten Messzeitpunkt und Vorwissen, also die Testleistung zum vorherigen Messzeitpunkt) werden für jeden Analyseschritt (von Jahrgangsstufe 5 zu 6 bzw. von Jahrgangsstufe 7 zu 8) getrennt auf der Individualebene z-standardisiert.

Am Beispiel der Vorhersage des Lernstandes im Leseverständnis am Ende der Jahrgangsstufe 6 ergibt sich für das vollständig spezifizierte Gesamtmodell folgende Gleichung:

45 Ein zweischrittiges Analyseverfahren ist bei der vorliegenden Datengrundlage angemessen, da in Hamburg die endgültige Schulformberechtigung erst am Ende der Jahrgangsstufe 6 mit dem Beschluss der Zeugniskonferenz ausgesprochen wird (vgl. auch Abschnitt 6.2).

$$\overline{lesen6_{ij}} = \gamma_{00} + \gamma_{10} \cdot geschlecht + \gamma_{20} \cdot migrant + \gamma_{30} \cdot (KFT_{ij} - \overline{KFT_{..}}) +$$
$$\gamma_{40} \cdot (HISEI_{ij} - \overline{HISEI_{..}}) + \gamma_{50} \cdot (lesen5_{ij} - \overline{lesen5_{..}}) +$$
$$u_{0j} + u_1 \cdot geschlecht + u_2 \cdot migrant + u_3 \cdot KFT + u_4 \cdot HISEI + u_5 \cdot lesen5 + r_{ij} +$$
$$\gamma_{01} \cdot lesen5sd + \gamma_{02} \cdot lesen5m + \gamma_{03} \cdot hiseim +$$
$$\gamma_{04} \cdot Gesamtschule + \gamma_{05} \cdot Gymnasium$$

mit

lesen5sd: klasseninterne Streuung des Leseverständnisses zu Beginn der Jgst. 5

lesen5m: mittleres Leseverständnis auf der Klassenebene zu Beginn der Jgst. 5

hiseim: mittlerer HISEI auf der Klassenebene [6.19]

Die Modellgüte lässt sich über den Anteil der erklärten Varianz der abhängigen Variable bestimmen. Das Individualmodell dient als Referenzmodell bei der Berechnung der durch die im jeweiligen Modell berücksichtigten Prädiktoren aufgeklärten Varianz auf der Aggregatebene, die sich wie folgt bestimmen lässt:

$$R^2 = \frac{(u0_{Modell} - u0_{Individualmodell})}{u0_{Modell}} \qquad [6.20]$$

Verschiedene Modelle können über ihre Anpassungsgüte an die empirischen Daten anhand von Likelihood-Ratio-χ^2-Tests (L.R.-χ^2) miteinander verglichen werden. Hierfür wird die Differenz zwischen der Devianz, also dem –2-fachen Wert der logLikelihood-Funktion, eines Referenzmodells (M_0) und der Devianz des jeweiligen Alternativmodells (M_A) bestimmt. Diese Differenz kann dann unter Berücksichtigung der Differenz der Freiheitsgrade (*df*) beider Modelle (*m*) anhand eines χ^2-Tests auf Signifikanz geprüft werden. Wenn die empirische Prüfgröße höher als der kritische χ^2-Wert ausfällt, wird die Nullhypothese, dass das jeweilige Alternativmodell zu keiner signifikanten Verbesserung der Modellanpassung führt, verworfen (Langer, 2008, S. 119):

$$L.R.\ \chi^2\text{-}Prüfgröße = Devianz\ M_0 - Devianz\ M_A$$
$$= -2 \cdot logLikelihood\ M_0 - (-2 \cdot logLikelihood\ M_A)$$

$m = df\ M_A - df\ M_0$

Kritischen χ^2*-Wert für m ablesen*

Ablehnung der Nullhypothese, wenn $\chi^2_{Prüf.} > \chi^2_{Krit.}$ [6.21]

Alle Berechnungen erfolgen getrennt für die beiden Kompetenzdomänen Leseverständnis und Mathematik. Für die Auswertungen wird die Software HLM 6.08 verwendet (Raudenbush & Bryk, 2002).[46] Für alle Berechnungen wird – sofern nicht anders angegeben – ein Signifikanzniveau von $p < .05$ zugrunde gelegt.

Schätzung differenzieller Effektivität von Leistungsheterogenität

Darüber hinaus ist es auch nötig, Interaktionen von Prädiktoren auf der Individual- und Klassenebene zu berechnen, um zu überprüfen, ob die Wirksamkeit leistungsheterogener Lerngruppen vom individuellen Fähigkeitsniveau abhängt, ob also alle Schülerinnen und Schüler gleichermaßen von einer höheren Leistungsstreuung innerhalb der Schulklassen profitieren können oder ob sich differenzielle Effekte in Abhängigkeit vom individuellen Vorwissen der Schülerinnen und Schüler zeigen. Hierfür wird ein so genanntes *Intercept-and-Slopes-as-Outcomes*-Modell spezifiziert. Dabei wird der auf der untersten Analyseebene berechnete Zusammenhang zwischen einem Individualmerkmal *X* und einer abhängigen Variable *Y* als Kriterium aufgenommen, dessen Varianz durch ein Aggregatmerkmal *W* erklärt werden soll (*cross-level interaction*, vgl. Abbildung 6.9, *3.b*). Es wird also folgendes Modell zur Schätzung differenzieller Effektivität spezifiziert:

$$\begin{aligned}\overline{lesen6_{ij}} = {} & \gamma_{00} + \gamma_{10} \cdot geschlecht + \gamma_{20} \cdot migrant + \gamma_{30} \cdot (KFT_{ij} - \overline{KFT_{..}}) + \\ & \gamma_{40} \cdot (HISEI_{ij} - \overline{HISEI_{..}}) + \gamma_{50} \cdot (lesen5_{ij} - \overline{lesen5_{..}}) \\ & + \gamma_{51}\ (lesen5_{ij} - \overline{lesen5_{..}}) \cdot lesen5sd \\ & u_{0j} + u_1 \cdot geschlecht + u_2 \cdot migrant + u_3 \cdot KFT + u_4 \cdot HISEI + u_5 \cdot lesen5 + r_{ij} + \\ & \gamma_{01} \cdot lesen5sd + \gamma_{02} \cdot lesen5m + \gamma_{03} \cdot hiseim + \\ & \gamma_{04} \cdot Gesamtschule + \gamma_{05} \cdot Gymnasium\end{aligned}$$

mit

lesen5sd: klasseninterne Streuung des Leseverständnisses zu Beginn der Jgst. 5

lesen5m: mittleres Leseverständnis auf der Klassenebene zu Beginn der Jgst. 5

hiseim: mittlerer HISEI auf der Klassenebene

$(lesen5_{ij} - \overline{lesen5_{..}}) \cdot lesen5sd$: Interaktionseffekt [6.22]

46 Die Datenauswertung in dieser Arbeit erfolgt mit der Software HLM 6.08 (Raudenbush & Bryk, 2002), da diese zudem die Modellierung mit drei Ebenen ermöglicht (vgl. Fußnote 64). Neben der Individual- und Klassenebene könnten beispielsweise auch die Messzeitpunkte als unterste Ebene berücksichtigt werden, um zu überprüfen, ob auch die leistungsbezogene Zusammensetzung der einzelnen Schulen einen Effekt auf den Lernentwicklung der Schülerinnen und Schüler ausübt. Dies soll jedoch nachfolgenden Analysen im Anschluss an diese Arbeit vorbehalten bleiben, da hier zunächst grundlegend die Frage im Vordergrund steht, ob Leistungsheterogenität überhaupt ein leistungsrelevantes Merkmal von Lerngruppen ist.

6.5 Umgang mit fehlenden Werten

„The only really good solution to the missing data problem is not to have any.“
(Allison, 2001, S. 2)

Für unvollständige Datensätze gibt es eine Vielzahl von Gründen: So können Personen beispielsweise die Antworten auf bestimmte Fragen verweigern, ihre Antworten in Fragebögen können nicht lesbar oder ungültig sein. In Längsschnittstudien können fehlende Werte zudem auftreten, wenn nicht alle Personen einer Stichprobe an allen Messzeitpunkten teilnehmen (*Panelmortalität*). Fehlende Werte stellen deshalb aus drei Gründen nicht nur in der erziehungswissenschaftlichen Forschung ein Problem dar: Erstens führen sie häufig zu einer verkleinerten Stichprobe und verringern dadurch die statistische Effizienz von Parameterschätzungen. Zweitens setzen viele statistische Verfahren vollständige Datensätze voraus. Dies ist gerade bei Mehrebenenanalysen, wie sie im Rahmen dieser Arbeit vorgesehen sind, der Fall (Schwippert, 2002). Drittens besteht die Gefahr, dass Parameterschätzungen aufgrund systematisch fehlender Werte verzerrt werden (Lüdtke, Robitzsch, Trautwein & Köller, 2007). Von besonderer Bedeutung ist dabei die Art, wie die fehlenden Werte entstanden sind. Im Folgenden wird deshalb auf die Klassifikation fehlender Werte nach Rubin (1987) eingegangen.

Klassifikation fehlender Werte

Treten fehlende Werte vollkommen zufällig (MCAR, *missing completely at random*) auf, so stellen Personen mit fehlenden Werten lediglich eine Zufallsstichprobe der untersuchten Population dar. Der Ausfallmechanismus hängt also weder systematisch mit der Ausprägung der fehlenden Variablen selbst noch mit der Ausprägung anderer Variablen im Datensatz zusammen. Für einen kompletten Datensatz (Y_{komp}), der sich aus den beobachteten Daten (Y_{obs}) und fehlenden Werten (Y_{mis}) zusammensetzt, gilt für die Wahrscheinlichkeit, dass fehlende Werte vorliegen (R):

$$P(R|Y_{komp}) = P(R) \qquad [6.23]$$

MCAR liegt z.B. dann vor, wenn in einer Schulleistungsstudie ein Multi-Matrix-Design angewendet wird und die Schülerinnen und Schüler unterschiedliche Testhefte bearbeiten, welche zufällig verteilt werden und zu einem Teil identische und zu einem Teil nicht-identische Aufgaben beinhalten. Die nicht-identischen Aufgaben weisen dann völlig zufällig fehlende Werte auf. Ist der Anteil fehlender Werte, die diesem Ausfallmechanismus unterliegen, gering, so können sie bei den Analysen normalerweise ignoriert werden (Schwippert, 2002).

Die Annahme, dass fehlende Werte völlig zufällig auftreten, ist meistens jedoch nicht haltbar. Eine Erweiterung stellt deshalb die Annahme dar, dass das Fehlen eines Wertes zwar nicht mit den fehlenden, aber mit weiteren beobachteten Variablen im Zusammenhang steht (MAR, *missing at random*). Unter Kontrolle dieser Variablen sollten fehlende Werte jedoch zufällig auftreten. Es gilt also:

$$P(R|Y_{komp}) = P(R|Y_{obs}) \qquad [6.24]$$

MAR bedeutet z.B., dass leistungsschwächere Schülerinnen und Schüler häufiger keine Angaben zu ihrer Leistungsmotivation machen als leistungsstärkere Schülerinnen und Schüler. Kontrolliert man jedoch den Lernstand, treten fehlende Werte bei Fragen zur Leistungsmotivation zufällig auf. MCAR ist somit ein Spezialfall von MAR, da fehlende Werte auf einer Variablen weder mit der Ausprägung anderer Variablen, noch mit ihrer nicht beobachtbaren Ausprägung zusammenhängen. Graham, Cumsille und Elek-Fisk (2003, S. 89) verwenden deshalb für MAR auch den Begriff *conditionally random*, da das Auftreten fehlender Werte von einer Bedingung abhängt. Im Rahmen der vorliegenden Arbeit werden fehlende Werte mit dem Verfahren der multiplen Imputation modellbasiert geschätzt. Dieser Ansatz geht davon aus, dass die fehlenden Werte im Datensatz MAR oder MCAR sind.

Gilt für das Auftreten fehlender Werte weder MCAR noch MAR, so treten fehlende Werte nicht zufällig (MNAR, *missing not at random*) auf. In diesem Fall hängt auch unter Kontrolle einer Variablen Y_{obs} das Auftreten fehlender Werte von der Ausprägung der fehlenden Werte Y_{mis} selbst ab. Es gilt also:

$$(R|Y_{komp}) = P(R|Y_{obs}, Y_{obs}) \qquad [6.25]$$

MNAR bedeutet also beispielsweise, dass Schülerinnen und Schüler mit Migrationshintergrund häufiger die Antwort zu Fragen nach ihrem Herkunftsland verweigern.

Verfahren zum Umgang mit fehlenden Werten

Um dem Problem fehlender Werte zu begegnen, gibt es drei Möglichkeiten:

1. *Klassische Verfahren* beim Umgang mit fehlenden Werten sind z.B. fallweiser Ausschluss (*listwise deletion*), paarweiser Ausschluss (*pairwise deletion*) oder Ersetzung fehlender Werte durch den Mittelwert der entsprechenden, gültig beantworteten Fragen. Diese Verfahren sind zwar einfach zu handhaben, werden aber bereits seit langem in der Forschungsliteratur kritisiert, da sie häufig nur eine Ad-hoc-Lösung darstellen und zu verzerrten Parameterschätzungen (z.B. Varianzverminderung) sowie stark reduzierten Stichprobengrößen führen können (Little & Rubin, 2002).
2. Bei *imputationsbasierten Verfahren* werden hingegen fehlende Werte durch möglichst sinnvolle Schätzungen (*plausible values*) ersetzt, so dass wieder eine

vollständige Datenmatrix hergestellt wird.[47] Bei der Imputation werden fehlende Werte zunächst durch Schätzungen ersetzt, bevor aus diesen aufbereiteten Daten das inhaltlich interessierende Modell berechnet wird. Dabei wird davon ausgegangen, dass die fehlenden Informationen latent in den anderen vorliegenden Daten enthalten sind. Verschiedene Verfahren, die dieses Grundprinzip nutzen, unterscheiden sich darin, inwiefern zusätzliche Informationen, die über die untersuchten Personen vorliegen, zur Ersetzung der fehlenden Werte genutzt werden und ob die Ersetzung der fehlenden Werte einfach (*single imputation*) oder mehrfach (*multiple imputation*) erfolgt. Gegenüber den klassischen Verfahren hat die Imputation den Vorteil, dass keine Personen von den Analysen ausgeschlossen werden müssen und sich die Testpower nicht verringert. Außerdem können aus den unvollständigen Daten Informationen für eine präzisere Schätzung gewonnen werden (Peugh & Enders, 2004). Bei der einfachen Imputation können die Standardfehler der imputierten Werte zwar korrigiert werden (Little & Rubin, 2002), statistische Signifikanztests mit durch diese Art der Imputation geschätzten Werten fallen bei multivariaten Analysen jedoch zu liberal aus (Lüdtke et al., 2007). Rubin (1987) empfiehlt deshalb die mehrfache Ersetzung fehlender Daten, mit der die Standardfehler robuster geschätzt werden. Die einzelnen Datensätze werden dann zu einem gemeinsamen Schätzer kombiniert.

3. Im Unterschied zu den imputationsbasierten Ansätzen schätzen *modellbasierte Verfahren* die zu imputierenden Werte und die eigentlich interessierenden Modellparameter gleichzeitig in einem Schritt. Häufig basieren diese Verfahren auf dem *Maximum-Likelihood-Ansatz* (ML), der die Schätzer so bestimmt, dass sie den wahrscheinlichsten Wert für die Populationsparameter darstellen. Das gängigste Vorgehen spezifiziert das interessierende Analysemodell auch bei fehlenden Beobachtungen (FIML, *Full Information Maximum Likelihood*). Beim modellbasierten Verfahren können jedoch in der Regel keine oder nur wenige Hilfsvariablen berücksichtigt werden.

Umgang mit fehlenden Werten im Rahmen dieser Arbeit

Da die Teilnahme an der KESS-Studie für alle Schülerinnen und Schüler verpflichtend war, kommen fehlende Werte vor allem dadurch zustande, dass die Schülerinnen und Schüler krankheitsbedingt gefehlt oder einzelne Aufgaben nicht oder ungültig bearbeitet haben. Von den „echten" Längsschnittkindern ($N = 9.628$), für die

47 Ein dieser Kategorie zuzuordnendes Verfahren ist das so genannte *Hot-Deck-Verfahren* (Schwippert, 2002), bei dem die Daten aufgeteilt werden: Ein „Spenderdatensatz" umfasst alle vollständigen Informationen, im „Empfängerdatensatz" weisen die zu untersuchenden Variablen fehlende Werte auf. Die Beobachtungen werden nach theoretischen oder empirischen Kriterien sortiert. Fehlende Werte im Empfängerdatensatz werden dann zufällig mit Werten der entsprechenden Gruppe im Spenderdatensatz ersetzt. Der Vorteil dieses Verfahrens liegt darin, dass die ursprünglichen und aufgefüllten Daten denselben Wertebereich und dasselbe Skalenniveau haben und dass mehrere Variablen gleichzeitig imputiert werden können. Als Nachteil muss die Schwierigkeit gewertet werden, die Gruppen korrekt zuzuordnen.

sich überhaupt eine Leistungsentwicklung bestimmen lässt, liegen für 9.212 Kinder zu allen drei Messzeitpunkten Testwerte für das Leseverständnis vor, in Mathematik für 9.172 Kinder. Die Missingquote bei den Leistungsdaten liegt also zwischen 4,3 und 4,7 Prozent. Beim kognitiven Fähigkeitstest beträgt der Anteil fehlender Werte zwischen 1,5 (KESS 7) und 3,3 Prozent (KESS 4). Bei den für die Analysen verwendeten Kontrollvariablen aus den Schüler- bzw. Elternfragebögen (für die jeweiligen Rücklaufquoten vgl. Tabelle 6.1) liegt die Missingquote der analyse-relevanten Variablen zwischen 0,2 und 53,7 Prozent.

Im Rahmen dieser Arbeit werden fehlende Werte mit dem Verfahren der multiplen Imputation geschätzt. Ein besonderer Fall liegt für die Hintergrundvariablen Geschlecht, Migrationshintergrund und soziale Herkunft vor. Für diese Variablen wird angenommen, dass sie sich über die Messzeitpunkte hinweg nicht (Geschlecht, Migrationshintergrund) bzw. nur wenig (soziale Herkunft) verändern. Schafer und Graham (2002, S. 150) raten, für das Imputationsmodell Daten aus mehreren Messzeitpunkten zu verwenden:

> „Because repeated measurements on an individual tend to be correlated, we recommend procedures that use all the available data for each participant, because missing information can then be partially recovered from earlier or later waves."

Dieses Verfahren kann deshalb auch als *deterministisch* bezeichnet werden (Schwippert, 2002). Ausgehend von den Schüler- und Elternangaben zu diesen Variablen aus KESS 8 werden bereits vor der Imputation fehlende Werte, soweit vorhanden, durch Angaben aus früheren Messzeitpunkten ersetzt, wobei zuerst entsprechende Merkmalsausprägungen aus KESS 7 und dann aus KESS 4 ergänzt werden (Wendt et al., 2010). Durch dieses Vorgehen verringert sich der Anteil zu imputierender Werte für die vorliegende Datenbasis auf maximal 20,3 Prozent.

Bei der mehrfachen Imputation fehlender Werte werden üblicherweise $m = 5$ vollständige Datensätze gebildet. Weichen diese stark voneinander ab, werden inhaltliche Analysen für jeden der m Datensätze einzeln durchgeführt und dann zu einem gemeinsamen Schätzer kombiniert (Rubin, 1987; Schafer, 1997).

Jeder Datensatz enthält beobachtete Werte (Y_{obs}) und ersetzte Werte (Y_{mis}), aus denen sich für $t = 1, 2, \ldots, m$ die Punktschätzung $Q^{(t)}$ (z.B. die Mittelwerte) und der dazugehörige Standardfehler $U^{(t)}$ ergibt:

$$\hat{Q}^{(t)} = \hat{Q}(Y_{obs}, Y_{mis}^{(t)}) \quad [6.26]$$

$$U^{(t)} = U(Y_{obs}, Y_{mis}^{(t)}) \quad [6.27]$$

Die Gesamtpunktschätzung $\bar{Q}$ errechnet sich aus dem Mittelwert der *m* imputierten Datensätze:

$$\bar{Q} = \frac{1}{m}\sum_{t=1}^{m}\hat{Q}^{(t)} \qquad [6.28]$$

Die Gesamtvarianz *T* berechnet sich aus der Varianz der Daten innerhalb der imputierten Datensätze $\bar{U}$ und der Varianz der Parameterschätzungen zwischen den imputierten Datensätzen (*B*):

$$\bar{U} = \frac{1}{m}\sum_{t=1}^{m}U^{(t)} \qquad [6.29]$$

$$B = \frac{1}{m-1}\sum_{t=1}^{m}(\hat{Q}^{(t)} - \bar{Q})^2 \qquad [6.30]$$

Aus Gleichung 6.29 und 6.30 lässt sich die Varianz *T* der Parameterschätzung, deren Wurzel den Gesamtstandardfehler ergibt, wie folgt bestimmen:

$$T = \bar{U} + \left(1 + \frac{1}{m}\right) \cdot B \qquad [6.31]$$

Das Ausmaß der Unsicherheit bei der Schätzung der Standardfehler, die aus den fehlenden Daten herrührt, lässt sich nach Rubin (1987) aus dem Quotienten *r* bestimmen:

$$r = \frac{1 + \frac{1}{m}B}{\bar{U}} \qquad [6.32]$$

Aus dem Wert für *r* ergibt sich, dass die systematische Unterschätzung der Standardfehler bei den vorliegenden Daten vernachlässigt werden kann. Für alle Analysen wird deshalb nur ein einziger, mit der Software NORM (Schafer, 1999) vervollständigter Datensatz verwendet. NORM nutzt zur Schätzung fehlender Werte einen EM-Algorithmus (*expectation maximization*). Das Programm setzt für die zu imputierenden Variablen im Imputationsmodell eine multivariate Normalverteilung voraus. Eine geringe Anzahl nominaler oder ordinaler Variablen (im vorliegenden Datensatz: Geschlecht und Migrationshintergrund) führt nach Schafer (1997) jedoch zu keiner gravierenden Verletzung dieser Annahme. Solche Variablen werden bei der Imputation auf den nächsten, beobachteten Wert gerundet.

Bei der multiplen Imputation können nicht nur Variablen, die das spätere Analysemodell bilden, sondern auch Hilfsvariablen berücksichtigt werden, die für den Ausfallprozess selbst relevant sind oder mit den Analysevariablen korrelieren. Collins, Schafer und Kam (2001, S. 330) empfehlen, ein großzügiges Imputationsmodell zu wählen, da sie anhand ihrer Simulationsstudie nachweisen konnten, dass Parameterschätzungen nicht wesentlich durch das Hinzufügen weiterer Variablen (*inclusive strategy*) gegenüber einem minimalen Imputationsmodell (*restrictive strategy*) verzerrt werden:

> „The simulation showed that the inclusive strategy is to be greatly preferred. With an inclusive strategy not only is there a reduced chance of inadvertently omitting an important cause of missingness, there is also the possibility of noticeable gains in terms of increased efficiency and reduced bias, with only minor costs. As implemented in currently available software, [...] the MI approach [*multiple imputation*, Anm. d. Verf.] makes it relatively simple to use an inclusive strategy."

Für die Schätzung der fehlenden Werte werden deshalb für die vorliegende Datenbasis neben den interessierenden Untersuchungsvariablen (vgl. Abschnitt 6.3.2) auch Hilfsvariablen in das Imputationsmodell aufgenommen, für die inhaltliche Zusammenhänge mit einer der Analysevariablen zu erwarten sind und für die sich anschließend mittlere bis hohe Korrelationen ($|\, r \,| \geq 0{,}30$) mit den Analysevariablen zeigen. Hilfsvariablen für das Imputationsmodell werden aus den Schülerfragebögen zu diesen Skalen genommen: allgemeines und fachspezifisches Selbstkonzept, Leistungsangst, soziales Kapital, Anzahl der Bücher im Haushalt, Lesegewohnheiten der Schülerinnen und Schüler (Motive), Interesse an Mathematik, Interessen und Fähigkeiten der Schülerinnen und Schüler, Wunschtätigkeiten im Beruf, Zufriedenheit mit der Schule, Schüler-Lehrer-Verhältnis, Einschätzung der eigenen sozialen Integration, Interesse der Eltern an den Freunden und Aktivitäten des Kindes, Wissen um das Kind, Verhältnis der Schülerinnen und Schüler zu ihren Eltern, Freizeitgestaltung mit Freunden und den Eltern. Die Variablen stammen aus allen drei Messzeitpunkten der KESS-Studie (zur Dokumentation der Erhebungsinstrumente vgl. Bos, Bonsen, Gröhlich, Guill & Scharenberg, 2009; Bos, Gröhlich, Dudas, Guill & Scharenberg, 2010).

7 Empirischer Teil

„[E]mpirical research on ability grouping has burgeoned, and more and more of this research is being disseminated to the educational community."
(Hallinan, 1990, S. 501)

Im Folgenden sollen die in Kapitel 5 formulierten Forschungsfragen anhand der Längsschnittdaten aus KESS 4, KESS 7 und KESS 8 beantwortet werden. In Abschnitt 7.1 wird zunächst die Zusammensetzung der Hamburger Schulklassen hinsichtlich der mittleren Lernstände, der mittleren sozialen Lage und der kognitiven Grundfähigkeit rein deskriptiv beschrieben. Dabei wird aufgezeigt, inwiefern sich die Klassenzusammensetzung hinsichtlich dieser Merkmale an den verschiedenen Schulformen unterscheidet.

Abschnitt 7.2 knüpft an die Analysen, die im Rahmen der Berliner ELEMENT-Studie von Lehmann (2006) durchgeführt wurden, an. Es wird geprüft, ob sich die Ergebnisse auch im Rahmen von KESS für die Hamburger Schülerinnen und Schüler am Ende der Jahrgangsstufe 4 replizieren lassen. Anhand von Mehrebenenanalysen wird der Frage nachgegangen, ob mit steigender Streuung der kognitiven Grundfähigkeit auf der Klassenebene höhere oder niedrigere Lernstände bei den Schülerinnen und Schülern einhergehen und ob kognitive Heterogenität ein Kompositionsmerkmal von Schulklassen ist, d.h., ob sich auch unter Berücksichtigung weiterer Variablen zusätzlich zu individuellen Effekten ebenfalls Effekte auf der Klassenebene nachweisen lassen.

Da es im Rahmen von KESS zudem möglich ist, die Lernvoraussetzungen der Schülerinnen und Schüler nicht nur über ihre kognitive Grundfähigkeit, sondern auch über ihr domänenspezifisches Vorwissen zu erfassen, beschränken sich alle darauffolgenden Analysen auf die Auswirkungen der Leistungsheterogenität auf die Kompetenzentwicklung der Schülerinnen und Schüler. Dabei wird zunächst das genaue Ausmaß der Leistungsheterogenität in Hamburger Schulklassen bestimmt und gezeigt, inwiefern sich diese im Laufe der Sekundarstufe I verändert (Abschnitte 7.3 und 7.4). Außerdem wird der Zusammenhang zwischen der Leistungsheterogenität von Schulklassen und dem individuellen Lernerfolg der Schülerinnen und Schüler bestimmt (Abschnitt 7.5).

Abschnitt 7.6 beschäftigt sich mit der Frage, ob Leistungsheterogenität neben der mittleren sozialen Lage, dem mittleren Vorwissen und der Schulform ein Merkmal der Zusammensetzung von Schulklassen, also ein Kompositionsmerkmal, ist. Dabei wird gefragt, ob sich in leistungshomogenen Schulklassen, in denen die Leistungsstreuung eher gering ausfällt, oder in leistungsheterogenen Schulklassen mit einer größeren Streuung individueller Lernstände eine höhere Lernentwicklung in den beiden Kompetenzdomänen Leseverständnis und Mathematik beobachten lässt.

In Abschnitt 7.7 wird gefragt, ob alle Schülerinnen und Schüler gleichermaßen von der Leistungsheterogenität in ihren Lerngruppen profitieren können oder ob es hier differenzielle Effekte in Abhängigkeit vom individuellen Vorwissen der Schülerinnen und Schüler gibt. Abschließend wird in Abschnitt 7.8 gezeigt, wie viel Leistungsheterogenität innerhalb von Schulklassen für den individuellen Lernerfolg der Schülerinnen und Schüler förderlich ist, ob es möglicherweise einen kritischen Schwellenwert von Leistungsheterogenität gibt, bei dessen Überschreitung sich Nachteile für die Kompetenzentwicklung ergeben, oder ob eventuell die Annahme nichtlinearer Zusammenhänge zwischen Klassenzusammensetzung und Kompetenzentwicklung empirisch belastbar ist.

Alle Analysen erfolgen getrennt für die beiden Kompetenzdomänen Leseverständnis und Mathematik. Aufgrund der Besonderheiten des Hamburger Schulsystems (vgl. Abschnitt 6.2) werden alle Berechnungen in zwei Analyseschritten durchgeführt: Zunächst wird die Lernentwicklung vom Beginn der Jahrgangsstufe 5 (operationalisiert über die Lernstände aus KESS 4, die am Ende der Jahrgangsstufe 4 erhoben wurden) bis zum Ende der Jahrgangsstufe 6 (operationalisiert über die Lernstände aus KESS 7, die unmittelbar zu Beginn der Jahrgangsstufe 7 erhoben wurden) beschrieben. Danach wird die Lernentwicklung vom Beginn der Jahrgangsstufe 7 bis zum Ende der Jahrgangsstufe 8 analysiert (von KESS 7 zu KESS 8).

7.1 Zusammensetzung der Hamburger Schulklassen

„Tell me with whom you're learning, and I'll tell you how much you've learned."
(Linchevski & Kutscher, 1998, S. 533)

Bevor vertiefende Analysen mit den vorliegenden Längsschnittdaten der KESS-Studie durchgeführt werden, werden zunächst einige deskriptive Befunde für die jeweiligen Messzeitpunkte referiert. Da die Schulklasse als unmittelbare Lernumwelt der Schülerinnen und Schüler die für die Analyse der Bedeutung von Leistungsheterogenität für die Kompetenzentwicklung interessierende Untersuchungsebene ist (vgl. Abschnitt 3.3.1), wird im Folgenden die Zusammensetzung der Hamburger Schulklassen näher beschrieben. Dabei soll geprüft werden, inwiefern sich die Schulklassen hinsichtlich der Kompositionsmerkmale, von den angenommen wird, dass sie in einem engen Zusammenhang mit schulischen Leistungen stehen, unterscheiden. Die Klassenzusammensetzung wird – getrennt für die einzelnen Schulformen – hinsichtlich der sozialen Lage und kognitiven Grundfähigkeit beschrieben. Außerdem wird gezeigt, inwiefern sich die Schulklassen verschiedener Schulformen hinsichtlich ihrer mittleren Lernausgangslagen zu Beginn der Jahrgangsstufen 5 bzw. 7 und ihrer mittleren Lernstände am Ende der Jahrgangsstufe 6 bzw. 8 im Leseverständnis und in Mathematik unterscheiden. Hierfür werden jeweils einfaktorielle Varianzanalysen durchgeführt. Unterscheiden sich die Schulklassen der verschiedenen Schulformen hinsichtlich ihrer mittleren sozialen Lage, mittleren kognitiven Grundfähigkeit und mittleren Lernstände in den beiden Kompetenzdomänen zu den jeweiligen Messzeitpunkten mit $p < .05$ signifikant voneinander, so sind sie mit unterschiedlichen Buchstaben (a, b, c) gekennzeichnet.

7.1.1 Zusammensetzung der Hamburger Schulklassen in den Jahrgangsstufen 5 und 6

Tabelle 7.1 ist zu entnehmen, dass die mittlere soziale Lage in den Haupt- und Realschulklassen rund eine halbe Standardabweichung unter dem Gesamtmittelwert liegt. In den Schulklassen an den integrierten Gesamtschulen ist die mittlere soziale Lage ebenfalls unterdurchschnittlich, wenngleich aber signifikant höher als in den Haupt- und Realschulklassen. Die mittlere soziale Lage in den Gymnasialklassen liegt dagegen fast eine halbe Standardabweichung über dem Gesamtmittelwert. Erwartungsgemäß weisen die Haupt- und Realschulklassen bereits zu Beginn der Jahrgangsstufe 5 in beiden Kompetenzdomänen die niedrigsten Lernstände, die Gymnasialklassen hingegen die höchsten mittleren Lernstände auf. Die Gymnasialklassen und die Haupt- und Realschulklassen bilden gewissermaßen zwei gegensätzliche Pole, da hier die mittleren Lernstände zu Beginn der Jahrgangsstufe 5 etwa gleich weit vom Gesamtmittelwert entfernt liegen. Die mittleren Lernstände in den Gesamtschulklassen zu Beginn der Jahrgangsstufe 5 sind hingegen keineswegs durchschnittlich, sondern fallen ebenfalls unterdurchschnittlich, wenn auch höher aus als in den Haupt- und Realschulklassen. Die Schulklassen in allen drei Schulformen unterscheiden sich in beiden Kompetenzdomänen zu Beginn der Jahrgangsstufe 5 signifikant voneinander.

Tabelle 7.1: Klassenzusammensetzung nach Schulform in den Jahrgangsstufen 5 und 6

	Haupt- und Realschule	Gesamtschule	Gymnasium
mittlerer HISEI	-0,51 [a]	-0,23 [b]	0,43 [c]
mittlerer KFT	-0,49 [a]	-0,28 [b]	0,46 [c]
Mittlerer Lernstand (Anfang Jgst. 5)			
Leseverständnis	-0,61 [a]	-0,37 [b]	0,60 [c]
Mathematik	-0,59 [a]	-0,38 [b]	0,59 [c]
Mittlerer Lernstand (Ende Jgst. 6)			
Leseverständnis	-0,61 [a]	-0,35 [b]	0,59 [c]
Mathematik	-0,63 [a]	-0,45 [b]	0,68 [c]

Alle Werte auf der Individualebene z-standardisiert.
Unterscheiden sich die Schulformen in der mittleren Klassenzusammensetzung hinsichtlich des jeweiligen Merkmals mit $p < .05$ signifikant voneinander, so sind sie mit unterschiedlichen Buchstaben (a, b, c) gekennzeichnet.

Diese Unterschiede zwischen den verschiedenen Schulformen bleiben auch für die mittleren Lernstände innerhalb der Schulklassen am Ende der Jahrgangsstufe 6 und für beide Kompetenzdomänen bestehen. In den Haupt- und Realschulklassen werden am Ende der Jahrgangsstufe 6 im Durchschnitt die niedrigsten Lernstände erzielt. Es folgen die Gesamtschulklassen, in denen zwar signifikant höhere Lernstände als in den Haupt- und Realschulklassen, aber signifikant niedrigere Lernstände als in den Gymnasialklassen erzielt werden. Die Gymnasialklassen weisen somit insgesamt die privilegierteste Schülerschaft auf.[48]

7.1.2 Zusammensetzung der Hamburger Schulklassen in den Jahrgangsstufen 7 und 8

In den Jahrgangsstufen 7 und 8 verändert sich die Klassenzusammensetzung zuungunsten der Hauptschülerinnen und Hauptschüler (vgl. Tabelle 7.2). Zu Beginn der Jahrgangsstufe 7 liegen die mittleren Lernstände im Leseverständnis und in Mathematik in den Hauptschulklassen mehr als eine Standardabweichung unter dem Gesamtmittelwert. Die mittleren Lernstände in den Realschulklassen liegen zu Beginn der Jahrgangsstufe 7 etwa eine halbe Standardabweichung unterhalb des Gesamtmittelwertes, die der Gymnasialklassen um etwa ein Drittel einer Standardabweichung oberhalb des Gesamtmittelwertes.[49] Schulklassen an allen drei Schulformen unterscheiden sich dabei signifikant voneinander. Überdurchschnittliche Lernstände werden in beiden Kompetenzdomänen und zu beiden Messzeitpunkten nur in den Gymnasialklassen erreicht. Bis zum Ende der Jahrgangsstufe 8 vergrößern

48 Darüber hinaus unterscheiden sich die Schulklassen an den verschiedenen Schulformen auch im Hinblick auf weitere Kompositionsmerkmale (nicht in Tabelle 7.1 dargestellt): Hinsichtlich des Mädchenanteils unterscheiden sich die Schulklassen an den Haupt- und Realschulen und den integrierten Gesamtschulen nicht signifikant voneinander (48,3 bzw. 50,6 Prozent). In den Gymnasialklassen gibt es hingegen signifikant mehr Mädchen (54,3 Prozent) als in Schulklassen der beiden anderen Schulformen. Fast die Hälfte der Schülerinnen und Schüler an den Haupt- und Realschulen (49,9 Prozent) hat einen Migrationshintergrund. An den integrierten Gesamtschulen und den Gymnasien fällt der Migrantenanteil mit 44,0 bzw. 32,2 Prozent dagegen geringer aus (Unterschiede zwischen allen Schulformen signifikant). Dies lässt vermuten, dass bereits zu Beginn der Jahrgangsstufe 5 die Lernbedingungen in den Haupt- und Realschulklassen ungünstiger ausfallen als in den Gymnasialklassen. Allerdings sind die Lerngruppen an den Haupt- und Realschulen mit durchschnittlich 15,8 Schülerinnen und Schülern am kleinsten. An den integrierten Gesamtschulen beträgt die mittlere Klassengröße 17,7, an den Gymnasien 18,7 Schülerinnen und Schüler (Unterschiede zwischen allen Schulformen signifikant).

49 Dies darf jedoch nicht dahingehend gedeutet werden, dass an den Gymnasien Leistungseinbußen entstehen. Der im Vergleich zu den Jahrgangsstufen 5 und 6 gegenüber dem Gesamtmittelwert verringerte Leistungsvorsprung der Gymnasialklassen ist einerseits darauf zurückzuführen, dass mit dem Beginn der Jahrgangsstufe 7 Hauptschulen und Realschulen als eigenständige Schulformen existieren, und andererseits auch darauf, dass die Gesamtschulklassen bei den Auswertungen für die Jahrgangsstufen 7 und 8 hier unberücksichtigt bleiben.

sich die Leistungsdifferenzen zwischen den Hauptschul- und Gymnasialklassen: In den Hauptschulklassen liegen dann die mittleren Lernstände im Leseverständnis und in Mathematik 1,3 Standardabweichungen unterhalb des Gesamtdurchschnitts. Auch hier sind die Schulformunterschiede wieder signifikant.[50]

Tabelle 7.2: Klassenzusammensetzung nach Schulform in den Jahrgangsstufen 7 und 8

	Hauptschule	Realschule	Gymnasium
mittlerer HISEI	-0,78 [a]	-0,49 [b]	0,27 [c]
mittlerer KFT	-0,99 [a]	-0,54 [b]	0,32 [c]
Mittlerer Lernstand (Anfang Jgst. 7)			
Leseverständnis	-1,23 [a]	-0,50 [b]	0,36 [c]
Mathematik	-1,18 [a]	-0,62 [b]	0,39 [c]
Mittlerer Lernstand (Ende Jgst. 8)			
Leseverständnis	-1,31 [a]	-0,51 [b]	0,37 [c]
Mathematik	-1,30 [a]	-0,66 [b]	0,42 [c]

Alle Werte auf der Individualebene z-standardisiert.
Unterscheiden sich die Schulformen in der mittleren Klassenzusammensetzung hinsichtlich des jeweiligen Merkmals mit $p < .05$ signifikant voneinander, so sind sie mit unterschiedlichen Buchstaben (a, b, c) gekennzeichnet.

50 Darüber hinaus unterscheiden sich die Schulklassen an den verschiedenen Schulformen am Ende der Jahrgangsstufe 8 auch hinsichtlich weiterer Kompositionsmerkmale (nicht in Tabelle 7.2 dargestellt): An den Hauptschulen fällt der Mädchenanteil innerhalb der Schulklassen mit 40,8 Prozent am geringsten aus. An den Realschulen (50,2 Prozent) und den Gymnasien (55,0 Prozent) sind dagegen innerhalb der Schulklassen im Durchschnitt mehr Mädchen vertreten (Unterschiede zwischen allen drei Schulformen signifikant). Mehr als die Hälfte der Schülerinnen und Schüler in den Hauptschulklassen (52,5 Prozent) hat einen Migrationshintergrund. Sowohl an den Realschulen als auch an den Gymnasien fällt der Migrantenanteil innerhalb der Schulklassen mit 42,8 Prozent bzw. 32,8 Prozent somit signifikant geringer aus als in den Hauptschulklassen. Unterschiede bestehen auch hinsichtlich der Klassengröße: An den Hauptschulen sind die Lerngruppen mit durchschnittlich 14,1 Schülerinnen und Schülern am kleinsten. An den Realschulen und Gymnasien ist die durchschnittliche Klassengröße mit 18,1 bzw. 18,8 Schülerinnen und Schülern höher. Signifikante Unterschiede bezüglich der Klassengröße bestehen nur in den Hauptschulklassen in Abgrenzung zu Schulklassen der beiden anderen Schulformen.

7.2 Die Bedeutung der kognitiven Heterogenität von Schulklassen für den individuellen Lernerfolg am Ende der Jahrgangsstufe 4 – eine Replikation der Analysen von Lehmann (2006)

> „Selten ist […] danach gefragt worden, welche Bedeutung ein heterogenes Lernpotenzial für die Lernzielerreichung in konkreten Schulklassen tatsächlich besitzt."
> (Lehmann, 2006, S. 111)

Hinsichtlich der Lernvoraussetzungen für den schulischen Kompetenzerwerb deutet eine Reihe empirischer Arbeiten (vgl. Kapitel 4) darauf hin, dass das durchschnittliche Lernpotenzial innerhalb von Schulklassen einen eigenständigen Effekt auf individuelle schulische Leistungen ausübt. Lehmann (2006) kann für Berliner Grundschulklassen zeigen, dass darüber hinaus die Streuung der kognitiven Grundfähigkeit innerhalb von Schulklassen eine eigenständige und günstige Voraussetzung für den individuellen Lernstand der Schülerinnen und Schüler im Leseverständnis am Ende der Jahrgangsstufe 4 darstellt (vgl. Abschnitt 4.2). Für die Kompetenzdomäne Mathematik kann Lehmann (2006) diesen positiven Effekt kognitiv heterogen zusammengesetzter Schulklassen jedoch nicht nachweisen.

Im Rahmen der vorliegenden Datenbasis kann nun überprüft werden, ob sich die Befunde von Lehmann (2006) zur kognitiven Heterogenität von Berliner Schulklassen auch für Hamburg replizieren lassen. Dabei wird gefragt, ob mit steigender Streuung der kognitiven Grundfähigkeit innerhalb von Schulklassen am Ende der Jahrgangsstufe 4 auch unter Berücksichtigung weiterer leistungsrelevanter Merkmale auf der Individual- und Klassenebene höhere individuelle Lernstände der Schülerinnen und Schüler in den beiden Kompetenzdomänen Leseverständnis und Mathematik am Ende der Jahrgangsstufe 4 einhergehen.[51] Dabei wird davon ausgegangen, dass über den Effekt individueller Lernvoraussetzungen hinaus die Streuung der kognitiven Grundfähigkeit innerhalb von Schulklassen einen eigenständigen, positiven Effekt auf die individuellen Lernstände der Schülerinnen und Schüler im Leseverständnis und in Mathematik ausübt.

51 Die kognitive Grundfähigkeit der Schülerinnen und Schüler wurde im Rahmen von KESS jeweils zeitgleich mit den Leistungsdaten erhoben. Insofern beansprucht die kognitive Grundfähigkeit nicht, das Vorwissen der Schülerinnen und Schüler zu einem vorherigen Messzeitpunkt zu messen. Vielmehr wird die kognitive Grundfähigkeit als eine *relativ überdauernde kognitive Grundvoraussetzung des schulischen Lernens* verstanden.

7.2.1 Datengrundlage und methodisches Vorgehen

Datengrundlage für die Analysen zur Replikation der Befunde von Lehmann (2006) ist der erste Messzeitpunkt der Hamburger KESS-Studie (KESS 4), bei dem die Lernstände der Grundschülerinnen und -schüler am Ende der Jahrgangsstufe 4 erfasst worden sind. Von den 9.628 Schülerinnen und Schülern, die zu allen drei Messzeitpunkten an der KESS-Studie teilgenommen haben, werden für die nachfolgenden Analysen diejenigen ausgeschlossen, die in Grundschulklassen gehen, für die weniger als zehn Schülerinnen und Schüler zugeordnet werden können. Somit liegen Angaben von 9.227 Schülerinnen und Schülern in 573 vierten Grundschulklassen vor.

Zunächst ist in einem „leeren" Modell (*Nullmodell*) zu überprüfen, welche Varianzanteile der Fachleistung in der jeweiligen Kompetenzdomäne am Ende der Jahrgangsstufe 4 auf Unterschiede zwischen den Schülerinnen und Schülern innerhalb von Schulklassen (so genannte *Fehlervarianz*) und welche Varianzanteile auf Unterschiede zwischen den Schulklassen (so genannte *Parametervarianz*) entfallen. Der Varianzanteil, der auf die Individualebene entfällt, liegt in beiden Kompetenzdomänen bei $\sigma^2 = 0{,}810$. Der Varianzanteil auf der Klassenebene beträgt $\tau_{00} = 0{,}194$ (Leseverständnis) bzw. $\tau_{00} = 0{,}193$ (Mathematik). Der Anteil der Varianz zwischen den Schulklassen an der Gesamtvarianz in der jeweiligen Kompetenzdomäne lässt sich als Quotient dieser Werte wie folgt bestimmen: $\rho = \tau_{00} / (\tau_{00} + \sigma^2)$. Die Intraklassenkorrelation (*ICC*) am Ende der Jahrgangsstufe 4 beträgt somit für das Leseverständnis 0,194/(0,194+0,810) = 0,193 und für die Mathematikleistung 0,193/(0,193+0,810) = 0,192. Knapp ein Fünftel der Varianz des Leseverständnisses (19,3 Prozent) und der Mathematikleistung (19,2 Prozent) lässt sich am Ende der Jahrgangsstufe 4 also auf Unterschiede zwischen den Schulklassen zurückführen (vgl. Abbildung 7.1). Berücksichtigt man allerdings die individuellen Merkmale der Schülerinnen und Schüler (Geschlecht, Migrationshintergrund, soziale Lage und kognitive Grundfähigkeit), da davon auszugehen ist, dass sich die Schulklassen diesbezüglich unterscheiden, so verringert sich der Varianzanteil, der auf die Individualebene entfällt, deutlich und sinkt auf 7,6 Prozent (Leseverständnis)[52] bzw. 12,7 Prozent (Mathematik; jeweils im rechten Teil der Abbildung 7.1 dargestellt).[53] Ein Großteil der Varianz zwischen den Schulklassen geht folglich auf die unterschiedliche Zusammensetzung der Schülerschaft zurück.

---

52 $\sigma^2 = 0{,}622$; $\tau_{00} = 0{,}051$. Aus dem Quotient $\tau_{00} / (\tau_{00} + \sigma^2)$ ergibt sich $\rho = 0{,}076$.

53 $\sigma^2 = 0{,}598$; $\tau_{00} = 0{,}087$. Aus dem Quotient $\tau_{00} / (\tau_{00} + \sigma^2)$ ergibt sich $\rho = 0{,}127$.

Abbildung 7.1: Varianzzerlegung am Ende der Jahrgangsstufe 4

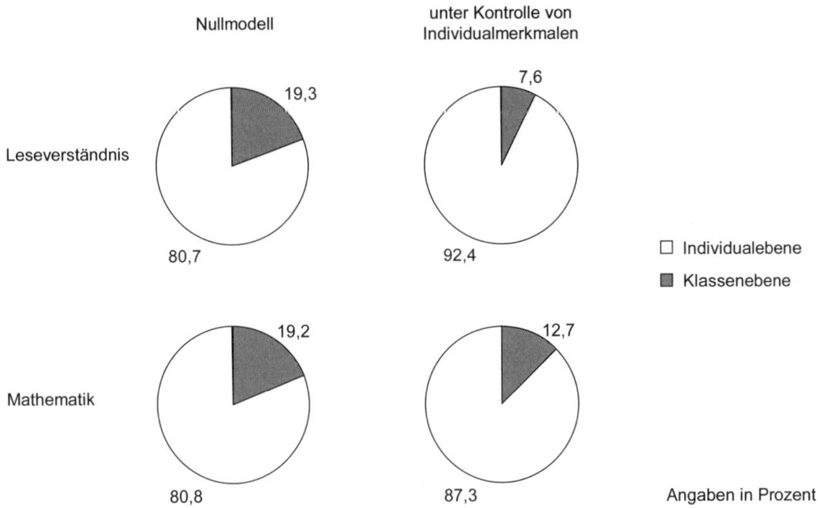

Zur Überprüfung, ob mit steigender Streuung der kognitiven Grundfähigkeit innerhalb der Schulklassen höhere oder niedrigere individuelle Lernstände der Schülerinnen und Schüler im Leseverständnis und in Mathematik einhergehen, wird ein Modell auf zwei Ebenen folgendermaßen spezifiziert: Zur Erklärung der Lernstände am Ende der Jahrgangsstufe 4 werden auf der Individualebene das Geschlecht (Referenz: Junge), der Migrationshintergrund (Referenz: beide Eltern in Deutschland geboren), die soziale Lage und die kognitive Grundfähigkeit der Schülerinnen und Schüler (beide auf der Individualebene am Gesamtmittelwert z-standardisiert) herangezogen. Neben den individuellen Lernvoraussetzungen der Schülerinnen und Schüler werden auch auf der Klassenebene aggregierte Merkmale berücksichtigt, nämlich die Klassenmittelwerte der sozialen Lage (HISEI) und die kognitive Heterogenität. Letztere wird über die klassenspezifische Standardabweichung der kognitiven Grundfähigkeit (KFT) operationalisiert.

Tabelle 7.3 gibt die Korrelationen (Pearsons *r*) der Prädiktoren auf der Individual- und Klassenebene wieder, die zur Erklärung der individuellen Lernstände am Ende der Jahrgangsstufe 4 herangezogen werden. Auf der Individualebene lassen sich hohe und signifikante Korrelationen vor allem zwischen den Leistungskennwerten in den beiden Kompetenzdomänen und der kognitiven Grundfähigkeit der Schülerinnen und Schüler beobachten ($0{,}45 \leq r \leq 0{,}46$). Weitere signifikante Korrelationen bestehen darüber hinaus nur zwischen den Leistungskennwerten und der sozialen Lage der Schülerinnen und Schüler ($0{,}33 \leq r \leq 0{,}39$). Auf der Klassenebene geht mit einer höheren mittleren sozialen Lage innerhalb der Schulklassen auch eine signifikant höhere durchschnittliche kognitive Grundfähigkeit einher ($r = 0,56$). In kognitiv heterogenen Schulklassen fällt das mittlere Lernpotenzial jedoch signifikant niedriger aus als in eher homogenen Schulklassen ($r = -0,61$).[54]

Tabelle 7.3: Korrelation der Prädiktoren (Pearsons *r*) auf der Individual- und Klassenebene am Ende der Jahrgangsstufe 4

	(1)	(2)	(3)	(4)	(5)	(6)
Individualebene						
(1) Geschlecht [1]	1					
(2) Migrationshintergrund [2]	-0,01	1				
(3) Kognitive Grundfähigkeit [3]	**0,03**	**-0,18**	1			
(4) Soziale Lage (HISEI) [3]	0,01	**-0,32**	**0,24**	1		
(5) Leseverständnis [3,4]	**0,07**	**-0,30**	**0,45**	**0,39**	1	
(6) Mathematikleistung [3,4]	**-0,14**	**-0,22**	**0,46**	**0,33**	**0,58**	1
Klassenebene	(7)	(8)	(9)			
(7) Mittlere kognitive Grundfähigkeit	1					
(8) Mittlere soziale Lage (HISEI)	**0,56**	1				
(9) Streuung kognitive Grundfähigkeit	**-0,61**	**-0,28**	1			

Individualebene: N = 9.227; Klassenebene: N = 573.
[1] Referenz: Junge.
[2] Referenz: beide Eltern in Deutschland geboren.
[3] Auf Individualebene z-standardisiert.
[4] Lernstand am Ende der Jahrgangsstufe 4.
Signifikante Korrelationen fettgedruckt ($p < .05$).

7.2.2 Befunde der Mehrebenenanalysen

Tabelle 7.4 fasst die mehrebenenanalytischen Modellschätzungen zur Replikation der Befunde von Lehmann (2006) für die beiden Kompetenzdomänen Leseverständnis und Mathematik zusammen. Es zeigt sich, dass die Mädchen gegenüber den Jungen im Leseverständnis am Ende der Jahrgangsstufe 4 unter Kontrolle weiterer individueller und klassenbezogener Merkmale einen leichten, aber signifikanten Leistungsvorsprung aufweisen ($\gamma_{10} = 0,11$). Schülerinnen und Schüler mit mindestens einem im Ausland geborenen Elternteil weisen gegenüber den Schülerinnen und Schülern ohne Migrationshintergrund einen signifikanten Leistungsrückstand von knapp einer Viertel Standardabweichung auf ($\gamma_{20} = -0,24$). Je höher die soziale Lage der Schülerinnen und Schüler ist, desto signifikant höher fällt das Leseverständnis aus ($\gamma_{40} = 0,19$). Der stärkste Prädiktor des Leseverständnisses am Ende

54 Hierbei handelt es sich nicht um eine *Regression zur Mitte* (vgl. Fußnote 42), da beide Variablen zum selben Messzeitpunkt vorliegen: Die kognitive Heterogenität ist operationalisiert als die klassenbezogene Standardabweichung der kognitiven Grundfähigkeit am Ende der Jahrgangsstufe 4, das mittlere Lernpotenzial ist operationalisiert als der klassenbezogene Mittelwert der kognitiven Grundfähigkeit ebenfalls am Ende der Jahrgangsstufe 4.

der Jahrgangsstufe 4 ist jedoch die kognitive Grundfähigkeit: Liegt diese eine Standardabweichung über dem Durchschnitt, so erzielen die Schülerinnen und Schüler um ein Drittel einer Standardabweichung signifikant höhere Lernstände im Leseverständnis ($\gamma_{30} = 0{,}34$).

Tabelle 7.4: Vorhersage der Lernstände im Leseverständnis und in Mathematik am Ende der Jahrgangsstufe 4 durch individuelle und klassenbezogene Merkmale

		Leseverständnis	Mathematik
Konstante	γ_{00}	**-0,17** (0,08)	**-0,20** (0,09)
Individualebene			
Geschlecht[1]	γ_{10}	**0,11** (0,02)	**-0,31** (0,02)
Migrationshintergrund[2]	γ_{20}	**-0,24** (0,02)	**-0,10** (0,02)
Kognitive Grundfähigkeit[3]	γ_{30}	**0,34** (0,01)	**0,38** (0,01)
Soziale Lage[3]	γ_{40}	**0,19** (0,01)	**0,13** (0,01)
R^2 innerhalb der Klassen		0,235	0,264
Klassenebene			
Streuung kognitive Grundfähigkeit	γ_{01}	**0,22** (0,08)	**0,42** (0,09)
Mittlere kognitive Grundfähigkeit	γ_{02}	**0,11** (0,04)	*0,09* (0,05)
Mittlere soziale Lage	γ_{03}	**0,35** (0,03)	**0,41** (0,03)
R^2 zwischen den Klassen		0,441	0,359

[1] Referenz: Junge.
[2] Referenz: beide Eltern in Deutschland geboren.
[3] Prädiktoren auf Individualebene z-standardisiert.
Signifikante Parameter fett ($p < .05$) bzw. kursiv ($p < .10$). Standardfehler in Klammern.
Varianzaufklärung auf der Klassenebene unter Kontrolle von Individualmerkmalen.

Auch für die auf der Klassenebene aggregierten Merkmale lassen sich signifikante Effekte auf das Leseverständnis am Ende der Jahrgangsstufe 4 nachweisen: Je höher die durchschnittliche kognitive Grundfähigkeit bzw. die durchschnittliche soziale Lage innerhalb der Schulklassen ausfallen, desto signifikant höher fallen die Lernstände im Leseverständnis aus ($\gamma_{02} = 0{,}11$ bzw. $\gamma_{03} = 0{,}35$). Im Hinblick auf die eingangs formulierten Forschungsfragen zeigt darüber hinaus auch ein eigenständiger, positiver Effekt für die Streuung der kognitiven Grundfähigkeit ($\gamma_{01} = 0{,}22$): Schülerinnen und Schüler erzielen mit steigender Streuung der kognitiven Grundfähigkeit innerhalb ihrer Schulklassen signifikant höhere individuelle Lernstände. Fällt diese eine Standardabweichung höher als in der Gesamtstichprobe aus, so steigen die individuellen Lernstände um gut ein Fünftel einer Standardabweichung. Durch die im Modell berücksichtigten Prädiktoren werden auf der Individualebene 23,5, auf der Klassenebene unter Kontrolle von Individualmerkmalen 44,1 Prozent der Varianz des Leseverständnisses am Ende der Jahrgangsstufe 4 erklärt.

Die Ergebnisse der Modellschätzungen für die Kompetenzdomäne Mathematik deuten in eine ähnliche Richtung, wenngleich die Effekte zum Teil in einer anderen Größenordnung liegen: Auch in Mathematik ist der stärkste Prädiktor auf der Individualebene die kognitive Grundfähigkeit der Schülerinnen und Schüler. Liegt diese eine Standardabweichung über dem Durchschnitt, so werden um mehr als ein Drittel einer Standardabweichung signifikant höhere Lernstände in Mathematik erzielt ($\gamma_{30} = 0{,}38$). Erwartungsgemäß weisen die Mädchen in Mathematik einen signifikanten Leistungsrückstand gegenüber den Jungen auf ($\gamma_{10} = -0{,}31$). Schülerinnen und Schüler mit mindestens einem im Ausland geborenen Elternteil weisen gegenüber den deutschen Schülerinnen und Schülern einen leichten, aber signifikanten Rückstand auf ($\gamma_{20} = -0{,}10$).

Auf der Klassenebene fällt der Effekt der mittleren kognitiven Grundfähigkeit nur tendenziell signifikant aus ($\gamma_{02} = 0{,}09$; $p = .081$). Ein deutlich stärkerer und signifikanter Effekt ergibt sich hingegen für die Streuung der kognitiven Grundfähigkeit innerhalb der Lerngruppen: Steigt diese um eine Standardabweichung, so erhöhen sich – unter Berücksichtigung der anderen Variablen im Modell – die individuellen Lernstände der Schülerinnen und Schüler um knapp eine halbe Standardabweichung signifikant ($\gamma_{01} = 0{,}42$). In kognitiv heterogen zusammengesetzten Schulklassen fallen also im Durchschnitt die individuellen Lernstände der Schülerinnen und Schüler höher aus als in kognitiv homogenen Lerngruppen. Darüber hinaus zeigt sich, dass in Schulklassen mit einer sozial privilegierteren Schülerschaft signifikant höhere Lernstände erzielt werden ($\gamma_{03} = 0{,}41$). Durch die im Modell berücksichtigten Prädiktoren werden auf der Individualebene 26,4, auf der Klassenebene unter Kontrolle von Individualmerkmalen 35,9 Prozent der Varianz der Mathematikleistung erklärt.

7.2.3 Zusammenfassung und Diskussion

Die Ergebnisse im vorangegangen Abschnitt haben gezeigt, dass sich Leistungsvorteile für die Schülerinnen und Schüler in kognitiv heterogen zusammengesetzten Schulklassen am Ende der Jahrgangsstufe 4 in beiden Kompetenzdomänen ergeben. Der Tendenz nach lassen sich somit auch im Rahmen der Hamburger KESS-Studie die Befunde der Berliner Analysen von Lehmann (2006) für das Leseverständnis der Grundschülerinnen und -schüler replizieren.[55] Allerdings fällt der hier berichtete Effekt der kognitiven Heterogenität von Schulklassen auf die individuellen Lernstände der Schülerinnen und Schüler im Leseverständnis deutlich geringer

55 Für die Hamburger Schulklassen lassen sich die Befunde von Lehmann (2006) zur Bedeutung der kognitiven Heterogenität für das Leseverständnis am Ende der Jahrgangsstufe 6 unter Berücksichtigung des bereichsspezifischen Vorwissens, welche für eine realistische Schätzung von Kompositionseffekten zwingend erforderlich ist, hingegen nicht bestätigen (Bos & Scharenberg, 2010).

aus als in den Analysen von Lehmann (2006). Darüber hinaus zeigen die hier vorgelegten Befunde auch einen deutlichen Vorteil für kognitiv heterogen zusammengesetzte Schulklassen in der Kompetenzdomäne Mathematik am Ende der Jahrgangsstufe 4.

Zwar wird mit den hier berücksichtigten Variablen bei der Vorhersage schulischer Leistungen zunächst eine akzeptable Varianzaufklärung auf beiden Analyseebenen erzielt. Ergebnisse aus Längsschnittstudien – so z.B. die Analysen zur Bedeutung differenzieller Lernmilieus für den schulischen Kompetenzerwerb, die bisher im Rahmen der Hamburger KESS-Studie (Gröhlich et al., 2010a, 2010b) durchgeführt wurden – zeigen jedoch, dass das individuelle fachspezifische Vorwissen, also die Testleistung der Schülerinnen und Schüler zu einem vorherigen Messzeitpunkt, der wichtigste Prädiktor für die Vorhersage schulischer Leistungen ist.

Die nachfolgenden Analysen müssen deshalb genau dieses bereichsspezifische individuelle Vorwissen der Schülerinnen und Schüler berücksichtigen. Wird der Lernerfolg in einer Kompetenzdomäne zu einem bestimmten Messzeitpunkt (z.B. am Ende der Jahrgangsstufe 6 oder 8) dabei unter Berücksichtigung des Vorwissens zum vorherigen Messzeitpunkt geschätzt, so kann dies auch als *Kompetenzentwicklung* im Zeitraum zwischen dem aktuellen Messzeitpunkt (abhängige Variable) und dem vorherigen Messzeitpunkt (unabhängige Variable) interpretiert werden. Analog dazu wird auf der Aggregatebene eine leistungsheterogene Klassenzusammensetzung über die Streuung des Vorwissens zum vorherigen Messzeitpunkt innerhalb der Lerngruppen operationalisiert. Bei der Modellspezifikation wird an die Analysen zu differenziellen Lernmilieus im Rahmen der KESS-Studie, die bereits von Bonsen, Gröhlich und Bos (2009) und Gröhlich et al. (2010a, 2010b) durchgeführt wurden, angeknüpft. Die Analysen werden hierbei jedoch von der Schul- auf die Klassenebene übertragen, da angenommen wird, dass Leistungsheterogenität ein Kompositionsmerkmal vor allem von Schulklassen als der unmittelbaren Lernumwelt der Schülerinnen und Schüler darstellt (vgl. Abschnitt 3.3.1). Im Folgenden werden deshalb das Ausmaß der Leistungsheterogenität innerhalb von Schulklassen und ihre Veränderung über die Messzeitpunkte (Abschnitte 7.3 und 7.4), ihr Zusammenhang mit den erzielten Lernständen der Schülerinnen und Schüler (Abschnitt 7.5) sowie ihre Auswirkungen auf den individuellen Lernerfolg (Abschnitte 7.6 bis 7.8) näher analysiert.

7.3 Leistungsheterogenität in Hamburger Schulklassen

„[A]uch die Klassen des gegliederten Schulsystems [sind] in sich leistungsheterogen".
(Tillmann & Wischer, 2006, S. 45)

Schulklassen unterscheiden sich nicht nur hinsichtlich ihrer sozialen und kognitiven Zusammensetzung, sondern auch in Bezug auf ihre Leistungszusammensetzung. Mit der Datengrundlage aus KESS (vgl. Abschnitt 6.1) besteht die Möglichkeit, diese nicht nur approximativ über die kognitive Grundfähigkeit, sondern auch über das domänenspezifische Vorwissen, also die Testleistung zum vorherigen Messzeitpunkt, zu erfassen. Im Mittelpunkt dieser Arbeit soll somit die Frage nach den Auswirkungen von *Leistungs*heterogenität als Kompositionsmerkmal von Schulklassen auf die individuelle Kompetenzentwicklung stehen. Die beiden folgenden Abschnitte sollen deshalb das genaue Ausmaß der Leistungsheterogenität in den Schulklassen bestimmen und zeigen, inwiefern sich die Schulklassen an den verschiedenen Schulformen hinsichtlich ihrer durchschnittlichen Leistungsstreuung unterscheiden und wie groß jeweils im Durchschnitt der Abstand zwischen den Leistungsstärksten und -schwächsten innerhalb der Schulklassen ausfällt. Da sich die Analysen auf Hamburg, d.h. auf einen Stadtstaat mit einer großen sozialen Heterogenität, beziehen, wird erwartet, dass zwischen den Schulklassen auch Unterschiede in Bezug auf die Leistungsstreuung feststellbar sind.

Bei den Mehrebenenanalysen in den Abschnitten 7.6 bis 7.8 wird zur Vorhersage individueller Lernstände am Ende der Jahrgangsstufe 6 bzw. 8 zusätzlich das Vorwissen, also der Lernstand zum vorherigen Messzeitpunkt, herangezogen. Die Leistungsheterogenität wird dementsprechend operationalisiert als das auf der Ebene der Sekundarschulklassen über die Standardabweichung aggregierte Vorwissen aus KESS 4 bzw. KESS 7. Die beiden folgenden Abschnitte fokussieren deshalb zunächst das Ausmaß der Leistungsstreuung in den Sekundarschulklassen zu Beginn der Jahrgangsstufe 5 bzw. 7. Da alle Schülerinnen und Schüler am Ende der vierjährigen Grundschulzeit unabhängig von ihren Leistungen eine Schullaufbahnempfehlung für eine integrierte Gesamtschule erhalten, wird erwartet, dass an den integrierten Gesamtschulen die durchschnittliche Leistungsstreuung in den beiden Kompetenzdomänen zu Beginn der Jahrgangsstufe 5 signifikant höher ausfällt als an den Haupt- und Realschulen bzw. den Gymnasien.

7.3.1 Leistungsheterogenität in Hamburger Schulklassen zu Beginn der Jahrgangsstufe 5

In Tabelle 7.5 sind neben den mittleren Lernständen der Schulklassen auch deren mittlere Leistungsstreuung auf der Klassenebene sowie der Abstand zwischen den jeweils leistungsstärksten und -schwächsten Schülerinnen und Schülern aufgeführt.

In der linken Tabellenspalte sind der mittlere Lernstand innerhalb der Schulklassen zu Beginn der Jahrgangsstufe 5 in der jeweiligen Schulform und die dazugehörige Standardabweichung abgetragen. Die mittlere Spalte gibt die durchschnittliche Leistungsstreuung innerhalb der Schulklassen und deren Standardabweichung zu Beginn der Jahrgangsstufe 5 wieder. Die rechte Spalte gibt den durchschnittlichen Abstand zwischen den leistungsstärksten und -schwächsten Schülerinnen und Schülern innerhalb der Lerngruppen (*Range*) an der jeweiligen Schulform an.

Tabelle 7.5: Mittelwerte und Dispersionsmaße im Leseverständnis und in Mathematik auf der Klassenebene nach Schulform zu Beginn der Jahrgangsstufe 5

	mittlerer Lernstand (SD)	mittlere Streuung (SD) [1]	mittlerer Range [2]
		innerhalb der Schulklassen	
Leseverständnis			
Haupt- und Realschule [a]	-0,61 (0,31)	0,77 (0,15)	2,83
Gesamtschule [b]	-0,37 (0,38)	0,84 (0,17)	3,13
Gymnasium [a]	0,60 (0,29)	0,74 (0,16)	2,84
Gesamt	-0,04 (0,63)	0,78 (0,17)	2,94
Mathematik			
Haupt- und Realschule [a]	-0,59 (0,28)	0,72 (0,15)	2,63
Gesamtschule [b]	-0,38 (0,35)	0,77 (0,16)	2,93
Gymnasium [c]	0,59 (0,31)	0,84 (0,18)	3,22
Gesamt	-0,04 (0,62)	0,79 (0,17)	2,99

[1] Unterscheiden sich die Schulklassen der unterschiedlichen Schulformen in ihrer mittleren Leistungsstreuung mit $p < .05$ signifikant voneinander, so sind sie durch unterschiedliche Buchstaben (a, b, c) gekennzeichnet.

[2] Differenz zwischen den leistungsstärksten und -schwächsten Schülerinnen und Schülern innerhalb der Schulklassen nach Schulform.

N = 128 (Haupt- und Realschule), 168 (Gesamtschule), 202 (Gymnasium).

Lernstände in beiden Kompetenzdomänen auf der Individualebene z-standardisiert.

Für das Leseverständnis zeigt sich, dass sich die leistungshomogensten Schulklassen, also die Lerngruppen mit der im Durchschnitt geringsten Leistungsstreuung, an den Gymnasien (0,74 SD) sowie den Haupt- und Realschulen (0,77 SD) befinden. Zwar fällt die mittlere Leistungsstreuung im Leseverständnis an den Gymnasien nominell etwas niedriger aus als an den Haupt- und Realschulen. Die Varianzanalyse der durchschnittlichen Leistungsstreuung im Leseverständnis zu Beginn der Jahrgangsstufe 5 ergibt aber diesbezüglich keine signfikanten Unterschiede. Obwohl die Schulklassen an den Gymnasien und den Haupt- und Realschulen also im Hinblick auf ihre mittlere Leistungsstreuung durchaus vergleichbar sind, unterscheiden sie sich jedoch deutlich hinsichtlich ihrer durchschnittlichen Lernstände: In den Haupt- und Realschulklassen liegt der mittlere Lernstand mehr als eine halbe Standardabweichung unterhalb, an den Gymnasien mehr als eine halbe Standardabweichung oberhalb des Durchschnitts (vgl. auch Tabelle 7.1). Die leistungsheterogensten Schulklassen mit der höchsten mittleren Leistungsstreuung im Leseverständnis (0,84 SD) sind hingegen an den integrierten Gesamtschulen anzutreffen. Hier fällt die Leistungsstreuung innerhalb der Schulklassen signifikant höher aus als an den Haupt- und Realschulen bzw. Gymnasien. Der mittlere *Range* ist dementsprechend in den Haupt- und Realschulklassen und in den Gymnasialklassen niedriger als in den integrierten Gesamtschulen. Ungeachtet dessen fällt der Abstand zwischen den leistungsstärksten und -schwächsten Schülerinnen und Schülern innerhalb von Schulklassen im Leseverständnis an allen Schulformen beachtlich aus (an den Haupt- und Realschulklassen und den Gymnasien 2,83 bzw. 2,84 SD, an den integrierten Gesamtschulen sogar 3,13 SD).

Für die Leistungsstreuung in Mathematik zu Beginn der Jahrgangsstufe 5 ergibt sich hingegen ein anderes Bild: In den Haupt- und Realschulen sind die Lerngruppen am leistungshomogensten (mittlere Leistungsstreuung innerhalb der Lerngruppen: 0,72 SD). An den Gymnasien ist dagegen die leistungsheterogenste Schülerschaft anzutreffen (mittlere Leistungsstreuung: 0,84 SD). In den Gesamtschulklassen liegt die Leistungsstreuung im mittleren Bereich (0,77 SD). Schulklassen aller Schulformen unterscheiden sich hinsichtlich der mittleren Leistungsstreuung signifikant. Der Abstand zwischen den leistungsstärksten und -schwächsten Schülerinnen und Schülern fällt dementsprechend an den Haupt- und Realschulen am geringsten aus, gefolgt von den integrierten Gesamtschulen und den Gymnasien.

Da die Effektstärken als Maß zur Beurteilung von Leistungsunterschieden sehr abstrakt und nicht anschaulich sind, werden als inhaltlicher Vergleichsmaßstab und zur Einschätzung der praktischen Bedeutsamkeit häufig auch die fachlichen Lernfortschritte herangezogen, die die Schülerinnen und Schüler üblicherweise innerhalb eines Schuljahres erreichen. Einen groben Anhaltspunkt zur Einordnung dieser Leistungsunterschiede liefert die TIMSS II-Studie, im Rahmen derer eine Teilstichprobe längsschnittlich in den Jahrgangsstufen 7 und 8 untersucht worden ist. Demnach beträgt der Lernfortschritt innerhalb eines Schuljahres im Durchschnitt etwa ein Drittel einer Standardabweichung (Baumert et al., 1997, S. 66 ff.; zur methodenkritischen Auseinandersetzung mit dieser Umrechnung vgl. Bonsen, Büchter & van Ophuysen, 2004). Legt man diese Größenordnung auch den hier vorgelegten Berechnungen[56] zu Grunde, so beträgt die mittlere Leistungsstreuung innerhalb der

56 Die Lernzuwächse der KESS-Population liegen in vergleichbarer Größenordnung (mittlere Lernentwicklung im Leseverständnis von KESS 4 zu KESS 7: $d = 0{,}69$; mittlere Lernentwicklung im Leseverständnis von KESS 7 zu KESS 8: $d = 0{,}82$; Wendt et al., 2010). In Mathematik fallen die Lernfortschritte zwischen den Messzeitpunkten hingegen geringer aus ($d = 0{,}58$ bzw. $d = 0{,}57$; Guill, Gröhlich, Scharenberg, Wendt & Bos, 2010). Um dennoch einen einheitlichen Maßstab als inhaltliche Interpretationshilfe für beobachtete Differenzen verwenden zu können, wird – analog zu Baumert et al. (1997) – auch für die KESS-Population ein durchschnittlicher Lernzuwachs in einem Schuljahr in einer Größenordnung von einem Drittel einer Standardabweichung angenommen.

Schulklassen zu Beginn der Jahrgangsstufe 5 in beiden Kompetenzdomänen etwa zwei bis zweieinhalb Schuljahre.

7.3.2 Leistungsheterogenität in Hamburger Schulklassen zu Beginn der Jahrgangsstufe 7

Tabelle 7.6 berichtet die Streuung der mittleren Lernstände, die durchschnittliche Leistungsstreuung und den Abstand zwischen den leistungsstärksten und -schwächsten Schülerinnen und Schülern innerhalb der Schulklassen zu Beginn der Jahrgangsstufe 7. Zwar fällt die durchschnittliche Leistungsstreuung im Leseverständnis in den Realschulklassen mit 0,73 Standardabweichungen nominell am niedrigsten aus, Hauptschul- und Realschulklassen unterscheiden sich diesbezüglich jedoch nicht signifikant voneinander. Die Varianzanalyse ergibt, dass signifikante Unterschiede nur zwischen den Realschul- und Gymnasialklassen bestehen. Zwar sind die Hauptschul- und Gymnasialklassen hinsichtlich ihrer mittleren Leistungsstreuung im Leseverständnis zu Beginn der Jahrgangsstufe 7 vergleichbar. In ihren mittleren Lernständen unterscheiden sie sich jedoch signifikant voneinander (vgl. auch Tabelle 7.2). Bei vergleichbarer Leistungsstreuung liegen die mittleren Lernstände in den Hauptschulklassen weit unterhalb des Gesamtdurchschnitts, in den Gymnasialklassen dagegen oberhalb des Durchschnitts. Die Gymnasialklassen weisen mit durchschnittlich 0,79 Standardabweichungen die nominell höchste Leistungsstreuung im Leseverständnis zu Beginn der Jahrgangsstufe 7 auf. Dies zeigt sich auch im mittleren *Range*, also im Abstand zwischen den leistungsstärksten und -schwächsten Schülerinnen und Schülern. Dieser beträgt im Leseverständnis an den Gymnasien im Durchschnitt 3 Standardabweichungen. In den Lerngruppen der beiden anderen Schulformen fällt er dagegen mit 2,69 (Hauptschule) bzw. 2,67 Standardabweichungen (Realschule) geringer aus.

In der Kompetenzdomäne Mathematik fällt die mittlere Leistungsstreuung insgesamt niedriger aus als im Leseverständnis. In Mathematik befinden sich die leistungshomogensten Lerngruppen an den Hauptschulen: Hier beträgt die durchschnittliche Leistungsstreuung knapp eine halbe Standardabweichung (0,56 SD). In den Realschulklassen fällt die Leistungsstreuung mit 0,64 Standardabweichungen zwar nominell etwas höher aus, es besteht jedoch kein signifikanter Unterschied zu den Hauptschulklassen. In Mathematik sind die leistungsheterogensten Lerngruppen mit der größten Leistungsstreuung an den Gymnasien anzutreffen. Hier macht die durchschnittliche Leistungsstreuung rund vier Fünftel einer Standardabweichung (0,79 SD) aus. Gerade an den Hauptschulen fällt der mittlere *Range*, also der Abstand zwischen den Leistungsstärksten und -schwächsten, besonders niedrig aus und macht hier nicht einmal zwei Standardabweichungen (1,97 SD) aus. An den Gymnasien beträgt dieser Abstand in Mathematik hingegen mehr als drei (3,07 SD), an den Realschulen mehr als zwei (2,37) Standardabweichungen.

Tabelle 7.6: Mittelwerte und Dispersionsmaße im Leseverständnis und in Mathematik auf der Klassenebene nach Schulform zu Beginn der Jahrgangsstufe 7

	mittlerer Lernstand (SD)	mittlere Streuung (SD) [1] innerhalb der Schulklassen	mittlerer Range [2] innerhalb der Schulklassen
Leseverständnis			
Hauptschule [a,b]	-1,23 (0,28)	0,77 (0,15)	2,69
Realschule [a]	-0,50 (0,25)	0,73 (0,11)	2,67
Gymnasium [b]	0,36 (0,32)	0,79 (0,17)	3,00
Gesamt	-0,05 (0,67)	0,77 (0,16)	2,89
Mathematik			
Hauptschule [a]	-1,19 (0,22)	0,56 (0,12)	1,97
Realschule [a]	-0,62 (0,23)	0,64 (0,15)	2,37
Gymnasium [b]	0,39 (0,35)	0,79 (0,18)	3,07
Gesamt	-0,05 (0,70)	0,73 (0,19)	2,79

[1] Unterscheiden sich die Schulklassen der unterschiedlichen Schulformen in ihrer mittleren Leistungsstreuung mit $p < .05$ signifikant voneinander, so sind sie durch unterschiedliche Buchstaben (a, b, c) gekennzeichnet.
[2] Differenz zwischen den leistungsstärksten und -schwächsten Schülerinnen und Schülern innerhalb der Schulklassen nach Schulform.
N = 49 (Hauptschule), 69 (Realschule), 213 (Gymnasium).
Lernstände in beiden Kompetenzdomänen auf der Individualebene z-standardisiert.

Rechnet man auch hier analog zu Abschnitt 7.3.1 und in Anlehnung an Baumert et al. (1997) die mittlere klasseninterne Leistungsstreuung in Schuljahre um, so macht die Leistungsheterogenität innerhalb der Schulklassen zu Beginn der Jahrgangsstufe 7 im Leseverständnis an allen Schulformen etwas mehr als zwei Schuljahre aus. In Mathematik fällt die Leistungsstreuung geringer aus. Sie macht an den Haupt- bzw. Realschulen etwa anderthalb bis zwei, an den Gymnasien im Durchschnitt dagegen mehr als zwei Schuljahre aus.

7.4 Veränderung der Leistungsheterogenität

Um einschätzen zu können, ob und inwieweit sich die Leistungsheterogenität innerhalb der Schulklassen in den beiden Kompetenzdomänen vom Beginn der Jahrgangsstufe 5 bis zum Ende der Jahrgangsstufe 8 verändert, wird in diesem Abschnitt zusätzlich die Differenz der Leistungsstreuung zwischen zwei Messzeitpunkten beschrieben. Dabei wird zunächst auf die Veränderung der Leistungsstreuung von Beginn der Jahrgangsstufe 5 bis zum Ende der Jahrgangsstufe 6 eingegangen, bevor deren Veränderung in den Jahrgangsstufen 7 und 8 beschrieben wird. Aufgrund der in Kapitel 2 beschriebenen institutionellen Maßnahmen zur Reduktion von Leistungsheterogenität (z.B. Klassenwiederholung und Schulformwechsel) wird erwartet, dass die Schulklassen leistungshomogener werden, d.h., dass sich die klasseninterne Leistungsstreuung im Laufe der Sekundarstufe I verringern sollte.

7.4.1 Veränderung der Leistungsheterogenität in den Jahrgangsstufen 5 und 6

Tabelle 7.7 weist neben der mittleren Leistungsstreuung und deren Standardabweichung zu Beginn der Jahrgangsstufe 5 (operationalisiert als Streuung der Testwerte aus KESS 4 innerhalb der Sekundarschulklassen) und am Ende der Jahrgangsstufe 6 (operationalisiert als die über die Klassenzugehörigkeit am Ende der Jahrgangsstufe 6 aggregierte Streuung der Testwerte aus KESS 7) auch deren Veränderung (nominell und als Effektstärke *d*) getrennt nach Schulform aus. Das klasseninterne Leistungsspektrum im Leseverständnis verändert sich vom Beginn der Jahrgangsstufe 5 bis zum Ende der Jahrgangsstufe 6 an den Haupt- und Realschulen sowie an den integrierten Gesamtschulen kaum ($d = 0{,}15$ bzw. $d = -0{,}06$). Ein nennenswerter Effekt findet sich lediglich für die Gymnasialklassen: Hier vergrößert sich die Leistungsstreuung im Leseverständnis innerhalb der Schulklassen vom Beginn der Jahrgangsstufe 5 bis zum Ende der Jahrgangsstufe 6 geringfügig, die Lerngruppen an den Gymnasien werden in der Beobachtungsstufe tendenziell leistungsheterogener ($d = 0{,}22$). Der Effekt ist jedoch in Anlehnung an Bortz und Döring (1995, S. 567 f.) als klein einzustufen.

Tabelle 7.7: Veränderung der klasseninternen Leistungsstreuung vom Beginn der Jahrgangsstufe 5 bis zum Ende der Jahrgangsstufe 6 nach Kompetenzdomäne und Schulform

	mittlere Leistungsstreuung innerhalb der Schulklassen		Veränderung der Leistungsstreuung	
	Anfang Jgst. 5	Ende Jgst. 6	Differenz	*d*
Leseverständnis				
Haupt- und Realschule	0,77 (0,15)	0,79 (0,13)	0,02	0,15
Gesamtschule	0,84 (0,17)	0,83 (0,17)	-0,01	-0,06
Gymnasium	0,74 (0,16)	0,78 (0,18)	0,04	0,22
Gesamt	0,78 (0,17)	0,80 (0,16)	0,02	0,10
Mathematik				
Haupt- und Realschule	0,72 (0,15)	0,64 (0,15)	-0,08	-0,50
Gesamtschule	0,77 (0,16)	0,71 (0,16)	-0,07	-0,40
Gymnasium	0,84 (0,18)	0,80 (0,17)	-0,03	-0,19
Gesamt	0,79 (0,17)	0,73 (0,18)	-0,06	-0,32

N = 128 (Haupt- und Realschule), 168 (Gesamtschule), 202 (Gymnasium).
Lernstände in beiden Kompetenzdomänen auf der Individualebene z-standardisiert.
In Klammern: Standardabweichung.

Ein gegensätzlicher Befund ergibt sich dagegen in der Kompetenzdomäne Mathematik: Hier verringert sich das klasseninterne Leistungsspektrum in den Jahrgangsstufen 5 und 6 über alle Schulformen hinweg ($d = -0{,}32$), die Lernstände der Schülerinnen und Schüler nähern sich innerhalb der Schulklassen immer stärker aneinander an. Nach Helmke (1988) wäre hier also von einer *Egalisierung* zu sprechen. Am stärksten verringert sich das klasseninterne Leistungsspektrum dabei an den Haupt- und Realschulen ($d = -0{,}50$), gefolgt von den integrierten Gesamtschulen ($d = -0{,}40$) und den Gymnasien ($d = -0{,}19$). Diese Veränderungen sind an den Haupt- und Realschulen als mittlere, an den integrierten Gesamtschulen und Gymnasien als kleine Effekte zu klassifizieren.

7.4.2 Veränderung der Leistungsheterogenität in den Jahrgangsstufen 7 und 8

Für den zweiten Analyseschritt bleibt das klasseninterne Leistungsspektrum im Leseverständnis vom Beginn der Jahrgangsstufe 7 bis zum Ende der Jahrgangsstufe 8 an den Hauptschulen bzw. Realschulen nahezu konstant ($d = 0{,}01$ bzw. $d = 0{,}03$; vgl. Tabelle 7.8). Positive Effektstärken bei gleicher Leistungsstreuung innerhalb der Schulklassen zu Beginn der Jahrgangsstufe 7 und am Ende der Jahrgangsstufe 8 ergeben sich an den Haupt- bzw. Realschule nur durch kleine Rundungsfehler. In den Gymnasialklassen reduziert sich die Leistungsstreuung dagegen vergleichsweise am stärksten, wenngleich der Effekt als klein einzustufen ist ($d = -0{,}34$). Im Leseverständnis ist also in den Jahrgangsstufen 7 und 8 lediglich an den Gymnasien eine leichte Tendenz zur Leistungshomogenisierung beobachtbar.

In der Kompetenzdomäne Mathematik verringert sich dagegen das klasseninterne Leistungsspektrum vom Beginn der Jahrgangsstufe 7 bis zum Ende der Jahrgangsstufe 8 über alle Schulformen hinweg ($d = -0{,}38$). Am stärksten fällt dieser Effekt an den Gymnasien und Realschulen aus ($d = -0{,}47$ bzw. $d = -0{,}44$). Aber auch wenn dieser Effekt nominell gleich hoch ausfällt, liegt die mittlere Leistungsstreuung in Mathematik am Ende der Jahrgangsstufe 8 in den Realschulklassen deutlich unter der der Gymnasialklassen. Realschulen und Gymnasien sind also lediglich im Hinblick auf die Reduktion der Leistungsstreuung in Mathematik in den Jahrgangsstufen 7 und 8 vergleichbar. Hinsichtlich der mittleren Leistungsstreuung sind die Realschulklassen jedoch am ehesten mit den Hauptschulklassen zu vergleichen, von denen sie sich nicht signifikant unterscheiden (vgl. auch Tabelle 7.6).

Tabelle 7.8: Veränderung der klasseninternen Leistungsstreuung vom Beginn der Jahrgangsstufe 7 bis zum Ende der Jahrgangsstufe 8 nach Kompetenzdomäne und Schulform[57]

	mittlere Leistungsstreuung innerhalb der Schulklassen		Veränderung der Leistungsstreuung	
	Anfang Jgst. 7	Ende Jgst. 8	Differenz	*d*
Leseverständnis				
Hauptschule	0,77 (0,15)	0,77 (0,15)	0,00	0,01
Realschule	0,73 (0,11)	0,73 (0,14)	0,00	0,03
Gymnasium	0,79 (0,17)	0,72 (0,20)	-0,06	-0,34
Gesamt	0,77 (0,16)	0,73 (0,18)	-0,04	-0,23
Mathematik				
Hauptschule	0,56 (0,12)	0,54 (0,12)	-0,03	-0,23
Realschule	0,64 (0,15)	0,58 (0,12)	-0,06	-0,44
Gymnasium	0,79 (0,18)	0,72 (0,15)	-0,08	-0,47
Gesamt	0,73 (0,19)	0,66 (0,16)	-0,07	-0,38

N = 49 (Hauptschule), 69 (Realschule), 213 (Gymnasium).
Lernstände in beiden Kompetenzdomänen auf der Individualebene z-standardisiert.
In Klammern: Standardabweichung.
Positive Effektstärken bei gleicher Leistungsstreuung zu beiden Messzeitpunkten ergeben sich durch Rundungsfehler bei der Leistungsstreuung.

Zusammenfassend lässt sich also festhalten, dass – mit wenigen Ausnahmen, bei denen die Leistungsstreuung konstant bleibt oder sich geringfügig vergrößert – sich die Leistungsstreuung innerhalb der Schulklassen in den ersten vier Sekundarschuljahren verringert. Diese Tendenz zur Leistungshomogenisierung fällt dabei sowohl für den ersten Analyseschritt vom Beginn der Jahrgangsstufe 5 bis zum Ende der Jahrgangsstufe 6 als auch für den zweiten Analyseschritt vom Beginn der Jahrgangsstufe 7 bis zum Ende der Jahrgangsstufe 8 für Mathematik stärker aus als für das Leseverständnis. Trotz dieser Tendenz zur Leistungshomogenisierung, also einer Veränderung der Klassenkomposition hinsichtlich der Leistungsstreuung, sei an dieser Stelle angemerkt, dass das Leistungsniveau, also die mittleren Lernstände innerhalb der Schulklassen, über die Messzeitpunkte hinweg sehr stabil bleibt ($0,91 \leq r \leq 0,94$). Die Stabilität dieser Art leistungsbezogener Kompositionseffekte trotz Veränderungen z.B. hinsichtlich der soziokulturellen Zusammensetzung der Schülerschaft ist ein in der Schuleffektivitätsforschung bekanntes Phänomen, welches unter anderem von Luyten und de Wolf (2011) am Beispiel niederländischer Grundschulen ausführlich und hinsichtlich der sich daraus ergebenden Konsequenzen für die Personalplanung sowie für die Verteilung der Schülerinnen und Schüler auf verschiedene Schulen diskutiert wird.

57 Effektstärken ungleich null bei unveränderter Leistungsstreuung vom Beginn der Jahrgangsstufe 7 bis zum Ende der Jahrgangsstufe 8 sind rundungsbedingt.

7.5 Der Zusammenhang von Leistungsheterogenität innerhalb von Schulklassen und individuellem Lernerfolg

Die beiden vorangegangen Abschnitte haben gezeigt, dass die Leistungsheterogenität und deren Veränderung in den ersten vier Schuljahren der Hamburger Sekundarstufe je nach Kompetenzdomäne und Schulform ganz unterschiedlich ausfallen. In diesem Abschnitt wird deshalb zunächst bivariat untersucht, ob und gegebenenfalls welcher Zusammenhang zwischen der Leistungsheterogenität innerhalb von Schulklassen und den erzielten Lernständen der Schülerinnen und Schüler in der jeweiligen Kompetenzdomäne besteht.

Zur Überprüfung dieses Zusammenhangs wird die klassenbezogene Leistungsheterogenität disaggregiert, d.h., Schülerinnen und Schüler derselben Schulklasse bekommen dieselbe Leistungsstreuung als Merkmal ihrer Lerngruppe zugewiesen. Der Zusammenhang zwischen der Leistungsstreuung auf der Klassenebene und dem individuellen Lernerfolg wird anhand von Streudiagrammen und Korrelationen beschrieben.

7.5.1 Zusammenhang von Leistungsheterogenität und individuellem Lernerfolg in den Jahrgangsstufen 5 und 6

Leseverständnis

Abbildung 7.2 stellt den Zusammenhang zwischen der klassenbezogenen Streuung des Leseverständnisses zu Beginn der Jahrgangsstufe 5 und dem individuellen Lernstand am Ende der Jahrgangsstufe 6 getrennt nach Schulform dar. Es zeigt sich, dass sich die Lernstände der Schülerinnen und Schüler auf der y-Achse[58] je nach Schulform einerseits unterscheiden und andererseits größtenteils überschneiden. Auf der x-Achse[59] lässt sich erkennen, dass die Leistungsstreuung in den meisten Gymnasialklassen weniger als eine Standardabweichung beträgt. Schulklassen, in denen die Leistungsstreuung im Leseverständnis mehr als eine Standardabweichung ausmacht, gibt es dagegen überwiegend an den integrierten Gesamtschulen, an denen jedoch die mittleren Lernstände unterdurchschnittlich ausfallen (vgl. auch Tabelle 7.5). Die Breite der Leistungsstreuung in den Haupt- und Realschulklassen überlappt sich mit der in den Gymnasial- und Gesamtschulklassen. Der Zusam-

58 „Lücken" in den Streudiagrammen in vertikaler Richtung können dadurch entstehen, dass für Schülerinnen und Schüler mit fehlenden Werten auf den Leistungsdaten im Imputationsverfahren (vgl. Abschnitt 6.5) nicht die höchstmöglichen Werte geschätzt werden, so dass sich die Verteilung im mittleren Leistungsbereich verdichtet.

59 „Lücken" in den Streudiagrammen in horizontaler Richtung können dadurch entstehen, dass eine Schulklasse mit entsprechender Leistungsstreuung von den Berechnungen ausgeschlossen wurde, da ihr nur weniger als zehn Schülerinnen und Schüler zugeordnet werden können. In solchen Fällen ist davon auszugehen, dass die Leistungsstreuung auf der Klassenebene kein realistisches Abbild der jeweiligen Lerngruppe darstellt (vgl. Abschnitt 6.3.1).

menhang zwischen den beiden Variablen fällt über alle Schulformen hinweg zwar signifikant negativ, aber nur sehr gering aus ($r = -0{,}12$). D.h., je heterogener die leistungsbezogene Klassenzusammensetzung zu Beginn der Jahrgangsstufe 5 ist, desto niedriger fällt bei zunächst bivariater Betrachtung das individuelle Leseverständnis am Ende der Jahrgangsstufe 6 aus. Der Anteil der durch die klassenbezogene Leistungsstreuung erklärten Varianz des Leseverständnisses beläuft sich aber auf lediglich 1,52 Prozent.

Abbildung 7.2: Zusammenhang zwischen klasseninterner Leistungsstreuung und dem Leseverständnis in den Jahrgangsstufen 5 und 6

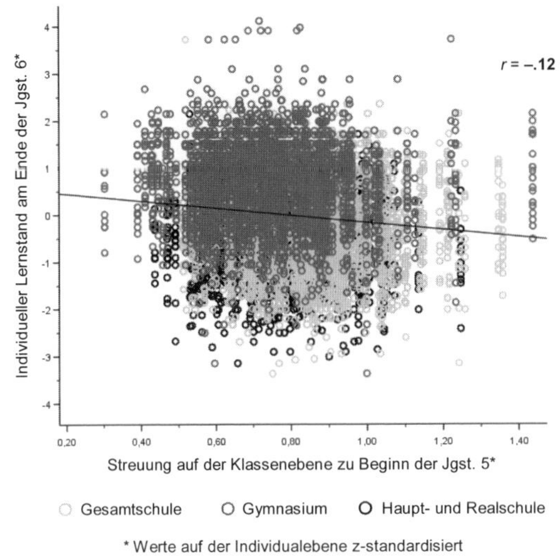

Mathematik

Abbildung 7.3 gibt den Zusammenhang zwischen der Leistungsstreuung auf der Klassenebene zu Beginn der Jahrgangsstufe 5 und dem individuell erreichten Lernstand in Mathematik am Ende der Jahrgangsstufe 6 getrennt nach Schulform wieder. Über alle Schulformen hinweg besteht bei zunächst bivariater Betrachtung ein signifikant positiver Zusammenhang zwischen der Leistungsstreuung innerhalb der Schulklassen und den individuellen Lernständen der Schülerinnen und Schüler ($r = 0{,}18$). Je größer also die Leistungsstreuung innerhalb der Schulklassen zu Beginn der Jahrgangsstufe 5 ausfällt, desto höher sind die individuellen Lernstände am Ende der Jahrgangsstufe 6. Ein differenzierterer Blick auf die Schulformen ergibt jedoch, dass in Lerngruppen mit einer Leistungsstreuung von beispielsweise mindestens einer Standardabweichung lediglich an den Gymnasien überdurchschnittliche Lernstände erzielt werden. Schülerinnen und Schüler an den Haupt- und Realschulen bzw. integrierten Gesamtschulen erreichen bei vergleichbarer Leistungsstreuung hingegen unterdurchschnittliche Lernstände. Die Leistungsstreuung zu Beginn der Jahrgangsstufe 5 erklärt 3,38 Prozent der Varianz der Mathematikleistung am Ende der Jahrgangsstufe 6.

Abbildung 7.3: Zusammenhang zwischen klasseninterner Leistungsstreuung und der Mathematikleistung in den Jahrgangsstufen 5 und 6

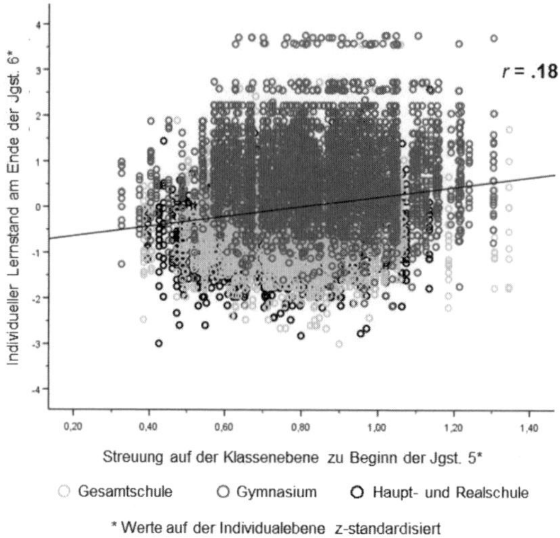

7.5.2 Zusammenhang von Leistungsheterogenität und individuellem Lernerfolg in den Jahrgangsstufen 7 und 8

Leseverständnis

Das Streudiagramm in Abbildung 7.4 zeigt, dass über alle Schulformen hinweg zwar ein kleiner und signifikanter, aber praktisch nicht relevanter Zusammenhang zwischen der Streuung des Leseverständnisses innerhalb der Schulklassen zu Beginn der Jahrgangsstufe 7 und dem individuellen Lernstand der Schülerinnen und Schüler am Ende der Jahrgangsstufe 8 besteht ($r = 0{,}05$). Der Anteil der durch die Leistungsstreuung erklärten Varianz des Leseverständnisses am Ende der Jahrgangsstufe 8 beläuft sich dabei lediglich auf 0,19 Prozent. Auf der y-Achse des Diagramms wird erneut deutlich, dass sich die individuellen Lernstände der Schülerinnen und Schüler im Leseverständnis am Ende der Jahrgangsstufe 8 einerseits deutlich je nach Schulform unterscheiden. Andererseits bestehen aber auch breite Überlappungsbereiche zwischen den verschiedenen Schulformen. Hinsichtlich der

Leistungsstreuung auf der x-Achse zeigt sich, dass unter den Lerngruppen, in denen das Leistungsspektrum mehr als eine Standardabweichung beträgt, überwiegend Gymnasialklassen zu finden sind. An den Haupt- bzw. Realschulen liegt das Leistungsspektrum in den meisten Schulklassen zwischen einer halben und einer Standardabweichung bei gleichzeitig unterdurchschnittlichen, und vor allem signifikant niedrigeren mittleren Lernständen als an den Gymnasien (vgl. auch Tabelle 7.6).

Abbildung 7.4: Zusammenhang zwischen klasseninterner Leistungsstreuung und dem Leseverständnis in den Jahrgangsstufen 7 und 8

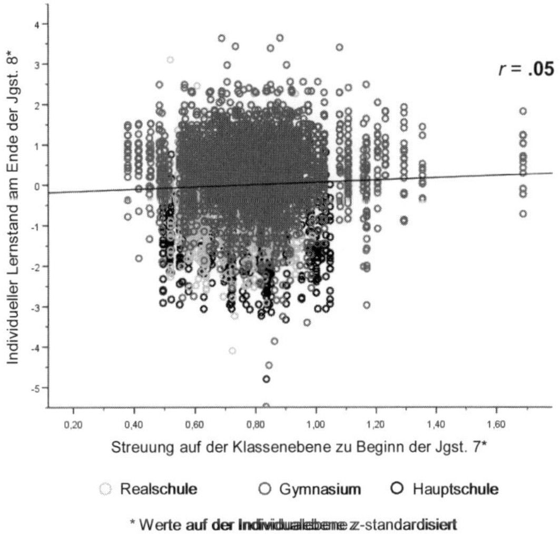

Mathematik

Für den zweiten Analyseschritt besteht in der Kompetenzdomäne Mathematik ein vergleichsweise hoher, positiver Zusammenhang zwischen der klassenbezogenen Leistungsstreuung zu Beginn der Jahrgangsstufe 7 und den individuell erreichten Lernständen am Ende der Jahrgangsstufe 8 ($r = 0{,}38$). D.h., je heterogener die Lerngruppen hinsichtlich ihrer Lernausgangslagen zu Beginn der Jahrgangsstufe 7 zusammengesetzt sind, desto höher sind die Lernstände der Schülerinnen und Schüler am Ende der Jahrgangsstufe 8 (vgl. Abbildung 7.5). An den Haupt- bzw. Realschulen werden bei vergleichsweise niedriger Leistungsstreuung überwiegend unterdurchschnittliche Lernstände erzielt. Schulklassen mit einer überdurchschnittlich hohen Leistungsstreuung, die mehr als eine Standardabweichung beträgt, gibt es dagegen ausschließlich an den Gymnasien. Hier werden auch im Durchschnitt die höchsten Lernstände erzielt. Einige der Schulklassen mit einer überdurchschnittlichen Leistungsstreuung sind auch an den Realschulen zu finden, allerdings bleiben hier die höchsten erzielten Lernstände hinter denen der Gymnasiastinnen und Gymnasiasten zurück. Die Leistungsstreuung auf der Klassenebene zu Beginn der Jahrgangsstufe 7 erklärt 14,48 Prozent der Varianz der Mathematikleistung am Ende der Jahrgangsstufe 8.

Abbildung 7.5: Zusammenhang zwischen klasseninterner Leistungsstreuung und der Mathematikleistung in den Jahrgangsstufen 7 und 8

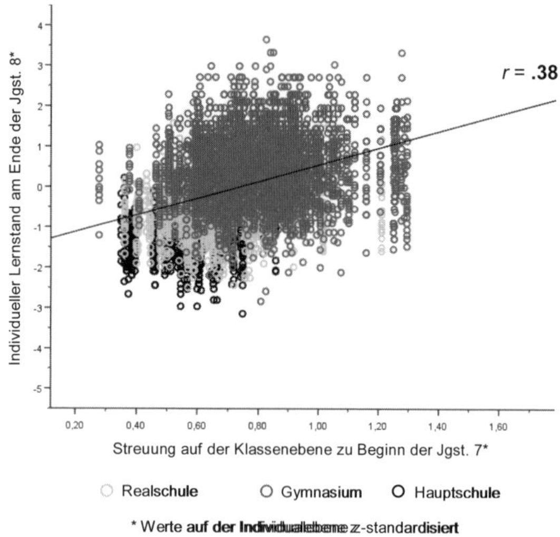

Zusammenfassend lässt sich festhalten, dass der Zusammenhang zwischen der Leistungsstreuung auf der Klassenebene und den individuellen Lernständen der Schülerinnen und Schüler je nach Analyseschritt und Kompetenzdomäne ganz unterschiedlich ausfällt. Für die klasseninterne Leistungsstreuung ist der Zusammenhang

- mit dem individuellen Lernstand im Leseverständnis negativ (Jahrgangsstufen 5 und 6) bzw. geringfügig positiv (Jahrgangsstufen 7 und 8), aber praktisch nicht relevant,
- mit dem individuellen Lernstand in Mathematik dagegen in mittlerer Höhe und signifikant positiv (beide Analyseschritte).

Fraglich ist jedoch, wie sich die Zusammenhänge der Streuungsparameter auf der Klassenebene mit den individuellen Lernständen der Schülerinnen und Schüler gestalten, wenn zusätzlich weitere leistungsrelevante Merkmale auf der Individualebene (z.B. das Vorwissen zum vorherigen Messzeitpunkt) sowie Merkmale der Zusammensetzung der Schulklassen berücksichtigt werden, und ob die Leistungsstreuung einen eigenständigen Beitrag zur Vorhersage individueller Lernstände leisten kann. Diesen beiden Fragen wird im folgenden Abschnitt nachgegangen.

7.6 Leistungsheterogenität als Kompositionsmerkmal von Schulklassen

„Gefragt wird also, ob sich auf der Ebene einzelner Schulklassen ein positiver Zusammenhang zwischen vergleichsweise hoher Heterogenität der Lernvoraussetzungen [...] einerseits und erreichten Lernständen andererseits finden lässt."
(Lehmann, 2006, S. 111)

In den beiden vorangegangen Abschnitten ist das Ausmaß der Leistungsheterogenität innerhalb von Schulklassen bestimmt und bivariat ihr Zusammenhang mit den individuellen Lernständen der Schülerinnen und Schüler aufgezeigt worden. In diesem Abschnitt wird untersucht, ob Leistungsheterogenität ein Kompositionsmerkmal von Schulklassen ist, d.h., ob sich auch unter der Berücksichtigung weiterer Hintergrundmerkmale ein signifikanter Effekt der Leistungsstreuung innerhalb von Schulklassen auf den individuellen Lernerfolg nachweisen lässt. Ähnliche Analysen, die die Abweichung individueller Lernstände vom Klassenmittelwert berücksichtigen, wurden bereits von Burstein (1986) vorgeschlagen.

Bei den mehrebenenanalytischen Berechnungen werden in zunächst unkonditionierten Modellen die Varianzanteile der abhängigen Variable bestimmt, die auf Unterschiede zwischen den Schülerinnen und Schülern bzw. auf Unterschiede zwischen den Schulklassen zurückzuführen sind. Es wird erwartet, dass signifikante Varianzanteile der jeweiligen Fachleistung auf die Klassenebene entfallen, so dass diese nachfolgend als Analyseeinheit berücksichtigt werden kann. Im Weiteren wird in schrittweisen Modellen überprüft, ob die Leistungsstreuung auf der Klassenebene auch unter Kontrolle weiterer leistungsrelevanter Merkmale auf den beiden Analyseebenen einen signifikanten Effekt auf die individuelle Testleistung ausübt und ob dieser Effekt positiv oder negativ ausfällt. Aufgrund der bisherigen Forschungsbefunde zur eher negativen, aber insgesamt geringen Wirkungsweise von Leistungsgruppierung (vgl. Kapitel 4) wird umgekehrt vermutet, dass mit einer höheren Leistungsstreuung, also in leistungsheterogenen Schulklassen, unter Berücksichtigung weiterer Hintergrundmerkmale höhere bzw. zumindest keine signifikant niedrigeren individuellen Lernstände bei den Schülerinnen und Schülern einhergehen sollten.

7.6.1 Die Schulklasse als Analyseebene

„[I]t is the identity of the class to which the student belongs that is the key determinant of progress made by the student.“
(Hill & Rowe, 1998, S. 325)

Da die Schülerinnen und Schüler in Schulklassen gruppiert sind, welche ihre unmittelbare Lernumwelt darstellt, wird davon ausgegangen, dass sich die Schülerinnen und Schüler innerhalb einer Lerngruppe ähnlicher sind als Schülerinnen und Schüler verschiedener Lerngruppen. Bei der Datenauswertung ist deshalb ein mehrebenenanalytisches Vorgehen erforderlich (vgl. Abschnitt 6.4.2). Zur Vorhersage der Lese- und Mathematikleistung wird ein Modell auf zwei Ebenen gewählt: Neben der Individualebene soll auch die Klassenebene berücksichtigt werden. Dabei muss für jede Kompetenzdomäne zunächst in einem vollständig unkonditionierten Modell (Nullmodell, auch *baseline model* oder *intercept-only-model* genannt) überprüft werden, welche Varianzanteile der Fachleistung in der jeweiligen Kompetenzdomäne auf Unterschiede zwischen den Schülerinnen und Schülern innerhalb von Schulklassen bzw. zwischen den einzelnen Schulklassen innerhalb von Schulen entfallen. Analog zu den Analysen zur Replikation der Befunde von Lehmann (2006) in Abschnitt 7.2 wird außerdem eine Varianzzerlegung in die beiden Analyseebenen auch unter Berücksichtigung der individuellen Eingangsvoraussetzungen der Schülerinnen und Schüler vorgenommen. Es wird erwartet, dass die Klassenebene einen signifikanten Anteil zur Varianz der individuellen Schülerleistungen beiträgt, und zwar auch dann, wenn dabei die unterschiedlichen Lernvoraussetzungen der Schülerinnen und Schüler berücksichtigt werden (*Random Coefficient Model*, im Folgenden auch als *Individualmodell* bezeichnet).

Der Anteil der Unterschiede zwischen den Schulklassen an der Gesamtstreuung der individuellen Schülerleistungen lässt sich über die Intraklassenkorrelation (*ICC*) bestimmen. Diese misst den Anteil der Varianz der abhängigen Variable an der Gesamtvarianz, der allein durch die Gruppierungsvariable, in diesem Fall also die Klassenzugehörigkeit, erklärt werden kann. Die Intraklassenkorrelation gibt darüber Auskunft, inwiefern die abhängige Variable zwischen den Aggregateinheiten variiert und ob überhaupt die Notwendigkeit besteht, ein hierarchisches Modell zu spezifizieren (Ditton, 1998; Raudenbush & Bryk, 2002 sowie Abschnitt 6.5).

Varianzzerlegung der Lese- und Mathematikleistung am Ende der Jahrgangsstufe 6

Die Varianz zwischen den Schülerinnen und Schülern innerhalb der Schulklassen gibt die Abweichungen der individuellen Lernstände vom Klassenmittelwert an (so genannte *Fehlervarianz*) und liegt hier für das Leseverständnis am Ende der Jahrgangsstufe 6 bei σ^2 = 0,666. Die Varianz auf der Klassenebene beschreibt die

Streuung der Klassenmittelwerte um den Gesamtmittelwert (so genannte *Parametervarianz*) und liegt bei $\tau_{00} = 0{,}336$. Der Anteil der Varianz zwischen den Schulklassen an der Gesamtvarianz des Leseverständnisses am Ende der Jahrgangsstufe 6 lässt sich als Quotient dieser Werte wie folgt bestimmen: $\rho = \tau_{00} / (\tau_{00} + \sigma^2)$. Die *Intraklassenkorrelation* (*ICC*) beträgt für das Leseverständnis am Ende der Jahrgangsstufe 6 somit 0,336 / (0,336 + 0,666) = 0,335. Ein Drittel, also 33,5 Prozent, der Varianz des Leseverständnisses am Ende der Jahrgangsstufe 6 entfällt also auf die Klassenebene (vgl. Abbildung 7.6). Berücksichtigt man allerdings die individuellen Merkmale der Schülerinnen und Schüler (Geschlecht, Migrationshintergrund, soziale Lage, kognitive Grundfähigkeit und das Vorwissen zu Beginn der Jahrgangsstufe 5), da davon auszugehen ist, dass sich die Schulklassen diesbezüglich unterscheiden, so verringert sich der Varianzanteil, der auf die Klassenebene entfällt, deutlich und sinkt auf 9,8 Prozent.[60] Mehr als zwei Drittel der ursprünglichen Varianz zwischen den Schulklassen wird also durch individuelle Merkmale erklärt, die für die differenzielle Eingangsselektivität der Schulklassen verantwortlich sind. Der Devianzwert, der für die Bestimmung der Modellgüte nachfolgend als Referenz genutzt wird, beträgt für das Individualmodell im Leseverständnis am Ende der Jahrgangsstufe 6 18.854,49.

Abbildung 7.6: Varianzzerlegung am Ende der Jahrgangsstufe 6

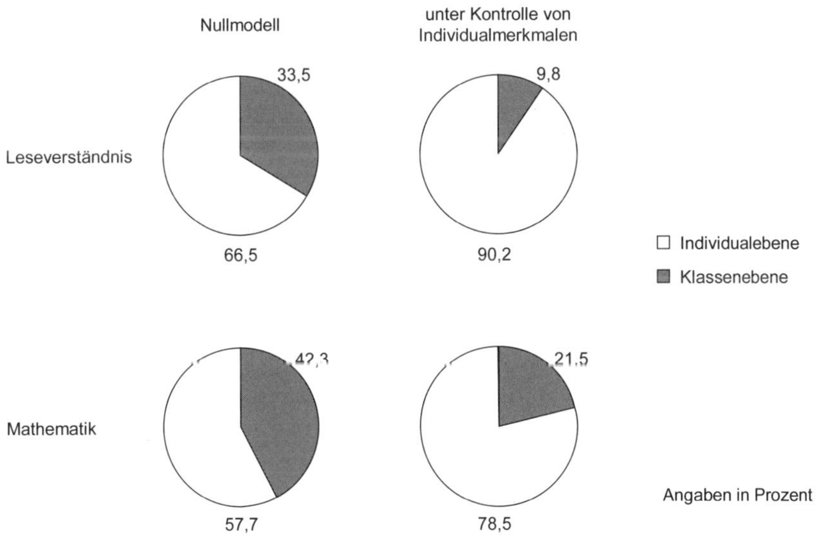

60 $\sigma^2 = 0{,}466$; $\tau_{00} = 0{,}050$. Aus dem Quotient $\tau_{00} / (\tau_{00} + \sigma^2)$ ergibt sich $\rho = 0{,}098$.

Der Anteil der Varianz, der auf die Klassenzugehörigkeit entfällt, ist in Mathematik am Ende der Jahrgangsstufe 6 noch größer als beim Leseverständnis. Der Varianzanteil auf der Schülerebene liegt bei $\sigma^2 = 0{,}576$. Auf die Klassenebene entfällt ein Varianzanteil von $\tau_{00} = 0{,}422$. Die Intraklassenkorrelation, also der Anteil der Varianz zwischen den Schulklassen an der Gesamtvarianz, beträgt demnach $\rho = 0{,}422 / (0{,}422 + 0{,}576) = 0{,}423$. 42,3 Prozent der gesamten Varianz der Mathematikleistung am Ende der Jahrgangsstufe 6 können also durch Unterschiede zwischen den Schulklassen und 57,7 Prozent der Varianz durch Unterschiede zwischen den Schülerinnen und Schülern erklärt werden. Unter Berücksichtigung von Individualmerkmalen verringert sich der Varianzanteil, der durch die Klassenzugehörigkeit erklärt wird, auf 21,5 Prozent.[61] Der Devianzwert, der für die Bestimmung der Modellgüte nachfolgend als Referenz genutzt wird, beträgt für das Individualmodell in Mathematik am Ende der Jahrgangsstufe 6 21.364,06.

Für beide Kompetenzdomänen entfällt am Ende der Jahrgangsstufe 6 ein höherer Anteil der Varianz auf die Klassenebene, als dies am Ende der Grundschulzeit der Fall war (vgl. Abbildung 7.1). Während sich bereits am Ende der Jahrgangsstufe 4 durchaus substanzielle Unterschiede zwischen den Schulklassen beobachten ließen, scheinen sich diese in den ersten beiden Sekundarschuljahren zu verstärken. Zu beiden Messzeitpunkten verringert sich jedoch der Varianzanteil, der auf die Klassenebene entfällt, unter Kontrolle individueller Merkmale deutlich.

Varianzzerlegung der Lese- und Mathematikleistung am Ende der Jahrgangsstufe 8

Der Varianzanteil zwischen den Schülerinnen und Schülern innerhalb der Schulklassen beträgt für das Leseverständnis am Ende der Jahrgangsstufe 8 $\sigma^2 = 0{,}574$. Der Varianzanteil des Leseverständnisses auf der Klassenebene liegt bei $\tau_{00} = 0{,}461$. Die Intraklassenkorrelation beträgt für das Leseverständnis am Ende der Jahrgangsstufe 8 $\rho = 0{,}446$, d.h., 44,6 Prozent der Varianz des Leseverständnisses am Ende der Jahrgangsstufe 8 lassen sich durch die Klassenzugehörigkeit erklären (vgl. Abbildung 7.7). Unter Berücksichtigung individueller Schülermerkmale (Geschlecht, Migrationshintergrund, soziale Lage, kognitive Grundfähigkeit und Vorwissen zu Beginn der Jahrgangsstufe 7) verringert sich der Varianzanteil, der auf die Klassenebene entfällt, auf 23,4 Prozent.[62] Knapp die Hälfte der Varianz auf der Klassenebene wird also durch individuelle Merkmale, die für die differenzielle Eingangsselektivität von Lerngruppen verantwortlich sind, erklärt. Der Devianzwert für das Individualmodell im Leseverständnis am Ende der Jahrgangsstufe 8 liegt bei 12.271,53.

61 $\sigma^2 = 0{,}387$; $\tau_{00} = 0{,}106$. Aus dem Quotient $\tau_{00} / (\tau_{00} + \sigma^2)$ ergibt sich $\rho = 0{,}215$.
62 $\sigma^2 = 0{,}404$; $\tau_{00} = 0{,}124$. Aus dem Quotient $\tau_{00} / (\tau_{00} + \sigma^2)$ ergibt sich $\rho = 0{,}234$.

Auch am Ende der Jahrgangsstufe 8 fällt der Varianzanteil, der durch die Klassenzugehörigkeit erklärt wird, in Mathematik höher aus als im Leseverständnis. Die Varianzkomponente, die auf die Schülerebene entfällt, beträgt $\sigma^2 = 0,474$. Auf die Klassenebene entfällt ein Varianzanteil von $\tau_{00} = 0,554$. Die Intraklassenkorrelation beträgt folglich $\rho = 0,554 / (0,554 + 0,474) = 0,539$, d.h., 53,9 Prozent der Gesamtvarianz der Mathematikleistung am Ende der Jahrgangsstufe 8 lassen sich auf Unterschiede zwischen den Schulklassen zurückführen. Entsprechend entfallen 46,1 Prozent auf Unterschiede zwischen den Schülerinnen und Schülern innerhalb der Lerngruppen. Unter Kontrolle der individuellen Eingangsvoraussetzungen der Schülerinnen und Schüler verringert sich der Varianzanteil, der auf die Klassenebene entfällt, auf 30,3 Prozent.[63] Der Devianzwert für das Individualmodell in Mathematik am Ende der Jahrgangsstufe 8 liegt bei 9.390,28.

Abbildung 7.7: Varianzzerlegung am Ende der Jahrgangsstufe 8

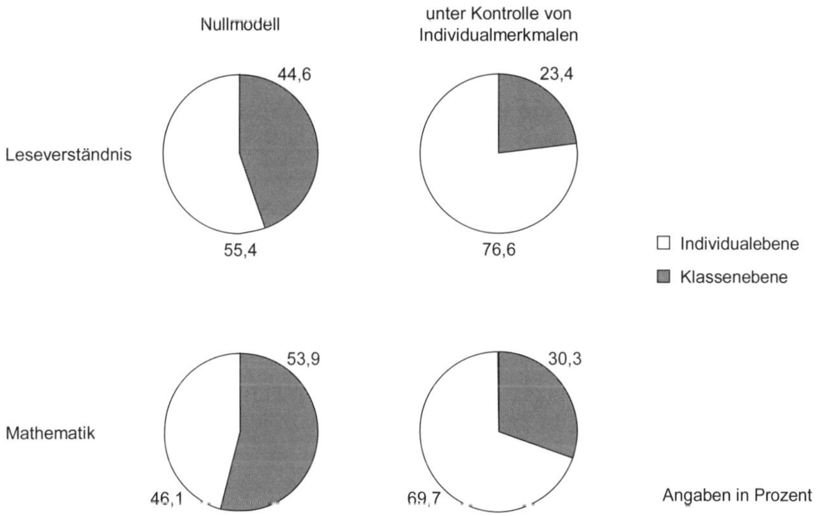

Insgesamt gesehen fällt hier für beide Kompetenzdomänen und Analyseschritte der Anteil der Varianz der Fachleistung, der auf Unterschiede zwischen den Schulklassen entfällt, sehr hoch aus. Selbst bei einer Adjustierung hinsichtlich unterschiedlicher Ausgangsbedingungen entfallen substanzielle Varianzanteile der jeweiligen Fachleistung auf die Klassenebene. Einerseits könnte der hohe Varianzanteil auf der Klassenebene auch dadurch entstanden sein, dass nur zwei Analyseebenen be-

63 $\sigma^2 = 0,242$; $\tau_{00} = 0,106$. Aus dem Quotient $\tau_{00} / (\tau_{00} + \sigma^2)$ ergibt sich $\rho = 0,303$.

trachtet werden. Es wird also angenommen, dass sich die Gesamtvarianz (100 Prozent) nur auf zwei Komponenten, die Individual- und Klassenebene, verteilt.[64]

---

64 Geht man von einem Drei-Ebenen-Modell aus und berücksichtigt neben der Individual- und Klassenebene zusätzlich die Schulebene, so lässt sich die Leistung (Y_{ijk}) eines Schülers i in der Schulklasse j in der Schule k in einem unkonditionierten Modell als Funktion der mittleren Leistung der Schulklasse j in der Schule k (π_{0jk}) und einer zufälligen individuellen Abweichung von diesem Mittelwert (e_{ijk}) beschreiben (vgl. Ditton, 1998, S. 160 ff.):

$$Y_{ijk} = \pi_{0jk} + e_{ijk} \text{ mit } e_{ijk} \sim N(0, \sigma^2) \quad [7.1]$$

Die mittlere Klassenleistung π_{0jk} auf der zweiten Analyseebene lässt sich bestimmen als Funktion der mittleren Leistung in der Schule k (β_{00k}) und zufälligen Abweichungen der Schulklassen von diesem Mittelwert (r_{0jk}):

$$\pi_{0jk} = \beta_{00k} + r_{0jk} \text{ mit } r_{0jk} \sim N(0, \tau_\pi) \quad [7.2]$$

Die mittlere Leistung in der Schule k auf der dritten Analyseebene lässt sich schließlich bestimmen als Funktion des Gesamtmittelwertes (γ_{000}) und zufälligen Abweichungen der Schulen vom Gesamtmittelwert (u_{00k}):

$$\beta_{00k} = \gamma_{000} + u_{00k} \text{ mit } u_{00k} \sim N(0, \tau_\beta) \quad [7.3]$$

Die Varianz in der abhängigen Variablen Y_{ijk} läst sich folglich in drei Anteile zerlegen: Erstens in einen Anteil, der auf Unterschiede zwischen den Schülerinnen und Schülern innerhalb der Schulklassen entfällt (σ^2); zweitens in einen Anteil, der auf Unterschiede zwischen den Schulklassen innerhalb der Schulen entfällt (τ_π); drittens in einen Anteil, der auf Unterschiede zwischen den Schulen entfällt (τ_β).

Die Varianz innerhalb der Schulkassen (Individualebene) lässt sich bestimmen als:

$$\sigma^2 / (\sigma^2 + \tau_\pi + \tau_\beta) \quad [7.4]$$

Die Varianz zwischen den Schulklassen (Klassenebene) lässt sich bestimmen als:

$$\tau_\pi / (\sigma^2 + \tau_\pi + \tau_\beta) \quad [7.5]$$

Die Varianz zwischen den Schulen (Schulebene) lässt sich bestimmen als:

$$\tau_\beta / (\sigma^2 + \tau_\pi + \tau_\beta) \quad [7.6]$$

Berücksichtigt man neben der Individual- und Klassenebene auch die Schulebene, ergibt sich eine veränderte Varianzverteilung: Für die individuelle Lese- bzw. Mathematikleistung am Ende der Jahrgangsstufe 6 weisen die unkonditionierten Modelle (*Nullmodelle*) signifikante Varianzanteile auf der Klassenebene (2,5 % bzw. 2,2 %) und auf der Schulebene (32,0 % bzw. 40,6 %) auf. Auf die Individualebene entfallen am Ende der Jahrgangsstufe 6 dementsprechend 65,5 bzw. 57,2 Prozent der Varianz. Für die individuelle Lese- bzw. Mathematikleistung am Ende der Jahrgangsstufe 8 weisen die unkonditionierten Modelle ebenfalls signifikante Varianzanteile auf der Klassenebene (12,2 % bzw. 10,0 %) und auf der Schulebene (33,2 % bzw. 44,5 %) auf. Auf die Individualebene entfallen am Ende der Jahrgangsstufe 8 dementsprechend 54,6 bzw. 45,5 Prozent der Varianz.

Gegenüber den oben beschriebenen Modellen zeichnen sich Modelle, die eine Drei-Ebenen-Struktur der Daten annehmen, also vor allem durch einen deutlich niedrigeren Anteil an Varianz der entsprechenden Fachleistung aus, der auf die Klassenebene entfällt. Da die Analysen im Rahmen der vorliegenden Arbeit Leistungsheterogenität ausschließlich als Merkmal von Schulklassen betrachten, werden mit Ausnahme der Schulform keine weiteren Schulmerkmale berücksichtigt. Die nachfolgend unter Berücksichtigung weiterer Prädiktoren auf der Individual- und Klassenebene berichteten Anteile aufgeklärter Varianz der jeweiligen Fachleistung beziehen sich auf die in den Abbildungen 7.6 und 7.7 dargestellten Varianzanteile.

Andererseits entsprechen die Varianzanteile jedoch in ihrer Größenordnung den Befunden anderer Studien: So können z.B. Weinert und Helmke (1995) im Rahmen der Münchener SCHOLASTIK-Studie (N = 1200 Schülerinnen und Schüler in 54 Grundschulklassen), zeigen, dass die Klassenzugehörigkeit zum Teil in hohem Ausmaß mit den fachlichen und kognitiven Fähigkeiten konfundiert ist. Varianzanteile in ähnlicher Größenordnung wie hier berichten allerdings auch Opdenakker und van Damme (2001) im Rahmen der LOSO-Studie, wonach rund 43 Prozent der Varianz der Mathematikleistung auf die Aggregatebene entfallen, die sich in etwa gleich auf Anteile zwischen Schulklassen und zwischen Schulen verteilt. Demnach ist also die Klassenebene für die Analyse zur Wirkungsweise von Kompositionsmerkmalen genauso wichtig wie die Schulebene. Unter Kontrolle individueller Hintergrundmerkmale reduziert sich dieser Anteil ihren Analysen zufolge aber ebenfalls um etwa die Hälfte und verteilt sich nach wie vor gleichermaßen auf die Schul- und Klassenebene. In einer anderen, kleineren Stichprobe der LOSO-Studie, die ältere Schülerinnen und Schüler umfasst, können immerhin 20,7 Prozent der Varianz der Mathematikleistung alleine durch die Klassenzugehörigkeit erklärt werden (Opdenakker & van Damme, 2006). Auch wenn von einem Dreiebenenmodell ausgegangen wird, das als höchste Analyseebene die Schulzugehörigkeit berücksichtigt, entfällt immer noch gut ein Viertel der Varianz der Mathematikleistung auf die Klassenzugehörigkeit (Opdenakker & van Damme, 2000). Ebenso zerlegen Duru-Bellat und Mingat (1998) die Varianz der Französisch- und Mathematikleistung in drei Komponenten: Rund ein Viertel der Varianz entfällt dabei auf Unterschiede zwischen den Schulklassen (21,4 %) und 13,3 Prozent der Varianz auf Unterschiede zwischen den Schulen. Schwetz (2003) berichtet für österreichische Grundschülerinnen und -schüler einen Varianzanteil der mathematischen Kompetenz auf der Klassenebene in Höhe von 31,2 Prozent für die Jahrgangsstufe 3 bzw. 35,9 Prozent für die Jahrgangsstufe 4. Er schließt daraus, dass es also durchaus von Bedeutung sei, welche Schulklasse die Kinder besuchen, und identifiziert diese als Ort der Veränderung und Weiterentwicklung für das pädagogische Handeln der Lehrkräfte. In einer Vollerhebung Berliner Grundschülerinnen und -schüler der Jahrgangsstufe 2 berichten Ditton und Krüsken (2006, S. 153) einen Varianzanteil des Leseverständnisses, der auf Unterschiede zwischen Schulklassen zurückzuführen ist, in Höhe von 27,4 Prozent. Sie bezeichnen dies als einen „Sonderfall innerhalb der deutschen Schullandschaft [...], der vermutlich in anderen Großstädten ähnlich, in den Flächenstaaten dagegen eher nicht zu reproduzieren sein dürfte.“

Bestimmung des Design-Effektes

Neben der Intraklassenkorrelation ist der Design-Effekt ein Maß zur Bestimmung der Notwendigkeit von Mehrebenenanalysen. Dieser gibt im vorliegenden Fall an, wie ähnlich sich die Schulklassen untereinander sind und ob Mehrebenenanalysen überhaupt angebracht sind.

Nach Maas und Hox (2005) gilt, dass ab einem Design-Effekt, der größer oder gleich 2 ausfällt, die Mehrebenenstruktur der Daten berücksichtigt werden sollte. Dies ist für beide Analyseschritte und Kompetenzdomänen der Fall.[65]

Zusammenfassung und Implikationen für die eigene Arbeit

Die Varianz zwischen den Schulklassen fällt für beide Kompetenzdomänen sowohl am Ende der Jahrgangsstufe 6 als auch am Ende der Jahrgangsstufe 8 signifikant aus. Ein durchaus substanzieller Varianzanteil entfällt auch unter Berücksichtigung individueller Schülermerkmale auf die Klassenebene. Dies bestätigt den methodischen Ansatz dieser Arbeit und verdeutlicht, dass die Klassenebene als Analyseebene nicht vernachlässigt werden darf. Zu diesem Schluss kommen auch Ditton und Krecker (1995, S. 526), die eine Orientierung an der Schulklasse als Analyseebene fordern: „Schulen sind also keineswegs monolithische Blöcke, vielmehr unterscheiden sich die einzelnen Schulklassen innerhalb einer Schule erheblich voneinander und bewirken Überschneidungen der Qualitätsprofile der Schulen“. Ebenso betonen Wang, Haertel und Walberg (1993) in ihrer Meta-Analyse, dass proximalen Lehr- und Lernbedingungen auf der Klassenebene eine größere Bedeutung für den Kompetenzerwerb zukomme als distalen Schulmerkmalen. Auch Teodorovic (2011) weist auf die Fehlspezifikation von Schätzmodellen hin, die die hierarchische Struktur der schulischen Lernumwelt – Schülerinnen und Schüler, Schulklassen, Schulen – nicht berücksichtigen.

Die Design-Effekte zeigen zudem, dass Mehrebenenanalysen zur Auswertung der vorliegenden Daten das angemessene Analyseverfahren sind. Im Folgenden sind deshalb weitere Analysen notwendig, um die Leistungsvarianz innerhalb und zwischen den Schulklassen mittels komplexerer Modelle zu erklären. Der Fokus wird dabei auf der Bedeutung der Leistungsheterogenität als Kompositionsmerkmal von Schulklassen für die individuelle Lernentwicklung liegen.

65 Mittlere Klassengröße in den Jahrgangsstufen 5 und 6: $N = 17{,}6$. Daraus ergibt sich für das Leseverständnis am Ende der Jahrgangsstufe 6 ein Design-Effekt von 6,6, für Mathematik ein Design-Effekt von 8,0. Mittlere Klassengröße in den Jahrgangsstufen 7 und 8: $N = 17{,}9$. Daraus ergibt sich für das Leseverständnis am Ende der Jahrgangsstufe 8 ein Design-Effekt von 8,6, für Mathematik ein Design-Effekt von 10,1.

7.6.2 Modellspezifikation

Das dieser Arbeit theoretisch zugrunde liegende Modell orientiert sich an Analysen zu Effekten von Kompositionsmerkmalen, die bereits von Baumert et al. (2006), Bonsen et al. (2009) und Gröhlich et al. (2010a, 2010b) vorgelegt worden sind.[66] Eine Prüfung der in Abbildung 3.1 skizzierten Vermittlungsprozesse von Kompositionsmerkmalen, zu denen hier auch die Leistungsheterogenität gezählt wird, wird hier nicht angestrebt, sondern soll weiteren Analysen im Anschluss an diese Arbeit vorbehalten bleiben. Dennoch soll das Modell den konzeptuellen Rahmen für die hier vorgelegten Analysen zu den Auswirkungen von Leistungsheterogenität bilden. Im Unterschied zu den Analysen der o.g. Autorengruppen wird die Betrachtung der Kompositionsmerkmale im Rahmen dieser Arbeit auf die Klassenebene als die unmittelbare Lernumwelt der Schülerinnen und Schüler (vgl. Abschnitt 3.3.1) übertragen.

Auf der Ebene der Schülerinnen und Schüler wird das Modell von Baumert et al. (2006) um das Geschlecht, den Migrationshintergrund und das fachspezifische Vorwissen erweitert. Es berücksichtigt also auf der untersten Analyseebene in allen Modellen folgende Variablen:

- das Geschlecht der Schülerinnen und Schüler (Referenz: *Jungen*),
- der Migrationshintergrund (Referenz: *beide Eltern in Deutschland geboren*),
- die kognitive Grundfähigkeit,
- die soziale Lage und
- das Vorwissen, also die Ausgangsleistung der Schülerinnen und Schüler im Leseverständnis bzw. in Mathematik zum vorherigen Messzeitpunkt. Durch die Berücksichtigung des Vorwissens, das sich in vielen Studien als der bedeutendste Prädiktor schulischer Leistungen erwiesen hat, kann eine Unterspezifikation des Modells und somit eine Überschätzung von Kompositionseffekten vermieden werden (Harker & Tymms, 2004). Durch die Berücksichtigung des Vorwissens zum jeweils vorherigen Messzeitpunkt können die Lernstände am Ende der Jahrgangsstufe 6 bzw. 8 auch als Kompetenz*entwicklung* zwischen in den Jahrgangsstufen 5 und 6 bzw. in den Jahrgangsstufen 7 und 8 interpretiert werden.

66 Die mittlere kognitive Grundfähigkeit und der prozentuale Anteil der Schülerinnen und Schüler mit Migrationshintergrund könnten darüber hinaus weitere leistungsrelevante Merkmale auf der Aggregatebene darstellen. Diese beiden Kompositionsmerkmale bleiben hier jedoch unberücksichtigt, da sie in den Analysen von Bonsen et al. (2009) im Rahmen von KESS 7 und Gröhlich et al. (2010a, 2010b) im Rahmen von KESS 8 unter Kontrolle der Schulform keine signifikanten oder nur geringe Effekte auf die Lernstände der Schülerinnen und Schüler ausüben.

Auf der Klassenebene sind folgende Merkmale von Interesse:

- das mittlere Vorwissen zur Kontrolle der differenziellen Eingangsselektivität,
- die mittlere soziale Lage,
- die Leistungsheterogenität und
- die Schulform: Für die Analysen in den Jahrgangsstufen 5 und 6 dienen die in der Beobachtungsstufe zusammengefassten Haupt- und Realschulen als Referenzkategorie. Für die Analysen in den Jahrgangsstufen 7 und 8 werden die Hauptschulklassen als Referenzkategorie gewählt.

Es werden verschiedene Modelle zur Vorhersage schulischer Leistungen in den beiden Kompetenzdomänen am Ende der sechsten bzw. achten Jahrgangsstufe spezifiziert. Auf der untersten Ebene sind alle Modelle identisch und berücksichtigen die oben aufgeführten fünf individuellen Merkmale der Schülerinnen und Schüler. Auf der Klassenebene berücksichtigt Modell 1 zunächst nur die Streuung des Vorwissens innerhalb der Schulklassen und schätzt somit den „reinen" Effekt der Leistungsheterogenität. Um auszuschließen, dass sich Effekte der Leistungshomogenität oder -heterogenität von Schulklassen auf die soziale Zusammensetzung oder das Leistungsniveau innerhalb der Schulklassen zurückführen lassen, müssen auch diese Merkmale berücksichtigt werden. Modell 2 berücksichtigt als zusätzliche Prädiktoren deshalb das mittlere Vorwissen und die mittlere soziale Lage (HISEI) auf der Klassenebene und umfasst somit alle drei Kompositionsmerkmale gemeinsam. Modell 3 schätzt neben dem Effekt der Leistungsheterogenität institutionelle Effekte der Schulformgliederung (dummykodiert). Modell 4 schätzt auf der Klassenebene den Effekt der drei Kompositionsmerkmale (Leistungsheterogenität, mittleres Vorwissen, mittlere soziale Lage) und Schulformeffekte.

Anhand dieser Modellspezifikation kann geprüft werden, ob und inwiefern sich für die Leistungsheterogenität ein eigenständiger, also signifikanter, Effekt auf die individuelle Kompetenzentwicklung nachweisen lässt oder inwiefern sie mit anderen Variablen konfundiert ist. Weiterhin wird gezeigt, ob mit steigender Leistungsstreuung auf der Klassenebene höhere oder niedrigere Lernstände am Ende der Jahrgangsstufen 6 und 8 einhergehen, ob also die Lernentwicklung in leistungshomogenen oder -heterogenen Schulklassen günstiger verläuft. Darüber hinaus erlaubt diese Modellierung eine Schätzung des jeweils spezifischen Beitrags einzelner Kompositions- und Institutionsmerkmale für die Varianzaufklärung der abhängigen Variable. Damit ergibt sich das in Abbildung 7.8 dargestellte und empirisch zu überprüfende Forschungsmodell.

Abbildung 7.8: Gesamtmodell zur Erklärung individueller Lernstände

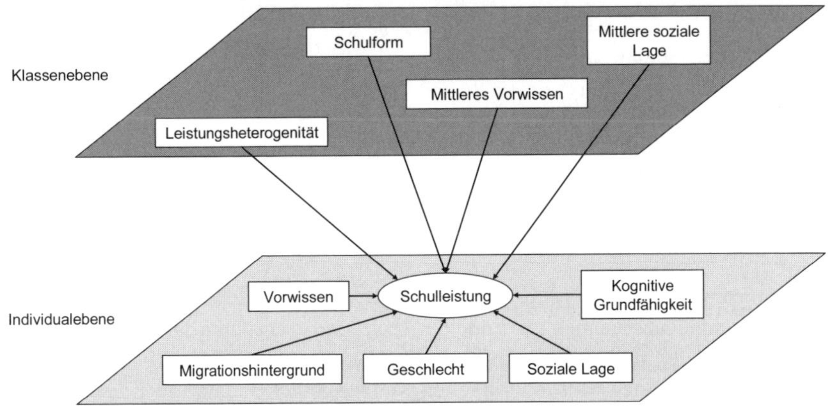

Die Modelle werden in den Abschnitten 7.6.4 und 7.6.5 sukzessive beschrieben.

7.6.3 Interkorrelationen der Prädiktoren

Zur Vorbereitung auf die Mehrebenenanalysen in den Abschnitten 7.6.4 und 7.6.5 werden hier zunächst die Interkorrelationen zwischen den Prädiktoren auf der Individual- und Klassenebene bestimmt, um zu überprüfen, inwiefern inhaltliche Zusammenhänge zwischen den Prädiktoren bestehen. Dabei werden die Korrelationen für den ersten (Jahrgangsstufen 5 und 6) und zweiten Analyseschritt (Jahrgangsstufen 7 und 8) getrennt beschrieben.

Interkorrelationen der Prädiktoren in den Jahrgangsstufen 5 und 6

Tabelle 7.9 gibt die Interkorrelationen der Prädiktoren auf der Individual- und Klassenebene für den ersten Analyseschritt (Jahrgangsstufen 5 und 6) wieder. Erwartungsgemäß hoch und signifikant fällt der Zusammenhang zwischen dem individuellen Vorwissen, also der zum vorherigen Messzeitpunkt erfassten Testleistung, und dem Lernstand am Ende der Jahrgangsstufe 6 im Leseverständnis aus ($r = 0{,}68$). Je höher also das Vorwissen zu Beginn der Jahrgangsstufe 5 ist, desto höher fällt auch das Leseverständnis am Ende der Jahrgangsstufe 6 aus. In vergleichbarer Größenordnung liegt der Zusammenhang in Mathematik ($r = 0{,}69$). Korrelationen in mittlerer Höhe bestehen zwischen den Leistungskennwerten zu Beginn der Jahrgangsstufe 5 in den beiden Kompetenzdomänen und der kognitiven Grundfähigkeit einerseits ($0{,}46 \leq r \leq 0{,}47$) sowie dem sozialen Hintergrund der Schülerinnen und Schüler andererseits ($0{,}34 \leq r \leq 0{,}40$). Hinsichtlich des Geschlechts zeigt sich erwartungskonform, dass die Mädchen im Leseverständnis geringfügig, aber signifikant höhere Vorwissensstände zu Beginn der Jahrgangsstufe

5 aufweisen als die Jungen ($r = 0{,}07$). Im Mathematik weisen die Mädchen hingegen einen signifikanten Leistungsrückstand auf ($r = -0{,}14$). Schülerinnen und Schüler mit Migrationshintergrund weisen gegenüber Schülerinnen und Schülern, deren Eltern beide in Deutschland geboren wurden, in beiden Kompetenzdomänen einen signifikanten Leistungsrückstand zu Beginn der Jahrgangsstufe 5 auf ($-0{,}30 \leq r \leq -0{,}22$).

Tabelle 7.9: Korrelation (Pearsons *r*) der Prädiktoren zur Vorhersage der Lernstände im Leseverständnis und in Mathematik am Ende der Jahrgangsstufe 6

Individualebene	(1)	(2)	(3)	(4)	(5)	(6)	(7)	(8)
(1) Leseleistung zu Beginn der Jgst. 5	1							
(2) Leseleistung am Ende der Jgst. 6	**0,68**	1						
(3) Mathematikleistung zu Beginn der Jgst. 5	**0,59**	**0,52**	1					
(4) Mathematikleistung am Ende der Jgst. 6	**0,60**	**0,63**	**0,69**	1				
(5) Geschlecht[1]	**0,07**	**0,10**	**-0,14**	**-0,10**	1			
(6) Migrationshintergrund[2]	**-0,30**	**-0,25**	**-0,22**	**-0,21**	0,00	1		
(7) Kognitive Grundfähigkeit	**0,46**	**0,42**	**0,47**	**0,48**	**0,03**	**-0,18**	1	
(8) Soziale Lage	**0,40**	**0,37**	**0,34**	**0,38**	0,01	**-0,32**	**0,25**	1
Klassenebene	(9)	(10)	(11)	(12)	(13)			
(9) Mittleres Vorwissen Leseverständnis	1							
(10) Mittleres Vorwissen Mathematik	**0,92**	1						
(11) Mittlere soziale Lage	**0,86**	**0,82**	1					
(12) Streuung Vorwissen Leseverständnis	**-0,23**	**-0,21**	**-0,19**	1				
(13) Streuung Vorwissen Mathematik	**0,25**	**0,29**	**0,19**	**0,11**	1			

Individualebene: $N = 8.774$, Klassenebene: $N = 498$. Signifikante Korrelationen fett gedruckt ($p < .05$).
Kontinuierliche Variablen (Lernstände, kognitive Grundfähigkeit, soziale Lage) auf der Individualebene z-standardisiert.
Referenz: [1] Junge, [2] beide Eltern in Deutschland geboren.

Auf der Klassenebene besteht ein vergleichsweise geringer Zusammenhang zwischen der Leistungsstreuung und den mittleren Lernständen zu Beginn der Jahrgangsstufe 5. Dieser fällt im Leseverständnis signifikant negativ ($r = -0{,}23$), in Mathematik hingegen signifikant positiv ($r = 0{,}29$) aus. Dagegen ist in beiden Kompetenzdomänen der Zusammenhang zwischen den Leistungsprädiktoren und der mittleren sozialen Lage auf der Klassenebene sehr eng ($0{,}82 \leq r \leq 0{,}86$). Der Zusammenhang zwischen der Streuung des Vorwissens in den beiden Kompetenzdomänen fällt zwar signifikant, aber vergleichsweise gering aus ($r = 0{,}11$), d.h., dass eine höhere Leistungsstreuung im Leseverständnis zu Beginn der Jahrgangsstufe 5 nicht zwangsläufig auch mit einer höheren Leistungsstreuung in Mathematik einhergeht.

Interkorrelationen der Prädiktoren in den Jahrgangsstufen 7 und 8

Tabelle 7.10 gibt die Interkorrelationen zwischen den Prädiktoren auf der Individual- und Klassenebene für den zweiten Analyseschritt (Jahrgangsstufen 7 und 8) wieder. Hier werden erneut in beiden Kompetenzdomänen enge Zusammenhänge zwischen dem Vorwissen zu Beginn der Jahrgangsstufe 7 und den Lernständen am Ende der Jahrgangsstufe 8 ersichtlich ($0{,}65 \leq r \leq 0{,}79$). Je höher also das Vorwissen der Schülerinnen und Schüler zu Beginn der Jahrgangsstufe 7 ist, desto höher fallen ihre Lernstände am Ende der Jahrgangsstufe 8 aus. Korrelationen mittlerer Höhe bestehen zwischen dem Vorwissen in den beiden Kompetenzdomänen und der kognitiven Grundfähigkeit einerseits ($0{,}47 \leq r \leq 0{,}55$) sowie mit der sozialen Lage der Schülerinnen und Schüler andererseits ($0{,}35 \leq r \leq 0{,}37$). Erwartungsgemäß ergeben sich auch für den zweiten Analyseschritt geschlechtsspezifische Unterschiede: Mädchen weisen im Leseverständnis geringfügig, aber signifikant höhere Vorwissensstände auf als die Jungen ($r = 0{,}10$). In Mathematik erzielen die Mädchen dagegen signifikant niedrigere Lernstände als die Jungen ($r = -0{,}10$). Außerdem wird die Benachteiligung von Schülerinnen und Schülern mit Migrationshintergrund ersichtlich, die in beiden Kompetenzdomänen zu Beginn der Jahrgangsstufe 7 niedrigere Lernstände aufweisen als deutsche Schülerinnen und Schüler ($-0{,}23 \leq r \leq -0{,}19$).

Tabelle 7.10: Korrelation (Pearsons *r*) der Prädiktoren zur Vorhersage der Lernstände im Leseverständnis und in Mathematik am Ende der Jahrgangsstufe 8

Individualebene	(1)	(2)	(3)	(4)	(5)	(6)	(7)	(8)
(1) Leseleistung zu Beginn der Jgst. 7	1							
(2) Leseleistung am Ende der Jgst. 8	**0,65**	1						
(3) Mathematikleistung zu Beginn der Jgst. 7	**0,60**	**0,57**	1					
(4) Mathematikleistung am Ende der Jgst. 8	**0,59**	**0,66**	**0,79**	1				
(5) Geschlecht[1]	**0,10**	**0,19**	**-0,10**	**-0,06**	1			
(6) Migrationshintergrund[2]	**-0,23**	**-0,21**	**-0,19**	**-0,20**	-0,02	1		
(7) Kognitive Grundfähigkeit	**0,47**	**0,46**	**0,55**	**0,57**	**0,03**	**-0,17**	1	
(8) Soziale Lage	**0,35**	**0,36**	**0,37**	**0,41**	0,00	**-0,31**	**0,28**	1
Klassenebene	(9)	(10)	(11)	(12)	(13)			
(9) Mittleres Vorwissen Leseverständnis	1							
(10) Mittleres Vorwissen Mathematik	**0,91**	1						
(11) Mittlere soziale Lage	**0,81**	**0,82**	1					
(12) Streuung Vorwissen Leseverständnis	0,03	0,07	0,07	1				
(13) Streuung Vorwissen Mathematik	**0,52**	**0,54**	**0,42**	**0,16**	1			

Individualebene: $N = 5.941$, Klassenebene: $N = 331$. Signifikante Korrelationen fett gedruckt ($p < .05$).
Kontinuierliche Variablen (Lernstände, kognitive Grundfähigkeit, soziale Lage) auf der Individualebene z-standardisiert.
Referenz: [1] Junge, [2] beide Eltern in Deutschland geboren.

Auf der Klassenebene besteht ein hoher, positiver Zusammenhang zwischen der mittleren sozialen Lage und dem mittleren Vorwissen der Schülerinnen und Schüler ($0{,}81 \leq r \leq 0{,}82$), d.h., je privilegierter die soziale Zusammensetzung der Lerngruppen ist, desto höhere Lernstände werden in beiden Kompetenzdomänen erzielt. Für den zweiten Analyseschritt besteht im Leseverständnis kein Zusammenhang zwischen der Leistungsstreuung und dem durchschnittlichen Vorwissen innerhalb der Schulklassen ($r = 0{,}03$; *n.s.*). In Mathematik besteht hingegen ein signifikant positiver Zusammenhang in mittlerer Höhe zwischen der Leistungsstreuung und dem mittleren Vorwissen ($r = 0{,}54$).

7.6.4 Auswirkungen von Leistungsheterogenität auf die Lernentwicklung in den Jahrgangsstufen 5 und 6

In den nächsten Schritten wird versucht, durch Hinzunahme von Prädiktoren auf der Individual- und Klassenebene die Varianz, die auf Unterschiede zwischen den Schülerinnen und Schülern bzw. zwischen den Schulklassen entfällt, zu erklären. In den Mehrebenenmodellen gibt die jeweilige Konstante (*Intercept*) den Schnittpunkt der Regressionsgeraden mit der Y-Achse an. Sie kennzeichnet denjenigen Testwert, den die abhängige Variable annimmt, wenn alle Prädiktoren gleich null sind. Nachfolgend steht die Konstante folglich für den Wert, den ein Junge ohne Migrationshintergrund mit durchschnittlicher kognitiver Grundfähigkeit, durchschnittlicher sozialer Lage und durchschnittlichem Vorwissen erreichen würde, der eine im Hinblick auf die auf der Aggregatebene berücksichtigten Merkmale durchschnittlich zusammengesetzte Schulklasse an einer Haupt- und Realschule besucht. Handelt es sich dagegen um ein Mädchen oder ist mindestens ein Elternteil im Ausland geboren, verändert sich der vorhergesagte Lernstand um den angegebenen Parameter. Kontinuierliche Prädiktoren sind auf der Individualebene z-standardisiert.

Bei der Beschreibung der Ergebnisse der Mehrebenenanalysen werden zunächst die Effekte der Prädiktoren auf der Individual- und Klassenebene für die Kompetenzentwicklung in den Jahrgangsstufen 5 und 6 beschrieben (vgl. Abschnitt 7.6.2). Abhängige Variable ist dabei der Lernstand in der jeweiligen Kompetenzdomäne am Ende der Jahrgangsstufe 6. Da dieser unter Kontrolle des Vorwissens vorhergesagt wird, kann dies auch als Lernentwicklung in den Jahrgangsstufen 5 und 6 interpretiert werden. Dabei wird das Vorwissen über die Leistungstestwerte in der jeweiligen Kompetenzdomäne zum vorherigen Messzeitpunkt (KESS 4) erfasst.

Wie bereits in Abschnitt 7.6.2 beschrieben, werden bei den Analysen jeweils vier verschiedene Modelle spezifiziert, um zu überprüfen, ob die Leistungsheterogenität neben dem mittleren Vorwissen und der mittleren sozialen Lage ein Kompositionsmerkmal von Schulklassen ist, ob mit einer höheren Leistungsstreuung innerhalb der Schulklassen höhere oder niedrigere Lernstände einhergehen und ob sich die Kompositionseffekte unter Berücksichtigung institutioneller Merkmale, also der Schulformgliederung, verändern. Die einzelnen Modelle werden nachfolgend sukzessive beschrieben.

Leseverständnis

Für den Lernstand im Leseverständnis am Ende Jahrgangsstufe 6 lässt sich für die Hamburger Schülerinnen und Schüler auf der Individualebene in allen vier Modellen insbesondere die Bedeutung des Vorwissens herausstellen (vgl. Tabelle 7.11). Schülerinnen und Schüler, deren Leseverständnis bereits zu Beginn der Jahrgangsstufe 5 eine Standardabweichung über dem Durchschnitt liegt, erzielen unter Berücksichtigung der anderen Prädiktoren auf der Individual- und Klassenebene am

Ende der Jahrgangsstufe 6 eine um etwa eine halbe Standardabweichung ($0,48 \leq \gamma_{50} \leq 0,53$) signifikant höhere Testleistung im Leseverständnis als Schülerinnen und Schüler mit durchschnittlichem Vorwissen. Darüber hinaus fällt das Leseverständnis signifikant höher aus, je höher die kognitive Grundfähigkeit der Schülerinnen und Schüler ist ($0,09 \leq \gamma_{30} \leq 0,11$). Erwartungsgemäß weisen die Mädchen im Leseverständnis einen leichten, aber signifikanten Leistungsvorsprung gegenüber den Jungen auf ($\gamma_{10} = 0,10$). Unter Berücksichtigung des Vorwissens fällt der mittlerweile vielfach empirisch nachgewiesene Zusammenhang zwischen sozialer Lage und erworbenen Kompetenzen für die Hamburger Schülerinnen und Schüler hier im Leseverständnis zwar noch signifikant, aber nur sehr gering aus ($0,05 \leq \gamma_{40} \leq 0,08$). Ebenfalls klein fällt der Zusammenhang zwischen dem Migrationshintergrund und dem Leseverständnis aus: Schülerinnen und Schüler, in deren Familien mindestens ein Elternteil nicht in Deutschland geboren wurde, erzielen geringfügig, aber signifikant niedrigere Lernstände im Leseverständnis ($-0,09 \leq \gamma_{20} \leq -0,07$) als Schülerinnen und Schüler, deren Eltern beide in Deutschland geboren wurden.

Da sich die Effekte für die Individualmerkmale in den vier Modellschätzungen in Tabelle 7.11 kaum verändern, wird hierauf in diesem Abschnitt nicht weiter eingegangen. Die weiteren Ausführungen beschränken sich auf die Beschreibung von Effekten auf der Klassenebene. Um herauszufinden, ob einige dieser Merkmale nicht nur auf der Individualebene, sondern darüber hinaus auch auf der Klassenebene auf das Leseverständnis wirken, werden sie als aggregierte Merkmale zusätzlich in das Modell aufgenommen. Wie bereits in Abschnitt 7.6.2 beschrieben, berücksichtigt Modell 1 auf der Klassenebene zunächst nur die Streuung des Vorwissens innerhalb der Lerngruppen als Heterogenitätsmerkmal. Modell 2 berücksichtigt zusätzlich das mittlere Vorwissen und die mittlere soziale Lage auf der Klassenebene. Modell 3 nimmt auf der Klassenebene neben der Streuung des Vorwissens die Schulform als institutionelles Merkmal auf. Modell 4 umfasst schließlich sowohl die verschiedenen Kompositionsmerkmale als auch die Schulform.

Wie Modell 1 zeigt, lässt sich für die Streuung des Vorwissens unter alleiniger Berücksichtigung der Individualmerkmale zunächst ein negativer Effekt der Leistungsstreuung auf das Leseverständnis nachweisen. Fällt die Leistungsstreuung in einer Schulklasse eine Standardabweichung höher als der Durchschnitt aus, so wird ein um knapp ein Zehntel einer Standardabweichung niedrigerer Lernstand im Leseverständnis erzielt ($\gamma_{01} = -0,12$). Der Effekt ist allerdings gering und fällt mit $p = .079$ nur tendenziell signifikant aus. Gegenüber dem Individualmodell, das nur die individuellen Voraussetzungen der Schülerinnen und Schüler, aber keine weiteren Merkmale auf der Klassenebene berücksichtigt (vgl. Abbildung 7.6), bleibt der Devianzwert unverändert, d.h., dass sich nur unter alleiniger Berücksichtigung der

Leistungsstreuung keine signifikante Modellverbesserung gegenüber dem Individualmodell ergibt.

Modell 2 berücksichtigt neben der klassenbezogenen Leistungsstreuung im Leseverständnis zu Beginn der Jahrgangsstufe 5 auch das durchschnittliche Vorwissen und die mittlere soziale Lage innerhalb der Schulklassen. Je größer die Streuung des Vorwissens innerhalb der Schulklassen ausfällt, desto höhere Lernstände erzielen die Schülerinnen und Schüler. Bei einer Steigung der Leistungsstreuung innerhalb der Schulklassen um eine Standardabweichung erhöht sich die Testleistung im Leseverständnis unter ansonsten gleichen individuellen und klassenbezogenen Voraussetzungen um mehr als ein Zehntel einer Standardabweichung ($\gamma_{01} = 0{,}14$) signifikant.[67,68] Harker und Tymms (2004, S. 185) sprechen hier auch von einem *positiven Kompositionseffekt*, da die Leistungsstreuung einen zusätzlichen positiven Effekt auf das Leseverständnis ausübt, der über den Effekt des individuellen Vorwissens hinausgeht. Die Effekte des Vorwissens auf der Individualebene und der Leistungsstreuung als über die Klassenzugehörigkeit aggregierte Streuung des Leseverständnisses innerhalb von Schulklassen deuten also in dieselbe Richtung. Ein höherer Effekt lässt sich hingegen für das durchschnittliche Vorwissen innerhalb der Schulklassen nachweisen: Steigt dieses um eine Standardabweichung, so erzielen die Schülerinnen und Schüler um fast ein Drittel einer Standardabweichung signifikant höhere Lernstände im Leseverständnis ($\gamma_{02} = 0{,}29$). Der Effekt der mittleren sozialen Lage auf das Leseverständnis ist dagegen nicht signifikant. Im Vergleich zu Modell 1 wird unter Berücksichtigung des mittleren Vorwissens und der

67 Gegenüber Modell 1 kehrt sich also der zunächst negative Effekt der Leistungsstreuung auf den individuellen Lernstand im Leseverständnis hier unter gemeinsamer Berücksichtigung der leistungsbezogenen und sozialen Zusammensetzung der Schulklassen um. Bei einer schrittweisen Modellierung zeigt sich kein Effekt für die Leistungsstreuung ($\gamma_{01} = 0{,}06$; *n.s.*), wenn man auf der Klassenebene als weiteres Merkmal nur die soziale Zusammensetzung berücksichtigt. Der Effekt der Leistungsstreuung fällt jedoch signifikant positiv aus, sobald man das mittlere Vorwissen, also das auf der Klassenebene aggregierte Vorwissen der Schülerinnen und Schüler, berücksichtigt ($\gamma_{01} = 0{,}14$). Dies deutet auf einen Interaktionseffekt hin, d.h., dass die Leistungsstreuung für Schülerinnen und Schüler mit unterschiedlichem Vorwissen möglicherweise unterschiedliche Auswirkungen haben kann. Dieser Frage nach der differenziellen Effektivität, ob also alle Schülerinnen und Schüler gleichermaßen von einer größeren Leistungsheterogenität in ihren Lerngruppen profitieren können, wird in Abschnitt 7.7 nachgegangen.

68 Die praktische Bedeutsamkeit von Effekten in Mehrebenenmodellen in Anlehnung an Cohens *d* lässt sich nach Tymms (2004) bestimmen als $\Delta = 2 \cdot B \cdot SD_{predictor}/\sigma_e$, wobei B das (unstandardisierte) Regressionsgewicht des Prädiktors im Mehrebenenmodell, $SD_{predictor}$ die Standardabweichung des Prädiktors auf der Aggregatebene und σ_e die Residualstandardabweichung der abhängigen Variable auf der Individualebene ist. Daraus ergibt sich für die Leistungsstreuung im Leseverständnis eine Effektstärke von $\Delta = 2 \cdot 0{,}14 \cdot 0{,}17/0{,}46 = 0{,}10$. Dies stellt nach Bortz und Döring (1995, S. 567 f.) einen eher unbedeutenden Effekt dar.

mittleren sozialen Lage innerhalb der Schulklassen eine signifikant bessere Modellanpassung erreicht.

Tabelle 7.11: Vorhersage des Leseverständnisses am Ende der Jahrgangsstufe 6 durch individuelle und klassenbezogene Merkmale

		Modell 1	Modell 2	Modell 3	Modell 4
Konstante	γ_{00}	0,07 (0,06)	**-0,13** (0,05)	**-0,33** (0,05)	**-0,29** (0,05)
Individualebene					
Geschlecht[1]	γ_{10}	**0,10** (0,01)	**0,10** (0,01)	**0,10** (0,01)	**0,10** (0,01)
Migrationshintergrund[2]	γ_{20}	**-0,08** (0,02)	**-0,07** (0,02)	**-0,09** (0,02)	**-0,08** (0,02)
Kognitive Grundfähigkeit	γ_{30}	**0,11** (0,01)	**0,10** (0,01)	**0,09** (0,01)	**0,09** (0,01)
Soziale Lage	γ_{40}	**0,08** (0,01)	**0,05** (0,01)	**0,05** (0,01)	**0,05** (0,01)
Vorwissen	γ_{50}	**0,53** (0,01)	**0,48** (0,01)	**0,49** (0,01)	**0,48** (0,01)
R^2 innerhalb der Klassen		0,308	0,309	0,309	0,310
Klassenebene					
Streuung Vorwissen	γ_{01}	*-0,12* (0,07)	**0,14** (0,06)	*0,10* (0,06)	**0,13** (0,05)
Mittleres Vorwissen	γ_{02}		**0,29** (0,03)		**0,08** (0,04)
Mittlere soziale Lage	γ_{03}		0,06 (0,04)		0,05 (0,04)
Schulform[3]					
Gesamtschule	γ_{04}			**0,10** (0,02)	**0,07** (0,02)
Gymnasium	γ_{05}			**0,48** (0,03)	**0,35** (0,04)
R^2 zwischen den Klassen		-0,016	0,319	0,377	0,398
Modellgüte					
Mittlere Devianz		18.853,36	18.627,47	18.572,65	18.566,13
Referenzmodell		Individualmodell	Modell 1	Modell 1	Modell 3
Veränderung des Modellfits[4]		0	+	+	0

[1] Referenz: Junge.
[2] Referenz: beide Eltern in Deutschland geboren.
[3] Referenz: Haupt- und Realschule.
[4] Nicht signifikante (0) bzw. signifikante Verbesserung (+) des Modellfits gegenüber dem Referenzmodell.
Kontinuierliche Prädiktoren auf der Individualebene z-standardisiert.
Signifikante Parameter fett ($p < .05$) bzw. kursiv ($p < .10$). Standardfehler in Klammern.

Modell 3 berücksichtigt neben der Leistungsstreuung nur die Schulform. Die Institutionseffekte überwiegen auf der Klassenebene deutlich: Schülerinnen und Schüler an den Gymnasien erzielen bei ansonsten gleichen Voraussetzungen auf der Individual- und Klassenebene signifikant höhere Lernstände im Leseverständnis am Ende der Jahrgangsstufe 6 als Schülerinnen und Schüler an den Haupt- und Realschulen. Der Leistungsvorsprung in den Gymnasialklassen macht fast eine halbe Standardabweichung aus ($\gamma_{05} = 0{,}48$). Schülerinnen und Schüler in den Gesamtschulklassen erzielen ebenfalls signifikant höhere Lernstände als in den Haupt- und Realschulklassen ($\gamma_{04} = 0{,}10$). Aus den angegebenen Standardfehlern lässt sich zudem das Konfidenzintervall ablesen: Demnach erzielen die Schülerinnen und Schüler an den Gymnasien nicht nur signifikant höhere Lernstände als jene an den

Haupt- und Realschulen, sondern auch als jene an den integrierten Gesamtschulen. Unter Berücksichtigung der Schulform verringert sich der Effekt der Leistungsstreuung und fällt nur noch tendenziell signifikant aus ($\gamma_{01} = 0,10$; $p = .073$). Im Vergleich zu Modell 1 wird in Modell 3 unter Berücksichtigung der Schulform eine signifikante Modellverbesserung erreicht.

Modell 4 berücksichtigt alle Aggregatmerkmale. In Schulklassen mit einer höheren Leistungsstreuung werden signifikant höhere Lernstände im Leseverständnis erreicht als in Schulklassen mit niedrigerer Leistungsstreuung.[69] Liegt die Leistungsstreuung innerhalb der Schulklassen eine Standardabweichung über dem Durchschnitt, so erzielen die Schülerinnen und Schüler um mehr als ein Zehntel einer Standardabweichung signifikant höhere Lernstände im Leseverständnis ($\gamma_{01} = 0,13$).[70] In leistungsheterogenen Schulklassen fällt die Lernentwicklung der Schülerinnen und Schüler im Leseverständnis günstiger aus als in Schulklassen, die eher leistungshomogen zusammengesetzt sind. Der Effekt der Leistungsstreuung fällt nominell sogar etwas höher aus als der Effekt des mittleren Vorwissens ($\gamma_{02} = 0,08$), welcher sich unter Berücksichtigung der Schulformgliederung nun deutlich abschwächt. Dennoch gehen mit einer leistungsstärkeren Klassenzusammensetzung signifikant höhere Lernstände bei den Schülerinnen und Schülern einher. Für die soziale Zusammensetzung der Schulklassen lässt sich kein signifikanter Effekt ($\gamma_{03} = 0,05$; *n.s.*) auf das Leseverständnis am Ende der Jahrgangsstufe 6 nachweisen. Neben Effekten auf der Individualebene zeigen sich im vollständig spezifizierten Modell 4 also auch Kompositionseffekte für das Vorwissen – und zwar sowohl für die durchschnittliche Zusammensetzung der Schulklassen als auch für die Streuung des Vorwissens auf der Klassenebene. Nach Harker und Tymms (2004, S. 185) lassen sich hier somit *positive Kompositionseffekte* nachweisen, da die Effekte auf der Individual- und Klassenebene in dieselbe Richtung weisen. Die stärksten Effekte entfallen auch in Modell 4 auf die Schulform als institutionelles Merkmal. Unter Berücksichtigung des mittleren Vorwissens und der mittleren sozialen Lage fällt jedoch der Leistungsvorsprung in den Gymnasial- gegenüber den Haupt- und Realschulklassen nicht mehr so hoch aus wie in Modell 3, macht aber immer noch mehr als ein Drittel einer Standardabweichung aus ($\gamma_{05} = 0,35$) und ist

---

69 Gröhlich, Scharenberg und Bos (2009) können unter Kontrolle von Individual- und Klassenmerkmalen zwar einen positiven Effekt der Leistungsstreuung ($\gamma_{04} = 0,09$) innerhalb der Schulklassen auf den individuellen Lernstand im Leseverständnis am Ende der Jahrgangsstufe 6 feststellen, der aber mit $p = .098$ das gewählte Signifikanzniveau verfehlt bzw. nur tendenziell signifikant ausfällt. Die dort vorgelegten Analysen berücksichtigen jedoch zusätzlich auf der Aggregatebene die mittlere kognitive Grundfähigkeit und die Streuung der kognitiven Grundfähigkeit innerhalb der Schulklassen und beziehen sich auf die Schülerinnen und Schüler, die nur zu den ersten beiden Messzeitpunkten der KESS-Studie (KESS 4 und KESS 7) teilgenommen haben.

70 Daraus ergibt sich nach Tymms (2004): $\Delta = 2 \cdot 0,13 \cdot 0,17/0,46 = 0,10$. Dies ist in Anlehnung an Bortz und Döring (1995, S. 567 f.) ein eher unbedeutender Effekt.

signifikant. Gegenüber Modell 3 ergibt sich bei Berücksichtigung aller Prädiktoren keine signifikante Verbesserung des Modellfits.

Die Modelle 2 bis 4 zeichnen sich insgesamt durch eine zufrieden stellende Modellgüte aus. Auf der Individualebene kann jeweils knapp ein Drittel der Varianz des Leseverständnisses erklärt werden. Auf Klassenebene erklären die Prädiktoren unter Kontrolle der Individualmerkmale bis zu 39,8 Prozent der Varianz.[71,72]

Mathematik

Die mehrebenenanalytischen Schätzungen zeigen erwartungsgemäß, dass auch bei der Vorhersage des Lernstandes in Mathematik am Ende der Jahrgangsstufe 6 das Vorwissen der stärkste Prädiktor auf der Individualebene ist (vgl. Tabelle 7.12). Ein Schüler mit einem Vorwissen, das eine Standardabweichung über dem Durchschnitt liegt, erzielt bei ansonsten gleichen Lernvoraussetzungen einen um fast eine halbe Standardabweichung ($0{,}42 \leq \gamma_{50} \leq 0{,}45$) höheren Lernstand als ein Schüler mit einem durchschnittlichen Vorwissen. Der Effekt für das Vorwissen fällt in Mathematik aber geringfügig schwächer aus als beim Leseverständnis. Der Effekt für die kognitive Grundfähigkeit fällt dagegen etwas stärker ins Gewicht als beim Leseverständnis ($0{,}14 \leq \gamma_{30} \leq 0{,}16$). Dies könnte daran liegen, dass die kognitive Grundfähigkeit über die figuralen Analogien erhoben wurde, die das logische, schlussfolgernde Denken der Schülerinnen und Schüler erfassen, welches in einem

71 Die verbleibende Varianz der Mittelwerte ist noch signifikant. Nachfolgende Analysen müssten weitere Klassen- und vor allem Unterrichtsmerkmale berücksichtigen, um zu einer besseren Erklärung der individuellen Lernstände zu gelangen. Spezielle Unterrichtsmethoden, die die Unterschiede zwischen den Schülerinnen und Schülern und ihre individuellen Stärken und Schwächen gezielt nutzen, könnten diesen positiven Effekt der Leistungsstreuung noch verstärken (Bos & Scharenberg, 2010). Nachfolgende Analysen müssten deshalb prüfen, welche Unterrichtsmethoden sich speziell in leistungsheterogenen Schulklassen bewähren bzw. wie diese gezielt an die jeweiligen Lernvoraussetzungen innerhalb der Schulklassen angepasst werden können, so dass alle Schülerinnen und Schüler gleichermaßen von der Leistungsheterogenität in ihren Lerngruppen profitieren können (Scharenberg & Bos, 2010).

72 Die in Modell 1 auf der Klassenebene geringfügig negativ ausfallende Varianzaufklärung ist ein in der methodischen Forschungsliteratur durchaus bekanntes Phänomen und wird beispielsweise von Snijders und Bosker (1994) beschrieben. Diese kontraintuitive Varianzaufklärung, die normalerweise in einem Wertebereich zwischen 0 und +1 liegen sollte, kommt dadurch zustande, dass sich die Varianzkomponente auf der Aggregatebene (τ_{00}) bei einer Aufnahme weiter Aggregatvariablen in das Schätzmodell erhöht. Snijders und Bosker (1994, S. 347 f.) interpretieren dies als Konsequenz einer unzureichenden Varianz auf der Aggregatebene bzw. als Hinweis auf eine Fehlspezifikation des Schätzmodells. Gegenüber dem Referenzmodell verringert sich hier in Modell 1 zwar der Devianzwert – allerdings nicht signifikant, so dass keine günstigere Modellanpassung vorliegt. Die Leistungsheterogenität auf der Klassenebene scheint somit als alleiniges Kompositionsmerkmal nicht auszureichen, um das Leseverständnis der Schülerinnen und Schüler am Ende der Jahrgangsstufe 6 valide vorherzusagen.

engeren Zusammenhang mit mathematischen Operationen stehen sollte als mit dem Leseverständnis. Erwartungsgemäß weisen die Mädchen in Mathematik unter Kontrolle weiterer Variablen einen leichten Leistungsrückstand gegenüber den Jungen auf ($-0{,}12 \leq \gamma_{10} \leq -0{,}11$). Die geschlechtsspezifischen Unterschiede fallen in Mathematik jedoch nominell genauso hoch aus wie beim Leseverständnis. Für die soziale Lage ($0{,}06 \leq \gamma_{40} \leq 0{,}08$) und das Geburtsland der Eltern ($-0{,}06 \leq \gamma_{20} \leq -0{,}04$) lassen sich zwar signifikante, aber nur relativ geringe Effekte feststellen. Ähnlich wie beim Leseverständnis ergeben sich nur geringfügige bzw. keine Veränderungen der Prädiktoren auf der Individualebene, auch wenn man verschiedene Prädiktoren auf der Klassenebene berücksichtigt. Im Folgenden wird deshalb bei den einzelnen Modellbeschreibungen nur auf die Aggregatebene eingegangen. Die einzelnen Modelle sind auf der Klassenebene genauso spezifiziert wie zuvor beim Leseverständnis.

Tabelle 7.12: Vorhersage der Mathematikleistung am Ende der Jahrgangsstufe 6 durch individuelle und klassenbezogene Merkmale

		Modell 1	Modell 2	Modell 3	Modell 4
Konstante	γ_{00}	**-0,29** (0,06)	0,06 (0,05)	**-0,22** (0,04)	**-0,14** (0,05)
Individualebene					
Geschlecht[1]	γ_{10}	**-0,11** (0,01)	**-0,12** (0,01)	**-0,12** (0,01)	**-0,12** (0,01)
Migrationshintergrund[2]	γ_{20}	**-0,05** (0,01)	**-0,04** (0,01)	**-0,06** (0,01)	**-0,05** (0,01)
Kognitive Grundfähigkeit	γ_{30}	**0,16** (0,01)	**0,14** (0,01)	**0,14** (0,01)	**0,14** (0,01)
Soziale Lage	γ_{40}	**0,08** (0,01)	**0,06** (0,01)	**0,07** (0,01)	**0,06** (0,01)
Vorwissen	γ_{50}	**0,45** (0,01)	**0,42** (0,01)	**0,42** (0,01)	**0,42** (0,01)
R^2 innerhalb der Klassen		0,328	0,329	0,330	0,330
Klassenebene					
Streuung Vorwissen	γ_{01}	**0,41** (0,07)	0,01 (0,06)	0,03 (0,05)	0,00 (0,05)
Mittleres Vorwissen	γ_{02}		**0,37** (0,03)		**0,08** (0,03)
Mittlere soziale Lage	γ_{03}		**0,07** (0,04)		0,04 (0,03)
Schulform[3]					
Gesamtschule	γ_{04}			*0,04* (0,02)	0,02 (0,02)
Gymnasium	γ_{05}			**0,60** (0,03)	**0,48** (0,04)
R^2 zwischen den Klassen		0,047	0,572	0,659	0,679
Modellgüte					
Mittlere Devianz		17.541,04	17.262,75	17.142,86	17.141,24
Referenzmodell		Individualmodell	Modell 1	Modell 1	Modell 3
Veränderung des Modellfits[4]		+	+	+	0

[1] Referenz: Junge.

[2] Referenz: beide Eltern in Deutschland geboren.

[3] Referenz: Haupt- und Realschule.

[4] Nicht signifikante (0) bzw. signifikante Verbesserung (+) des Modellfits gegenüber dem Referenzmodell.

Kontinuierliche Prädiktoren auf der Individualebene z-standardisiert.

Signifikante Parameter fett ($p < .05$) bzw. kursiv ($p < .10$). Standardfehler in Klammern.

Modell 1 zeigt einen signifikanten Effekt der Streuung des Vorwissens zu Beginn der Jahrgangsstufe 5 innerhalb der Schulklassen auf den individuellen Lernstand in Mathematik am Ende der Jahrgangsstufe 6. Ein Schüler in einer Lerngruppe, in der die Streuung des Vorwissens eine Standardabweichung über dem Durchschnitt liegt, erreicht eine um knapp eine halbe Standardabweichung höhere Mathematikleistung als ein Schüler in einer Lerngruppe mit einer durchschnittlichen Leistungsstreuung ($\gamma_{01} = 0{,}41$).[73] D.h., ohne Berücksichtigung weiterer Kompositions- und Institutionsmerkmale verläuft die Lernentwicklung in Mathematik in den Jahrgangsstufen 5 und 6 in leistungsheterogenen Schulklassen günstiger als in leistungshomogenen. Gegenüber dem Modell, das nur die individuellen Merkmale der Schülerinnen und Schüler, aber keine Klassenmerkmale berücksichtigt (vgl. Abbildung 7.6), ergibt sich bei Hinzunahme der Leistungsstreuung als Prädiktor eine signifikante Verbesserung des Modellfits.

Modell 2 berücksichtigt zusätzlich zur Streuung des Vorwissens die leistungsbezogene und soziale Zusammensetzung der Schulklassen. Der Effekt der Leistungsheterogenität wird hier nicht mehr signifikant ($\gamma_{01} = 0{,}01$).[74] Dagegen zeigt sich für die leistungsbezogene Zusammensetzung der Schulklassen ein signifikanter Effekt auf die individuelle Testleistung in Mathematik. Ein Schüler in einer Schulklasse mit einem mittleren Vorwissen, das eine Standardabweichung über dem Durchschnitt liegt, erreicht eine um mehr als ein Drittel einer Standardabweichung signifikant höhere Mathematikleistung ($\gamma_{02} = 0{,}37$). Der Effekt der mittleren sozialen Lage auf die Mathematikleistung ist zwar signifikant, aber gering ($\gamma_{03} = 0{,}07$). Im Vergleich zu Modell 1 wird unter zusätzlicher Berücksichtigung der sozialen und leistungsbezogenen Zusammensetzung der Schulklassen eine signifikant bessere Modellanpassung erreicht.

Wie schon beim Leseverständnis zeigt Modell 3 auch für die Kompetenzdomäne Mathematik, dass auf der Klassenebene die institutionellen Effekte der Schulformgliederung am stärksten ausfallen. Die Gymnasiastinnen und Gymnasiasten erzielen bei gleichen individuellen Voraussetzungen und vergleichbarer Eingangsselektivität der Schulklassen am Ende der Jahrgangsstufe 6 um mehr als eine halbe

---

73 Daraus ergibt sich nach Tymms (2004): $\Delta = 2 \cdot 0{,}41 \cdot 0{,}17/0{,}39 = 0{,}36$. Dies ist in Anlehnung an Bortz und Döring (1995, S. 567 f.) ein kleiner Effekt.

74 Gegenüber Modell 1 verliert also der zunächst positive Effekt der Leistungsstreuung auf den individuellen Lernstand in Mathematik unter gemeinsamer Berücksichtigung der leistungsbezogenen und sozialen Zusammensetzung der Schulklassen an Bedeutung. Bei einer schrittweisen Modellierung zeigt sich, dass der Effekt der Leistungsstreuung bei alleiniger Hinzunahme der mittleren sozialen Lage noch signifikant positiv ausfällt ($\gamma_{01} = 0{,}18$; $p = .007$). Berücksichtigt man als weiteres Merkmal jedoch nur das mittlere Vorwissen, so verschwindet der Effekt der Leistungsstreuung ($\gamma_{01} = 0{,}01$; *n.s.*). Die leistungsbezogene Zusammensetzung der Schulklassen scheint also von größerer Bedeutung für den Lernerfolg in Mathematik zu sein als die Leistungsstreuung.

Standardabweichung signifikant höhere Lernstände in Mathematik als Schülerinnen und Schüler der Haupt- und Realschulen ($\gamma_{05} = 0,60$). Der Vorsprung der Schülerinnen und Schüler an den Gymnasien gegenüber jenen an den Haupt- und Realschulen fällt somit in Mathematik noch größer aus als beim Leseverständnis. Die Schülerinnen und Schüler an den integrierten Gesamtschulen weisen nur tendenziell und geringfügig höhere Lernstände auf jene an den Haupt- und Realschulen ($\gamma_{04} = 0,04$; $p = .064$). Im Vergleich zu Modell 1 wird unter Berücksichtigung der Schulform eine signifikant bessere Modellanpassung erreicht.

Modell 4 umfasst alle Aggregatmerkmale. Für die Leistungsstreuung lässt sich unter Berücksichtigung der anderen Kompositionsmerkmale und der Schulform kein Effekt auf die Mathematikleistung mehr nachweisen. In Schulklassen mit einer höheren oder niedrigeren Leistungsstreuung werden demnach weder signifikant höhere noch signifikant niedrigere Lernstände erreicht als in Schulklassen mit durchschnittlicher Leistungsstreuung ($\gamma_{01} = 0,00$). Der hohe Effekt des mittleren Vorwissens, der sich in Modell 2 noch nachweisen ließ, verringert sich unter Kontrolle der Schulform ebenfalls deutlich, bleibt aber signifikant. In leistungsstärkeren Schulklassen werden demnach nur geringfügig höhere Testleistungen erzielt als durchschnittlichen Schulklassen ($\gamma_{02} = 0,08$). Für die soziale Zusammensetzung der Schulklassen lässt sich kein Effekt nachweisen ($\gamma_{03} = 0,04$; *n.s.*). Wie schon beim vorherigen Modell, fällt auch in Modell 4 der Schulformeffekt am stärksten aus. Die Schülerinnen und Schüler in den Gymnasialklassen weisen gegenüber jenen in den Haupt- und Realschulklassen einen signifikanten Leistungsvorsprung von knapp einer halben Standardabweichung auf ($\gamma_{05} = 0,48$). An den integrierten Gesamtschulen werden jedoch unter Kontrolle der anderen Variablen keine signifikant höheren Lernstände in Mathematik erzielt als an den Haupt- und Realschulen ($\gamma_{04} = 0,02$; *n.s.*). Bei Berücksichtigung aller Prädiktoren ergibt sich gegenüber Modell 3 keine signifikante Veränderung des Modellfits.

Die Modelle 2 bis 4 weisen eine zufrieden stellende Varianzaufklärung auf, die unter Kontrolle individueller Lernvoraussetzungen zwischen 57,2 und 67,9 Prozent auf der Klassenebene schwankt. Auf der Individualebene wird in allen Modellen knapp ein Drittel der Varianz durch die hier berücksichtigten Prädiktoren aufgeklärt.[75]

75 Ähnlich wie beim Leseverständnis fällt auch in der Kompetenzdomäne Mathematik die verbleibende Varianz der Mittelwerte noch signifikant aus. Auch hier müssten weitere Klassenmerkmale berücksichtigt werden, um zu einer besseren Erklärung der individuellen Mathematikleistungen zu gelangen.

7.6.5 Auswirkungen von Leistungsheterogenität auf die Lernentwicklung in den Jahrgangsstufen 7 und 8

Nachdem im vorherigen Abschnitt die Effekte der Prädiktoren auf die Lernentwicklung in den Jahrgangsstufen 5 und 6 geschätzt wurden, fokussiert dieser Abschnitt nun die Effekte der Prädiktoren für die weitere Lernentwicklung in den Jahrgangsstufen 7 und 8. Als abhängige Variable wird hierbei der Lernstand am Ende der Jahrgangsstufe 8 verwendet. Dementsprechend wird das Vorwissen nun über den Lernstand in der jeweiligen Kompetenzdomäne zu Beginn der Jahrgangsstufe 7 (KESS 7) operationalisiert.

Leseverständnis

Für die Lernentwicklung in den Jahrgangsstufen 7 und 8 zeigt sich auf der Individualebene, dass die Mädchen ihren Leistungsvorsprung gegenüber den Jungen vergrößern können (vgl. Tabelle 7.13). Unter Kontrolle der anderen Variablen erzielen sie nun um etwa ein Viertel einer Standardabweichung signifikant höhere Lernstände als die Jungen ($0{,}25 \leq \gamma_{10} \leq 0{,}27$). Im Vergleich zur Lernentwicklung in den Jahrgangsstufen 5 und 6, verringert sich am Ende der Jahrgangsstufe 8 der Effekt für das Vorwissen geringfügig ($0{,}38 \leq \gamma_{50} \leq 0{,}43$), wenngleich dies nach wie vor den stärksten Prädiktor auf der Individualebene darstellt. Für alle anderen Prädiktoren auf der Individualebene liegen die Zusammenhänge mit dem Leseverständnis etwa in derselben Größenordnung wie beim ersten Analyseschritt.

Auf der Klassenebene zeigt Modell 1, dass die Streuung des Vorwissens innerhalb der Schulklassen keinen signifikanten Effekt auf die individuellen Lernstände im Leseverständnis ausübt ($\gamma_{01} = 0{,}01$; *n.s.*). Demnach ist die Lernentwicklung von Schülerinnen und Schülern unter ansonsten gleichen individuellen Voraussetzungen in eher leistungshomogenen Schulklassen mit einer sehr niedrigen Leistungsstreuung und in eher leistungsheterogenen Schulklassen mit einer größeren Leistungsstreuung vergleichbar. Unter Berücksichtigung der Leistungsstreuung ergibt sich keine signifikante Modellverbesserung gegenüber dem Individualmodell.[76]

Unter Berücksichtigung der sozialen und leistungsbezogenen Zusammensetzung der Schulklassen in Modell 2 fällt der Effekt für die Leistungsstreuung zwar höher aus als in Modell 1 ($\gamma_{01} = 0{,}11$), lässt sich aber nicht zufallskritisch absichern. Signifikante Effekte auf das Leseverständnis am Ende der Jahrgangsstufe 8 bestehen dagegen für das mittlere Vorwissen ($\gamma_{02} = 0{,}34$) und die mittlere soziale Lage

76 Zur negativen Varianzaufklärung auf der Klassenebene vgl. Fußnote 72. Da sich gegenüber dem Individualmodell jedoch keine signifikante Veränderung des Modellfits ergibt, wird dieser Befund dahingehend gedeutet, dass durch die hier berücksichtigten Merkmale praktisch überhaupt keine Varianz auf der Aggregatebene erklärt wird.

(γ_{03} = 0,12) innerhalb der Schulklassen.[77] D.h., dass bei einer Verbesserung der sozialen und leistungsbezogenen Zusammensetzung der Schulklassen um eine Standardabweichung das Leseverständnis um knapp ein Drittel bzw. ein Zehntel einer Standardabweichung steigt. Durch Hinzunahme dieser beiden Prädiktoren wird gegenüber Modell 1 eine signifikant bessere Modellanpassung erreicht.

Tabelle 7.13: Vorhersage des Leseverständnisses am Ende der Jahrgangsstufe 8 durch individuelle und klassenbezogene Merkmale

		Modell 1	Modell 2	Modell 3	Modell 4
Konstante	γ_{00}	-0,11 (0,08)	**-0,19** (0,07)	**-0,72** (0,08)	**-0,57** (0,09)
Individualebene					
Geschlecht[1]	γ_{10}	**0,27** (0,02)	**0,26** (0,02)	**0,25** (0,02)	**0,25** (0,02)
Migrationshintergrund[2]	γ_{20}	**-0,06** (0,02)	**-0,07** (0,02)	**-0,08** (0,02)	**-0,07** (0,02)
Kognitive Grundfähigkeit	γ_{30}	**0,14** (0,01)	**0,13** (0,01)	**0,12** (0,01)	**0,12** (0,01)
Soziale Lage	γ_{40}	**0,07** (0,01)	**0,04** (0,01)	**0,05** (0,01)	**0,04** (0,01)
Vorwissen	γ_{50}	**0,43** (0,01)	**0,38** (0,01)	**0,39** (0,01)	**0,38** (0,01)
R^2 innerhalb der Klassen		0,296	0,297	0,298	0,298
Klassenebene					
Streuung Vorwissen	γ_{01}	0,01 (0,10)	0,11 (0,09)	0,01 (0,08)	0,04 (0,08)
Mittleres Vorwissen	γ_{02}		**0,34** (0,04)		*0,09* (0,05)
Mittlere soziale Lage	γ_{03}		**0,12** (0,04)		**0,10** (0,04)
Schulform[3]					
Realschule	γ_{04}			**0,40** (0,05)	**0,31** (0,07)
Gymnasium	γ_{05}			**0,79** (0,05)	**0,55** (0,09)
R^2 zwischen den Klassen		-0,003	0,323	0,379	0,391
Modellgüte					
Mittlere Devianz		12.276,05	12.110,38	12.085,99	12.080,40
Referenzmodell		Individualmodell	Modell 1	Modell 1	Modell 3
Veränderung des Modellfits[4]		0	+	+	0

[1] Referenz: Junge.
[2] Referenz: beide Eltern in Deutschland geboren.
[3] Referenz: Hauptschule.
[4] Nicht signifikante (0) bzw. signifikante Verbesserung (+) des Modellfits gegenüber dem Referenzmodell.
Kontinuierliche Prädiktoren auf der Individualebene z-standardisiert.
Signifikante Parameter fett (p < .05) bzw. kursiv (p < .10). Standardfehler in Klammern.

Berücksichtigt man in Modell 3 die Schulform, erweist sich die Streuung des Vorwissens auf der Klassenebene als bedeutungslos und steht in keinem Zusammenhang mit dem Leseverständnis (γ_{01} = 0,01; *n.s.*). Allerdings lassen sich auch über

77 In ihren Analysen zu differenziellen Lernmilieus im gegliederten Schulsystem und deren Auswirkungen auf den Lernerfolg in der Sekundarstufe können Gröhlich et al. (2010a) hingegen keinen signifikanten Effekt der sozialen Zusammensetzung der Schülerschaft auf den Lernstand im Leseverständnis am Ende der Jahrgangsstufe 8 nachweisen. Ihre Analysen beziehen sich jedoch auf die Schulebene und nicht auf die Klassenebene.

die Beobachtungsstufe hinaus differenzielle Fördereffekte der verschiedenen Schulformen beobachten. Unter ansonsten gleichen individuellen und klassenbezogenen Voraussetzungen erbringen Schülerinnen und Schüler an den Gymnasien am Ende der Jahrgangsstufe 8 um mehr als drei Viertel einer Standardabweichung signifikant höhere Testleistungen im Leseverständnis als Schülerinnen und Schüler an den Hauptschulen (γ_{05} = 0,79). An den Realschulen fällt der Leistungsvorsprung gegenüber den Hauptschulen etwas geringer aus, er beträgt hier mehr als ein Drittel einer Standardabweichung (γ_{04} = 0,40) und ist ebenfalls signifikant. Gegenüber Modell 1 wird auch in diesem Modell eine signifikante Modellverbesserung erzielt.

Betrachtet man in Modell 4 alle Aggregatmerkmale, so schwächt sich der Effekt für das mittlere Vorwissen unter Kontrolle der Schulform deutlich ab und fällt nur noch tendenziell signifikant aus (γ_{02} = 0,09; p = .077). Für die mittlere soziale Lage besteht dagegen nach wie vor ein signifikanter Zusammenhang mit dem Leseverständnis, d.h., je privilegierter die Schulklassen zusammengesetzt sind, desto höhere Lernstände werden erzielt (γ_{03} = 0,10). Die stärksten Effekte entfallen jedoch erneut auf die Schulform: Schülerinnen und Schüler an den Gymnasien weisen den größten Leistungsvorsprung gegenüber den Hauptschülerinnen und -schülern auf (γ_{05} = 0,55), gefolgt von den Realschülerinnen und -schülern (γ_{04} = 0,31). Aus den angegebenen Standardfehlern ist zudem abzulesen, dass sich auch die erzielten Lernstände an den Realschulen signifikant von jenen an den Gymnasien unterscheiden. Die Streuung des Vorwissens übt dagegen auch in Modell 4 keinen signifikanten Effekt auf das Leseverständnis aus (γ_{01} = 0,04; *n.s.*). Gegenüber Modell 3 wird unter zusätzlicher Berücksichtigung des mittleren Vorwissens und der mittleren sozialen Lage als Kompositionsmerkmale keine signifikante Modellanpassung erreicht.

Zieht man zur Vorhersage des Leseverständnisses nicht nur die Streuung des Vorwissens, sondern auch weitere Klassenmerkmale heran, so zeichnen sich die Modelle insgesamt durch eine zufrieden stellende Modellgüte aus. Auf der Individualebene wird jeweils knapp ein Drittel der Varianz des Leseverständnisses erklärt. Auf Klassenebene erklären die Prädiktoren unter Kontrolle der Individualmerkmale bis zu 39,1 Prozent der Varianz.[78]

Mathematik

Während die Mädchen im Leseverständnis einen deutlichen Vorsprung gegenüber den Jungen zeigen, erzielen sie in der Kompetenzdomäne Mathematik am Ende der Jahrgangsstufe 8 signifikant niedrigere Lernstände ($-0,07 \leq \gamma_{10} \leq -0,05$; vgl. Tabelle 7.14). Im Vergleich zur Lernentwicklung in den Jahrgangsstufen 5 und 6 (vgl.

78 Die verbleibende Varianz zwischen den Schulklassen ist erneut signifikant, d.h., auch zur Vorhersage des Leseverständnisses am Ende der Jahrgangsstufe 8 müssten noch weitere Merkmale herangezogen werden, die hier nicht berücksichtigt worden sind.

Tabelle 7.12) können sie jedoch bis zum Ende der Jahrgangsstufe 8 ihren Leistungsrückstand gegenüber den Jungen verringern. Im Vergleich zum ersten Analyseschritt zeigt sich ebenfalls, dass das individuelle Vorwissen der Schülerinnen und Schüler zur Vorhersage individueller Lernstände an Bedeutung gewinnt. Der Lernstand am Ende der Jahrgangsstufe 8 fällt erneut umso höher aus, je höher das Vorwissen ist. Schülerinnen und Schüler, deren Mathematikleistung zu Beginn der Jahrgangsstufe 7 eine Standardabweichung über dem Durchschnitt liegt, erreichen am Ende der Jahrgangsstufe 8 eine um eine halbe Standardabweichung höhere Testleistung ($0{,}51 \leq \gamma_{50} \leq 0{,}54$). Die Bedeutung des Vorwissens auf der Individualebene schlägt sich auch in der Varianzaufklärung nieder: Für den zweiten Analyseschritt kann in der Kompetenzdomäne Mathematik gut die Hälfte der Varianz innerhalb der Schulklassen durch individuelle Merkmale der Schülerinnen und Schüler erklärt werden.

Tabelle 7.14: Vorhersage der Mathematikleistung am Ende der Jahrgangsstufe 8 durch individuelle und klassenbezogene Merkmale

		Modell 1	Modell 2	Modell 3	Modell 4
Konstante	γ_{00}	**-0,51** (0,07)	0,02 (0,06)	**-0,55** (0,05)	**-0,22** (0,08)
Individualebene					
Geschlecht[1]	γ_{10}	**-0,05** (0,01)	**-0,07** (0,02)	**-0,07** (0,02)	**-0,07** (0,02)
Migrationshintergrund[2]	γ_{20}	**-0,05** (0,02)	**-0,05** (0,02)	**-0,06** (0,02)	**-0,05** (0,02)
Kognitive Grundfähigkeit	γ_{30}	**0,15** (0,01)	**0,14** (0,01)	**0,14** (0,01)	**0,14** (0,01)
Soziale Lage	γ_{40}	**0,06** (0,01)	**0,05** (0,01)	**0,05** (0,01)	**0,05** (0,01)
Vorwissen	γ_{50}	**0,54** (0,01)	**0,51** (0,01)	**0,52** (0,01)	**0,51** (0,01)
R^2 innerhalb der Klassen		0,489	0,492	0,491	0,492
Klassenebene					
Streuung Vorwissen	γ_{01}	**0,74** (0,09)	0,03 (0,08)	*0,14* (0,07)	0,03 (0,08)
Mittleres Vorwissen	γ_{02}		**0,33** (0,04)		**0,19** (0,05)
Mittlere soziale Lage	γ_{03}		**0,09** (0,04)		*0,07* (0,04)
Schulform[3]					
Realschule	γ_{04}			**0,28** (0,04)	**0,16** (0,05)
Gymnasium	γ_{05}			**0,65** (0,04)	**0,32** (0,08)
R^2 zwischen den Klassen		0,116	0,452	0,475	0,490
Modellgüte					
Mittlere Devianz		9.341,71	9.167,06	9.178,90	9.159,20
Referenzmodell		Individualmodell	Modell 1	Modell 1	Modell 3
Veränderung des Modellfits[4]		+	+	+	+

[1] Referenz: Junge.
[2] Referenz: beide Eltern in Deutschland geboren.
[3] Referenz: Hauptschule.
[4] Nicht signifikante (0) bzw. signifikante Verbesserung (+) des Modellfits gegenüber dem Referenzmodell.
Kontinuierliche Prädiktoren auf der Individualebene z-standardisiert.
Signifikante Parameter fett (p < .05) bzw. kursiv (p < .10). Standardfehler in Klammern.

Auf der Klassenebene zeigt sich in Modell 1 nur unter Berücksichtigung der Individualmerkmale ein bemerkenswert hoher, signifikant positiver Effekt der Leistungsstreuung innerhalb der Lerngruppen auf den individuellen Lernerfolg. In leistungsheterogenen Schulklassen erzielen die Schülerinnen und Schüler demnach signifikant höhere Lernstände als in durchschnittlich zusammengesetzten Schulklassen. Der Effekt der Leistungsstreuung macht ohne Berücksichtigung weiterer Kontrollvariablen rund drei Viertel einer Standardabweichung aus ($\gamma_{01} = 0{,}74$).[79] Orientiert man sich wieder an dem Umrechnungsmaßstab, der auch im Rahmen von TIMSS (Baumert et al., 1997) verwendet wurde, so geht mit einer Steigerung der Leistungsstreuung um eine Standardabweichung ein Lernvorsprung von etwa drei Schuljahren einher. Gegenüber dem Individualmodell ergibt sich bei Berücksichtigung der Leistungsstreuung als alleiniges Merkmal auf der Klassenebene bei der Vorhersage der Mathematikleistung am Ende der Jahrgangsstufe 8 eine signifikant bessere Modellanpassung.

In Modell 2 wird hingegen der Effekt der Leistungsstreuung insignifikant, sobald man weitere Kompositionsmerkmale berücksichtigt ($\gamma_{01} = 0{,}03$; *n.s.*). Es zeigt sich, dass mit einer Steigerung des mittleren Vorwissens innerhalb der Schulklassen eine individuelle Leistungssteigerung von einem Drittel einer Standardabweichung einhergeht ($\gamma_{02} = 0{,}33$). Der Effekt der sozialen Zusammensetzung wird zwar unter Berücksichtigung der leistungsbezogenen Zusammensetzung der Schulklassen noch signifikant, fällt aber mit $\gamma_{03} = 0{,}09$ gering aus. Bei Hinzunahme von Kompositionsmerkmalen ergibt sich in Modell 2 eine signifikant höhere Modellanpassung gegenüber Modell 1.

Die bereits mehrfach festgestellten differenziellen Fördereffekte der verschiedenen Schulformen lassen sich erneut bei der Vorhersage der Mathematikleistung am Ende der Jahrgangsstufe 8 in Modell 3 nachweisen. Schülerinnen und Schüler der Gymnasialklassen erzielen unter ansonsten gleichen individuellen und klassenbezogenen Voraussetzungen gegenüber den Hauptschülerinnen und -schülern einen signifikanten Leistungsvorsprung von etwa zwei Schuljahren ($\gamma_{05} = 0{,}65$). An den Realschulen beträgt der Vorsprung gegenüber den Hauptschulen gut ein Viertel einer Standardabweichung ($\gamma_{04} = 0{,}28$), was etwa einem halben Schuljahr entspricht. Unter Kontrolle der Schulform ist zumindest der Tendenz nach ein positiver Effekt der Leistungsstreuung zu beobachten ($\gamma_{03} = 0{,}14$; $p = .08$), d.h., dass die Lernentwicklung der Schülerinnen und Schüler in eher leistungsheterogen zusammengesetzten Lerngruppen etwas günstiger verlaufen kann als in eher leistungshomogenen Lerngruppen. Gegenüber dem in Abbildung 7.5 dargestellten bivariaten Zusammenhang zwischen der Leistungsstreuung zu Beginn der Jahrgangsstufe 7 und dem individuellen Lernstand der Schülerinnen und Schüler am Ende der Jahr-

79 Daraus ergibt sich nach Tymms (2004): $\Delta = 2 \cdot 0{,}74 \cdot 0{,}19/0{,}24 = 1{,}17$. Dies ist in Anlehnung an Bortz und Döring (1995, S. 567 f.) ein großer Effekt.

gangsstufe 8 ($r = .38$) fällt der Effekt der Leistungsheterogenität unter Berücksichtigung weiterer Variablen nun deutlich geringer aus. Der Effekt der Leistungsstreuung innerhalb der Schulklassen auf den individuellen Lernerfolg in Mathematik variiert also mit den individuellen Voraussetzungen der Schülerinnen und Schüler und der besuchten Schulform. Gegenüber Modell 1 ergibt sich durch Hinzunahme institutioneller Merkmale hier eine signifikante Modellverbesserung.

Der tendenziell positive Effekt der Leistungsstreuung aus Modell 3 nivelliert sich in Modell 4 jedoch, wenn man zur Vorhersage der Mathematikleistung alle Merkmale auf der Klassenebene gemeinsam berücksichtigt ($\gamma_{01} = 0,03$; *n.s.*). Tendenzielle Vorteile bestehen in Lerngruppen mit einer sozial privilegierten Zusammensetzung der Schülerschaft ($\gamma_{03} = 0,07$; $p = .084$). Eindeutig signifikant fällt dagegen der Effekt des mittleren Vorwissens aus. Liegt dieses zu Beginn der Jahrgangsstufe 7 eine Standardabweichung über dem Durchschnitt, so fällt die individuelle Mathematikleistung um ein Fünftel einer Standardabweichung ($\gamma_{02} = 0,19$) signifikant höher aus als in Lerngruppen mit einem durchschnittlichen Vorwissen, d.h., dass sich bei einer leistungsstärkeren Klassenzusammensetzung Vorteile für die individuelle Kompetenzentwicklung ergeben. Gleichzeitig verringert sich jedoch der Leistungsvorsprung für die Schülerinnen und Schüler an den Gymnasien gegenüber den Hauptschulen, wenn man die Leistungszusammensetzung berücksichtigt ($\gamma_{05} = 0,32$). Er bleibt aber signifikant. Schülerinnen und Schüler an den Realschulen erreichen ebenfalls signifikant höhere Lernstände als an den Hauptschulen. Ihr Leistungsvorsprung gegenüber den Hauptschülerinnen und -schülern beträgt aber weniger als ein Fünftel einer Standardabweichung ($\gamma_{04} = 0,16$). Gegenüber Modell 3 ergibt sich hier unter Berücksichtigung aller Aggregatmerkmale eine signifikante Modellverbesserung.

Auf der Individualebene lässt sich in allen vier Modellen rund die Hälfte der Varianz der Mathematikleistung am Ende der Jahrgangsstufe 8 erklären. Mit Ausnahme von Modell 1 wird auch auf der Klassenebene fast die Hälfte der Varianz aufgeklärt. Die verbleibende Varianz der Mittelwerte ist noch signifikant. Auch hier wäre es deshalb angebracht, die Wirkung weiterer Merkmale auf der Aggregatebene zu überprüfen.

7.6.6 Kommunalitätenanalyse

Die hier vorgelegten Modellrechnungen ermöglichen es auch, die Varianz individueller Lernstände in der jeweiligen Kompetenzdomäne in spezifische und konfundierte Komponenten zu zerlegen (Cohen, West, Cohen & Aiken, 2003, S. 166 ff.). Baumert et al. (2006) haben mit Daten der national ergänzenden PISA-Studie aus dem Jahr 2000 gezeigt, dass allein die Schulformzugehörigkeit als institutionelles Merkmal 72 Prozent der Varianz der Lesekompetenz 15-jähriger Schülerinnen und Schüler erklärt, die sich nicht auf die differenzielle Eingangsselektivität von Schulen zurückführen lassen. Das bei weitem wichtigste Kompositionsmerkmal auf der Aggregatebene ist ihren Analysen zufolge jedoch das mittlere Fähigkeitsniveau an einer Schule. Sie können zudem nachweisen, dass die spezifischen Erklärungsbeiträge einzelner Variablen weitaus geringer sind und zwischen 1,0 Prozent (mittleres Bildungsniveau der Eltern) und 3,9 Prozent (mittleres Fähigkeitsniveau der Schülerschaft) schwanken. Vielmehr gibt es erhebliche Beträge an konfundierter Varianz, also Varianzanteile, die nicht ausschließlich einer einzelnen Prädiktorvariable zuzuordnen sind. Der größte Varianzanteil entfällt in ihren Analysen mit rund 40 Prozent auf eine konfundierte Komponente bestehend aus dem mittleren Fähigkeitsniveau der Schülerschaft, dem mittleren Bildungsniveau der Eltern sowie der Schulformzugehörigkeit (Baumert et al., 2006, S. 132).

Bezogen auf die für diese Arbeit interessierende Fragestellung, welche Relevanz Leistungsheterogenität als Kompositionsmerkmal von Schulklassen für den Lernerfolg hat, kann anhand von Kommunalitätenanalysen der spezifische Varianzanteil des Lernstandes in der jeweiligen Kompetenzdomäne ermittelt werden, der allein durch die Leistungsstreuung bzw. durch weitere Kompositions- und Institutionsmerkmale auf der Klassenebene erklärt wird. Hiermit kann der „reine" Effekt der Leistungsstreuung von den Effekten anderer Kompositions- und Institutionsmerkmale getrennt und ihr relativer Stellenwert im Vergleich zu anderen Variablen für die Aufklärung von Unterschieden zwischen den Schulklassen bestimmt werden.

Das Ergebnis dieser Kommunalitätenanalyse ist in Abbildung 7.9 dargestellt. Dabei zeigt sich zunächst, dass vergleichsweise hohe Varianzanteile gemeinsam durch die mittlere soziale Lage, das mittlere Vorwissen, die Leistungsstreuung und die Schulform erklärt werden (zwischen 26,6 und 54,3 Prozent). Der „Löwenanteil" der Varianz der jeweiligen Fachleistung entfällt somit auf eine konfundierte Varianzkomponente bestehend aus Kompositions- und Institutionsmerkmalen. Abbildung 7.9 zeigt weiterhin, dass der „reine" Anteil der Leistungsstreuung an der Gesamtvarianz in den beiden Kompetenzdomänen und für beide Analyseschritte nur sehr gering ist. Lediglich bei der Vorhersage des Leseverständnisses am Ende der Jahrgangsstufe 6 kommt der Leistungsheterogenität innerhalb der Schulklassen ein kleiner, nennenswerter Varianzanteil zu: Der spezifische Anteil der Leistungsheterogenität an der Varianzaufklärung des Leseverständnisses am Ende der Jahrgangsstufe 6 beträgt hier 1,7 Prozent. In den anderen Fällen fällt der spezifische Varianzanteil für die Leistungsheterogenität negativ aus. D.h., der Anteil der erklärten Varianz der Lernstände in der jeweiligen Kompetenzdomäne sinkt in den jeweiligen Modellen unter Berücksichtigung der Leistungsheterogenität – allerdings nur geringfügig, so dass dieses Phänomen zu vernachlässigen ist. Der Effekt der Leistungsheterogenität auf den individuellen Lernerfolg der Schülerinnen und Schüler zeigt sich vielmehr in der konfundierten Varianz: Diese besagt im vorliegenden Fall, dass Schülerinnen und Schüler am Ende der Jahrgangsstufe 6 auf einer anspruchsvolleren Schulform in Schulklassen mit einer höheren durchschnittlichen sozialen Lage und einem höheren durchschnittlichen Vorwissen höhere Lernstände im Leseverständnis erzielen – und zwar auch dann, wenn diese leistungsheterogen zusammengesetzt sind. Da aber der spezifische Varianzanteil der Leistungsheterogenität am Leseverständnis am Ende der Jahrgangsstufe 6 im Vergleich zur Schulform (7,9 Prozent) und zu Merkmalen der Zusammensetzung der Schulklassen insgesamt (d.h. Leistungsheterogenität, mittleres Vorwissen und mittlere soziale Lage, 3,0 Prozent) vergleichsweise gering ausfällt, kann dies auch dahingehend gedeutet werden, dass Defizite im Vorwissen der Schülerinnen und Schüler nur bedingt oder nur bis zu einem gewissen Grad durch eine leistungsheterogene Zusammensetzung der Schulklassen kompensiert werden können (Scharenberg, 2011).

Als einzelne Variable hat die Schulform einen überragenden Stellenwert, da sie die höchste spezifische Varianzaufklärung liefert. Dies wurde bereits in den Mehrebenenmodellen deutlich, in denen sich unter Berücksichtigung der Schulform der Anteil der aufgeklärten Varianz stets erhöhte und sich die Modellgüte signifikant verbesserte. Der spezifische Varianzanteil der Schulform an der jeweiligen Fachleistung schwankt zwischen 3,8 und 10,7 Prozent. Zwischen 32,1 und 60,9 Prozent der Varianz der Fachleistung am Ende der Jahrgangsstufe 6 bzw. 8 lassen sich nicht durch die in den jeweiligen Modellen berücksichtigten Variablen erklären (*Residualvarianz*). Dies deutet darauf hin, dass nachfolgende Analysen weitere klassen- oder unterrichtsbezogene Merkmale berücksichtigen müssten.

Ähnlich wie bei den Befunden, die Baumert et al. (2006) für die Analysen im Rahmen von PISA 2000 vorgelegt haben, wird hier deutlich, dass Kompositions- und Institutionseffekte vor allem gemeinsam wirken. Hohe Anteile konfundierter Varianz von individuellen Merkmalen, Schulform und Kompositionsmerkmalen berichten z.B. auch Opdenakker und van Damme (2006). Der geringe spezifische Varianzanteil der Leistungsheterogenität in den hier vorliegenden Analysen bedeutet jedoch nicht, dass diese für den Lernerfolg der Schülerinnen und Schüler irrelevant und gar zu vernachlässigen ist. Vielmehr besagt dieser geringe Anteil, dass Leistungsunterschiede zwischen den Schulklassen auch dadurch zustande kommen, dass die Schulklassen unterschiedlichen Schulformen zuzuordnen sind und somit Schülerinnen und Schüler mit ganz unterschiedlichen sozialen und leistungsbezogenen Lernvoraussetzungen rekrutieren und dass auch die Leistungsheterogenität mit der Schulform variiert.

Abbildung 7.9: Konfundierte und spezifische Varianzanteile des Leseverständnisses und der Mathematikleistung am Ende der Jahrgangsstufen 6 und 8

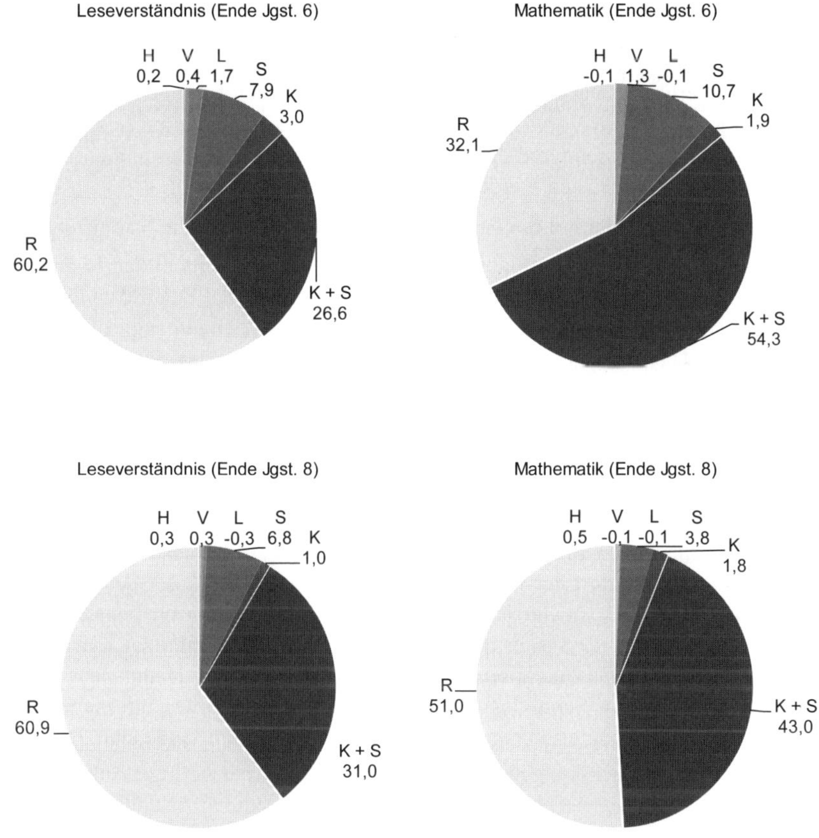

Anmerkungen.
H: mittlerer HISEI; V: mittleres Vorwissen; L: Leistungsstreuung;
S: Schulform; K: Komposition; K + S: Komposition & Schulform; R: Residualvarianz

Angaben in Prozent

7.6.7 Zwischenfazit und Konsequenzen für die weiteren Analysen

Die Mehrebenenanalysen in den Abschnitten 7.6.4 und 7.6.5 haben gezeigt, dass die klasseninterne Leistungsstreuung ein signifikanter Prädiktor zumindest für das individuelle Leseverständnis der Schülerinnen und Schüler am Ende der Jahrgangsstufe 6 ist. Neben der Streuung des Vorwissens, dem mittleren Fähigkeitsniveau und der sozialen Lage tragen vor allem die einzelnen Schulformen auch bei gleichen individuellen Lernvoraussetzungen der Schülerinnen und Schüler zu differenziellen Entwicklungsverläufen bei. Die Kommunalitätenanalysen im vorangegangen Abschnitt haben darüber hinaus verdeutlicht, dass zwar die Schulform, das mittlere Vorwissen, die mittlere soziale Lage und die Streuung des Vorwissens in hohem Maße miteinander konfundiert sind. Vergleicht man aber die Varianzanteile der jeweiligen Fachleistung, die durch eine einzige Variable eigenständig erklärt werden, so entfällt auf die Schulform als alleiniger Prädiktor der höchste spezifische Varianzanteil.

Notwendig sind daher schulformspezifische Analysen, um zu überprüfen, ob der Vorteil leistungsheterogener gegenüber leistungshomogenen Lerngruppen an allen Schulformen gleichermaßen ausfällt (vgl. auch Bos & Scharenberg, 2010). Wie bereits in den Abschnitten 7.3 und 7.4 ausgeführt, sind die Schulklassen an den einzelnen Schulformen im Hinblick auf ihre Leistungsheterogenität ganz unterschiedlich zusammengesetzt. Angesichts der integrierten Unterrichtung an den Haupt- und Realschulen sowie den integrierten Gesamtschulen in den Jahrgangsstufen 5 und 6 müsste dort der Umgang mit der Leistungsvielfalt der Schülerinnen und Schüler viel stärker im Curriculum verankert sein als an den Gymnasien.[80] Es wird deshalb erwartet, dass sich positive Effekte der klasseninternen Leistungsstreuung vor allem an den integrierten Gesamtschulen sowie den Haupt- und Realschulen ergeben. In den Schulklassen anderer Schulformen sollten mit steigender Leistungsstreuung zumindest keine signifikant niedrigeren Lernstände einhergehen.

80 Denkbar wäre auch, dass Lehrkräfte an den verschiedenen Schulformen über ein ganz unterschiedliches didaktisches Methodenrepertoire verfügen, um der Leistungsvielfalt ihrer Schülerschaft angemessen gerecht zu werden, bzw. dass sich angesichts der unterschiedlichen sozialen und leistungsbezogenen Zusammensetzung der Schulformen ganz unterschiedliche Leistungserwartungen bei den Lehrkräften manifestiert haben. Da es hier aber zunächst grundsätzlich darum gehen soll, die Effekte der Leistungsheterogenität innerhalb von Schulklassen auf den individuellen Lernerfolg an den verschiedenen Schulformen abzuschätzen, bleibt die Frage nach der Wechselwirkung zwischen anderen Kompositionsmerkmalen und der Schulformzugehörigkeit bzw. anderen Merkmalen des Unterrichts und der Lehrkräfte zunächst unberücksichtigt.

7.6.8 Schulformspezifische Analysen

Im Folgenden werden die Ergebnisse der Mehrebenenanalysen getrennt für die einzelnen Schulformen berichtet.[81] Dabei wird – analog zum bisherigen Vorgehen – zunächst bestimmt, welche Varianzanteile der jeweils abhängigen Variable auf Unterschiede zwischen den Schülerinnen und Schülern bzw. auf Unterschiede zwischen den Schulklassen entfallen. Hierfür wird neben einem vollständig unkonditionierten Modell (*Nullmodell*) auch ein Modell spezifiziert, das die Individualmerkmale der Schülerinnen und Schüler berücksichtigt (*Individualmodell*) und als Referenzmodell zur Bestimmung der durch die berücksichtigten Merkmale aufgeklärten Varianz der jeweiligen Fachleistung auf der Klassenebene dienen soll.[82] Anschließend wird für jede einzelne Schulform anhand von Mehrebenenanalysen überprüft, ob die Leistungsstreuung innerhalb von Schulklassen neben dem mittleren Vorwissen und der mittleren sozialen Lage auf der Klassenebene ein Prädiktor für den Lernstand in der jeweiligen Kompetenzdomäne darstellt. Des Weiteren wird gefragt, ob mit steigender Leistungsstreuung auf der Klassenebene höhere oder niedrigere Lernstände einhergehen. Da die Schätzmodelle für jede Schulform getrennt spezifiziert werden, wird die Schulform selbst als Prädiktor auf der Aggregatebene nicht mehr berücksichtigt. Auf eine schulformspezifische Kommunalitätenanalyse wie in Abschnitt 7.6.6 muss deshalb verzichtet werden, da bei einem solchen Analysedesign eine Trennung von Kompositionsmerkmalen und institutionellen Effekten der Schulformgliederung nicht mehr möglich ist. Alle kontinuierlichen Variablen sind auf individueller Ebene für die jeweilige Schulform z-standardisiert. Die Dummy-Variablen bleiben unverändert. Der Intercept gibt folglich den Wert an, den ein Junge ohne Migrationshintergrund mit durchschnittlicher kognitiver Grundfähigkeit und sozialer Lage und durchschnittlichem Vorwissen in einer im Hinblick auf die auf der Aggregatebene berücksichtigten Merkmale durchschnittlich zusammengesetzten Schulklasse an der jeweiligen Schulform er-

81 Die Designeffekte weisen im Leseverständnis bzw. in Mathematik am Ende der Jahrgangsstufe 6 folgende Werte auf: 1,60 bzw. 2,09 (Haupt- und Realschule), 2,93 bzw. 3,30 (integrierte Gesamtschule), 2,21 bzw. 2,52 (Gymnasium). Am Ende der Jahrgangsstufe 8 betragen die Designeffekte im Leseverständnis bzw. in Mathematik 2,27 bzw. 2,90 (Hauptschule), 2,82 bzw. 4,20 (Realschule) und 3,13 bzw. 4,23 (Gymnasium). Mit Ausnahme des Leseverständnisses am Ende der Jahrgangsstufe 6 in den Haupt- und Realschulklassen sind also alle Designeffekte größer als 2, d.h., dass eine schulformspezifische Auswertung angemessen ist. Nachfolgend werden die schulformspezifischen Ergebnisse für die Schulklassen aller Schulformen – der Vollständigkeit halber auch für das Leseverständnis am Ende der Jahrgangsstufe 6 in den Haupt- und Realschulklassen – berichtet.

82 Auf eine schrittweise Modellierung, bei der zunächst die Leistungsstreuung und dann das mittlere Vorwissen und die mittlere soziale Lage auf der Klassenebene berücksichtigt werden, wird im Folgenden verzichtet, da die Abschnitte 7.6.4 und 7.6.5 gezeigt haben, dass die Modellanpassung bei gemeinsamer Berücksichtigung aller drei Merkmale besser ausfällt, als wenn nur die Leistungsstreuung in Kombination mit einem einzigen weiteren Merkmal auf der Klassenebene berücksichtigt wird.

zielen würde. Handelt es sich dagegen beispielsweise um ein Mädchen oder einen Schüler mit Migrationshintergrund, so verändert sich der Lernstand um den jeweils angegebenen Parameter.

7.6.8.1 Schulformspezifische Analysen für die Lernentwicklung in den Jahrgangsstufen 5 und 6

Tabelle 7.15 stellt die Varianzzerlegung für die beiden Kompetenzdomänen am Ende der Jahrgangsstufe 6 getrennt nach Schulform dar. Der Anteil der Varianz des Leseverständnisses, der auf Unterschiede zwischen den Schulklassen entfällt, liegt zwischen 4,1 und 11,6 Prozent und ist für alle drei Schulformen signifikant. Berücksichtigt man die Individualmerkmale der Schülerinnen und Schüler, dann beträgt der Varianzanteil des Leseverständnisses auf der Klassenebene zwischen 5,8 und 7,9 Prozent. In Mathematik beträgt der Varianzanteil, der auf die Klassenebene entfällt, zwischen 7,4 und 13,8 Prozent. Unter Berücksichtigung individueller Merkmale der Schülerinnen und Schüler verringert sich dieser Anteil und beträgt zwischen 5,5 und 10,8 Prozent.

Gegenüber den schulformunspezifischen Auswertungen zur Vorhersage der Lernstände am Ende der Jahrgangsstufe 6 (vgl. Abbildung 7.6) verringert sich unter Berücksichtigung individueller Lernvoraussetzungen der Varianzanteil, der auf Unterschiede zwischen den Schulklassen entfällt; er ist aber immer noch signifikant. Im Folgenden sollen durch die Leistungsheterogenität, das mittlere Vorwissen und die mittlere soziale Lage als Kompositionsmerkmale der Schulklassen die Lernstände in den beiden Kompetenzdomänen vorhergesagt und dieser Varianzanteil auf der Klassenebene erklärt werden.

Tabelle 7.15: Schulformspezifische Varianzzerlegung des Leseverständnisses und der Mathematikleistung am Ende der Jahrgangsstufe 6

	Leseverständnis			Mathematik		
	Haupt- und Realschule	Integrierte Gesamtschule	Gymnasium	Haupt- und Realschule	Integrierte Gesamtschule	Gymnasium
Varianzzerlegung im Nullmodell						
Individualebene σ^2	0,96	0,89	0,93	0,93	0,87	0,92
Klassenebene τ_{00}	0,04	0,12	0,07	0,07	0,14	0,09
ICC	0,041	0,116	0,068	0,074	0,138	0,085
unter Kontrolle von Individualmerkmalen						
Individualebene σ^2	0,60	0,55	0,72	0,62	0,55	0,61
Klassenebene τ_{00}	0,04	0,05	0,06	0,04	0,07	0,06
ICC	0,058	0,077	0,079	0,055	0,108	0,089
Mittlere Devianz	4.812,19	6.843,56	9.737,41	4.938,96	6.990,15	9.124,95

Leseverständnis

Auch die schulformspezifische Auswertung zeigt, dass auf der Individualebene erneut dem Vorwissen, also der Testleistung zum vorherigen Messzeitpunkt, die stärkste Bedeutung zur Vorhersage des Leseverständnisses am Ende der Jahrgangsstufe 6 zukommt (vgl. auch Tabelle 7.16). Zwar gilt dies für Schulklassen aller Schulformen, der Zusammenhang zwischen dem Vorwissen und erreichtem Lernstand fällt dabei aber an den Haupt- und Realschulen ($\gamma_{50} = 0{,}50$) sowie den integrierten Gesamtschulen ($\gamma_{50} = 0{,}53$) enger aus als an den Gymnasien ($\gamma_{50} = 0{,}35$). Mädchen erzielen an allen drei Schulformen signifikant höhere Lernstände als die Jungen, auch wenn ihr Leistungsvorsprung an den integrierten Gesamtschulen etwas geringer ausfällt ($\gamma_{10} = 0{,}08$) als in den Schulklassen der beiden anderen Schulformen ($0{,}12 \leq \gamma_{10} \leq 0{,}16$). Eine Benachteiligung für Schülerinnen und Schüler mit Migrationshintergrund lässt sich für alle drei Schulformen konstatieren, wenngleich er an den integrierten Gesamtschulen mit mehr als einem Zehntel einer Standardabweichung ($\gamma_{20} = -0{,}14$) am stärksten und signifikant ausfällt.

Tabelle 7.16: Schulformspezifische Vorhersage des Leseverständnisses am Ende der Jahrgangsstufe 6 durch individuelle und klassenbezogene Merkmale

		Haupt- und Realschule	Integrierte Gesamtschule	Gymnasium
Konstante	γ_{00}	**-0,20** (0,09)	**-0,17** (0,09)	-0,03 (0,09)
Individualebene				
Geschlecht[1]	γ_{10}	**0,12** (0,04)	**0,08** (0,03)	**0,16** (0,03)
Migrationshintergrund[2]	γ_{20}	*-0,07* (0,04)	**-0,14** (0,03)	*-0,05* (0,03)
Kognitive Grundfähigkeit	γ_{30}	**0,09** (0,02)	**0,09** (0,02)	**0,11** (0,02)
Soziale Lage	γ_{40}	**0,06** (0,02)	**0,06** (0,02)	**0,04** (0,02)
Vorwissen	γ_{50}	**0,55** (0,02)	**0,53** (0,02)	**0,39** (0,02)
R^2 innerhalb der Klassen		0,373	0,386	0,229
Klassenebene				
Streuung Vorwissen	γ_{01}	**0,19** (0,09)	**0,21** (0,09)	-0,03 (0,09)
Mittleres Vorwissen	γ_{02}	0,02 (0,07)	*0,10* (0,06)	0,06 (0,07)
Mittlere soziale Lage	γ_{03}	0,04 (0,06)	*0,12* (0,07)	0,03 (0,06)
R^2 zwischen den Klassen		0,101	0,081	-0,007
Modellgüte				
Mittlere Devianz		4.817,38	6.831,71	9.743,56
Veränderung des Modellfits[3]		0	+	0

[1] Referenz: Junge.
[2] Referenz: beide Eltern in Deutschland geboren.
[3] Nicht signifikante (0) bzw. signifikante Verbesserung (+) des Modellfits gegenüber dem jeweiligen Individualmodell.
Kontinuierliche Prädiktoren auf der Individualebene der jeweiligen Schulform z-standardisiert.
Signifikante Parameter fett ($p < .05$) bzw. kursiv ($p < .10$). Standardfehler in Klammern.

Auf der Klassenebene lassen sich nur an den Haupt- und Realschulen ($\gamma_{01} = 0{,}19$)[83] sowie den integrierten Gesamtschulen ($\gamma_{01} = 0{,}21$)[84] signifikante und positive Effekte der Leistungsheterogenität auf das Leseverständnis am Ende der Jahrgangsstufe 6 nachweisen. Hier werden in Schulklassen, in denen die klasseninterne Leistungsstreuung eine Standardabweichung über dem Durchschnitt liegt, um ein Fünftel einer Standardabweichung signifikant höhere Lernstände im Leseverständnis am Ende der Jahrgangsstufe 6 erzielt als in Schulklassen, in denen die Leistungsstreuung durchschnittlich ausfällt. An den integrierten Gesamtschulen – nicht aber an den anderen beiden Schulformen – lassen sich auf der Klassenebene zudem tendenziell signifikante Effekte für das mittlere Vorwissen ($\gamma_{02} = 0{,}10$; $p = .099$) und die mittlere soziale Lage ($\gamma_{03} = 0{,}12$; $p = .065$) nachweisen. Trotz des bemerkenswert hohen Effekts der klasseninternen Leistungsstreuung ergibt sich an den Haupt- und Realschulen jedoch keine signifikante Verbesserung des Modellfits gegenüber dem entsprechenden Individualmodell. Lediglich an den integrierten Gesamtschulen lässt sich eine signifikante Modellverbesserung beobachten.

Durch die individuellen Merkmale der Schülerinnen und Schüler lassen sich zwischen 22,9 und 38,6 Prozent der Varianz des Leseverständnisses erklären. Dadurch dass nun die Schulform auf der Aggregatebene nicht mehr als Prädiktor berücksichtigt wird, verringert sich der Anteil der durch die Kompositionsmerkmale erklärten Varianz zwischen den Schulklassen deutlich und liegt zwischen 8,1 und 10,1 Prozent.[85]

Mathematik

Tabelle 7.17 zeigt, dass das fachspezifische Vorwissen der Schülerinnen und Schüler der wichtigste Prädiktor für den Lernstand in Mathematik am Ende der Jahrgangsstufe 6 ist und sein Effekt an allen Schulformen etwa gleich hoch und signifikant ausfällt ($0{,}42 \leq \gamma_{05} \leq 0{,}46$). Darüber hinaus gehen mit einer höheren kognitiven Grundfähigkeit der Schülerinnen und Schüler an allen Schulformen signifikant höhere Lernstände einher ($0{,}16 \leq \gamma_{03} \leq 0{,}17$). Mädchen erzielen an allen Schulformen signifikant niedrigere Lernstände in Mathematik als Jungen ($-0{,}19 \leq \gamma_{01} \leq -0{,}13$).

83 Daraus ergibt sich nach Tymms (2004): $\Delta = 2 \cdot 0{,}19 \cdot 0{,}15/0{,}60 = 0{,}10$. Dies ist in Anlehnung an Bortz und Döring (1995, S. 567 f.) ein eher unbedeutender Effekt.

84 Daraus ergibt sich nach Tymms (2004): $\Delta = 2 \cdot 0{,}21 \cdot 0{,}17/0{,}55 = 0{,}13$. Dies ist in Anlehnung an Bortz und Döring (1995, S. 567 f.) ein eher unbedeutender Effekt.

85 An den Gymnasien verringert sich der Anteil der erklärten Varianz gegenüber dem Individualmodell und fällt deshalb hier geringfügig negativ aus. Zur negativen Varianzaufklärung auf der Klassenebene an den Gymnasien vgl. Fußnote 72. Da sich gegenüber dem gymnasialen Individualmodell jedoch keine signifikante Veränderung des Modellfits ergibt, wird dieser Befund dahingehend gedeutet, dass durch die hier berücksichtigten Merkmale praktisch überhaupt keine Varianz auf der Aggregatebene erklärt wird. Nachfolgende müssten deshalb weitere Merkmale auf der Klassenebene berücksichtigen.

Eine Benachteiligung für Schülerinnen und Schüler mit Migrationshintergrund besteht nur in den Gesamtschulklassen ($\gamma_{20} = -0{,}12$) und in sehr geringem Ausmaß in den Gymnasialklassen ($\gamma_{20} = -0{,}06$). Auf der Klassenebene zeigen sich an keiner der drei Schulformen signifikante Effekte der Leistungsstreuung. Die Effekte fallen zwar an den Haupt- und Realschulen positiv ($\gamma_{01} = 0{,}15$; *n.s.*) und an den Gymnasien negativ ($\gamma_{01} = -0{,}10$; *n.s.*) aus, lassen sich aber nicht zufallskritisch absichern. Signifikante Effekte ergeben sich hingegen für das durchschnittliche Vorwissen auf der Klassenebene an den Haupt- und Realschulen ($\gamma_{02} = 0{,}14$) und tendenziell auch an den Gymnasien ($\gamma_{02} = 0{,}11$; $p = .072$).

Tabelle 7.17: Schulformspezifische Vorhersage der Mathematikleistung am Ende der Jahrgangsstufe 6 durch individuelle und klassenbezogene Merkmale

		Haupt- und Realschule	Integrierte Gesamtschule	Gymnasium
Konstante	γ_{00}	-0,06 (0,10)	0,12 (0,09)	**0,20** (0,09)
Individualebene				
Geschlecht[1]	γ_{10}	**-0,19** (0,04)	**-0,13** (0,03)	**-0,15** (0,03)
Migrationshintergrund[2]	γ_{20}	0,00 (0,04)	**-0,12** (0,03)	**-0,06** (0,03)
Kognitive Grundfähigkeit	γ_{30}	**0,17** (0,02)	**0,17** (0,02)	**0,16** (0,01)
Soziale Lage	γ_{40}	**0,07** (0,02)	**0,08** (0,02)	**0,06** (0,02)
Vorwissen	γ_{50}	**0,42** (0,02)	**0,43** (0,02)	**0,46** (0,02)
R^2 innerhalb der Klassen		0,329	0,361	0,336
Klassenebene				
Streuung Vorwissen	γ_{01}	0,15 (0,10)	0,00 (0,10)	-0,10 (0,09)
Mittleres Vorwissen	γ_{02}	**0,14** (0,06)	0,06 (0,06)	*0,11* (0,06)
Mittlere soziale Lage	γ_{03}	0,01 (0,08)	0,06 (0,07)	0,02 (0,05)
R^2 zwischen den Klassen		0,061	0,052	0,018
Modellgüte				
Mittlere Devianz		4.940,21	6.994,46	9.128,81
Veränderung des Modellfits[3]		0	0	0

[1] Referenz: Junge.
[2] Referenz: beide Eltern in Deutschland geboren.
[3] Nicht signifikante (0) bzw. signifikante Verbesserung (+) des Modellfits gegenüber dem jeweiligen Individualmodell.
Kontinuierliche Prädiktoren auf der Individualebene der jeweiligen Schulform z-standardisiert.
Signifikante Parameter fett ($p < .05$) bzw. kursiv ($p < .10$). Standardfehler in Klammern.

Da sich auf der Klassenebene insgesamt kaum oder nur niedrige signifikante Effekte für die Prädiktoren zeigen, beträgt der Anteil der durch die in den Modellen berücksichtigten Merkmale erklärten Varianz nur zwischen 1,8 und 6,1 Prozent. An keiner der drei Schulformen ergibt sich bei Berücksichtigung von Merkmalen der Zusammensetzung der Schülerschaft eine signifikant bessere Modellanpassungen gegenüber dem Modell, das nur die Individualmerkmale der Schülerinnen und

Schüler umfasst. Auf der Individualebene können dagegen zwischen 32,9 und 33,6 Prozent der Varianz erklärt werden.

7.6.8.2 Schulformspezifische Analysen für die Lernentwicklung in den Jahrgangsstufen 7 und 8

In Tabelle 7.18 ist die Varianzzerlegung für die beiden Kompetenzdomänen am Ende der Jahrgangsstufe 8 getrennt nach Schulform dargestellt. Der Anteil der Varianz des Leseverständnisses, der auf Unterschiede zwischen den Schulklassen zurückzuführen ist, liegt zwischen 9,7 und 12,0 Prozent. Kontrolliert man die individuellen Lernvoraussetzungen der Schülerinnen und Schüler, dann beträgt der Varianzanteil auf der Klassenebene zwischen 12,0 und 28,9 Prozent. In Mathematik entfallen zwischen 14,5 und 18,7 Prozent der Leistungsvarianz auf Unterschiede zwischen den Schulklassen. Unter Berücksichtigung der individuellen Lernvoraussetzungen beträgt dieser Anteil zwischen 14,5 und 27,0 Prozent.

Tabelle 7.18: Schulformspezifische Varianzzerlegung des Leseverständnisses und der Mathematikleistung am Ende der Jahrgangsstufe 8

	Leseverständnis			Mathematik		
	Hauptschule	Realschule	Gymnasium	Hauptschule	Realschule	Gymnasium
Varianzzerlegung im Nullmodell						
Individualebene σ^2	0,90	0,89	0,88	0,85	0,81	0,82
Klassenebene τ_{00}	0,10	0,11	0,12	0,15	0,19	0,18
ICC	0,097	0,106	0,120	0,145	0,187	0,182
unter Kontrolle von Individualmerkmalen						
Individualebene σ^2	0,55	0,59	0,63	0,48	0,44	0,41
Klassenebene τ_{00}	0,22	0,08	0,11	0,08	0,16	0,09
ICC	0,289	0,120	0,145	0,145	0,270	0,187
Mittlere Devianz	1.660,27	3.049,86	9.891,75	1.554,32	2.711,70	8.235,87

Gegenüber den schulformunspezifischen Auswertungen (vgl. Abbildung 7.7) verringert sich zwar der Varianzanteil auf der Klassenebene in beiden Kompetenzdomänen, er ist aber immer noch signifikant. Im Folgenden wird deshalb versucht, die Unterschiede zwischen den Schulklassen durch die Leistungsheterogenität, das mittlere Vorwissen und die mittlere soziale Lage zu erklären und den Lernstand in beiden Kompetenzdomänen durch diese Kompositionsmerkmale vorherzusagen.

Leseverständnis

Die schulformspezifischen Auswertungen zeigen, dass auch am Ende der Jahrgangsstufe 8 das individuelle Vorwissen der stärkste Prädiktor für das Leseverständnis auf der Individualebene ist (vgl. Tabelle 7.19). Am stärksten ist dieser Effekt an den Hauptschulen: Schülerinnen und Schüler, deren Leseverständnis zu Beginn der Jahrgangsstufe 7 eine Standardabweichung über dem Durchschnitt liegt, erzielen hier am Ende der Jahrgangsstufe 8 um eine halbe Standardabweichung ($\gamma_{50} = 0{,}50$) signifikant höhere Testleistungen. Der Effekt des Vorwissens fällt an den Realschulen ($\gamma_{50} = 0{,}46$) und den Gymnasien ($\gamma_{50} = 0{,}36$) dagegen etwas geringer, aber signifikant aus. Darüber hinaus gehen auch am Ende der Jahrgangsstufe 8 mit steigender kognitiver Grundfähigkeit signifikant höhere individuelle Lernstände einher ($0{,}11 \leq \gamma_{30} \leq 0{,}16$). Mädchen erzielen an allen Schulformen signifikant höhere Lernstände als die Jungen ($0{,}14 \leq \gamma_{50} \leq 0{,}37$) und können ihren Leistungsvorsprung gegenüber den Jungen im Vergleich zum ersten Analyseschritt vergrößern. Schülerinnen und Schüler mit Migrationshintergrund erzielen nur an den Gymnasien signifikant niedrigere Lernstände als Jugendliche ohne Migrationshintergrund ($\gamma_{20} = -0{,}12$). Der Effekt der sozialen Lage auf das Leseverständnis fällt lediglich an den Gymnasien signifikant, aber gering aus ($\gamma_{40} = 0{,}05$).

Tabelle 7.19: Schulformspezifische Vorhersage des Leseverständnisses am Ende der Jahrgangsstufe 8 durch individuelle und klassenbezogene Merkmale

		Hauptschule	Realschule	Gymnasium
Konstante	γ_{00}	-0,12 (0,21)	-0,03 (0,23)	**-0,19** (0,09)
Individualebene				
Geschlecht[1]	γ_{10}	**0,27** (0,08)	**0,14** (0,05)	**0,37** (0,03)
Migrationshintergrund[2]	γ_{20}	-0,01 (0,06)	-0,05 (0,05)	**-0,12** (0,03)
Kognitive Grundfähigkeit	γ_{30}	**0,11** (0,03)	**0,16** (0,03)	**0,13** (0,01)
Soziale Lage	γ_{40}	*0,05* (0,03)	0,02 (0,02)	**0,05** (0,02)
Vorwissen	γ_{50}	**0,50** (0,04)	**0,46** (0,03)	**0,36** (0,01)
R^2 innerhalb der Klassen		0,393	0,335	0,282
Klassenebene				
Streuung Vorwissen	γ_{01}	0,02 (0,20)	-0,03 (0,22)	0,03 (0,10)
Mittleres Vorwissen	γ_{02}	-0,07 (0,11)	0,06 (0,13)	**0,13** (0,06)
Mittlere soziale Lage	γ_{03}	0,04 (0,13)	0,12 (0,11)	**0,13** (0,05)
R^2 zwischen den Klassen		-0,005	0,016	0,032
Modellgüte				
Mittlere Devianz		1.667,05	3.055,58	9.888,83
Veränderung des Modellfits[3]		0	0	0

[1] Referenz: Junge.
[2] Referenz: beide Eltern in Deutschland geboren.
[3] Nicht signifikante (0) bzw. signifikante Verbesserung (+) des Modellfits gegenüber dem jeweiligen Individualmodell.
Kontinuierliche Prädiktoren auf der Individualebene der jeweiligen Schulform z-standardisiert.
Signifikante Parameter fett ($p < .05$) bzw. kursiv ($p < .10$). Standardfehler in Klammern.

Auf der Aggregatebene zeigt sich, dass das Leseverständnis der Gymnasiastinnen und Gymnasiasten signifikant höher ausfällt, je höher das mittlere Vorwissen ($\gamma_{02} = 0{,}13$) und die mittlere soziale Lage ($\gamma_{03} = 0{,}13$) sind. An den Haupt- bzw. Realschulen bestehen für die leistungsbezogene und soziale Zusammensetzung der

Schulklassen keine signifikanten Effekte. Die Leistungsheterogenität, also die Streuung des Vorwissens innerhalb der Schulklassen, übt an keiner der Schulformen einen signifikanten Effekt aus ($-0{,}03 \leq \gamma_{01} \leq 0{,}03$; *n.s.*) und ist somit für die Lernentwicklung der Schülerinnen und Schüler in den Jahrgangsstufen 7 und 8 von eher nachgeordneter Bedeutung. Da die Effekte auf der Klassenebene insgesamt nur klein und meist nicht signifikant ausfallen, ergibt sich an keiner der drei Schulformen unter Berücksichtigung von Merkmalen der Zusammensetzung der Schülerschaft eine signifikante Verbesserung des Modellfits gegenüber dem Modell, das nur die Individualmerkmale der Schülerinnen und Schüler berücksichtigt.

Durch die individuellen Merkmale der Schülerinnen und Schüler lassen sich zwischen 28,2 und 39,3 Prozent der Varianz des Leseverständnisses am Ende der Jahrgangsstufe 8 erklären. Der durch die Kompositionsmerkmale auf der Klassenebene aufgeklärte Varianzanteil liegt zwischen 1,6 und 3,2 Prozent.[86]

Mathematik

Für Mathematik zeigt Tabelle 7.20, dass das individuelle Vorwissen der Schülerinnen und Schüler an den Gymnasien stärker ins Gewicht fällt ($\gamma_{50} = 0{,}56$) als an den Hauptschulen ($\gamma_{50} = 0{,}45$). An allen Schulformen stellt das Vorwissen jedoch den stärksten Prädiktor auf der Individualebene dar. Mädchen erzielen an allen Schulformen signifikant niedrigere Lernstände als Jungen ($-0{,}21 \leq \gamma_{10} \leq -0{,}06$). Diese geschlechtsspezifischen Unterschiede fallen an den Gymnasien am geringsten, an den Hauptschulen am höchsten aus. Schülerinnen und Schüler mit Migrationshintergrund erzielen nur an den Gymnasien signifikant niedrigere Lernstände als Schülerinnen und Schüler, deren Eltern beide in Deutschland geboren wurden ($\gamma_{20} = -0{,}09$). Mit steigender kognitiver Grundfähigkeit gehen an allen Schulformen signifikant höhere Lernstände einher ($0{,}16 \leq \gamma_{30} \leq 0{,}24$). Im Gegensatz zu den Hauptschulen und Gymnasien besteht an den Realschulen kein Zusammenhang zwischen der sozialen Lage der Schülerfamilien und dem erzielten Lernstand.

Auf der Klassenebene besteht nur an den Gymnasien ein signifikanter Zusammenhang zwischen dem mittleren Vorwissen der Schülerinnen und Schüler und dem individuellen Lernstand in Mathematik ($\gamma_{02} = 0{,}21$). Besucht ein Gymnasiast bei ansonsten gleichen individuellen und klassenbezogenen Voraussetzungen eine Schulklasse, in der das mittlere Vorwissen eine Standardabweichung über dem Durchschnitt liegt, so erzielt dieser Schüler eine um ein Fünftel einer Standardab-

86 An den Hauptschulen verringert sich der Anteil der erklärten Varianz gegenüber dem Individualmodell und fällt deshalb hier geringfügig negativ aus. Zur negativen Varianzaufklärung auf der Klassenebene an den Hauptschulen vgl. Fußnote 72. Da sich gegenüber dem Individualmodell für die Hauptschulen jedoch keine signifikante Veränderung des Modellfits ergibt, wird dieser Befund dahingehend gedeutet, dass durch die hier berücksichtigten Merkmale praktisch überhaupt keine Varianz auf der Aggregatebene erklärt wird.

weichung höhere Mathematikleistung. Darüber hinaus gehen mit einer privilegierteren Klassenzusammensetzung an den Gymnasien tendenziell höhere Lernstände einher ($\gamma_{03} = 0{,}10$; $p = .079$). Zwar fällt an den Hauptschulen ($\gamma_{01} = 0{,}31$; *n.s.*) und den Realschulen ($\gamma_{01} = 0{,}12$; *n.s.*) die Lernentwicklung der Schülerinnen und Schüler bei einer eher leistungsheterogenen Klassenzusammensetzung nominell höher aus als bei einer eher leistungshomogenen, die Effekte lassen sich jedoch an beiden Schulformen nicht zufallskritisch absichern.

Tabelle 7.20: Schulformspezifische Vorhersage der Mathematikleistung am Ende der Jahrgangsstufe 8 durch individuelle und klassenbezogene Merkmale

		Hauptschule	Realschule	Gymnasium
Konstante	γ_{00}	-0,16 (0,25)	-0,03 (0,19)	0,08 (0,08)
Individualebene				
Geschlecht[1]	γ_{10}	**-0,21** (0,05)	**-0,18** (0,04)	**-0,06** (0,02)
Migrationshintergrund[2]	γ_{20}	-0,05 (0,06)	-0,02 (0,05)	**-0,09** (0,03)
Kognitive Grundfähigkeit	γ_{30}	**0,24** (0,03)	**0,17** (0,02)	**0,16** (0,01)
Soziale Lage	γ_{40}	**0,09** (0,03)	0,02 (0,02)	**0,06** (0,01)
Vorwissen	γ_{50}	**0,45** (0,03)	**0,50** (0,02)	**0,56** (0,01)
R^2 innerhalb der Klassen		0,441	0,461	0,505
Klassenebene				
Streuung Vorwissen	γ_{01}	0,31 (0,26)	0,12 (0,20)	-0,03 (0,09)
Mittleres Vorwissen	γ_{02}	0,11 (0,13)	0,16 (0,17)	**0,21** (0,06)
Mittlere soziale Lage	γ_{03}	-0,03 (0,11)	0,06 (0,17)	*0,10* (0,05)
R^2 zwischen den Klassen		-0,041	-0,002	0,044
Modellgüte				
Mittlere Devianz		1.558,80	2.716,18	8.222,12
Veränderung des Modellfits[3]		0	0	+

[1] Referenz: Junge.
[2] Referenz: beide Eltern in Deutschland geboren.
[3] Nicht signifikante (0) bzw. signifikante Verbesserung (+) des Modellfits gegenüber dem jeweiligen Individualmodell.
Kontinuierliche Prädiktoren auf der Individualebene der jeweiligen Schulform z-standardisiert.
Signifikante Parameter fett ($p < .05$) bzw. kursiv ($p < .10$). Standardfehler in Klammern.

Auf der Individualebene erklärt das Modell an allen Schulformen knapp die Hälfte der Varianz der Mathematikleistung. Auf der Klassenebene ergibt sich unter Berücksichtigung der Kompositionsmerkmale lediglich an den Gymnasien eine signifikant bessere Modellanpassung gegenüber dem entsprechenden Individualmodell. Hier werden 4,4 Prozent der Varianz erklärt. An den Hauptschulen und Realschulen wird dagegen keine signifikant bessere Modellanpassung erreicht.[87]

87 An den Hauptschulen und Realschulen verringert sich der Anteil der erklärten Varianz gegenüber dem jeweiligen Individualmodell und fällt deshalb hier geringfügig negativ aus. Zur

7.7 Differenzielle Effektivität von Leistungsheterogenität

„The real questions which now need to be addressed are not what are the overall benefits of different types of ability grouping, but who benefits [...] and does anyone else suffer as a result?"
(Ireson & Hallam, 2001, S. 13)

Abschnitt 7.6 hat gezeigt, dass für die Streuung des Vorwissens innerhalb von Schulklassen unter Berücksichtigung weiterer Kompositionsmerkmale und der Schulform zwar positive, aber überwiegend insignifikante Effekte auf die individuellen Lernstände der Schülerinnen und Schüler bestehen. Ob die Schülerinnen und Schüler in leistungshomogenen oder -heterogenen Schulklassen unterrichtet werden, scheint sich zunächst nicht wesentlich auf ihre individuellen Lernstände auszuwirken. Lediglich bei der Entwicklung des Leseverständnisses vom Beginn der Jahrgangsstufe 5 bis zum Ende der Jahrgangsstufe 6 besteht ein signifikanter Effekt für die Streuung des Vorwissens (vgl. Tabelle 7.11). Unter ansonsten gleichen individuellen und klassenbezogenen Voraussetzungen wäre demnach zu erwarten, dass Schülerinnen und Schüler, in deren Schulklassen die Streuung des Vorwissens eine Standardabweichung über dem Durchschnitt liegt, um etwa ein Zehntel einer Standardabweichung höhere Lernstände im Leseverständnis am Ende der Jahrgangsstufe 6 erzielen als in Schulklassen mit einer durchschnittlicher Leistungsstreuung. Die schulformspezifischen Analysen haben gezeigt, dass dieser positive Effekt nur an den Haupt- und Realschulen und den integrierten Gesamtschulen, nicht aber an den Gymnasien auftritt (vgl. Tabelle 7.16).

Im nächsten Schritt wird daher der Frage nachgegangen, ob alle Schülerinnen und Schüler gleichermaßen von einer höheren Leistungsstreuung innerhalb ihrer Lerngruppen profitieren können oder ob es differenzielle Effekte der Leistungsheterogenität in Abhängigkeit vom individuellen Vorwissen der Schülerinnen und Schüler gibt (vgl. auch Bos & Scharenberg, 2010). Profitieren also eher die Leistungsstärkeren oder die Leistungsschwächeren in leistungsheterogenen Lerngruppen?

Für die Untersuchung der differenziellen Effektivität von Leistungsheterogenität werden so genannte *slopes-as-outcome*-Modelle spezifiziert. Hierbei werden Interaktionen zwischen den Prädiktoren auf der Individual- und Klassenebene auf die

negativen Varianzaufklärung auf der Klassenebene an diesen beiden Schulformen vgl. Fußnote 72. Da sich gegenüber dem jeweiligen Individualmodell jedoch keine signifikante Veränderung des Modellfits ergibt, wird dieser Befund dahingehend gedeutet, dass durch die hier berücksichtigten Merkmale praktisch überhaupt keine Varianz auf der Aggregatebene erklärt wird. Nachfolgende Analysen müssten deshalb die Bedeutung weiterer Klassen- und Unterrichtsmerkmale analysieren.

abhängige Variable modelliert. Für den vorliegenden Fall bedeutet dies, dass die Leistungsstreuung innerhalb der Lerngruppen auf der Klassenebene zur Erklärung des Zusammenhangs zwischen dem Vorwissen und dem erreichten Lernstand in der jeweiligen Kompetenzdomäne am Ende des jeweiligen Analyseschritts auf der Individualebene herangezogen wird (vgl. Abbildung 7.10).

Abbildung 7.10: Modellierung differenzieller Effektivität von Leistungsheterogenität

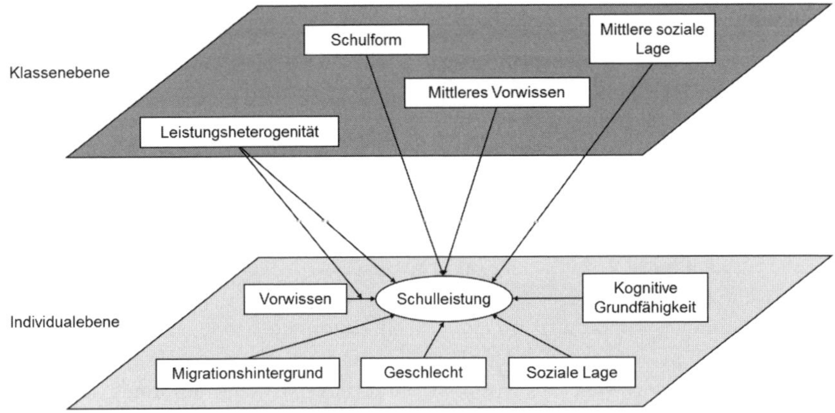

Die Beschreibung der Ergebnisse fokussiert die Effekte auf der Klassenebene.

7.7.1 Differenzielle Effektivität der Leistungsheterogenität für die Lernentwicklung in den Jahrgangsstufen 5 und 6

Gegenüber dem bisherigen Modell, das zur Vorhersage des Leseverständnisses am Ende der Jahrgangsstufe 6 neben individuellen auch klassenbezogene Merkmale berücksichtigt (vgl. Tabelle 7.11), bleiben bei der zusätzlichen Schätzung eines Interaktionseffektes (vgl. Tabelle 7.21) die anderen Effekte auf beiden Analyseebenen nahezu unverändert. Neben signifikanten geschlechtsspezifischen Unterschieden ($\gamma_{10} = 0{,}10$) bestehen signifikante Vorteile vor allem für die Schülerinnen und Schüler mit einem höheren Vorwissen ($\gamma_{50} = 0{,}57$). Auf der Klassenebene treten die Schulformeffekte vor allem für die Gymnasien am stärksten hervor. Außerdem zeigt sich für den *Haupteffekt* der Leistungsstreuung auf der Klassenebene, dass in leistungsheterogenen Schulklassen signifikant höhere Lernstände erzielt werden ($\gamma_{01} = 0{,}11$). Zudem besteht ein tendenziell signifikanter *Interaktionseffekt* zwischen der Leistungsstreuung und dem Zusammenhang von Vorwissen und erreichtem Lernstand am Ende der Jahrgangsstufe 6 ($\gamma_{51} = -0{,}10$; $p = .075$): Je höher die

Leistungsstreuung auf der Klassenebene ist, desto geringer fällt tendenziell auf der Individualebene der Zusammenhang zwischen der Testleistung zum vorherigen Messzeitpunkt und dem aktuellen Lernstand am Ende der Jahrgangsstufe 6 aus. Die Berücksichtigung des Interaktionseffektes erhöht zwar die Varianzaufklärung auf der Klassenebene gegenüber dem auf der Aggregatebene vollständig spezifizierten Modell in Tabelle 7.11 um 0,8 Prozentpunkte auf nunmehr 40,6 Prozent, führt aber zu keiner signifikanten Modellverbesserung.[88]

Tabelle 7.21: Differenzielle Effektivität von Leistungsheterogenität bei der Vorhersage des Leseverständnisses und der Mathematikleistung am Ende der Jahrgangsstufe 6

		Leseverständnis	Mathematik
Konstante	γ_{00}	**-0,28** (0,05)	**-0,14** (0,05)
Individualebene			
Geschlecht[1]	γ_{10}	**0,10** (0,01)	**-0,12** (0,01)
Migrationshintergrund[2]	γ_{20}	**-0,08** (0,02)	**-0,05** (0,01)
Kognitive Grundfähigkeit	γ_{30}	**0,09** (0,01)	**0,14** (0,01)
Soziale Lage	γ_{40}	**0,05** (0,01)	**0,06** (0,01)
Vorwissen	γ_{50}	**0,57** (0,05)	**0,42** (0,04)
R^2 innerhalb der Klassen		0,310	0,330
Klassenebene			
Streuung Vorwissen	γ_{01}	**0,11** (0,06)	0,00 (0,06)
Mittleres Vorwissen	γ_{02}	**0,08** (0,04)	**0,08** (0,03)
Mittlere soziale Lage	γ_{03}	0,05 (0,04)	0,04 (0,03)
Schulform[3]			
Gesamtschule	γ_{04}	**0,06** (0,02)	0,02 (0,02)
Gymnasium	γ_{05}	**0,35** (0,04)	**0,48** (0,04)
Slopes as outcome			
Vorwissen * Streuung Vorwissen	γ_{51}	*-0,10* (0,06)	-0,01 (0,04)
R^2 zwischen den Klassen		0,406	0,678

[1] Referenz: Junge.
[2] Referenz: beide Eltern in Deutschland geboren.
[3] Referenz: Haupt- und Realschule.
[4] Nicht signifikante (0) bzw. signifikante Verbesserung (+) des Modellfits gegenüber dem Referenzmodell.
Kontinuierliche Prädiktoren auf der Individualebene z-standardisiert.
Signifikante Parameter fett ($p < .05$) bzw. kursiv ($p < .10$). Standardfehler in Klammern.

In Mathematik bleiben die Koeffizienten auf den beiden Analyseebenen bei der Einführung des Interaktionseffektes gegenüber Tabelle 7.12 ebenfalls unverändert. Weder der *Haupteffekt* für die Streuung des Vorwissens ($\gamma_{01} = 0{,}00$; *n.s.*) noch der *Interaktionseffekt* ($\gamma_{51} = -0{,}01$; *n.s.*) fallen signifikant aus. D.h., dass in Schulklas-

88 Mittlere Devianz: 18.568,39; Devianz Referenzmodell (vgl. Tabelle 7.11): 18.566,13. Differenz nicht signifikant.

sen mit einer höheren Leistungsstreuung der Zusammenhang zwischen dem Vorwissen der Schülerinnen und Schüler und ihren Lernständen am Ende der Jahrgangsstufe 6 genauso hoch ausfällt wie in Schulklassen, die hinsichtlich ihres Vorwissens eher homogen zusammengesetzt sind, in denen also die klasseninterne Leistungsstreuung geringer ausfällt.[89] Gegenüber dem auf der Aggregatebene vollständig spezifizierten Modell in Tabelle 7.12 bleibt der auf der Klassenebene erklärte Anteil der Varianz unverändert. Die Berücksichtigung des Interaktionseffektes führt also nicht zu einer signifikanten Modellverbesserung.

Anhand von Gleichung 6.22 wird der Zusammenhang zwischen dem individuellen Vorwissen zu Beginn der Jahrgangsstufe 5 und dem Lernstand im Leseverständnis am Ende der Jahrgangsstufe 6 für einen Schüler ohne Migrationshintergrund mit durchschnittlicher kognitiver Grundfähigkeit und durchschnittlicher sozialer Lage geschätzt, der eine im Hinblick auf das mittlere Vorwissen und die mittlere soziale Lage durchschnittlich zusammengesetzte Schulklasse an einer Haupt- und Realschule besucht. Für den Fall, dass seine Schulklasse im Hinblick auf die Leistungsstreuung im Leseverständnis

- homogen (d.h. mit einer Leistungsstreuung, die eine Standardabweichung unter dem Durchschnitt liegt),
- durchschnittlich oder
- heterogen (d.h. mit einer Leistungsstreuung, die eine Standardabweichung über dem Durchschnitt liegt)

zusammengesetzt ist, lässt sich der Zusammenhang zwischen seinem Vorwissen zu Beginn der Jahrgangsstufe 5 und dem erreichten Lernstand am Ende der Jahrgangsstufe 6, wie in Abbildung 7.11 dargestellt, grafisch abtragen.

Die Grafik zeigt, dass die Gerade für die leistungshomogenen Schulklassen am steilsten verläuft. Der Zusammenhang zwischen dem Vorwissen und dem Leseverständnis am Ende der Jahrgangsstufe 6 ist in leistungshomogenen Lerngruppen, in denen die klasseninterne Leistungsstreuung eine Standardabweichung unterhalb des Durchschnitts liegt, am stärksten. D.h., dass der erreichte Lernstand am Ende der Jahrgangsstufe 6 umso höher ausfällt, je höher das Vorwissen ist. In eher leistungsheterogen zusammengesetzten Schulklassen, in denen die Leistungsstreuung dagegen eine Standardabweichung über dem Durchschnitt liegt, fällt der Zusammenhang zwischen dem Vorwissen und dem Lernstand am Ende der Jahrgangsstufe 6 geringer aus. Das bedeutet, dass Kinder mit niedrigerem Vorwissen, also die Leistungsschwächeren, unter ansonsten gleichen Bedingungen

89 Gegenüber dem auf der Klassenebene vollständig spezifizierten Referenzmodell (vgl. Tabelle 7.12) erhöht sich der Devianzwert hier auf 17.147,27. Bei Berücksichtigung des Interaktionseffektes wird somit keine signifikante Modellverbesserung erreicht.

in leistungsheterogenen Schulklassen tendenziell höhere Lernstände erzielen als in leistungshomogenen Lerngruppen.

Abbildung 7.11: Zusammenhang zwischen Vorwissen zu Beginn der Jahrgangsstufe 5 und Leseverständnis am Ende der Jahrgangsstufe 6 nach Klassenzusammensetzung

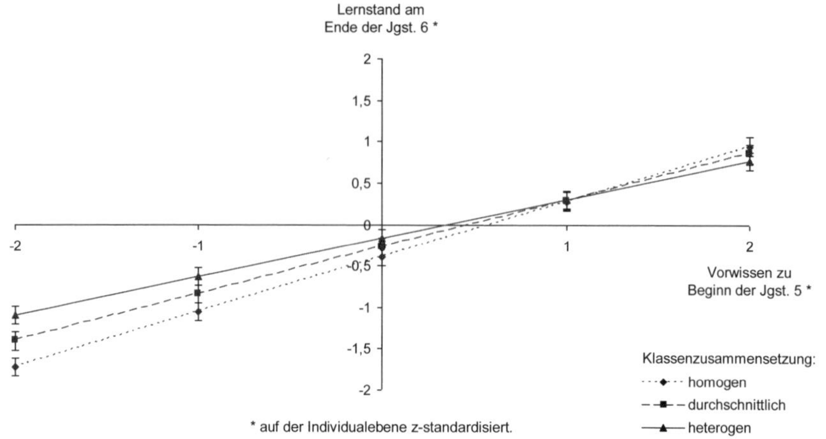

Dieser Befund lässt sich nicht – wie vielleicht zu vermuten wäre – durch das methodische Artefakt einer *Regression zur Mitte* (vgl. hierzu auch Nachtigall & Suhl, 2002; Rost, 2004) erklären, das häufig im Zusammenhang mit Veränderungsmessungen thematisiert wird und dessen Problematik man sich bewusst sein muss. Die hier beschriebenen Analysen beeinhalten nämlich keine miteinander verbundenen Varianzmessungen auf der Aggregatebene. Auch auf individueller Ebene handelt es sich nicht um einen Regression-zur-Mitte-Effekt, wie die Asymmetrie des Befundmusters für Schülerinnen und Schüler mit unterschiedlichen Fähigkeiten zeigt: Gerade für die leistungsschwächsten Schülerinnen und Schüler mit den ungünstigsten Lernausgangslagen zu Beginn der Jahrgangsstufe 5 überschneiden sich die Konfidenzintervalle des Effekts bei der Vorhersage des Leseverständnisses am Ende der Jahrgangsstufe 6 nicht. Die Leistungsunterschiede, die diese Schülerinnen und Schüler in leistungshomogenen oder leistungsheterogenen Schulklassen am Ende der Jahrgangsstufe 6 erzielen, sind demnach signifikant. Leistungsstärkere Schülerinnen und Schüler, die bereits zu Beginn der Jahrgangsstufe 5 hohe Lernstände aufweisen, erzielen dagegen in leistungshomogenen Schulklassen am Ende der Jahrgangsstufe 6 nur nominell niedrigere Lernstände als in leistungsheterogenen oder durchschnittlich zusammengesetzten Schulklassen. Da sich die Konfidenzintervalle bei den leistungsstärkeren Schülerinnen und Schülern jedoch überschneiden, ist der Leistungsvorteil dieser Schülerinnen und Schüler in den eher leistungshomogenen Lerngruppen gegenüber jenen in den eher leistungsheterogenen Lerngruppen nicht signifikant. D.h., für die leistungsstärkeren Schülerinnen und Schüler spielt die Art der Klassenzusammensetzung für die Entwicklung des Leseverständnisses in den Jahrgangsstufen 5 und 6 keine Rolle.

7.7.2 Differenzielle Effektivität der Leistungsheterogenität für die Lernentwicklung in den Jahrgangsstufen 7 und 8

Bei der Schätzung differenzieller Effektivität von Leistungsheterogenität für die Entwicklung des Leseverständnisses in den Jahrgangsstufen 7 und 8 entfallen die größten Effekte auf der Klassenebene erneut auf die Schulform (vgl. Tabelle 7.22). Darüber hinaus besteht ein signifikanter *Interaktionseffekt* der klasseninternen Leistungsstreuung zu Beginn der Jahrgangsstufe 7 auf den Zusammenhang von Vorwissen und erreichtem Lernstand im Leseverständnis am Ende der Jahrgangsstufe 8 ($\gamma_{51} = -0{,}17$).[90] Mit steigender Leistungsstreuung auf der Klassenebene verringert sich also der Zusammenhang zwischen der Testleistung zum vorherigen Messzeitpunkt und dem aktuellen Lernstand am Ende der Jahrgangsstufe 8. Der *Haupteffekt* der Leistungsstreuung auf das Leseverständnis fällt jedoch insignifikant aus ($\gamma_{01} = 0{,}08$; *n.s.*).

Das bedeutet einerseits, dass es für einen Schüler mit durchschnittlichen Leistungsvoraussetzungen zu Beginn der Jahrgangsstufe 7 für seine weitere Kompetenzentwicklung im Leseverständnis keinen Unterschied macht, ob er eine leistungshomogene oder -heterogene Schulklasse besucht. Andererseits erzielen nur die leistungsschwächsten Schülerinnen und Schüler, deren Leseverständnis zu Beginn der Jahrgangsstufe 7 zwei Standardabweichungen unter dem Durchschnitt liegt, in leistungsheterogenen Lerngruppen höhere Lernstände als in leistungshomogenen Lerngruppen (vgl. Abbildung 7.12).[91] Der Vorteil für diese Schülerinnen und Schüler in leistungsheterogenen Schulklassen fällt zwar signifikant, aber gering aus. Bei den Schätzungen für alle anderen Schülerinnen und Schüler überlappen sich dagegen die Konfidenzintervalle in Schulklassen mit unterschiedlicher Leistungsstreuung, d.h., für sie bestehen keine spezifischen Lernvorteile in leistungsheterogenen oder leistungshomogenen Lerngruppen. Die Berücksichtigung des Interaktionsef-

90 Daraus ergibt sich nach Tymms (2004): $\Delta = 2 \cdot (-0{,}17) \cdot 0{,}16/0{,}40 = -0{,}14$. Dies ist in Anlehnung an Bortz und Döring (1995, S. 567 f.) ein eher unbedeutender Effekt.

91 Gegenüber Abbildung 7.11 verläuft der in Abbildung 7.12 dargestellte Zusammenhang deutlich flacher, d.h., dass in leistungsheterogenen Schulklassen der Zusammenhang zwischen Vorwissen und Leseverständnis am Ende der Jahrgangsstufe 8 geringer ausfällt als noch am Ende der Jahrgangsstufe 6.

fektes liefert zwar nur eine zusätzliche Varianzaufklärung von 0,1 Prozentpunkten, bedeutet aber eine signifikante Modellverbesserung.[92]

Tabelle 7.22: Differenzielle Effektivität von Leistungsheterogenität bei der Vorhersage des Leseverständnisses und der Mathematikleistung am Ende der Jahrgangsstufe 8

		Leseverständnis		Mathematik	
Konstante	γ_{00}	**-0,61**	(0,09)	**-0,21**	(0,08)
Individualebene					
Geschlecht[1]	γ_{10}	**0,25**	(0,02)	**-0,07**	(0,02)
Migrationshintergrund[2]	γ_{20}	**-0,07**	(0,02)	**-0,05**	(0,02)
Kognitive Grundfähigkeit	γ_{30}	**0,12**	(0,01)	**0,14**	(0,01)
Soziale Lage	γ_{40}	**0,04**	(0,01)	**0,05**	(0,01)
Vorwissen	γ_{50}	**0,53**	(0,05)	**0,55**	(0,04)
R^2 innerhalb der Klassen		0,298		0,491	
Klassenebene					
Streuung Vorwissen	γ_{01}	0,08	(0,09)	0,03	(0,08)
Mittleres Vorwissen	γ_{02}	0,08	(0,05)	**0,19**	(0,05)
Mittlere soziale Lage	γ_{03}	**0,10**	(0,04)	*0,07*	(0,04)
Schulform[3]					
Realschule	γ_{04}	**0,31**	(0,07)	**0,16**	(0,05)
Gymnasium	γ_{05}	**0,55**	(0,09)	**0,31**	(0,08)
Slopes as outcome					
Vorwissen * Streuung Vorwissen	γ_{51}	**-0,17**	(0,06)	-0,05	(0,05)
R^2 zwischen den Klassen		0,392		0,492	

[1] Referenz: Junge.
[2] Referenz: beide Eltern in Deutschland geboren.
[3] Referenz: Hauptschule.
Kontinuierliche Prädiktoren auf der Individualebene z-standardisiert.
Signifikante Parameter fett ($p < .05$) bzw. kursiv ($p < .10$). Standardfehler in Klammern.

92 Mittlere Devianz: 12.075,09; Devianz Referenzmodell (vgl. Tabelle 7.13): 12.080,40. Differenz signifikant.

Abbildung 7.12: Zusammenhang zwischen Vorwissen zu Beginn der Jahrgangsstufe 7 und Leseverständnis am Ende der Jahrgangsstufe 8 nach Klassenzusammensetzung

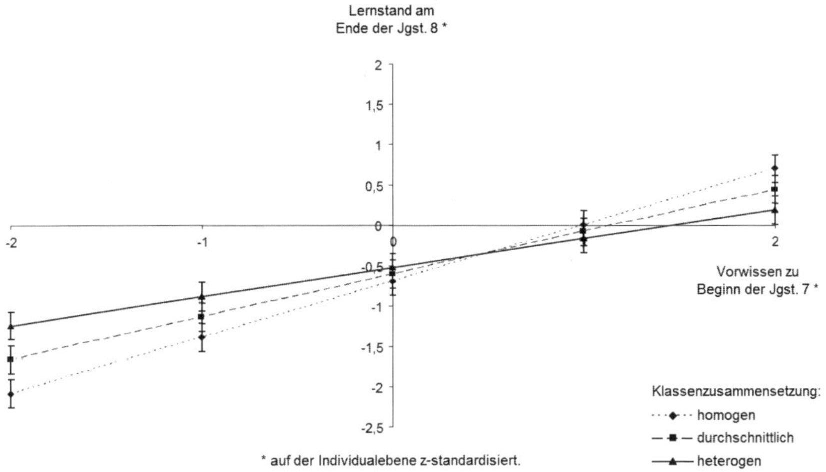

In Mathematik bleiben die Effekte auf der Individual- und Klassenebene gegenüber dem in Tabelle 7.14 auf der Aggregatebene vollständig spezifizierten Modell nahezu unverändert. Auf der Klassenebene besteht für die Streuung des Vorwissens kein signifikanter *Haupteffekt* auf den Lernstand am Ende der Jahrgangsstufe 8 (γ_{01} = 0,03; *n.s.*). Ähnliches gilt für den *Interaktionseffekt*, der zwar negativ, aber nicht signifikant ausfällt (γ_{51} = –0,05; *n.s.*). D.h., dass in leistungsheterogenen Lerngruppen der Zusammenhang zwischen dem Vorwissen zu Beginn der Jahrgangsstufe 7 und dem Lernstand am Ende der Jahrgangsstufe 8 genauso hoch ausfällt wie in Lerngruppen, die hinsichtlich ihres Vorwissens eher homogen zusammengesetzt sind, in denen also die klasseninterne Leistungsstreuung geringer ausfällt. Die Berücksichtigung des Interaktionseffektes führt zudem zu keiner signifikanten Modellverbesserung.[93]

7.7.3 Schulformspezifische Analysen

Wie schon in den Abschnitten 7.6.4 und 7.6.5 ist auch im vorangegangenen Abschnitt deutlich geworden, dass die Schulform als Merkmal auf der Aggregatebene die stärksten Effekte an sich bindet. Im Folgenden werden deshalb wiederum schul-

93 Mittlere Devianz: 9.160,59; Devianz Referenzmodell (vgl. Tabelle 7.14): 9.159,20. Differenz nicht signifikant.

formspezifische Auswertungen vorgenommen. Dabei wird zuerst auf die differenzielle Effektivität von Leistungsheterogenität für die Lernentwicklung in den Jahrgangsstufen 5 und 6 eingegangen, bevor überprüft wird, ob sich differenzielle Effekte auch für die weitere Lernentwicklung in den Jahrgangsstufen 7 und 8 nachweisen lassen. Die Ausführungen beschränken sich dabei auf die Effekte auf der Klassenebene.

7.7.3.1 Schulformspezifische Analysen für die Lernentwicklung in den Jahrgangsstufen 5 und 6

Leseverständnis

Die schulformspezifische Auswertung zeigt für das Leseverständnis am Ende der Jahrgangsstufe 6 (vgl. Tabelle 7.23), dass sich an den Haupt- und Realschulen neben einem positiven und signifikanten *Haupteffekt* der Leistungsstreuung ($\gamma_{01} = 0{,}19$) kein signifikanter Interaktionseffekt nachweisen lässt ($\gamma_{51} = -0{,}03$; *n.s.*). D.h., dass alle Schülerinnen und Schüler unabhängig von ihrem Vorwissen zu Beginn der Jahrgangsstufe 5 an den Haupt- und Realschulen von einer höheren Leistungsstreuung innerhalb ihrer Schulklassen profitieren können und weder die leistungsstärkeren noch -schwächeren Schülerinnen und Schüler durch eine höhere Leistungsheterogenität in ihren Lerngruppen bevorzugt werden.

Tabelle 7.23: Schulformspezifische Vorhersage differenzieller Effektivität von Leistungsheterogenität auf das Leseverständnis am Ende der Jahrgangsstufe 6

		Haupt- und Realschule	Integrierte Gesamtschule	Gymnasium
Konstante	γ_{00}	**-0,20** (0,09)	*-0,16* (0,09)	-0,02 (0,09)
Individualebene				
Geschlecht[1]	γ_{10}	**0,12** (0,04)	**0,08** (0,03)	**0,16** (0,03)
Migrationshintergrund[2]	γ_{20}	*-0,07* (0,03)	**-0,14** (0,03)	*-0,06* (0,03)
Kognitive Grundfähigkeit	γ_{30}	**0,09** (0,02)	**0,09** (0,02)	**0,11** (0,02)
Soziale Lage	γ_{40}	**0,06** (0,02)	**0,06** (0,02)	**0,04** (0,02)
Vorwissen	γ_{50}	**0,58** (0,12)	**0,73** (0,09)	**0,52** (0,07)
R^2 innerhalb der Klassen		0,373	0,386	0,228
Klassenebene				
Streuung Vorwissen	γ_{01}	**0,19** (0,09)	**0,20** (0,09)	-0,05 (0,09)
Mittleres Vorwissen	γ_{02}	0,02 (0,07)	0,09 (0,06)	0,05 (0,07)
Mittlere soziale Lage	γ_{03}	-0,04 (0,06)	*0,12* (0,07)	0,03 (0,06)
Slopes as outcomes				
Vorwissen * Leistungsheterogenität	γ_{51}	-0,03 (0,11)	**-0,21** (0,09)	*-0,12* (0,07)
R^2 zwischen den Klassen		0,099	0,102	0,005

[1] Referenz: Junge.
[2] Referenz: beide Eltern in Deutschland geboren.
Kontinuierliche Prädiktoren auf der Individualebene der jeweiligen Schulform z-standardisiert.
Signifikante Parameter fett ($p < .05$) bzw. kursiv ($p < .10$). Standardfehler in Klammern.

Dies wird auch aus Abbildung 7.13 ersichtlich. Die Geraden verlaufen weitgehend parallel. Der Zusammenhang zwischen dem Vorwissen zu Beginn der Jahrgangsstufe 5 und dem Leseverständnis am Ende der Jahrgangsstufe 6 ist für Haupt- und Realschulklassen mit unterschiedlicher Leistungsstreuung nahezu gleich stark. Die Konfidenzintervalle überlappen sich jedoch zum Teil. Signifikante Unterschiede bestehen demnach nur zwischen den Schulklassen, die mit einer unterdurchschnittlichen Leistungsstreuung eher homogen zusammengesetzt sind, und den Schulklassen, die mit einer überdurchschnittlichen Leistungsstreuung eher heterogen zusammengesetzt sind. Letztere sind an den Haupt- und Realschulen für leistungsstärkere und -schwächere Schülerinnen und Schüler jedoch nicht mit spezifischen Vor- oder Nachteilen verbunden, sondern stellen für alle Schülerinnen und Schüler gleichermaßen ein günstigeres Lernumfeld dar.

Abbildung 7.13: Zusammenhang zwischen Vorwissen zu Beginn der Jahrgangsstufe 5 und Leseverständnis am Ende der Jahrgangsstufe 6 nach Klassenzusammensetzung an den Haupt und Realschulen

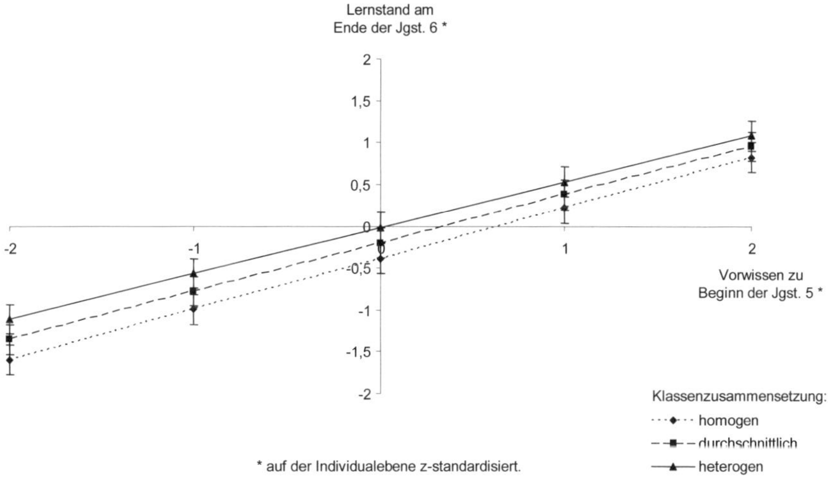

An den integrierten Gesamtschulen fällt dagegen der signifikant positive *Haupteffekt* für die Streuung des Vorwissens innerhalb der Schulklassen ($\gamma_{01} = 0{,}20$) je nach Vorwissen der Schülerinnen und Schüler unterschiedlich aus. Es liegt also ein *Interaktionseffekt* vor: In Gesamtschulklassen mit einer höheren Leistungsstreuung fällt der Zusammenhang zwischen dem Vorwissen zu Beginn der Jahrgangsstufe 5 und dem Lernstand im Leseverständnis am Ende der Jahrgangsstufe 6 signifikant niedriger aus als in Schulklassen mit einer geringeren Leistungsstreuung

($\gamma_{51} = -0{,}21$).[94] Dieser Effekt ist auch in Abbildung 7.14 dargestellt. Sie zeigt, dass Schülerinnen und Schüler, deren Vorwissen im Leseverständnis zu Beginn der Sekundarschulzeit ein oder zwei Standardabweichungen unterhalb des Durchschnitts liegt, in Schulklassen mit einer höheren Leistungsstreuung signifikant höhere Lernstände am Ende der Jahrgangsstufe 6 erzielen als Schülerinnen und Schüler, die Schulklassen besuchen, die hinsichtlich des Vorwissens eher durchschnittlich oder homogen zusammengesetzt sind. Gerade die Leistungsschwächsten scheinen somit an den integrierten Gesamtschulen in leistungsheterogenen Lerngruppen hinsichtlich ihrer Lernentwicklung im Leseverständnis in den Jahrgangsstufen 5 und 6 besonders profitieren zu können.

Abbildung 7.14: Zusammenhang zwischen Vorwissen zu Beginn der Jahrgangsstufe 5 und Leseverständnis am Ende der Jahrgangsstufe 6 nach Klassenzusammensetzung an den integrierten Gesamtschulen

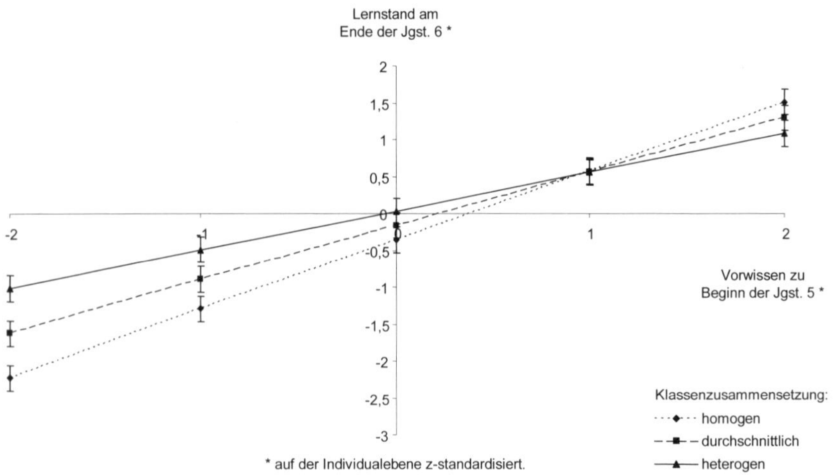

An den Gymnasien besteht dagegen zwar kein signifikanter *Haupteffekt* für die Leistungsstreuung ($\gamma_{01} = -0{,}05$; *n.s.*), aber ein tendenziell signifikanter *Interaktionseffekt* ($\gamma_{51} = -0{,}12$; $p = .07$). Wie Abbildung 7.15 verdeutlicht, macht es für einen durchschnittlichen Schüler an einem Gymnasium keinen Unterschied, ob er in eine Schulklasse geht, die hinsichtlich ihrer Lernausgangslage im Leseverständnis zu Beginn der Jahrgangsstufe 5 eher homogen oder eher heterogen zusammen-

94 Daraus ergibt sich nach Tymms (2004): $\Delta = 2 \cdot (-0{,}21) \cdot 0{,}17/0{,}55 = -0{,}13$. Dies ist in Anlehnung an Bortz und Döring (1995, S. 567 f.) ein eher unbedeutender Effekt.

gesetzt ist. Die leistungsschwächsten Schülerinnen und Schüler erzielen in leistungsheterogenen Schulklassen zwar signifikant, aber nur geringfügig höhere Lernstände im Leseverständnis als Schülerinnen und Schüler in eher leistungshomogen zusammengesetzten Lerngruppen. Für die leistungsstärksten Schülerinnen und Schüler gilt hingegen, dass diese in eher leistungshomogenen Schulklassen ein signifikant höheres Leseverständnis erreichen können als in eher leistungsheterogenen Schulklassen.

Abbildung 7.15: Zusammenhang zwischen Vorwissen zu Beginn der Jahrgangsstufe 5 und Leseverständnis am Ende der Jahrgangsstufe 6 nach Klassenzusammensetzung an den Gymnasien

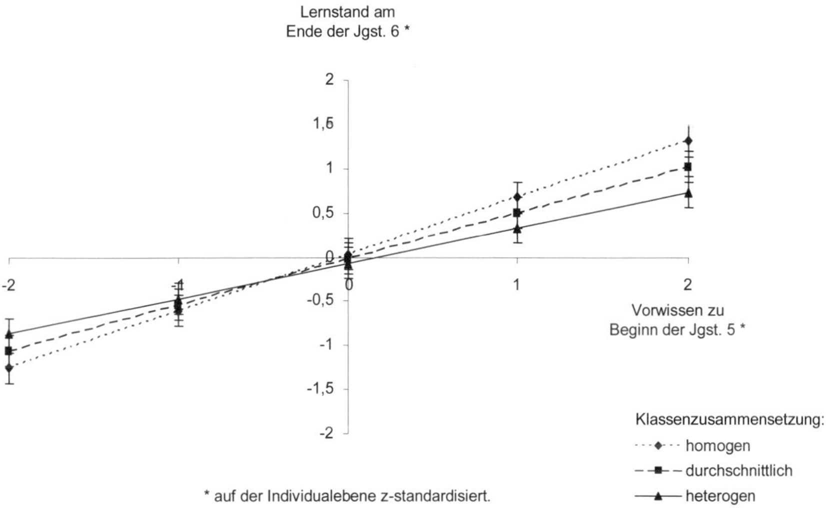

Mathematik

Die schulformspezifischen Analysen zur differenziellen Effektivität leistungsheterogener Schulklassen für die Lernentwicklung in Mathematik in den Jahrgangsstufen 5 und 6 (vgl. Tabelle 7.24) ergeben, dass – wie schon bereits für Tabelle 7.17 beschrieben – auf der Klassenebene für alle drei Schulformen keine signifikanten *Haupteffekte* der Leistungsstreuung bestehen ($-0{,}11 \leq \gamma_{01} \leq 0{,}15$; *n.s.*). Zudem lassen sich auch keine signifikanten *Interaktionseffekte* für Schülerinnen und Schüler mit unterschiedlich hohem Vorwissen beobachten ($-0{,}06 \leq \gamma_{51} \leq 0{,}01$; *n.s.*).

Tabelle 7.24: Schulformspezifische Vorhersage differenzieller Effektivität von Leistungsheterogenität auf die Mathematikleistung am Ende der Jahrgangsstufe 6

		Haupt- und Realschule	Integrierte Gesamtschule	Gymnasium
Konstante	γ_{00}	-0,06 (0,10)	0,14 (0,10)	**0,21** (0,09)
Individualebene				
Geschlecht[1]	γ_{10}	**-0,19** (0,04)	**-0,13** (0,03)	**-0,15** (0,03)
Migrationshintergrund[2]	γ_{20}	0,00 (0,04)	**-0,12** (0,03)	**-0,06** (0,03)
Kognitive Grundfähigkeit	γ_{30}	**0,17** (0,02)	**0,17** (0,02)	**0,16** (0,01)
Soziale Lage	γ_{40}	**0,07** (0,02)	**0,08** (0,02)	**0,06** (0,02)
Vorwissen	γ_{50}	**0,41** (0,10)	**0,48** (0,09)	**0,51** (0,07)
R^2 innerhalb der Klassen		0,329	0,361	0,336
Klassenebene				
Streuung Vorwissen	γ_{01}	0,15 (0,10)	-0,03 (0,11)	-0,11 (0,09)
Mittleres Vorwissen	γ_{02}	**0,14** (0,06)	0,06 (0,06)	*0,11* (0,06)
Mittlere soziale Lage	γ_{03}	0,01 (0,08)	0,06 (0,07)	0,02 (0,05)
Slopes as outcomes				
Vorwissen * Leistungsheterogenität	γ_{51}	0,01 (0,10)	-0,06 (0,09)	-0,06 (0,06)
R^2 zwischen den Klassen		0,059	0,051	0,020

[1] Referenz: Junge.
[2] Referenz: beide Eltern in Deutschland geboren.
Kontinuierliche Prädiktoren auf der Individualebene der jeweiligen Schulform z-standardisiert.
Signifikante Parameter fett ($p < .05$) bzw. kursiv ($p < .10$). Standardfehler in Klammern.

7.7.3.2 Schulformspezifische Analysen für die Lernentwicklung in den Jahrgangsstufen 7 und 8

Leseverständnis

Die schulformspezifische Auswertung (vgl. Tabelle 7.25) zeigt, dass die Leistungsheterogenität an allen Schulformen keinen signifikanten Effekt auf das Leseverständnis am Ende der Jahrgangsstufe 8 ausübt ($0,04 \leq \gamma_{01} \leq 0,07$; *n.s.*; vgl. auch Tabelle 7.19). Es lassen sich also keine signifikanten *Haupteffekte* der Leistungsstreuung innerhalb der Schulklassen beobachten. An den Gymnasien besteht jedoch ein signifikant negativer *Interaktionseffekt* der Leistungsstreuung auf den Zusammenhang von Vorwissen zu Beginn der Jahrgangsstufe 7 und Lernstand im Leseverständnis am Ende der Jahrgangsstufe 8 ($\gamma_{51} = -0,14$).[95] Das bedeutet, dass an den Gymnasien die Lernentwicklung im Leseverständnis in den Jahrgangsstufen 7 und 8 unter ansonsten gleichen Voraussetzungen für die Leistungsschwächeren in Schulklassen mit einer höheren Leistungsstreuung günstiger verläuft als in Schulklassen mit einer niedrigeren Leistungsstreuung.

95 Daraus ergibt sich nach Tymms (2004): $\Delta = 2 \cdot (-0,14) \cdot 0,17/0,63 = -0,08$. Dies ist in Anlehnung an Bortz und Döring (1995, S. 567 f.) ein unbedeutender Effekt.

Tabelle 7.25: Schulformspezifische Vorhersage differenzieller Effektivität von Leistungsheterogenität auf das Leseverständnis am Ende der Jahrgangsstufe 8

		Hauptschule	Realschule	Gymnasium
Konstante	γ_{00}	-0,16 (0,22)	-0,13 (0,25)	**-0,21** (0,10)
Individualebene				
Geschlecht[1]	γ_{10}	**0,27** (0,08)	**0,14** (0,05)	**0,37** (0,03)
Migrationshintergrund[2]	γ_{20}	-0,01 (0,06)	-0,05 (0,05)	**-0,12** (0,03)
Kognitive Grundfähigkeit	γ_{30}	**0,11** (0,03)	**0,15** (0,03)	**0,13** (0,01)
Soziale Lage	γ_{40}	*0,06* (0,03)	0,02 (0,02)	**0,05** (0,01)
Vorwissen	γ_{50}	*0,32* (0,18)	**0,74** (0,18)	**0,50** (0,06)
R^2 innerhalb der Klassen		0,393	0,335	0,282
Klassenebene				
Streuung Vorwissen	γ_{01}	0,06 (0,22)	0,07 (0,23)	0,04 (0,10)
Mittleres Vorwissen	γ_{02}	-0,06 (0,11)	0,06 (0,13)	*0,12* (0,06)
Mittlere soziale Lage	γ_{03}	0,05 (0,13)	0,13 (0,11)	**0,13** (0,05)
Slopes as outcomes				
Vorwissen * Leistungsheterogenität	γ_{51}	0,17 (0,17)	-0,28 (0,18)	**-0,14** (0,06)
R^2 zwischen den Klassen		0,013	0,010	0,040

[1] Referenz: Junge.
[2] Referenz: beide Eltern in Deutschland geboren.
Kontinuierliche Prädiktoren auf der Individualebene der jeweiligen Schulform z-standardisiert.
Signifikante Parameter fett (p < .05) bzw. kursiv (p < .10). Standardfehler in Klammern.

Dieser Effekt ist in Abbildung 7.16 noch einmal grafisch dargestellt. Die Abbildung zeigt einerseits, dass das Leseverständnis von Schülerinnen und Schülern am Ende der Jahrgangsstufe 8, die zu Beginn der Jahrgangsstufe 7 ein durchschnittliches Vorwissen aufweisen, nicht signifikant mit der Klassenzusammensetzung variiert. D.h., gerade im mittleren Leistungsbereich ist die Art der Klassenzusammensetzung für die Lernentwicklung in den Jahrgangsstufen 7 und 8 unerheblich. Andererseits lässt sich lediglich für die leistungsschwächsten Schülerinnen und Schüler ein signifikanter Leistungsvorsprung in eher leistungsheterogenen Schulklassen gegenüber eher leistungshomogenen Schulklassen feststellen. Gleichzeitig erzielen die leistungsstärksten Schülerinnen und Schüler zwar signifikant, aber nur geringfügig höhere Lernstände in leistungshomogenen als in -heterogenen Lerngruppen.

Abbildung 7.16: Zusammenhang zwischen Vorwissen zu Beginn der Jahrgangsstufe 7 und Leseverständnis am Ende der Jahrgangsstufe 8 nach Klassenzusammensetzung an den Gymnasien

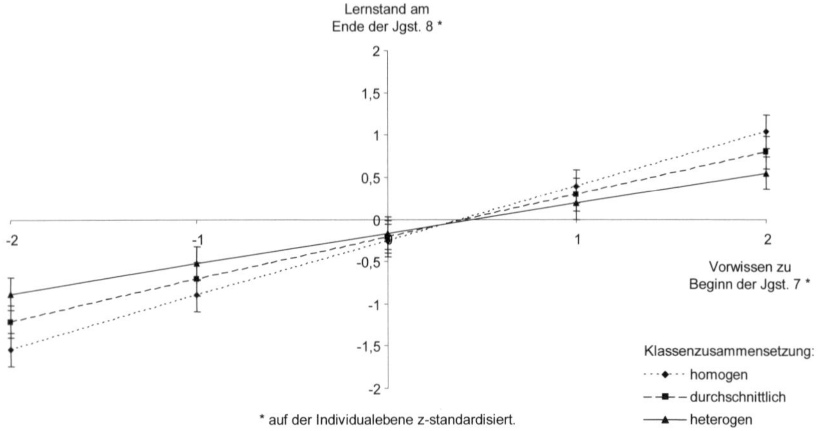

Mathematik

Wie bereits in Tabelle 7.20 gezeigt worden ist, ist die Leistungsheterogenität auch für den Lernstand in Mathematik am Ende der Jahrgangsstufe 8 insgesamt in den Schulklassen aller Schulformen eher unbedeutend (vgl. Tabelle 7.26). Der *Haupteffekt* der Leistungsstreuung innerhalb der Hauptschulklassen fällt zwar nominell vergleichsweise hoch und positiv, aber nicht signifikant aus ($\gamma_{01} = 0{,}31$; *n.s.*). Darüber hinaus besteht – wie schon beim Leseverständnis – lediglich an den Gymnasien ein signifikant negativer *Interaktionseffekt* der Leistungsstreuung auf den Zusammenhang zwischen dem Vorwissen zu Beginn der Jahrgangsstufe 7 und dem Lernstand in Mathematik am Ende der Jahrgangsstufe 8 ($\gamma_{51} = -0{,}13$).[96]

96 Daraus ergibt sich nach Tymms (2004): $\Delta = 2 \cdot (-0{,}13) \cdot 0{,}18/0{,}40 = -0{,}12$. Dies ist in Anlehnung an Bortz und Döring (1995, S. 567 f.) ein eher unbedeutender Effekt.

Tabelle 7.26: Schulformspezifische Vorhersage differenzieller Effektivität von Leistungsheterogenität auf die Mathematikleistung am Ende der Jahrgangsstufe 8

		Hauptschule	Realschule	Gymnasium
Konstante	γ_{00}	-0,16 (0,26)	-0,03 (0,19)	0,10 (0,08)
Individualebene				
Geschlecht[1]	γ_{10}	**-0,21** (0,05)	**-0,18** (0,04)	**-0,05** (0,02)
Migrationshintergrund[2]	γ_{20}	-0,06 (0,06)	-0,02 (0,05)	**-0,09** (0,03)
Kognitive Grundfähigkeit	γ_{30}	**0,24** (0,03)	**0,17** (0,02)	**0,16** (0,01)
Soziale Lage	γ_{40}	**0,09** (0,03)	0,02 (0,02)	**0,06** (0,01)
Vorwissen	γ_{50}	**0,39** (0,14)	**0,49** (0,09)	**0,69** (0,06)
R^2 innerhalb der Klassen		0,442	0,461	0,505
Klassenebene				
Streuung Vorwissen	γ_{01}	0,31 (0,27)	0,12 (0,20)	-0,05 (0,09)
Mittleres Vorwissen	γ_{02}	0,12 (0,13)	0,15 (0,17)	**0,20** (0,06)
Mittlere soziale Lage	γ_{03}	-0,03 (0,11)	0,06 (0,17)	*0,09* (0,05)
Slopes as outcomes				
Vorwissen * Leistungsheterogenität	γ_{51}	0,06 (0,13)	0,01 (0,08)	**0,13** (0,06)
R^2 zwischen den Klassen		-0,037	-0,003	0,053

[1] Referenz: Junge.
[2] Referenz: beide Eltern in Deutschland geboren.
Kontinuierliche Prädiktoren auf der Individualebene der jeweiligen Schulform z-standardisiert.
Signifikante Parameter fett ($p < .05$) bzw. kursiv ($p < .10$). Standardfehler in Klammern.

Abbildung 7.17 veranschaulicht diesen Befund und zeigt, dass dieser Zusammenhang in leistungsheterogenen Schulklassen an den Gymnasien geringer ausfällt als in leistungshomogenen Schulklassen. Signifikante, aber geringe Vorteile hinsichtlich der Lernentwicklung in Mathematik in den Jahrgangsstufen 7 und 8 bestehen lediglich für die leistungsschwächsten Schülerinnen und Schüler in vergleichsweise leistungsheterogenen gegenüber eher -homogenen Schulklassen. Die leistungsstärksten Schülerinnen und Schüler erzielen dagegen in leistungshomogenen Lerngruppen signifikant höhere Lernstände als in -heterogenen Lerngruppen. Der Zusammenhang zwischen dem Vorwissen zu Beginn der Jahrgangsstufe 7 und dem Lernstand am Ende der Jahrgangsstufe 8 fällt in Schulklassen mit einer durchschnittlichen Leistungsstreuung dagegen nicht signifikant anders aus als in leistungshomogenen oder -heterogenen Schulklassen.

Abbildung 7.17: Zusammenhang zwischen Vorwissen zu Beginn der Jahrgangsstufe 7 und Mathematikleistung am Ende der Jahrgangsstufe 8 nach Klassenzusammensetzung an den Gymnasien

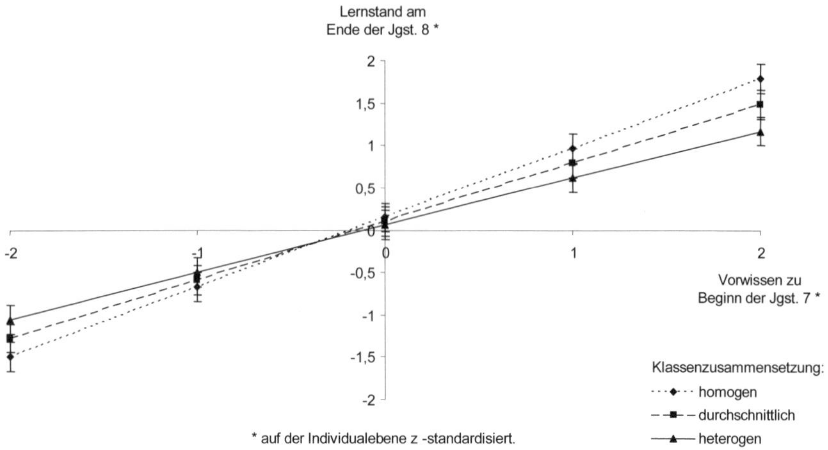

7.8 Zur Bedeutung der Breite der klasseninternen Leistungsstreuung

> „Im großen und ganzen scheinen *begrenzt* heterogen zusammengesetzte Klassen bei ausreichender Nutzung innerer Differenzierungsmöglichkeiten […] viele soziale, pädagogische und didaktische Vorteile zu bieten".
> (Helmke & Weinert, 1997, S. 93, Hervorhebung d. Verf.)

Tabelle 7.11 hat gezeigt, dass eine Ausdehnung des klasseninternen Leistungsspektrums mit einer insgesamt günstigeren Lernentwicklung der Schülerinnen und Schüler einhergeht. Demnach werden am Ende der Jahrgangsstufe 6 unter Berücksichtigung weiterer individueller und klassenbezogener Merkmale in leistungsheterogenen Schulklassen signifikant höhere Lernstände im Leseverständnis erzielt als in leistungshomogenen Schulklassen. Fraglich ist jedoch, ob es sich hierbei um einen *stetigen* Zusammenhang handelt oder ob es möglicherweise einen kritischen *Schwellenwert* gibt, bis zu dem sich die Leistungsstreuung positiv auswirkt, bzw. ob Sprünge in den Effekten auftreten, wenn die Leistungsstreuung einen bestimmten Wert annimmt. Analog zu den Ausführungen in Kapitel 2 wäre es nämlich auch denkbar, dass zwar ein bestimmtes Ausmaß an Leistungsheterogenität durchaus förderlich sein, sich eine zu große Leistungsstreuung innerhalb der Schulklassen jedoch nachteilig auf den Lernerfolg auswirken kann (vgl. auch Bos & Scharenberg, 2010). Falls dies der Fall ist, schließen sich weitere Fragen an: Wie viel Leistungsheterogenität innerhalb der Lerngruppen ist für den Lernerfolg der Schülerinnen und Schüler förderlich (Beckerman & Good, 1981)? Bestehen für Schulklassen mit unterschiedlich breiter Leistungsstreuung spezifische Vor- oder Nachteile im Vergleich zu eher leistungshomogenen Schulklassen? Lassen sich diese Effekte zufallskritisch absichern, ist also die Breite des klasseninternen Leistungsspektrums tatsächlich relevant? Gibt es diesbezüglich Unterschiede zwischen den Schulformen? Fällt der Zusammenhang zwischen der Leistungsstreuung und dem erzielten Lernerfolg überhaupt linear aus? Oder gibt es Hinweise auf einen nichtlinearen Zusammenhang? Gibt es auch hier schulformspezifische Unterschiede?

Bei der Analyse der Bedeutung des klasseninternen Leistungsspektrums wird wie folgt vorgegangen: Analog zu den Einschätzungen von Baumert et al. (1997) im Rahmen von TIMSS wird auch für vorliegenden Analysen davon ausgegangen, dass der Lernfortschritt in einem Schuljahr etwa ein Drittel einer Standardabweichung beträgt. Dementsprechend wird die Leistungsstreuung auf der Klassenebene in Leistungsunterschiede gemessen in Schuljahren umgerechnet. Hierfür wird die Leistungsstreuung als metrische Variable in eine kategoriale Variable umgewandelt. Dabei werden vier Dummyvariablen gebildet: *weniger als ein halbes Schuljahr* (1), *ein halbes Schuljahr bis ein Schuljahr* (2), *ein Schuljahr bis anderthalb Schuljahre* (3), *anderthalb bis zwei Schuljahre* (4). Die Referenzkategorie bilden die Schulklassen, in denen der Abstand zwischen den leistungsstärksten und -schwächsten Schülerinnen und Schülern weniger als ein halbes Schuljahr beträgt. Neben der Leistungsstreuung werden auf der Klassenebene wie schon in den vorherigen Analysen das mittlere Vorwissen, die mittlere soziale Lage und die Schulform berücksichtigt. Auf der Individualebene werden zur Vorhersage des Lernstandes dieselben Prädiktoren wie zuvor herangezogen.

Die Analysen in diesem Abschnitt beschränken sich auf die Vorhersage des Leseverständnisses am Ende der Jahrgangsstufe 6, da sich nur hier signifikante Effekte für die Leistungsstreuung auf der Klassenebene ergeben haben (vgl. Abschnitt 7.6.4). Im Vergleich zu Tabelle 7.11 werden also nur Modifikationen auf der Aggregatebene vorgenommen. Die Varianzanteile des Leseverständnisses, die auf Unterschiede zwischen den Schülerinnen und Schülern bzw. auf Unterschiede zwischen den Schulklassen entfallen, sind folglich mit Abbildung 7.6 identisch.

Entsprechend bleiben auch bei dieser Modellspezifikation die Koeffizienten auf der Individualebene unverändert (vgl. Tabelle 7.27). Das Vorwissen ist hier nach wie vor der stärkste Prädiktor für das Leseverständnis am Ende der Jahrgangsstufe 6

(γ_{50} = 0,48). Auf der Klassenebene ergeben sich differenzielle Effekte je nach Breite der Leistungsstreuung innerhalb der Schulklassen: Am Ende der Jahrgangsstufe 6 unterscheidet sich das Leseverständnis von Schülerinnen und Schülern in den Schulklassen, in denen der Abstand zwischen den Leistungsstärksten und -schwächsten bis zu einem (γ_{01} = 0,02; *n.s.*) bzw. bis zu anderthalb Schuljahren (γ_{02} = 0,03; *n.s.*) beträgt, nicht signifikant von der Referenzkategorie, also den Schulklassen, in denen die Leistungsstreuung weniger als ein halbes Schuljahr ausmacht. An den Standardfehlern lässt sich zudem erkennen, dass sich die Konfidenzintervalle für die ersten beiden Dummyvariablen überlappen: Schulklassen, in denen das Leistungsspektrum bis zu einem bzw. bis zu anderthalb Schuljahren ausmacht, unterscheiden sich ebenfalls nicht signifikant voneinander. Dagegen lässt sich der Leistungsvorsprung in den Schulklassen, in denen zwischen den leistungsstärksten und -schwächsten Schülerinnen und Schülern ein Leistungsunterschied von bis zu zwei Schuljahren liegt, gegenüber der Referenzkategorie zufallskritisch absichern. Das Leseverständnis am Ende der Jahrgangsstufe 6 fällt in diesen Schulklassen um fast ein Zehntel einer Standardabweichung signifikant höher aus (γ_{03} = 0,08) als in den leistungshomogensten Lerngruppen mit der geringsten Leistungsstreuung. Der stärkste Prädiktor auf der Klassenebene ist indes nach wie vor die Schulform. An den Gymnasien fallen die Lernstände der Schülerinnen und Schüler unter ansonsten identischen Bedingungen auf der Individual- und Klassenebene um rund ein Drittel einer Standardabweichung (γ_{07} = 0,35) signifikant höher aus als an den Haupt- und Realschulen. Auch die integrierten Gesamtschulen unterscheiden sich signifikant von der Referenzkategorie (γ_{06} = 0,07).

Die Gruppierung der Schulklassen nach der Breite ihrer Leistungsstreuung führt allerdings zu einer Verringerung der Testpower für die Analyse von Kompositionseffekten (vgl. auch Stanat, 2006, S. 205). Dies kann mithin ein Grund dafür sein, dass die Koeffizienten insgesamt sehr gering und – mit Ausnahme einer einzigen Dummyvariablen – nicht signifikant ausfallen. Auch die gegenüber Tabelle 7.11 nahezu unveränderte Varianzaufklärung auf der Klassenebene führt zu dem Schluss, dass die Analyse zur Bedeutung der Breite des klasseninternen Leistungsspektrums nicht überinterpretiert werden sollte, sondern vielmehr der Veranschaulichung des Zusammenhangs zwischen der Leistungsheterogenität und der Lernentwicklung im Leseverständnis in den Jahrgangsstufen 5 und 6 dienen soll. Sie zeigt, dass sich bis zu einem gewissen Grad zumindest keine Nachteile selbst für diejenigen Schülerinnen und Schüler ergeben, die sehr leistungsheterogene Schulklassen besuchen. Der Devianztest zeigt jedoch, dass sich bei der Zerlegung der Leistungsstreuung in mehrere Dummyvariablen gegenüber Tabelle 7.11 (Modell 4) keine signifikante Modellverbesserung ergibt. Demnach ist eine einfachere Modellspezifikation wie in Tabelle 7.11 vorzuziehen.

Tabelle 7.27: Schätzung von Effekten der Leistungsstreuung innerhalb von Schulklassen auf das Leseverständnis am Ende der Jahrgangsstufe 6

				Konfidenzintervall	
		Koeffizient	(SE)	untere Intervallgrenze	obere Intervallgrenze
Konstante	γ_{00}	**-0,22**	(0,03)	-0,28	-0,18
Individualebene					
Geschlecht[1]	γ_{10}	**0,10**	(0,01)	0,07	0,12
Migrationshintergrund[2]	γ_{20}	**-0,08**	(0,02)	-0,11	-0,06
Kognitive Grundfähigkeit	γ_{30}	**0,09**	(0,01)	0,08	0,10
Soziale Lage	γ_{40}	**0,05**	(0,01)	0,03	0,06
Vorwissen	γ_{50}	**0,48**	(0,01)	0,46	0,49
R^2 innerhalb der Klassen		0,310			
Klassenebene					
Streuung Vorwissen[3]					
bis zu einem Schuljahr	γ_{01}	0,02	(0,03)	-0,03	0,06
bis zu anderthalb Schuljahren	γ_{02}	0,03	(0,03)	-0,02	0,07
bis zu zwei Schuljahren	γ_{03}	**0,08**	(0,03)	0,02	0,12
Mittleres Vorwissen	γ_{04}	**0,09**	(0,04)	0,01	0,13
Mittlere soziale Lage	γ_{05}	0,05	(0,04)	-0,02	0,09
Schulform[4]					
Gesamtschule	γ_{06}	**0,07**	(0,02)	0,02	0,09
Gymnasium	γ_{07}	**0,35**	(0,04)	0,27	0,40
R^2 zwischen den Klassen		0,399			
Modellgüte					
Mittlere Devianz		18.577,96			
Referenzmodell		Tabelle 7.11, Modell 4			
Veränderung des Modellfits[5]		0			

[1] Referenz: Junge.
[2] Referenz: beide Eltern in Deutschland geboren.
[3] Referenz: weniger als ein halbes Schuljahr.
[4] Referenz: Haupt- und Realschule.
[5] Nicht signifikante (0) bzw. signifikante Verbesserung (+) des Modellfits gegenüber dem Referenzmodell.
Kontinuierliche Prädiktoren auf der Individualebene z-standardisiert.
Signifikante Parameter fett ($p < .05$) bzw. kursiv ($p < .10$). Standardfehler in Klammern.

Schulformspezifische Analysen

Da jedoch die Schulform in Tabelle 7.27 erneut die stärksten Effekte an sich bindet, werden im Folgenden zusätzlich schulformspezifische Analysen berichtet, um zu überprüfen, inwiefern der Effekt der Leistungsheterogenität auf das Leseverständnis mit der Schulform variiert. Aufgrund der gemeinsamen Unterrichtung von Schülerinnen und Schülern mit unterschiedlichen Fähigkeiten an den integrierten Gesamtschulen und den Haupt- und Realschulen in den Jahrgangsstufen 5 und 6 wäre zu erwarten, dass sich hier auch eine vergleichsweise große Leistungsstreuung innerhalb der Schulklassen positiv auf den Lernerfolg der Schülerinnen und Schüler auswirkt.

Als methodisches Vorgehen werden erneut gruppenspezifische Analysen für die einzelnen Schulformen durchgeführt. Wie schon im vorherigen Abschnitt wird die Leistungsstreuung auf der Klassenebene analog zum Vorgehen im Rahmen von TIMSS (Baumert et al., 1997) in Schuljahre umgerechnet. Hierbei werden Dummyvariablen mit den Ausprägungen *weniger als ein halbes Schuljahr* (1), *ein halbes Schuljahr bis ein Schuljahr* (2), *ein Schuljahr bis anderthalb Schuljahre* (3), *anderthalb bis zwei Schuljahre* (4) gebildet. Als Referenzkategorie dienen die Schulklassen, in denen die Leistungsstreuung, also der Abstand zwischen den leistungsstärksten und -schwächsten Schülerinnen und Schülern, weniger als ein halbes Schuljahr ausmacht. Die kontinuierlichen Variablen werden auf der Individualebene für die jeweilige Schulform z-standardisiert und auf der Klassenebene aggregiert, dort aber nicht nochmals standardisiert. Die Dummy-Variablen auf der Individualebene bleiben unverändert. Die Konstante in jedem Modell gibt folglich den Lernstand für einen Jungen ohne Migrationshintergrund mit durchschnittlichem Vorwissen sowie durchschnittlicher kognitiver Grundfähigkeit und sozialer Lage an, der an der jeweiligen Schulform eine im Hinblick auf die Aggregatmerkmale durchschnittlich zusammengesetzte Schulklasse besucht, in der die Streuung des Vorwissens weniger als ein halbes Schuljahr beträgt.

Tabelle 7.28 zeigt, dass an den integrierten Gesamtschulen für Schulklassen, in denen die Leistungsstreuung bis zu zwei Schuljahren beträgt, tendenzielle Leistungsvorteile gegenüber der Referenzkategorie bestehen ($\gamma_{03} = 0{,}10$; $p = .099$). Demnach werden in diesen Schulklassen unter Kontrolle der anderen Variablen im Modell um ein Zehntel einer Standardabweichung tendenziell signifikant höhere Lernstände erzielt als in Lerngruppen, in denen die klasseninterne Leistungsstreuung weniger als ein halbes Schuljahr beträgt. Schulklassen, in denen die Leistungsstreuung im Leseverständnis zu Beginn der Jahrgangsstufe 5 dagegen bis zu einem Schuljahr oder bis zu anderthalb Schuljahren beträgt, unterscheiden sich nicht nur nicht signifikant von der Referenzkategorie ($\gamma_{01} = 0{,}00$ bzw. $\gamma_{02} = -0{,}01$; beide *n.s.*), sondern auch nicht signifikant voneinander, da die entsprechenden Konfidenzintervalle jeweils den Wert 0 einschließen bzw. sich überlappen. Gegenüber Tabelle 7.16 verringert sich in diesem Modell jedoch nicht nur der Anteil der erklärten Varianz des Leseverständnisses auf der Klassenebene. Da auch der Devianzwert steigt, sich also durch die Zerlegung der Leistungsstreuung in mehrere Dummyvariablen keine signifikante Verbesserung des Modellfits ergibt, ist eine einfachere Modellspezifikation wie in Tabelle 7.16 vorzuziehen.

Tabelle 7.28: Schätzung von Effekten der Leistungsstreuung innerhalb von Schulklassen auf das Leseverständnis am Ende der Jahrgangsstufe 6 an den integrierten Gesamtschulen

				Konfidenzintervall	
		Koeffizient	(SE)	untere Intervallgrenze	obere Intervallgrenze
Konstante	γ_{00}	0,01	(0,05)	-0,09	0,11
Individualebene					
Geschlecht[1]	γ_{10}	**0,08**	(0,03)	0,03	0,13
Migrationshintergrund[2]	γ_{20}	**-0,15**	(0,03)	-0,21	-0,08
Kognitive Grundfähigkeit	γ_{30}	**0,09**	(0,02)	0,06	0,12
Soziale Lage	γ_{40}	**0,06**	(0,02)	0,03	0,09
Vorwissen	γ_{50}	**0,53**	(0,02)	0,49	0,56
R^2 innerhalb der Klassen		0,386			
Klassenebene					
Streuung Vorwissen[3]					
bis zu einem Schuljahr	γ_{01}	0,00	(0,05)	-0,10	0,10
bis zu anderthalb Schuljahren	γ_{02}	-0,01	(0,05)	-0,12	0,10
bis zu zwei Schuljahren	γ_{03}	*0,10*	(0,06)	0,02	0,22
Mittleres Vorwissen	γ_{04}	0,09	(0,06)	-0,03	0,21
Mittlere soziale Lage	γ_{05}	**0,13**	(0,07)	0,00	0,27
R^2 zwischen den Klassen		0,038			
Modellgüte					
Mittlere Devianz		6.841,76			
Referenzmodell		Tabelle 7.16			
Veränderung des Modellfits[4]		0			

[1] Referenz: Junge.
[2] Referenz: beide Eltern in Deutschland geboren.
[3] Referenz: weniger als ein halbes Schuljahr.
[4] Nicht signifikante (0) bzw. signifikante Verbesserung (+) des Modellfits gegenüber dem schulformspezifischen Referenzmodell.
Kontinuierliche Prädiktoren auf der Individualebene der Schulform z-standardisiert.
Signifikante Parameter fett ($p < .05$) bzw. kursiv ($p < .10$). Standardfehler in Klammern.

An den Haupt- und Realschulen (vgl. Tabelle 7.29) bestehen tendenziell signifikante Leistungsvorteile ($\gamma_{03} = 0{,}10$; $p = .066$) gegenüber der Referenzkategorie für die Lerngruppen, in denen die klasseninterne Leistungsstreuung bis zu zwei Schuljahren beträgt. Unter Kontrolle der anderen Individual- und Klassenmerkmale werden in diesen Schulklassen um ein Zehntel einer Standardabweichung höhere Lernstände im Leseverständnis am Ende der Jahrgangsstufe 6 erzielt als in Schulklassen, in denen die Streuung des Vorwissens weniger als ein halbes Schuljahr beträgt. Schulklassen mit einer Leistungsstreuung bis zu einem Schuljahr oder bis zu anderthalb Schuljahren unterscheiden sich erneut nicht nur nicht signifikant voneinander, sondern auch nicht signifikant von den leistungshomogensten Schulklassen ($\gamma_{01} = -0{,}02$ bzw. $\gamma_{02} = 0{,}06$; beide *n.s.*), da die Konfidenzintervalle für die einzelnen Dummies jeweils den Wert 0 einschließen, d.h., sie überlappen sich. Bei Zerlegung der Leistungsstreuung in mehrere Dummyvariablen wird zwar mit 11,6

Prozent eine vergleichsweise akzeptable und nominell sogar etwas höhere Varianzaufklärung auf der Klassenebene gegenüber Tabelle 7.16 erzielt. Der Devianzwert erhöht sich jedoch, wenn man die Leistungsstreuung in mehrere Dummyvariablen zerlegt. Das bedeutet, dass die Annahme, dass der Effekt der Leistungsstreuung auf das Leseverständnis der Schülerinnen und Schüler an den Haupt- und Realschulen nicht stetig ausfällt, zu keiner signifikanten Modellverbesserung führt. Demnach ist eine einfachere Modellspezifikation wie in Tabelle 7.16 vorzuziehen.

Tabelle 7.29: Schätzung von Effekten der Leistungsstreuung innerhalb von Schulklassen auf das Leseverständnis am Ende der Jahrgangsstufe 6 an den Haupt- und Realschulen

				Konfidenzintervall	
		Koeffizient	(SE)	untere Intervallgrenze	obere Intervallgrenze
Konstante	γ_{00}	-0,05	(0,05)	-0,15	0,04
Individualebene					
Geschlecht[1]	γ_{10}	**0,11**	(0,04)	0,04	0,19
Migrationshintergrund[2]	γ_{20}	-0,07	(0,04)	-0,14	0,00
Kognitive Grundfähigkeit	γ_{30}	**0,09**	(0,02)	0,05	0,12
Soziale Lage	γ_{40}	**0,06**	(0,02)	0,03	0,09
Vorwissen	γ_{50}	**0,55**	(0,02)	0,51	0,59
R^2 innerhalb der Klassen		0,373			
Klassenebene					
Streuung Vorwissen[3]					
bis zu einem Schuljahr	γ_{01}	-0,02	(0,06)	-0,13	0,08
bis zu anderthalb Schuljahren	γ_{02}	0,06	(0,05)	-0,03	0,16
bis zu zwei Schuljahren	γ_{03}	*0,10*	(0,05)	-0,01	0,20
Mittleres Vorwissen	γ_{04}	0,03	(0,07)	-0,10	0,16
Mittlere soziale Lage	γ_{05}	-0,04	(0,06)	-0,16	0,08
R^2 zwischen den Klassen		0,116			
Modellgüte					
Mittlere Devianz		4.824,29			
Referenzmodell		Tabelle 7.16			
Veränderung des Modellfits[4]		0			

[1] Referenz: Junge.
[2] Referenz: beide Eltern in Deutschland geboren.
[3] Referenz: weniger als ein halbes Schuljahr.
[4] Nicht signifikante (0) bzw. signifikante Verbesserung (+) des Modellfits gegenüber dem schulformspezifischen Referenzmodell.
Kontinuierliche Prädiktoren auf der Individualebene der Schulform z-standardisiert.
Signifikante Parameter fett ($p < .05$) bzw. kursiv ($p < .10$). Standardfehler in Klammern.

Im Abschnitt 7.6 ist bei den Mehrebenenanalysen von einem *stetigen* und *linearen* Zusammenhang zwischen der Leistungsstreuung innerhalb von Schulklassen und dem individuellen Lernerfolg der Schülerinnen und Schüler ausgegangen worden. Bei einem positiven, linearen und kontinuierlichen Zusammenhang zwischen unabhängiger Variable (x, also die Leistungsstreuung) und abhängiger Variable (y, also der Lernerfolg; vgl. Abbildung 7.18, *a*) ist die Steigung der abhängigen Variable konstant: Bei einer Vergrößerung des klasseninternen Leistungsspektrums, also in Schulklassen mit einer größeren Leistungsheterogenität, ist ein kontinuierlicher Vorteil gegenüber leistungshomogenen Schulklassen mit einem kleineren Leistungsspektrum unterstellt worden.

Eine weitere Möglichkeit, die Bedeutung der Breite der klasseninternen Leistungsstreuung für den individuellen Lernerfolg abzuschätzen, besteht darin, einen *nichtlinearen* Zusammenhang zwischen diesen beiden Variablen anzunehmen, für den die bisherigen Analysen mit den Dummyvariablen auch als eine erste, grobe Abschätzung verstanden werden können. Neben einem linearen Verlauf wären zwei weitere Verlaufsformen des Zusammenhangs zwischen zwei Variablen denkbar:

1. Bei einem *progressiven Verlauf* fällt der Zusammenhang zwischen beiden Variablen umso enger aus, je größer die unabhängige Variable ist. In diesem Fall würde der Zusammenhang zwischen der Leistungsstreuung auf der Klassenebene und dem Lernerfolg der Schülerinnen und Schüler monoton steigen, je leistungsheterogener die Schulklassen sind. Der Verlauf dieser Zusammenhangsfunktion würde somit einem Polynom zweiten Grades ähneln (vgl. Abbildung 7.18, *b*), das im vorliegenden Fall durch einen quadratischen Trend approximierbar ist. Als Definitionsbereich wird hier $D = R_0^+$ angenommen, da die Leistungsheterogenität innerhalb von Schulklassen nicht negativ sein kann. Die quadratische Funktion kann also für alle reellen Zahlen im Intervall [0; $+\infty$] gebildet werden. Daraus ergibt sich für den Wertebereich $W = R_0^+$, d.h., die Funktion kann nur Werte im Intervall [0; $+\infty$] annehmen. Charakteristisch für einen solchen Funktionsverlauf ist, dass der Zusammenhang zwischen beiden Variablen bei einer sehr kleinen Leistungsstreuung zunächst relativ flach verläuft und erst bei einer größeren Leistungsstreuung steigt. Ein solcher Verlauf deutet sich im Fall der integrierten Gesamtschulen an (vgl. Tabelle 7.28), an denen sich nur für sehr leistungsheterogene Schulklassen tendenzielle Vorteile abzeichnen.
2. Bei einem *degressiven Verlauf* ist der Zusammenhang zwischen beiden Variablen umso kleiner, je größer die unabhängige Variable ausfällt. In diesem Fall würde der positive Zusammenhang zwischen der Leistungsheterogenität innerhalb der Schulklassen und dem Lernerfolg der Schülerinnen und Schüler umso geringer sein, also abflachen, je leistungsheterogener die Schulklassen zusammengesetzt sind. Die Zusammenhangsfunktion könnte also Ähnlichkeit haben mit einer Logarithmusfunktion (vgl. Abbildung 7.18, *c*): Diese ist die Umkehrfunktion der Exponentialfunktion mit dem Definitionsbereich $D = R^+$ und dem Wertebereich $W = R$. Die Logarithmusfunktion kann sowohl positive als auch negative Werte annehmen. Die Funktion kann jedoch nur für alle positiven reellen Zahlen gebildet werden. Der Wert 0 zählt nicht mehr zum Definitionsbereich. Das bedeutet, dass der Zusammenhang zwischen der Leistungsheteroge-

nität und dem Lernerfolg nicht für Schulklassen bestimmt werden könnte, in denen die Leistungsstreuung den Wert 0 hat. Ein solcher Fall läge jedoch praktisch nur dann vor, wenn eine Schulklasse nur aus einem Schüler oder einer Schülerin bestände. Um jedoch sicherzustellen, dass die auf der Klassenebene aggregierten Kompositionsmerkmale ein realistisches Bild der jeweiligen Lerngruppe sind, bleiben Schulklassen, für die weniger als 10 Schülerinnen und Schüler zugeordnet werden können, unberücksichtigt (zur untersuchten Schülerpopulation und Datenaufbereitung vgl. auch Abschnitt 6.3.1). Der Verlauf eines solchen Zusammenhangs zwischen der Leistungsstreuung auf der Klassenebene und dem erzielten Lernerfolg ließe sich aus dem Modell für die Haupt- und Realschulen ableiten (vgl. Tabelle 7.29), bei denen sich für Schulklassen mit einer vergleichsweise niedrigen Leistungsstreuung zwar nicht signifikante, aber negative Effekte einstellen und signifikante Vorteile erst bei einer größeren Leistungsstreuung bestehen, die aber mit steigender Leistungsstreuung in ihrer Größe tendenziell geringer ausfallen. D.h., mit zunehmender Leistungsheterogenität der Schulklassen müsste der Zusammenhang zwischen dem Vorwissen und dem erzielten Lernerfolg abflachen.

In Tabelle 7.30 wird nun zur Vorhersage des Leseverständnisses am Ende der Jahrgangsstufe 6 die klasseninterne Leistungsstreuung quadriert (Modell 2) bzw. über die Logarithmusfunktion (Modell 3) als Aggregatmerkmal unstandardisiert in das Schätzmodell aufgenommen.[97] Damit wird ein komplexerer Zusammenhang gegenüber dem bisherigen Modell, das einen einfachen linearen Zusammenhang annimmt (Modell 1), modelliert. Da jedoch die Anzahl der unabhängigen Variablen und somit die Anzahl der Freiheitsgrade unverändert bleibt, lässt sich eine Modellverbesserung nicht mehr über den Devianztest ermitteln. Die Modellgüte wird deshalb im Folgenden ausschließlich über den Anteil der erklärten Varianz (R^2) bestimmt.

97 Die Koeffizienten für die Streuung des Vorwissens können deshalb nicht direkt miteinander verglichen werden.

Abbildung 7.18: Mögliche Funktionsarten für den Zusammenhang von Leistungsheterogenität in Schulklassen und individuellem Lernerfolg

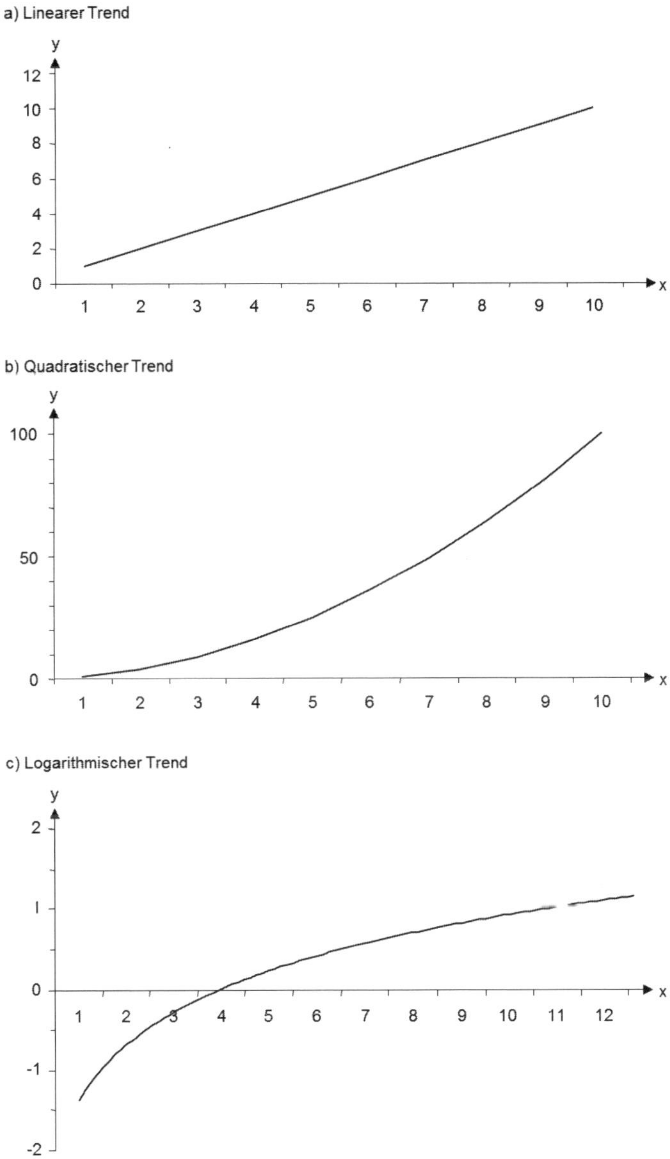

Tabelle 7.30: Vorhersage des Leseverständnisses am Ende der Jahrgangsstufe 6 durch individuelle und klassenbezogene Merkmale (verschiedene Funktionsarten der Leistungsstreuung)

		Modell 1 (linear)	Modell 2 (quadratisch)	Modell 3 (logarithmiert)
Konstante	γ_{00}	**-0,29** (0,05)	**-0,24** (0,03)	**-0,17** (0,03)
Individualebene				
Geschlecht[1]	γ_{10}	**0,10** (0,01)	**0,10** (0,01)	**0,10** (0,01)
Migrationshintergrund[2]	γ_{20}	**-0,08** (0,02)	**-0,08** (0,02)	**-0,08** (0,02)
Kognitive Grundfähigkeit	γ_{30}	**0,09** (0,01)	**0,09** (0,01)	**0,09** (0,01)
Soziale Lage	γ_{40}	**0,05** (0,01)	**0,05** (0,01)	**0,05** (0,01)
Vorwissen	γ_{50}	**0,48** (0,01)	**0,48** (0,01)	**0,48** (0,01)
R^2 innerhalb der Klassen		0,310	0,310	0,310
Klassenebene				
Streuung Vorwissen	γ_{01}	**0,13** (0,05)	**0,09** (0,03)	**0,09** (0,04)
Mittleres Vorwissen	γ_{02}	**0,08** (0,04)	**0,08** (0,04)	**0,08** (0,04)
Mittlere soziale Lage	γ_{03}	0,05 (0,04)	0,05 (0,04)	0,05 (0,04)
Schulform[3]				
Gesamtschule	γ_{04}	**0,07** (0,02)	**0,06** (0,02)	**0,07** (0,02)
Gymnasium	γ_{05}	**0,35** (0,04)	**0,35** (0,04)	**0,35** (0,04)
R^2 zwischen den Klassen		0,398	0,399	0,395

[1] Referenz: Junge.
[2] Referenz: beide Eltern in Deutschland geboren.
[3] Referenz: Haupt- und Realschule.
Kontinuierliche Prädiktoren auf der Individualebene z-standardisiert.
Signifikante Parameter fett ($p < .05$) bzw. kursiv ($p < .10$). Standardfehler in Klammern.

Modelliert man einen quadratischen oder logarithmierten Effekt der Leistungsheterogenität, bleiben die Koeffizienten auf der Individualebene und der Anteil der erklärten Varianz innerhalb der Schulklassen unverändert. Es verändern sich nur die Parameter auf der Aggregatebene. Der Anteil der auf der Klassenebene erklärten Varianz beträgt unter Annahme eines quadratischen Zusammenhangs (Modell 2) zwischen der Leistungsstreuung innerhalb der Schulklassen und dem individuellen Lernerfolg der Schülerinnen und Schüler 39,9 Prozent. In Modell 3 beläuft sich der durch die Aggregatmerkmale erklärte Anteil der Varianz des Leseverständnisses am Ende der Jahrgangsstufe 6 auf 39,5 Prozent. Lediglich unter der Annahme des quadratischen Effekts ergibt sich also eine nominell etwas höhere Varianzaufklärung im Vergleich zu Modell 1, in Modell 3 fällt der Erklärungswert dagegen sogar geringer aus als in Modell 1. Die Erklärungswerte aller Modelle unterscheiden sich jedoch nicht signifikant voneinander.[98] Die Modelle 2 und 3, die einen komplexeren als linearen Zusammenhang zwischen der klasseninternen Leistungsstreuung und dem Lernerfolg der Schülerinnen und Schüler annehmen, werden deshalb verworfen. Es kann somit nicht davon ausgegangen werden, dass der positive Effekt der Leistungsstreuung unter ansonsten gleichen Bedingungen für sehr leistungsheterogene Schulklassen abflacht und erst bei einer sehr großen Leistungsstreuung hervortritt. Dies deutete sich bereits in Tabelle 7.27 an, wo sich bei der Zerlegung der Leistungsstreuung in mehrere Dummyvariablen keine signifikante Modellverbesserung gegenüber Tabelle 7.11 ergab. Ebenso kann nicht davon ausgegangen werden, dass – wie in Modell 3 dargestellt – in den leistungshomogensten Lerngruppen mit einer sehr niedrigen Leistungsstreuung ausschließlich unterdurchschnittliche Lernstände im Leseverständnis am Ende der Jahrgangsstufe 6 erzielt werden und sich Vorteile erst bei einer größeren Leistungsstreuung einstellen, die aber mit steigender Leistungsstreuung zunehmend geringer ausfallen.

An den integrierten Gesamtschulen (vgl. Tabelle 7.31) wird unter der Annahme eines quadratischen Zusammenhangs (Modell 2) zwischen der klasseninternen Leistungsstreuung und dem Leseverständnis am Ende der Jahrgangsstufe 6 eine Varianzaufklärung von 8,7 Prozent erzielt. Wird die klasseninterne Leistungsstreuung in Modell 3 logarithmiert aufgenommen, beläuft sich der Anteil der auf der Klassenebene durch die berücksichtigten Merkmale erklärten Varianz auf 7,6 Prozent. Damit ergibt sich auch an den integrierten Gesamtschulen lediglich unter der Annahme eines quadratischen Effekts eine nominell etwas höhere Varianzaufklärung im Vergleich zu Modell 1, in Modell 3 fällt die Varianzaufklärung etwas geringer aus als bei Modell 1. Die Erklärungswerte aller Modelle unterscheiden sich

98 Signifikante Unterschiede zwischen den Erklärungswerten (R^2) zweier Schätzmodelle V und W mit k unabhängigen Variablen und n Beobachtungswerten lassen sich über deren Konfidenzintervalle bzw. Standardfehler nach Cohen et al. (2003) wie folgt bestimmen:

$$SE_{R^2_V - R^2_W} = \sqrt{SE_{R^2_V} + SE_{R^2_W}} \quad [7.7]$$

mit

$$SE^2_{R^2} = \frac{4R^2(1 - R^2)^2 \cdot (n - k - 1)^2}{(n^2 - 1) \cdot (n + 3)} \quad [7.8]$$

Daraus ergibt sich für den Vergleich der Modelle 1 und 2 hinsichtlich der Erklärungswerte auf der Klassenebene ein Konfidenzintervall im Bereich von 0,001 ± 0,104. Beim Vergleich der Modelle 1 und 3 liegt das entsprechende Konfidenzintervall im Bereich von 0,003 ± 0,104. Da die Konfidenzintervalle jeweils den Wert 0 einschließen, ist die R^2-Differenz zwischen den jeweiligen Modellen nicht signifikant. Streng genommen setzt der Test für die R^2-Differenz unabhängige Stichproben voraus. Dies ist hier zwar nicht der Fall, aber bei unabhängigen Stichproben würde das Konfidenzintervall noch enger ausfallen. D.h., bei unabhängigen Stichproben wäre die Wahrscheinlichkeit, signifikante Unterschiede zwischen den Modellen vorzufinden, sogar noch geringer.

jedoch auch an den integrierten Gesamtschulen nicht signifikant voneinander.[99] Die Annahme, dass der Zusammenhang zwischen der klasseninternen Leistungsstreuung und dem Lernerfolg der Schülerinnen und Schüler an den integrierten Gesamtschulen nicht linear, sondern komplexer verläuft, lässt sich somit nicht bestätigen. Ebenso kann nicht davon ausgegangen werden, dass der positive Zusammenhang zwischen den beiden Variablen in sehr leistungsheterogenen Schulklassen, also mit steigender Leistungsstreuung, zunehmend geringer ausfällt.

Tabelle 7.31: Vorhersage des Leseverständnisses am Ende der Jahrgangsstufe 6 an den integrierten Gesamtschulen durch individuelle und klassenbezogene Merkmale (verschiedene Funktionsarten der Leistungsstreuung)

		Modell 1 (linear)		Modell 2 (quadratisch)		Modell 3 (logarithmiert)	
Konstante	γ_{00}	**-0,17**	(0,09)	*-0,09*	(0,05)	0,04	(0,03)
Individualebene							
Geschlecht[1]	γ_{10}	**0,08**	(0,03)	**0,08**	(0,03)	**0,08**	(0,03)
Migrationshintergrund[2]	γ_{20}	**-0,14**	(0,03)	**-0,14**	(0,03)	**-0,14**	(0,03)
Kognitive Grundfähigkeit	γ_{30}	**0,09**	(0,02)	**0,09**	(0,02)	**0,09**	(0,02)
Soziale Lage	γ_{40}	**0,06**	(0,02)	**0,06**	(0,02)	**0,06**	(0,02)
Vorwissen	γ_{50}	**0,53**	(0,02)	**0,53**	(0,02)	**0,53**	(0,02)
R^2 innerhalb der Klassen		0,386		0,386		0,386	
Klassenebene							
Streuung Vorwissen	γ_{01}	**0,21**	(0,09)	**0,12**	(0,05)	**0,17**	(0,08)
Mittleres Vorwissen	γ_{02}	*0,10*	(0,06)	0,10	(0,06)	*0,10*	(0,06)
Mittlere soziale Lage	γ_{03}	*0,12*	(0,07)	*0,13*	(0,07)	*0,12*	(0,07)
R^2 zwischen den Klassen		0,081		0,087		0,076	

[1] Referenz: Junge.
[2] Referenz: beide Eltern in Deutschland geboren.
Kontinuierliche Prädiktoren auf der Individualebene z-standardisiert.
Signifikante Parameter fett (p < .05) bzw. kursiv (p < .10). Standardfehler in Klammern.

An den Haupt- und Realschulen (vgl. Tabelle 7.32) wird bei der Modellierung der Leistungsstreuung als quadratischer Effekt (Modell 2) unter Berücksichtigung der sozialen und leistungsbezogenen Zusammensetzung der Schulklassen eine Varianzaufklärung von 9,8 Prozent auf der Klassenebene erzielt. Wird die klasseninterne Leistungsstreuung als logarithmischer Trend (Modell 3) modelliert, beläuft sich

99 Für die integrierten Gesamtschulen ergibt sich beim Vergleich der Modelle 1 und 2 hinsichtlich des Erklärungswertes ein Konfidenzintervall im Bereich von 0,006 ± 0,095, beim Vergleich der Modelle 1 und 3 ein Konfidenzintervall im Bereich von 0,005 ± 0,094. Da die Konfidenzintervalle jeweils den Wert 0 einschließen, ist die R^2-Differenz zwischen den jeweiligen Modellen nicht signifikant.

der Anteil der auf der Aggregatebene erklärten Varianz des Leseverständnisses am Ende der Jahrgangsstufe 6 auf 9,7 Prozent. Die Varianzaufklärung auf der Klassenebene ist bei den Modellen 2 und 3 zwar nominell, aber nicht signifikant niedriger als in Modell 1.[100] Auch für die Haupt- und Realschulen lässt sich folglich die Annahme, dass der Zusammenhang zwischen der klasseninternen Leistungsstreuung und dem Lernerfolg der Schülerinnen und Schüler komplexer als linear verläuft, nicht aufrecht erhalten. Es ist also davon auszugehen, dass der Zusammenhang zwischen der klasseninternen Leistungsstreuung und dem individuellen Lernerfolg stetig und positiv verläuft. D.h., dass der Lernerfolg der Schülerinnen und Schüler umso höher ausfällt, je leistungsheterogener ihre Lerngruppen zusammengesetzt sind. Hinweise auf einen kritischen Wert, also ein Ausmaß an Leistungsheterogenität innerhalb von Schulklassen, dessen Überschreitung mit niedrigeren Lernerfolgen der Schülerinnen und Schüler einhergeht, finden sich hingegen nicht.

Tabelle 7.32: Vorhersage des Leseverständnisses am Ende der Jahrgangsstufe 6 an den Haupt- und Realschulen durch individuelle und klassenbezogene Merkmale (verschiedene Funktionsarten der Leistungsstreuung)

		Modell 1 (linear)		Modell 2 (quadratisch)		Modell 3 (logarithmiert)	
Konstante	γ_{00}	**-0,20**	(0,09)	**-0,12**	(0,05)	-0,01	(0,03)
Individualebene							
Geschlecht[1]	γ_{10}	**0,12**	(0,04)	**0,12**	(0,04)	**0,12**	(0,04)
Migrationshintergrund[2]	γ_{20}	*-0,07*	(0,04)	*-0,07*	(0,04)	*-0,07*	(0,04)
Kognitive Grundfähigkeit	γ_{30}	**0,09**	(0,02)	**0,09**	(0,02)	**0,09**	(0,02)
Soziale Lage	γ_{40}	**0,06**	(0,02)	**0,06**	(0,02)	**0,06**	(0,02)
Vorwissen	γ_{50}	**0,55**	(0,02)	**0,55**	(0,02)	**0,55**	(0,02)
R^2 innerhalb der Klassen		0,373		0,373		0,373	
Klassenebene							
Streuung Vorwissen	γ_{01}	**0,19**	(0,09)	**0,10**	(0,05)	**0,17**	(0,08)
Mittleres Vorwissen	γ_{02}	-0,04	(0,06)	-0,04	(0,06)	-0,04	(0,06)
Mittlere soziale Lage	γ_{03}	0,02	(0,07)	0,02	(0,07)	0,02	(0,07)
R^2 zwischen den Klassen		0,101		0,098		0,097	

[1] Referenz: Junge.
[2] Referenz: beide Eltern in Deutschland geboren.
Kontinuierliche Prädiktoren auf der Individualebene z-standardisiert.
Signifikante Parameter fett ($p < .05$) bzw. kursiv ($p < .10$). Standardfehler in Klammern.

100 Für die Haupt- und Realschulen ergibt sich beim Vergleich der Modelle 1 und 2 hinsichtlich des Erklärungswertes ein Konfidenzintervall im Bereich von 0,003 ± 0,115, beim Vergleich der Modelle 1 und 3 ein Konfidenzintervall im Bereich von 0,004 ± 0,114. Da die Konfidenzintervalle jeweils den Wert 0 einschließen, ist die R^2-Differenz zwischen den jeweiligen Modellen nicht signifikant.

8 Zusammenfassung und Diskussion der Ergebnisse

„Researchers have struggled for decades to find answers to questions about ability grouping. Does anyone benefit from it? Who benefits most? Does grouping harm anyone? How? How much? Why? Reviewers of the research still disagree about the answers. For every reviewer who has concluded that grouping is helpful, another has concluded that it is harmful."
(Kulik, 1992, S. 7)

8.1 Konzeption der Arbeit

Ausgangspunkt der vorliegenden Arbeit war die Diskussion um Homogenität und Heterogenität in der Schule. Aus den verschiedenen Dimensionen von Heterogenität (z.B. in Bezug auf sprachliche, kulturelle, soziale oder leistungsbezogene Unterschiede zwischen Schülerinnen und Schülern) wurde die Leistungsheterogenität als das vielleicht auffälligste Merkmal von Heterogenität im Klassenzimmer herausgegriffen, das häufig auch der Stein des Anstoßes für die Diskussion um die „optimale" Zusammensetzung von Lerngruppen ist.

In Kapitel 2 wurden nach einer begrifflichen Klärung zunächst Argumente, die eine Leistungshomogenisierung, also eine Gruppierung der Schülerinnen und Schüler nach ihren Leistungen befürworten, und Argumente, die diese ablehnen, gegeneinander abgewogen. Es wurden verschiedene Formen und Mechanismen der Leistungshomogenisierung aufgezeigt und durch Ergebnisse nationaler und internationaler Schulleistungsstudien untermauert, welche hierzulande neuerdings Anlass zu einer verstärkten Wahrnehmung von Leistungsheterogenität und ihren Konsequenzen für das Lehren und Lernen gegeben haben. Bezogen auf das deutsche Bildungssystem konnte gezeigt werden, dass trotz einer Vielzahl an Selektionsmechanismen keineswegs von homogenen Lernausgangslagen für die schulische Kompetenzentwicklung auszugehen ist, sondern dass es auch innerhalb institutionell getrennter Bildungsgänge eine breite Leistungsstreuung und somit eine erhebliche Überlappung zwischen ihnen gibt. Leistungsheterogenität ist also – auch in einem gegliederten Schulsystem wie in Deutschland – immer gegeben.

Das Hauptinteresse dieser Arbeit bestand deshalb darin zu klären, wie sich die Leistungsheterogenität auf die Kompetenzentwicklung von Schülerinnen und Schülern auswirkt und ob sie überhaupt ein leistungsrelevantes Merkmal der Zusammensetzung von Lerngruppen, also ein *Kompositionsmerkmal*, ist. Dabei wurden in Kapitel 3 einerseits die verschiedenen Wirkungsweisen und Prozesse, über welche diese vermittelt werden, aufgezeigt. Andererseits wurden auch konzeptuelle und methodische Aspekte, die es bei der Untersuchung von Effekten von Kompositionsmerkmalen zu beachten gilt, thematisiert. Der Schwerpunkt lag auf der Identifikation der Schulklasse als der angemessen Analyseebene, da diese die unmittelbare Lernumwelt der Schülerinnen und Schüler darstellt und der Ort ist, an dem die Lehrkräfte mit den verschiedenen Lernvoraussetzungen der Schülerinnen und Schüler, also der Leistungsheterogenität, konfrontiert und gefordert werden, auf diese didaktisch angemessen zu reagieren.

Wie der Überblick über ausgewählte nationale und internationale Forschungsbefunde zu Effekten von Leistungsheterogenität und -homogenisierung in Kapitel 4 gezeigt hat, ist die empirische Befundlage nicht eindeutig. Insgesamt fallen die Effekte aber gering und für Schülerinnen und Schüler mit unterschiedlichen Lernvoraussetzungen durchaus verschieden aus. Es kann also nicht davon ausgegangen werden, dass eine leistungshomogene Zusammensetzung von Lerngruppen für die schulische Kompetenzentwicklung grundsätzlich förderlicher ist. Bei einem Vergleich dieser Studien wurde deutlich, dass sich diese in einer Vielzahl von Aspekten, z.B. hinsichtlich der Anlage als Quer- und Längsschnittstudie, der angewandten empirischen Forschungsmethoden, Stichprobengrößen und Untersuchungsdesigns sowie der Operationalisierungen, deutlich unterscheiden. Auch für Deutschland liegen durchaus Forschungsbefunde vor, die den hohen Ansprüchen an hierarchische Datenstrukturen, wie sie für das deutsche Schulwesen charakteristisch sind, gerecht werden. Von besonderer Bedeutung für diese Arbeit war die Untersuchung von Lehmann (2006), der im Rahmen der ELEMENT-Studie querschnittliche Analysen zur Bedeutung von kognitiver Heterogenität in Berliner Grundschulklassen vorgelegt hat, welche für die in der Hamburger KESS-Studie im Längsschnitt untersuchten Schülerinnen und Schüler repliziert und vor allem systematisch weiterentwickelt wurden.

Anhand der Ergebnisse, die in Kapitel 7 vorgestellt wurden, soll nachfolgend zusammenfassend gezeigt werden, inwiefern sich die in Kapitel 5 formulierten Forschungsfragen im Rahmen der Hamburger KESS-Studie (vgl. Kapitel 6) empirisch bewährt haben. Es schließt sich eine zusammenfassende Wertung der Ergebnisse an, die im Hinblick auf ihre theoretischen und praktischen Implikationen diskutiert werden. Abschließend sollen Anknüpfungsmöglichkeiten für die weitere Forschung zu Effekten von Leistungsheterogenität und -homogenisierung aufgezeigt werden.

8.2 Zentrale empirische Befunde und Beantwortung der Forschungsfragen

Unterscheiden sich Schulklassen der verschiedenen Schulformen hinsichtlich der mittleren Lernstände in den beiden Kompetenzdomänen Leseverständnis und Mathematik? Unterscheiden sich Schulklassen der verschiedenen Schulformen hinsichtlich der sozialen Zusammensetzung? Unterscheiden sich Schulklassen der verschiedenen Schulformen hinsichtlich der kognitiven Zusammensetzung? An welchen Schulformen befinden sich die Schulklassen mit den im Durchschnitt günstigsten Lernvoraussetzungen? An welchen Schulformen befinden sich die Schulklassen mit den im Durchschnitt ungünstigsten Lernvoraussetzungen?

Diesen Forschungsfragen wurde nachgegangen, um zunächst einen Überblick über die vorliegende Datengrundlage zu gewinnen. Die Analysen haben gezeigt, dass sich die Schulklassen aller Schulformen hinsichtlich der mittleren sozialen und kognitiven Zusammensetzung sowie der mittleren Lernstände im Leseverständnis und in Mathematik zu allen Messzeitpunkten signifikant voneinander unterscheiden. Zu Beginn der Jahrgangsstufe 5 bestehen an den in der Hamburger Beobachtungsstufe zusammengefassten Haupt- und Realschulen die ungünstigsten Lernvoraussetzungen hinsichtlich dieser Merkmale. Die Gesamtschulklassen sind zwar signifikant privilegierter zusammengesetzt als die Haupt- und Realschulklassen, dennoch fallen die Lernvoraussetzungen auch hier unterdurchschnittlich aus. An den Gymnasien befinden sich die Schulklassen mit den günstigsten Voraussetzungen, welche insgesamt überdurchschnittlich ausfallen. Die Leistungsdifferenzen zwischen den Schulformen, die bereits zu Beginn der Jahrgangsstufe 5 vorliegen, bleiben in beiden Kompetenzdomänen bis zum Ende der Jahrgangsstufe 6 konstant. In den Jahrgangsstufen 7 und 8 verändert sich die Klassenzusammensetzung zuungunsten der Hauptschulen, an denen die Lernvoraussetzungen nochmals signifikant niedriger ausfallen als an den Realschulen. Überdurchschnittliche Lernstände werden in den Jahrgangsstufen 7 und 8 nur in den Gymnasialklassen erreicht.

Ist kognitive Heterogenität ein Kompositionsmerkmal von Schulklassen? Wie groß ist der Varianzanteil des Leseverständnisses und der Mathematikleistung am Ende der Jahrgangsstufe 4, der auf Unterschiede zwischen den Schulklassen bzw. auf Unterschiede zwischen den Schülerinnen und Schülern entfällt? Lassen sich signifikante Unterschiede zwischen den Schulklassen in den beiden Kompetenzdomänen auch dann noch nachweisen, wenn man die individuellen Lernvoraussetzungen der Schülerinnen und Schüler berücksichtigt? Lässt sich für die Streuung der kognitiven Grundfähigkeit innerhalb von Schulklassen auch unter Berücksichtigung weiterer leistungsrelevanter Merkmale auf der Klassenebene ein eigenständiger Effekt auf die Lernstände der Schülerinnen und Schüler am Ende der Jahrgangsstufe 4 nachweisen? Fallen die Lernstände der Schülerinnen und Schüler in kognitiv homogenen oder kognitiv heterogenen Schulklassen hö-

her aus? D.h., gehen mit einer höheren Streuung der kognitiven Grundfähigkeit innerhalb der Schulklassen signifikant höhere oder niedrigere individuelle Lernstände einher? Fällt der Effekt der Streuung der kognitiven Grundfähigkeit für beide Kompetenzdomänen gleichermaßen relevant aus? Fällt der Effekt der Streuung der kognitiven Grundfähigkeit für beide Kompetenzdomänen gleich hoch aus?

Mit diesen Fragen wurde an die Analysen von Lehmann (2006) angeknüpft. Rund ein Fünftel der Varianz der Fachleistung am Ende der Jahrgangsstufe 4 entfällt in beiden Kompetenzdomänen auf Unterschiede zwischen den Schulklassen. Signifikante, aber deutlich geringere Varianzanteile auf der Klassenebene lassen sich auch unter Berücksichtigung individueller Lernvoraussetzungen der Schülerinnen und Schüler nachweisen (Leseverständnis: 7,6 Prozent, Mathematik: 12,7 Prozent). Auch unter Berücksichtigung der durchschnittlichen sozialen und kognitiven Zusammensetzung besteht ein signifikanter, positiver Effekt der Streuung der kognitiven Grundfähigkeit innerhalb der Schulklassen auf den Lernerfolg. Dabei fällt der Leistungsvorsprung der Schülerinnen und Schüler in kognitiv heterogenen Lerngruppen gegenüber durchschnittlich zusammengesetzten Lerngruppen mit einem Fünftel (γ_{01} = 0,22; Leseverständnis) bzw. knapp einer halben Standardabweichung (γ_{01} = 0,42; Mathematik) signifikant aus. Zwar fällt der Effekt der kognitiven Heterogenität auf den Lernerfolg im Leseverständnis am Ende der Jahrgangsstufe 4 hier nominell geringer aus, die Befunde von Lehmann (2006) lassen sich jedoch für das Leseverständnis zumindest der Tendenz nach replizieren. Im Unterschied zu den Berliner Analysen scheint für die Hamburger Schülerinnen und Schüler die kognitive Heterogenität als Kompositionsmerkmal von Schulklassen außerdem für die Vorhersage der Mathematikleistung relevant zu sein.

Im Rahmen von KESS konnten diese Analysen durch das längsschnittliche Design der Studie systematisch auch für die *Leistungs*heterogenität von Schulklassen weiterentwickelt und ihre Bedeutung für die schulische Kompetenzentwicklung über einen längeren Zeitraum und im gegliederten Sekundarschulsystem bestimmt werden. Aufgrund der Besonderheiten des Hamburger Schulsystems (vgl. Abschnitt 6.2) wurde ein zweischrittiges Analyseverfahren gewählt und Auswirkungen von Leistungsheterogenität zuerst für die Kompetenzentwicklung in den Jahrgangsstufen 5 und 6 (Analyseschritt 1) und anschließend für die Kompetenzentwicklung in den Jahrgangsstufen 7 und 8 (Analyseschritt 2) bestimmt.

Wie groß ist die Leistungsstreuung auf der Klassenebene zu den einzelnen Messzeitpunkten? Unterscheiden sich Schulklassen verschiedener Schulformen zu den verschiedenen Messzeitpunkten hinsichtlich ihrer Leistungsheterogenität? An welchen Schulformen sind die Schulklassen im Durchschnitt am leistungshomogensten, d.h., an welchen Schulformen befinden sich die Schulklassen mit der niedrigsten Leistungsstreuung? An welchen Schulformen sind die Schulklas-

sen im Durchschnitt am leistungsheterogensten, d.h., an welchen Schulformen befinden sich die Schulklassen mit der größten Leistungsstreuung?

Leistungsunterschiede zwischen den Schülerinnen und Schülern innerhalb von Schulklassen machen in beiden Kompetenzdomänen sowohl zu Beginn der Jahrgangsstufe 5 als auch zu Beginn der Jahrgangsstufe 7 etwa drei Viertel bis vier Fünftel einer Standardabweichung aus. Zu Beginn der Jahrgangsstufe 5 sind die Lerngruppen an den Haupt- und Realschulen und den Gymnasien hinsichtlich der Lernstände im Leseverständnis am homogensten, an den integrierten Gesamtschulen dagegen signifikant heterogener zusammengesetzt. In Mathematik bestehen zu Beginn der Jahrgangsstufe 5 signifikante Unterschiede zwischen allen Schulformen: Die Schulklassen an den Haupt- und Realschulen sind am leistungshomogensten, gefolgt von Schulklassen an den integrierten Gesamtschulen und Gymnasien. Zu Beginn der Jahrgangsstufe 7 unterscheiden sich nur die Gymnasial- und Realschulklassen, letztere sind im Leseverständnis am homogensten zusammengesetzt. In Mathematik sind im Vergleich zu den anderen beiden Schulformen die Lerngruppen an den Gymnasien ebenfalls am heterogensten. Die durchschnittliche Leistungsheterogenität innerhalb der Schulklassen entspricht einem Lernfortschritt, der üblicherweise in einem Zeitraum von etwa zwei bis zweieinhalb Schuljahren erzielt wird.

Verändert sich die Leistungsstreuung auf der Klassenebene über die Messzeitpunkte hinweg? Werden Schulklassen bezüglich der Leistungen eher homogener oder eher heterogener? Wird die Leistungsstreuung auf der Klassenebene also größer oder kleiner?

In den Jahrgangsstufen 5 und 6 verändert sich die klasseninterne Leistungsstreuung im Leseverständnis insgesamt kaum (d = 0,10). Nur an den Gymnasien lässt sich eine leichte Tendenz dahingehend erkennen, dass die Schulklassen leistungsheterogener werden, d.h., dass sich die klasseninterne Leistungsstreuung im Leseverständnis vergrößert (d = 0,22). In Mathematik verringert sich in diesem Zeitraum hingegen die Leistungsstreuung über alle Schulformen hinweg (d = –0,32). Am stärksten fällt die Leistungshomogenisierung in Mathematik an den Haupt- und Realschulen (d = –0,50) und den integrierten Gesamtschulen (d = –0,40) aus. In den Jahrgangsstufen 7 und 8 verringert sich die klasseninterne Leistungsstreuung im Leseverständnis insgesamt geringfügig (d = –0,23). Es besteht jedoch ein schulformspezifischer Trend zur Leistungshomogenisierung im Leseverständnis, der nur an den Gymnasien auftritt (d = –0,34). Anders verhält es sich in Mathematik, wo insgesamt (d = –0,38), und vor allem an den Realschulen und Gymnasien, eine stärkere Leistungshomogenisierung zu beobachten ist ($-0{,}47 \leq d \leq -0{,}23$).

Gibt es einen Zusammenhang zwischen der Leistungsstreuung auf der Klassenebene und dem individuellen Lernerfolg? Gehen mit einer größeren Leistungsstreuung höhere oder niedrigere individuelle Lernstände einher?

Der Zusammenhang zwischen der Leistungsstreuung auf der Klassenebene zu Beginn der Jahrgangsstufe 5 und den individuellen Lernständen am Ende der Jahrgangsstufe 6 fällt im Leseverständnis signifikant negativ, aber gering aus ($r = -0{,}12$). In Mathematik besteht ein etwas stärkerer, positiver Zusammenhang ($r = 0{,}18$). Zwischen der klasseninternen Leistungsstreuung zu Beginn der Jahrgangsstufe 7 und dem individuellen Lernerfolg am Ende der Jahrgangsstufe 8 besteht im Leseverständnis praktisch kein ($r = 0{,}05$), in Mathematik ein kleiner Zusammenhang ($r = 0{,}38$). D.h., je heterogener die Schulklassen in Mathematik hinsichtlich ihrer Lernvoraussetzungen zu Beginn der Jahrgangsstufe 7 zusammengesetzt sind, desto höher fallen die individuellen Lernstände am Ende der Jahrgangsstufe 8 aus. Dies wird darauf zurückgeführt, dass es Schulklassen mit einer überdurchschnittlich hohen Leistungsstreuung in Mathematik überwiegend an den Gymnasien gibt, an denen insgesamt überdurchschnittliche Lernstände erzielt werden, und ist auch dem Umstand geschuldet, dass die Gymnasien gerade für den zweiten Analyseschritt überrepräsentiert sind.

Wie groß ist der Varianzanteil der fachspezifischen Lernstände, der auf Unterschiede zwischen den Schulklassen bzw. auf Unterschiede zwischen den einzelnen Schülerinnen und Schülern entfällt? Lassen sich signifikante Unterschiede zwischen den Schulklassen auch dann noch nachweisen, wenn man die individuellen Lernvoraussetzungen der Schülerinnen und Schüler berücksichtigt? Fallen die individuellen Lernstände der Schülerinnen und Schüler in leistungshomogenen oder -heterogenen Lerngruppen höher aus? D.h., gehen mit einer höheren Leistungsstreuung auf der Klassenebene unter Kontrolle weiterer individueller und klassenbezogener Merkmale höhere oder niedrigere individuelle Lernstände einher? Wie verändert sich der Effekt der Leistungsheterogenität unter Berücksichtigung weiterer Kompositions- und Institutionsmerkmale? Lässt sich ein eigenständiger Effekt der Leistungsstreuung auf der Klassenebene auf den Lernerfolg der Schülerinnen und Schüler nachweisen? An welchen Schulformen übt die Leistungsstreuung auf der Klassenebene den stärksten Effekt auf die Lernstände der Schülerinnen und Schüler aus? An welchen Schulformen lässt sich kein Effekt der Leistungsstreuung nachweisen? Welcher Varianzanteil der Fachleistung lässt sich unter Kontrolle individueller Lernvoraussetzungen alleine auf die Leistungsstreuung innerhalb von Schulklassen zurückführen? Oder anders ausgedrückt: Hängt die Bedeutung von Leistungsheterogenität für den Lernerfolg auch von der sozialen und leistungsbezogenen Zusammensetzung der Schulklassen und der Schulform ab?

In Abschnitt 7.6 wurde eine Reihe unterschiedlicher Analysen vorgelegt, um zu überprüfen, ob Leistungsheterogenität ein Kompositionsmerkmal von Schulklassen ist. Für den ersten Analyseschritt entfallen 33,5 Prozent (Leseverständnis) bzw. 42,3 Prozent (Mathematik) der Varianz der Fachleistung am Ende der Jahrgangsstufe 6 auf Unterschiede zwischen den Schulklassen. Signifikante Unterschiede zwischen den Schulklassen bestehen auch unter Berücksichtigung individueller Lernvoraussetzungen, fallen aber mit 9,8 bzw. 21,5 Prozent deutlich geringer aus. Die Analysen belegen ausnahmslos die hohe Bedeutung des individuellen Vorwissens für die weitere Kompetenzentwicklung. Dieses ist für beide Analyseschritte und Kompetenzdomänen der wichtigste Prädiktor auf der Individualebene und kann als *individueller Matthäus-Effekt* interpretiert werden.

Weiterhin zeigt sich schulformübergreifend, dass die Schülerinnen und Schüler mit steigender Leistungsstreuung auf der Klassenebene und unter Kontrolle weiterer individueller und kompositioneller Merkmale sowie der Schulform signifikant höhere Lernstände ($\gamma_{01} = 0{,}13$) im Leseverständnis erzielen. Dieser Vorteil leistungsheterogener gegenüber durchschnittlich zusammengesetzten Schulklassen für die Kompetenzentwicklung im Leseverständnis in den Jahrgangsstufen 5 und 6 ist nach Tymms (2004) als kleiner Effekt zu klassifizieren ($\Delta = 0{,}10$). Signifikante Effekte von Leistungsheterogenität lassen sich bei einer schulformspezifischen Modellierung jedoch nur an den Haupt- und Realschulen ($\gamma_{01} = 0{,}19$; $\Delta = 0{,}10$) und den integrierten Gesamtschulen ($\gamma_{01} = 0{,}21$; $\Delta = 0{,}13$) nachweisen. Die Effekte sind jedoch ebenfalls als gering einzustufen. An den Gymnasien bestehen für leistungsheterogene Schulklassen zumindest keine signifikanten Nachteile ($\gamma_{01} = -0{,}03$; *n.s.*). In Mathematik lässt sich anfänglich zwar ein signifikanter, hoher positiver Effekt der Leistungsstreuung ($\gamma_{01} = 0{,}41$) unter Kontrolle von Individualmerkmalen nachweisen, der jedoch unter Berücksichtigung weiterer Kompositionsmerkmale und der Schulform verschwindet ($\gamma_{01} = 0{,}00$; *n.s.*).

Ein nennenswerter spezifischer Varianzanteil der Fachleistung, der alleine auf die Leistungsheterogenität entfällt, lässt sich nur für die Entwicklung des Leseverständnisses in den Jahrgangsstufen 5 und 6 belegen und beträgt hier gerade einmal 1,7 Prozent. Kompositions- und Institutionsmerkmale scheinen also in hohem Maße miteinander konfundiert zu sein (26,6 Prozent der erklärten Varianz des Leseverständnisses). D.h., dass die Effektivität leistungsheterogener Schulklassen auch von der sozialen und leistungsbezogenen Zusammensetzung der Schülerschaft und vor allem von der Schulform abhängt. Dies bestätigt die Befunde von Baumert et al. (2006), wonach für die schulische Kompetenzentwicklung Kompositions- und Institutionsmerkmale in spezifischer Weise *und* gemeinsam von Bedeutung sind. Zudem ist davon auszugehen, dass Defizite der Schülerinnen und Schüler im Vorwissen, d.h. Nachteile von im Durchschnitt leistungsschwächeren Schulklassen, nur bedingt oder nur bis zu einem gewissen Grad durch eine leistungsheterogene Klassenzusammensetzung ausgeglichen werden können.

Für den zweiten Analyseschritt (Jahrgangsstufen 7 und 8) entfällt etwa die Hälfte der Varianz der Fachleistung auf Unterschiede zwischen den Schulklassen (Leseverständnis: 44,6 Prozent; Mathematik: 53,9 Prozent). Signifikante Unterschiede zwischen den Schulklassen existieren auch unter Berücksichtigung individueller Lernvoraussetzungen, verringern sich aber auf 23,4 bzw. 30,3 Prozent. Im Leseverständnis lässt sich kein eigenständiger Effekt der Leistungsstreuung, aber auch kein signifikanter Nachteil für leistungsheterogene Schulklassen beobachten ($\gamma_{01} = 0{,}04$; *n.s.*).

In Mathematik lässt sich analog zum ersten Analyseschritt ein signifikanter, noch höherer positiver Effekt der Leistungsstreuung ($\gamma_{01} = 0{,}74$) nur unter Kontrolle der Individualmerkmale, nicht aber bei Berücksichtigung weiterer Kompositions- und Institutionsmerkmale nachweisen. Vielmehr scheinen hier die Schulform, die leistungsbezogene und tendenziell auch die soziale Zusammensetzung der Schulklassen für die Lernentwicklung in den Jahrgangsstufen 7 und 8 von Bedeutung zu sein, was sich in beiden Kompetenzdomänen in hohen, konfundierten Varianzanteilen von Kompositionsmerkmalen und Schulformeffekten (31,0 bzw. 43,0 Prozent) niederschlägt. Es bestehen keine Unterschiede zwischen den Schulformen hinsichtlich der Relevanz von Leistungsheterogenität als Kompositionsmerkmal von Schulklassen für die Lernentwicklung in beiden Kompetenzdomänen in den Jahrgangsstufen 7 und 8.

Können alle Schülerinnen und Schüler gleichermaßen in leistungsheterogenen Schulklassen profitieren? D.h., ist der Effekt der Leistungsstreuung innerhalb der Schulklassen auf den individuellen Lernerfolg für die leistungsstärkeren oder -schwächeren Schülerinnen und Schüler höher?

Die Analysen in Abschnitt 7.7 haben gezeigt, dass die Art der Klassenzusammensetzung tendenziell differenzielle Effekte nach sich zieht. Schülerinnen und Schüler scheinen je nach Vorwissensstand unterschiedlich von der Leistungsheterogenität in ihren Lerngruppen zu profitieren. In leistungsheterogenen Schulklassen sind die Nachteile eines defizitären Vorwissens für die Leistungsschwächsten im Hinblick auf die Entwicklung des Leseverständnisses in den Jahrgangsstufen 5 und 6 tendenziell geringer ($\gamma_{51} = -0{,}10$; $p = .075$) als in leistungshomogenen Schulklassen. An den Haupt- und Realschulen stellen leistungsheterogene Lerngruppen für leistungsstärkere und -schwächere Schülerinnen und Schüler gleichermaßen ein günstigeres Lernumfeld dar ($\gamma_{01} = 0{,}19$ bzw. $\gamma_{51} = -0{,}03$, *n.s.*). Dieser Befund lässt sich nicht durch einen *Regression-zur-Mitte-Effekt* erklären, da das Befundmuster asymmetrisch ist. Signifikante Haupt- und Interaktionseffekte bestehen jedoch nur an den integrierten Gesamtschulen ($\gamma_{01} = 0{,}20$ bzw. $\gamma_{51} = -0{,}21$). D.h., hier treten die Vorteile einer leistungsheterogenen Klassenzusammensetzung für die Entwicklung des Leseverständnisses in den Jahrgangsstufen 5 und 6 bei den leistungsschwächeren Schülerinnen und Schülern am stärksten hervor. An den Gymnasien scheint für die Leistungsstärksten hingegen ein leistungshomogenes Lernumfeld am förderlichsten zu sein.

Ähnlich verhält es sich bei der Lernentwicklung im Leseverständnis in den Jahrgangsstufen 7 und 8. Hier besteht ein signifikanter Interaktionseffekt (γ_{51} = –0,17), aber kein signifikanter Haupteffekt für die Leistungsstreuung (γ_{01} = 0,08; *n.s.*). Das bedeutet, dass hier eine leistungsheterogene oder -homogene Klassenzusammensetzung im Wesentlichen unerheblich ist. Für die leistungsschwächsten Schülerinnen und Schüler ist jedoch eine leistungsheterogene Klassenzusammensetzung für die Lernentwicklung in den Jahrgangsstufen 7 und 8 durchaus förderlich. Für die Leistungsstärksten ergeben sich hingegen in leistungsheterogenen Lerngruppen Nachteile – allerdings nur in Abgrenzung zu sehr leistungshomogenen Schulklassen.

In Mathematik lässt sich ein signifikanter Interaktionseffekt für die Lernentwicklung in den Jahrgangsstufen 7 und 8 nur an den Gymnasien nachweisen (γ_{51} = –0,13). Vorteile für die Leistungsschwächeren zeigen sich vor allem in der Abgrenzung eher leistungsheterogener gegenüber -homogenen Lerngruppen. Allerdings besteht – unabhängig vom Vorwissen der Schülerinnen und Schüler – kein genereller Vorteil in leistungsheterogenen Gymnasialklassen (γ_{01} = –0,05; *n.s.*).

Wie viel Leistungsheterogenität innerhalb der Lerngruppen ist für den Lernerfolg der Schülerinnen und Schüler förderlich (Beckerman & Good, 1981)? Bestehen für Schulklassen mit unterschiedlich breiter Leistungsstreuung spezifische Vor- oder Nachteile im Vergleich zu eher leistungshomogenen Schulklassen? Lassen sich diese Effekte zufallskritisch absichern, ist also die Breite des klasseninternen Leistungsspektrums tatsächlich relevant? Gibt es diesbezüglich Unterschiede zwischen den Schulformen? Fällt der Zusammenhang zwischen der Leistungsstreuung und dem erzielten Lernerfolg überhaupt linear aus? Oder gibt es Hinweise auf einen nichtlinearen Zusammenhang? Gibt es auch hier schulformspezifische Unterschiede?

Abschnitt 7.6 hat gezeigt, dass eine Ausdehnung des klasseninternen Leistungsspektrums unter ansonsten gleichen Voraussetzungen mit höheren individuellen Lernständen einhergeht. In Abschnitt 7.8 wurde deshalb überprüft, ob es Hinweise auf einen kritischen Schwellenwert gibt, den die Leistungsheterogenität innerhalb von Schulklassen annehmen kann, ohne dass damit signifikante Nachteile für die Schülerinnen und Schüler einhergehen. Es zeigte sich, dass in Schulklassen, in denen der Abstand zwischen den Leistungsstärksten und -schwächsten eine Leistungsdifferenz von bis zu zwei Schuljahren ausmacht, die Lernentwicklung im Leseverständnis in den Jahrgangsstufen 5 und 6 geringfügig, aber durchaus signifikant günstiger (γ_{03} = 0,08) verlaufen kann als in Schulklassen, in denen dieser Abstand weniger als ein halbes Schuljahr beträgt. Dieser Trend zeichnet sich bei schulformspezifischer Betrachtung zumindest tendenziell an integrierten Gesamtschulen sowie Haupt- und Realschulen ab (jeweils $\gamma_{03} = 0{,}10$; $p = .099$ bzw. $p = .066$). Dies lässt sich als erster Hinweis darauf deuten, dass leistungsheterogene Schulklassen bis zu einem gewissen Ausmaß zumindest keine signifikanten Nachteile mit sich bringen. Allerdings ergab sich bei dieser Art der Modellierung keine signifikante Modellverbesserung gegenüber einfacher spezifizierten Modellen.

Ähnliches ergab sich bei der Überprüfung nichtlinearer Zusammenhänge zwischen der Leistungsstreuung und dem Lernerfolg im Leseverständnis am Ende der Jahrgangsstufe 6. Hier ließen sich durchaus signifikante Effekte beobachten, allerdings in gegenläufiger Tendenz: Einerseits lässt sich die Verschiedenheit der Kinder möglicherweise erst ab einem gewissen Ausprägungsgrad effektiv für den Unterricht nutzen (vgl. Abbildung 7.18, *b*). Andererseits könnten sehr leistungshomogene Lerngruppen durchaus auch Nachteile und leistungsheterogene Lerngruppen Vorteile mit sich bringen, welche sich hypothetisch bei einer zu großen Leistungsheterogenität auch reduzieren könnten (vgl. Abbildung 7.18, *c*). Ein Vergleich verschiedener Modellspezifikationen zeigte hier und auch schulformspezifisch, dass andere als lineare Zusammenhänge zwischen Leistungsheterogenität und Kompetenzentwicklung nicht zu signifikanten Modellverbesserungen führen.

8.3 Diskussion der Forschungsergebnisse

Mit der vorliegenden Arbeit liegen weitere Befunde vor, nach denen die Zusammensetzung von Lerngruppen hinsichtlich der Leistungen für die schulische Kompetenzentwicklung relevant ist. Dies ließ sich jedoch nicht nur für das Leistungs*niveau*, also die durchschnittliche Klassenzusammensetzung im Hinblick auf die erzielten Lernstände, sondern auch durchaus für die Leistungs*heterogenität*, also die Streuung der Leistungen innerhalb von Schulklassen, zeigen. Mit Blick auf die in Kapitel 5 formulierten Annahmen lassen sich die Ergebnisse wie folgt bewerten:

Zu Beginn der Sekundarstufe sind die Schulklassen hinsichtlich der Lernstände im Leseverständnis an den Haupt- und Realschulen und den Gymnasien am homogensten. Schulklassen beider Schulformen unterscheiden sich zwar in ihren durchschnittlichen Leistungsniveaus, aber nicht hinsichtlich der Leistungsheterogenität. An den integrierten Gesamtschulen sind die Schulklassen dagegen leistungsheterogener zusammengesetzt. Einerseits deutet dies darauf hin, dass Gymnasien sowie Haupt- und Realschulen einer jeweils spezifischen Schülerschaft offen stehen: Schülerinnen und Schüler eines jeweils spezifischen Ausschnitts der Leistungsverteilung in der Grundschule, die also ein ähnliches Leistungsniveau aufweisen, erhalten eine jeweils entsprechende Schullaufbahnempfehlung für eine der beiden Schulformen der Sekundarstufe. Da integrierte Gesamtschulen ihrem Anspruch nach eine Schulform für alle Schülerinnen und Schüler unabhängig von den in der Grundschule erbrachten Leistungen sind, ist die vergleichsweise hohe Leistungsheterogenität hier zu Beginn der Sekundarstufe erwartungskonform. Andererseits zeigt sich dieser Befund nur für das Leseverständnis. In Mathematik unterscheiden sich dagegen zu Beginn der Sekundarstufe Schulklassen aller Schulformen hinsichtlich der Leistungsheterogenität. Dies könnte ein Indiz dafür sein, dass sich die Schullaufbahnempfehlung der Grundschullehrkräfte eher an den verbalen, und nicht so sehr an den mathematischen Fähigkeiten der Kinder orientiert, was eine unterschiedliche klassenbezogene Leistungsheterogenität im Leseverständnis an den verschiedenen Schulformen der Sekundarstufe zur Folge hat.

Die Annahme, dass durch die für das deutsche Schulsystem charakteristischen, vielfältigen Selektionsmechanismen eine Leistungshomogenisierung innerhalb von Lerngruppen stattfindet, kann für die im Rahmen von KESS untersuchten Schulklassen zumindest für die Kompetenzdomäne Mathematik bestätigt werden. Beunruhigend erscheint hier vor allem die deutliche Verringerung der klasseninternen Leistungsstreuung an den Haupt- und Realschulen und den integrierten Gesamtschulen im Verlauf der Jahrgangsstufen 5 und 6. Da an diesen beiden Schulformen bereits zu Beginn der Sekundarschulzeit die ungünstigsten Lernvoraussetzungen vorliegen (Gröhlich, Bonsen & Bos, 2009), scheint sich die Leistungsschere zuungunsten der ohnehin im Durchschnitt leistungsschwächeren Lerngruppen zu öffnen.

Aufgrund der sozialräumlichen Struktur finden die Hamburger Schülerinnen und Schüler erwartungsgemäß nicht nur innerhalb verschiedener Schulformen, sondern letztlich auch innerhalb ihrer Schulklassen ganz unterschiedliche Leistungsvoraussetzungen vor. Diese Leistungsvarianz zwischen den Schulklassen ließ sich einerseits durch individuelle Schülermerkmale, hier vor allem durch das Vorwissen, d.h. die Testleistung zum vorangegangenen Messzeitpunkt, erklären. Andererseits bestätigten sich – wie bereits vielfach nachgewiesen (z.B. Baumert et al., 2006; Bonsen et al., 2009; Gröhlich et al., 2010a, 2010b) – differenzielle Fördereffekte verschiedener Schulformen. Offenbar gelingt es nur an den integrierten Gesamtschulen und den Haupt- und Realschulen in den ersten beiden Schuljahren der Sekundarschulzeit, die Leistungsheterogenität ihrer Schülerinnen und Schüler effektiv für die Kompetenzentwicklung im Leseverständnis zu nutzen. Da die integrierten Gesamtschulen ihrem Anspruch nach eine Schulform für alle Schülerinnen und Schüler unabhängig von ihrem Leistungsniveau sind, überrascht diese effektive Nutzung von Leistungsheterogenität nicht. Der Umgang mit Leistungsheterogenität verbunden mit gezielter Förderung vor allem leistungsschwächerer Schülerinnen und Schüler scheint hier selbstverständlicher und auch eher im Curriculum und in der Unterrichtsgestaltung verankert zu sein. Anders lässt sich hingegen der Befund für die Haupt- und Realschulen und die Gymnasien deuten: Zwar ist an beiden Schulformen in den Jahrgangsstufen 5 und 6 eine Beobachtungsstufe eingerichtet, welche den Lehrkräften eine längere Zeit für die Beobachtung und Einschätzung des Leistungsvermögens der Kinder sowie für die Beratung der Eltern einräumt. Während an den Haupt- und Realschulen in diesem Zeitraum jedoch im Durchschnitt eine Steigerung des Leistungsniveaus im Leseverständnis bei nahezu unveränderter Leistungsheterogenität erzielt wird, lässt sich an den Gymnasien zwar ebenfalls eine Steigerung des Leistungsniveaus beobachten – allerdings bei gleichzeitiger Verstärkung von Leistungsunterschieden innerhalb der Schulklassen. Hier scheint es eine eher einseitige Förderung leistungsstärkerer Schülerinnen und Schüler zu geben.

Insgesamt ließ sich die Annahme, dass die Leistungsheterogenität neben der sozialen und leistungsbezogenen Zusammensetzung ein Kompositionsmerkmal von Schulklassen ist, vor allem fach-, schulstufen- und schulformspezifisch bestätigen. Auch wenn sich bei zunächst bivariater Betrachtung ein negativer Effekt leistungsheterogener Klassenzusammensetzungen auf den individuellen Lernerfolg der Schülerinnen und Schüler abzeichnete, so zeigte sich doch unter Berücksichtigung weiterer Merkmale in den Mehrebenenanalysen das Potenzial leistungsheterogener Schulklassen, die zumindest einen kleinen „kompensatorischen Effekt" für die Kompetenzentwicklung besitzen. Die Effekte der Leistungsheterogenität sind zwar durchweg positiv, jedoch eher klein und meistens nicht signifikant. Auch wenn der Effekt der Leistungsheterogenität auf die Lernentwicklung Hamburger Schülerinnen und Schüler nur sehr gering ausfällt, ist er aber insofern „beachtenswert und interpretationswürdig" (Wolf, 2010, S. 110), da er immerhin auch nicht signifikant negativ ausfällt. Demnach kann nicht grundsätzlich davon ausgegangen werden, dass eine durch eine Vielzahl von Selektionsmechanismen angestrebte, möglichst leistungshomogene Zusammensetzung von Lerngruppen für die schulische Kompetenzentwicklung am förderlichsten ist. Gleichwohl ist zu bedenken, dass eine leistungsheterogene Klassenzusammensetzung stets eine gezielte Adaptation des Unterrichtsstils und der Lehrmethoden an die speziellen Voraussetzungen der jeweiligen Lerngruppe erfordert.

Ebenfalls erwartungsgemäß ergab sich der Befund, dass die spezifische Bedeutung der Leistungsheterogenität für die Vorhersage des Lernerfolgs nur sehr gering ausfällt. Ob Schülerinnen und Schüler in leistungshomogenen oder -heterogenen Schulklassen höhere Lernerfolge erzielen, ist somit auch von der sozialen und leistungsbezogenen Zusammensetzung sowie der Schulform, die in Hamburg wie auch schon beispielsweise für PISA nachgewiesene starke Schereneffekte produziert, abhängig bzw. in hohem Maße damit konfundiert.

Die Annahme differenzieller Effektivität von Leistungsheterogenität ließ sich zumindest tendenziell bestätigen. Auch hierbei handelt es sich offenbar um fach-, schulstufen- und schulformspezifische Phänomene. Zu betonen ist dabei, dass die Vorteile für leistungsschwächere Schülerinnen und Schüler in leistungsheterogenen Lerngruppen unter ansonsten gleichen Voraussetzungen höher ausfallen als die vergleichsweise geringen Nachteile in diesen Lerngruppen für die Leistungsstärkeren. Vor- und Nachteile wiegen sich nicht gegeneinander auf, der Befund kann also nicht durch eine *Regression zur Mitte* erklärt werden. Zu einem ähnlichen Schluss kommen auch Dar und Resh (1986, S. 370): „Integration is not necessarily a ‚zero sum‘ game where the gain of one group equals the loss of the other. The methodological importance of this finding is that [...] in looking for overall compositional effects one may overlook differential effects for particular groups." Leistungsheterogene Lerngruppen wegen eines möglichen Schereneffekts abzulehnen, ist demnach nicht gerechtfertigt (Graumann, 2002). Worin jedoch die genauen Gründe für differenzielle Effekte der Lerngruppenzusammensetzung liegen, scheint bisher nicht ausreichend geklärt zu sein (Ditton, 2009).

Die Annahme, dass mit einer Steigung der Leistungsstreuung über einen kritischen Schwellenwert hinaus Leistungseinbußen für die Schülerinnen und Schüler einhergehen sollten, bestätigte sich in den vorliegenden Analysen hingegen nicht. Im Gegenteil scheint es sogar Schulklassen zu geben, in denen selbst ein sehr hohes Ausmaß an Leistungsheterogenität förderlich oder zumindest nicht nachteilig ist. Als Implikation für die Praxis lässt sich daraus ableiten, dass auch die vielfältigen Selektionsmechanismen leistungsbezogene Unterschiede zwischen den Schülerinnen und Schülern nicht vollständig reduzieren können, so dass ein gewisses Ausmaß an Leistungsheterogenität als Realität im Klassenzimmer akzeptiert werden muss. Letztlich müssten die genauen Unterrichtsbedingungen in leistungsheterogenen Schulklassen fokussiert werden (Schneider & Ludwig, 2011). Vermutlich könnte aber ein Unterricht, der die Verschiedenheit der Schülerinnen und Schüler produktiv nutzt und ihn zum expliziten Lerninhalt selbst macht (wie z.B. im Hamburger Lesepatenmodell, vgl. Voss, Blatt, Gebauer, Müller & Masanek, 2008), für alle Schülerinnen und Schüler, auch für die Leistungsstärkeren, von Vorteil sein.

Die hier vorgelegten Befunde sind auch vor dem Hintergrund aktueller Entwicklungen in der bundesdeutschen Schullandschaft interessant: So gibt es seit dem Schuljahr 2010/11 in Hamburg im Anschluss an die Grundschule neben den Gymnasien nur noch die so genannten *Stadtteilschulen*. Diese umfassen die (integrierten) Haupt- und Realschulen, integrierten und kooperativen Gesamtschulen sowie die Aufbaugymnasien. Die Stadtteilschulen werden sich folglich im Vergleich zur Schulstruktur, wie sie noch für den hier im Rahmen von KESS untersuchten Schülerjahrgang (Einschulung 1999) galt, durch eine noch größere Leistungsheterogenität ihrer Schülerschaft auszeichnen. In Nordrhein-Westfalen wurde im Herbst 2010 die Einführung so genannter *Gemeinschaftsschulen* ab dem Schuljahr 2011/12 bzw. im Sommer 2011 im schulpolitischen Konsens durch Änderung des Schulgesetzes die Errichtung von *Sekundarschulen* beschlossen. Als Vorzüge dieser Schulformen wird unter anderem genannt, dass sie ein längeres gemeinsames Lernen ermöglichen und die Bildungswege der Schülerinnen und Schüler länger offen halten sollen. Es bleibt jedoch abzuwarten, ob sich auch an diesen neuen Schulformen positive Effekte einer zwangsläufig leistungsheterogeneren Klassenzusammensetzung auf den individuellen Lernerfolg einstellen werden – vor allem, wenn sie in Konkurrenz zu den Gymnasien existieren.

8.4 Forschungsdesiderata

„My review is much stronger in describing what the effects of various ability grouping plans are than in explaining why they occur. Yet that is how science proceeds; we must have our facts straight before we can begin to look for explanations."
(Slavin, 1987b, S. 349)

Mit der vorliegenden Arbeit liegen weitere Befunde zur Bedeutung von Leistungsheterogenität vor. Die Befunde von Lehmann (2006) konnten für die Hamburger Schülerinnen und Schüler im Hinblick auf die Bedeutung von kognitiver Heterogenität in Schulklassen für den Lernerfolg in der Grundschule zum Teil repliziert und vor allem unter Nutzung des längsschnittlichen Designs der KESS-Studie auch für die *Leistungs*heterogenität in der Sekundarstufe systematisch weiterentwickelt werden. Um die Vorteile leistungsheterogener Lerngruppen jedoch empirisch zuverlässiger absichern zu können, wären weitere Replikationsstudien, die sich beispielsweise auf andere Kompetenzdomänen (z.B. Fremdsprachen, Naturwissenschaften), eine andere Altersstichprobe, einen noch längeren Untersuchungszeitraum, auf einen Flächenstaat oder den bundesdeutschen Kontext beziehen, wünschenswert. Zudem sind andere Operationalisierungen von Leistungsheterogenität und -homogenisierung denkbar, wie sie aktuell z.B. von Künsting et al. (2010) vorgelegt wurden. Die Weiterentwicklung valider, reliabler und – nach Möglichkeit – objektiver Indikatoren zur Erfassung von Leistungsheterogenität wäre somit wünschenswert.

Zwar scheinen die leistungsschwächsten Schülerinnen und Schüler von der Leistungsheterogenität im Hinblick auf einen größeren Kompetenzzuwachs besonders profitieren zu können, so dass anfängliche Leistungsunterschiede innerhalb von Schulklassen reduziert werden. Problematisch wird dies allerdings dann, wenn mit einer besonderen Förderung leistungsschwächerer Schülerinnen und Schüler eine Vernachlässigung des Potenzials Leistungsstärkerer einhergeht, so dass diese nicht die Kompetenzentwicklung verzeichnen, die bei ihnen eigentlich zu erwarten wäre. Um belastbarere Aussagen über eine grundsätzlich höhere Förderwirksamkeit leistungsheterogener im Vergleich zu leistungshomogenen Schulklassen treffen zu können, müsste nachgewiesen werden, dass der Lern*zuwachs* sowohl der eingangs Leistungsstärkeren als auch der -schwächeren in leistungsheterogenen Schulklassen höher ausfällt als in leistungshomogenen Lerngrupen. Hierfür wären latente Wachstumskurvenmodelle bzw. Analysen unter der Nutzung der Messzeitpunkte als unterster Analyseebene erforderlich.

Die hier nachgewiesenen Vorteile von Leistungsheterogenität für die Kompetenzentwicklung beziehen sich auf Schülerinnen und Schüler mit eher ungünstigen *Leistungs*voraussetzungen. Weitere Analysen müssten zudem prüfen, ob kompensatorische Fördereffekte leistungsheterogener Lerngruppen auch für Schülerinnen und Schüler mit einer niedrigeren sozialen Herkunft, mit Migrationshintergrund oder für Jungen und Mädchen in unterschiedlichem Ausmaß nachgewiesen werden können. Es sollte also geprüft werden, ob leistungsheterogene Lerngruppen für Schülerinnen und Schüler mit unterschiedlichen „Benachteiligungen" gleichermaßen günstigere Lernumwelten darstellen. Des Weiteren wäre zu untersuchen, ob sich Vorteile leistungsheterogener Lerngruppen nur für die erzielten fachlichen Leistungen der Schülerinnen und Schüler als abhängige Variable ergeben, oder ob „Lernumwelten [...] in jeder Hinsicht von einer heterogenen Zusammensetzung der Schülerschaft [profitieren]" (Bellin, 2010, S. 150). Hierbei könnten sich leistungsheterogene Lerngruppen z.B. auch für die Entwicklung sozialer Kompetenzen, motivationaler Einstellungen und selbstbezogener Kognitionen als günstiger erweisen (vgl. auch Rytivaara, 2011; Schneider & Ludwig, 2011).

In methodischer Hinsicht bestehen nicht nur hinsichtlich der Wahl von Prädiktoren und Kriterien und deren Operationalisierungen verschiedene Analysemöglichkeiten. Bei der Untersuchung von Effekten von Heterogenität in der Schule wäre es auch interessant, neben den Schülerinnen und Schülern verschiedene andere Akteure (z.B. Eltern, Lehrkräfte, Schulleitungen, weiteres pädagogisch tätiges Personal usw.) in den Blick zu nehmen. Dies würde auch eine Verlagerung oder Ausdehnung der Analyseebene ermöglichen. Weitere methodische Anknüpfungspunkte an diese Arbeit bestehen hinsichtlich der Wahl statistischer Analysemethoden. Insgesamt bestehen somit vielfältige Anknüpfungsmöglichkeiten für die weitere empirische Forschung zum Thema *Heterogenität*. Ein Analyseraster, das bei der empirischen Analyse von Effekten von Heterogenität in der Schule als Orientierungshilfe dienen kann, legt Scharenberg (2012, in Druck) vor.

Da die Mehrebenenmodelle auf der Klassenebene insgesamt sparsam spezifiziert wurden, ist die verbleibende Varianz des jeweiligen Kriteriums immer noch signifikant. Die zum Teil – und vor allem bei den schulformspezifischen Auswertungen – geringen Anteile der durch die berücksichtigten Merkmale erklärten Varianz der abhängigen Variable deuten darauf hin, dass es noch weitere Prädiktoren auf der Klassenebene geben muss, die in den hier vorgelegten Analysen nicht berücksichtigt wurden, die aber durchaus bedeutsam für die Vorhersage der erzielten Lernstände sein können. Gleiches gilt für zum Teil negative Varianzaufklärungen auf der Klassenebene, die auf eine mögliche Fehl- bzw. Unterspezifikation der Modelle hindeuten könnten. Nachfolgende Analysen müssten deshalb die Wirkung weiterer Merkmale auf der Klassenebene untersuchen, um zu einer besseren Erklärung für die beobachtbaren Differenzen zwischen den Schulklassen zu gelangen. Denkbar wären hier sowohl Merkmale, die die Lehrkräfte und die Unterrichtsgestaltung in den Schulklassen betreffen (z.B. Anwendung von Maßnahmen zur inneren Differenzierung oder Wahrnehmung von Leistungsheterogenität als Belastung seitens der Lehrkräfte), als auch Merkmale seitens der Schülerschaft (z.B. Einschätzung der diagnostischen Kompetenz der Lehrkraft bzw. des Klassenmanagements). Auch qualitative oder triangulative Forschungsmethoden könnten hierbei hilfreich sein.

Bei den schulformspezifischen Auswertungen waren zudem unterschiedlich hohe Anteile erklärter Varianz zu beobachten, die darauf hindeuten, dass die Bedeutsamkeit von Prädiktoren durchaus schulformspezifisch variieren kann. Als Forderung lässt sich daraus ableiten, schulformspezifische Unterschiede stärker als bis jetzt üblich durch separate Modellschätzungen zu fokussieren.

Letztlich müsste ein theoretisch fundiertes Vermittlungsmodell für Kompositionsmerkmale speziell für die Klassenebene spezifiziert bzw. geprüft werden, ob sich das von Baumert et al. (2006) skizzierte Modell zur Vermittlung schulischer Kontexteffekte analog auf die Klassenebene übertragen lässt, um die Lücken der hier vorgelegten Analysen hinsichtlich der Operationalisierung und Modellbildung schließen und die Entstehung von Kompositions- und auch Institutionsmerkmalen inhaltlich erklären zu können. Denkbar wären hier z.B. Analysen zu Effekten der Lehrpläne, von Unterrichtsprozessen, -inhalten und -niveau sowie zu Effekten der Interaktion zwischen den Schülerinnen und Schülern und zu den Lehrkräften. Durch die Berücksichtigung weiterer intervenierender Variablen könnte einer Überschätzung der Kompositionseffekte entgegengewirkt werden. So betonen z.B. Parker, Grant, Crouter und Rivenburg (2008), dass Effekte der Klassenzusammensetzung eher vermittelt wirken über leistungsbezogene Einstellungen und Verhaltensweisen, welche sie für den Lernerfolg als bedeutsamer einstufen, so dass sich direkte Effekte der Lerngruppenzusammensetzung auf die Kompetenzentwicklung von Schülerinnen und Schülern eher selten einstellen.

Solche weiterführenden Analysen, wie sie hier als Desiderata formuliert werden, sind im Anschluss an diese Arbeit vorgesehen. Einschränkend muss jedoch auch erwähnt werden, dass die Hamburger KESS-Studie als Kombination von Längsschnittstudie und Vollerhebung eines gesamten Schülerjahrgangs zwar eine hervorragende Datenbasis darstellt, aber nicht explizit auf die Analyse von Effekten von Leistungsheterogenität auf der Klassenebene angelegt ist. Die Analyse der Bedeutung von Leistungsheterogenität und deren Wirkungszusammenhängen mit anderen Kontextfaktoren schulischer Leistungen bleibt deshalb eine „Herausforderung an die empirische Bildungsforschung" (Bos, Lankes, Plaßmeier & Schwippert, 2004).

9 Abbildungsverzeichnis

Abbildung 2.1: Zusammenhang zwischen Sozialschicht und kognitiven Grundfähigkeiten auf Schulebene (linearer und quadratischer Trend) ... 42
Abbildung 2.2: Testleistungen im internationalen Vergleich (PISA 2000) ... 46
Abbildung 2.3: Testleistungen im nationalen Vergleich (PISA-E 2000) ... 48
Abbildung 2.4: Verteilung der Leseleistungen nach Bildungsgang (PISA 2000) ... 50

Abbildung 3.1: Vermittlungsmodell für Kontexteffekte nach Baumert et al. (2006) ... 57
Abbildung 3.2: Grafische Veranschaulichung des Big-fish-little-pond-Effekts ... 59
Abbildung 3.3: Konzeptuelles Rahmenmodell für Indikatoren des Lehrens und Lernens nach Baumert et al. (2004) ... 62
Abbildung 3.4: Konzeptuelles Rahmenmodell für Vermittlungsprozesse von Kompositionsmerkmalen unter Berücksichtigung der Mehrebenenstruktur des Bildungssystems nach Baumert et al. (2004) ... 63

Abbildung 6.1: Überblick über die Messzeitpunkte der LAU- und KESS-Studien ... 108
Abbildung 6.2: Rahmenmodell für den Zusammenhang zwischen schulischen Leistungsergebnissen und deren Bedingungen ... 113
Abbildung 6.3: Kontextfragebögen in KESS und damit erhobene Merkmale ... 114
Abbildung 6.4: Das Hamburger Schulsystem in der Sekundarstufe ... 118
Abbildung 6.5: Schülerpopulation im Längsschnitt ... 120
Abbildung 6.6: Leistungsverteilung im Leseverständnis und in Mathematik nach Schulform am Ende der Jahrgangsstufe 6 ... 125
Abbildung 6.7: Leistungsverteilung im Leseverständnis und in Mathematik nach Schulform am Ende der Jahrgangsstufe 8 ... 127
Abbildung 6.8: Untersuchungsebenen bei hierarchischen Datenstrukturen ... 133
Abbildung 6.9: Effekte von Merkmalen auf der Individual- und Aggregatebene nach Snijders & Bosker (1999) ... 136
Abbildung 6.10: Bezeichnung der Regressionsparameter in einem hierarchisch-linearen Modell mit zwei Analyseebenen ... 137

Abbildung 7.1: Varianzzerlegung am Ende der Jahrgangsstufe 4 ... 157
Abbildung 7.2: Zusammenhang zwischen klasseninterner Leistungsstreuung und dem Leseverständnis in den Jahrgangsstufen 5 und 6 ... 171
Abbildung 7.3: Zusammenhang zwischen klasseninterner Leistungsstreuung und der Mathematikleistung in den Jahrgangsstufen 5 und 6 ... 172
Abbildung 7.4: Zusammenhang zwischen klasseninterner Leistungsstreuung und dem Leseverständnis in den Jahrgangsstufen 7 und 8 ... 173
Abbildung 7.5: Zusammenhang zwischen klasseninterner Leistungsstreuung und der Mathematikleistung in den Jahrgangsstufen 7 und 8 ... 174
Abbildung 7.6: Varianzzerlegung am Ende der Jahrgangsstufe 6 ... 177
Abbildung 7.7: Varianzzerlegung am Ende der Jahrgangsstufe 8 ... 179
Abbildung 7.8: Gesamtmodell zur Erklärung individueller Lernstände ... 185
Abbildung 7.9: Konfundierte und spezifische Varianzanteile des Leseverständnisses und der Mathematikleistung am Ende der Jahrgangsstufen 6 und 8 ... 205
Abbildung 7.10: Modellierung differenzieller Effektivität von Leistungsheterogenität ... 217

Abbildung 7.11: Zusammenhang zwischen Vorwissen zu Beginn der Jahrgangsstufe 5 und Leseverständnis am Ende der Jahrgangsstufe 6 nach Klassenzusammensetzung ... 220
Abbildung 7.12: Zusammenhang zwischen Vorwissen zu Beginn der Jahrgangsstufe 7 und Leseverständnis am Ende der Jahrgangsstufe 8 nach Klassenzusammensetzung ... 223
Abbildung 7.13: Zusammenhang zwischen Vorwissen zu Beginn der Jahrgangsstufe 5 und Leseverständnis am Ende der Jahrgangsstufe 6 nach Klassenzusammensetzung an den Haupt- und Realschulen ... 225
Abbildung 7.14: Zusammenhang zwischen Vorwissen zu Beginn der Jahrgangsstufe 5 und Leseverständnis am Ende der Jahrgangsstufe 6 nach Klassenzusammensetzung an den integrierten Gesamtschulen ... 226
Abbildung 7.15: Zusammenhang zwischen Vorwissen zu Beginn der Jahrgangsstufe 5 und Leseverständnis am Ende der Jahrgangsstufe 6 nach Klassenzusammensetzung an den Gymnasien ... 227
Abbildung 7.16: Zusammenhang zwischen Vorwissen zu Beginn der Jahrgangsstufe 7 und Leseverständnis am Ende der Jahrgangsstufe 8 nach Klassenzusammensetzung an den Gymnasien ... 230
Abbildung 7.17: Zusammenhang zwischen Vorwissen zu Beginn der Jahrgangsstufe 7 und Mathematikleistung am Ende der Jahrgangsstufe 8 nach Klassenzusammensetzung an den Gymnasien ... 232
Abbildung 7.18: Mögliche Funktionsarten für den Zusammenhang von Leistungsheterogenität in Schulklassen und individuellem Lernerfolg ... 241

10 Tabellenverzeichnis

Tabelle 2.1: Arten der Leistungshomogenisierung nach Slavin (1987a) ... 21
Tabelle 2.2: Arten der Leistungshomogenisierung nach Ireson & Hallam (2001) ... 22

Tabelle 4.1: Studien zu Leistungsheterogenität und -homogenisierung in anderen Ländern ... 82
Tabelle 4.2: Studien zu Leistungsheterogenität und -homogenisierung in Deutschland ... 91

Tabelle 6.1: Teilnahme- und Rücklaufquoten ... 115
Tabelle 6.2: Besuchte Schulform am Ende der Jahrgangsstufen 6 und 8 ... 122
Tabelle 6.3: Mittlere Lernstände im Leseverständnis und in Mathematik am Ende der Jahrgangsstufe 6 nach Schulform ... 124
Tabelle 6.4: Mittlere Lernstände im Leseverständnis und in Mathematik am Ende der Jahrgangsstufe 8 nach Schulform ... 126

Tabelle 7.1: Klassenzusammensetzung nach Schulform in den Jahrgangsstufen 5 und 6 ... 152
Tabelle 7.2: Klassenzusammensetzung nach Schulform in den Jahrgangsstufen 7 und 8 ... 154
Tabelle 7.3: Korrelation der Prädiktoren (Pearsons *r*) auf der Individual- und Klassenebene am Ende der Jahrgangsstufe 4 ... 158
Tabelle 7.4: Vorhersage der Lernstände im Leseverständnis und in Mathematik am Ende der Jahrgangsstufe 4 durch individuelle und klassenbezogene Merkmale ... 159
Tabelle 7.5: Mittelwerte und Dispersionsmaße im Leseverständnis und in Mathematik auf der Klassenebene nach Schulform zu Beginn der Jahrgangsstufe 5 ... 163
Tabelle 7.6: Mittelwerte und Dispersionsmaße im Leseverständnis und in Mathematik auf der Klassenebene nach Schulform zu Beginn der Jahrgangsstufe 7 ... 166
Tabelle 7.7: Veränderung der klasseninternen Leistungsstreuung vom Beginn der Jahrgangsstufe 5 bis zum Ende der Jahrgangsstufe 6 nach Kompetenzdomäne und Schulform ... 167
Tabelle 7.8: Veränderung der klasseninternen Leistungsstreuung vom Beginn der Jahrgangsstufe 7 bis zum Ende der Jahrgangsstufe 8 nach Kompetenzdomäne und Schulform ... 168
Tabelle 7.9: Korrelation (Pearsons *r*) der Prädiktoren zur Vorhersage der Lernstände im Leseverständnis und in Mathematik am Ende der Jahrgangsstufe 6 ... 186
Tabelle 7.10: Korrelation (Pearsons *r*) der Prädiktoren zur Vorhersage der Lernstände im Leseverständnis und in Mathematik am Ende der Jahrgangsstufe 8 ... 187
Tabelle 7.11: Vorhersage des Leseverständnisses am Ende der Jahrgangsstufe 6 durch individuelle und klassenbezogene Merkmale ... 191
Tabelle 7.12: Vorhersage der Mathematikleistung am Ende der Jahrgangsstufe 6 durch individuelle und klassenbezogene Merkmale ... 194
Tabelle 7.13: Vorhersage des Leseverständnisses am Ende der Jahrgangsstufe 8 durch individuelle und klassenbezogene Merkmale ... 198

Tabelle 7.14: Vorhersage der Mathematikleistung am Ende der Jahrgangsstufe 8 durch individuelle und klassenbezogene Merkmale ... 200
Tabelle 7.15: Schulformspezifische Varianzzerlegung des Leseverständnisses und der Mathematikleistung am Ende der Jahrgangsstufe 6 ... 208
Tabelle 7.16: Schulformspezifische Vorhersage des Leseverständnisses am Ende der Jahrgangsstufe 6 durch individuelle und klassenbezogene Merkmale ... 209
Tabelle 7.17: Schulformspezifische Vorhersage der Mathematikleistung am Ende der Jahrgangsstufe 6 durch individuelle und klassenbezogene Merkmale ... 211
Tabelle 7.18: Schulformspezifische Varianzzerlegung des Leseverständnisses und der Mathematikleistung am Ende der Jahrgangsstufe 8 ... 212
Tabelle 7.19: Schulformspezifische Vorhersage des Leseverständnisses am Ende der Jahrgangsstufe 8 durch individuelle und klassenbezogene Merkmale ... 213
Tabelle 7.20: Schulformspezifische Vorhersage der Mathematikleistung am Ende der Jahrgangsstufe 8 durch individuelle und klassenbezogene Merkmale ... 215
Tabelle 7.21: Differenzielle Effektivität von Leistungsheterogenität bei der Vorhersage des Leseverständnisses und der Mathematikleistung am Ende der Jahrgangsstufe 6 ... 218
Tabelle 7.22: Differenzielle Effektivität von Leistungsheterogenität bei der Vorhersage des Leseverständnisses und der Mathematikleistung am Ende der Jahrgangsstufe 8 ... 222
Tabelle 7.23: Schulformspezifische Vorhersage differenzieller Effektivität von Leistungsheterogenität auf das Leseverständnis am Ende der Jahrgangsstufe 6 ... 224
Tabelle 7.24: Schulformspezifische Vorhersage differenzieller Effektivität von Leistungsheterogenität auf die Mathematikleistung am Ende der Jahrgangsstufe 6 ... 228
Tabelle 7.25: Schulformspezifische Vorhersage differenzieller Effektivität von Leistungsheterogenität auf das Leseverständnis am Ende der Jahrgangsstufe 8 ... 229
Tabelle 7.26: Schulformspezifische Vorhersage differenzieller Effektivität von Leistungsheterogenität auf die Mathematikleistung am Ende der Jahrgangsstufe 8 ... 231
Tabelle 7.27: Schätzung von Effekten der Leistungsstreuung innerhalb von Schulklassen auf das Leseverständnis am Ende der Jahrgangsstufe 6 ... 235
Tabelle 7.28: Schätzung von Effekten der Leistungsstreuung innerhalb von Schulklassen auf das Leseverständnis am Ende der Jahrgangsstufe 6 an den integrierten Gesamtschulen ... 237
Tabelle 7.29: Schätzung von Effekten der Leistungsstreuung innerhalb von Schulklassen auf das Leseverständnis am Ende der Jahrgangsstufe 6 an den Haupt- und Realschulen ... 238
Tabelle 7.30: Vorhersage des Leseverständnisses am Ende der Jahrgangsstufe 6 durch individuelle und klassenbezogene Merkmale (verschiedene Funktionsarten der Leistungsstreuung) ... 242
Tabelle 7.31: Vorhersage des Leseverständnisses am Ende der Jahrgangsstufe 6 an den integrierten Gesamtschulen durch individuelle und klassenbezogene Merkmale (verschiedene Funktionsarten der Leistungsstreuung) ... 244
Tabelle 7.32: Vorhersage des Leseverständnisses am Ende der Jahrgangsstufe 6 an den Haupt- und Realschulen durch individuelle und klassenbezogene Merkmale (verschiedene Funktionsarten der Leistungsstreuung) ... 245

Literatur

Adams, R. J. & Wu, M. L. (2002). *PISA 2000 Technical Report.* Paris: OECD.

Allison, P. D. (2001). *Missing Data.* Thousand Oaks, CA: Sage. (Sage University Papers Series on Quantitative Applications in the Social Sciences, 07-136).

Arnold, K.-H., Bos, W., Richert, P. & Stubbe, T. C. (2007). Schullaufbahnpräferenzen am Ende der vierten Klassenstufe. In W. Bos, S. Hornberg, K.-H. Arnold, G. Faust, L. Fried, E.-M. Lankes, K. Schwippert & R. Valtin (Hrsg.), *IGLU 2006. Lesekompetenzen von Grundschulkindern in Deutschland im internationalen Vergleich* (S. 271–297). Münster: Waxmann.

Artelt, C., Schneider, W. & Schiefele, U. (2002). Ländervergleich zur Lesekompetenz. In J. Baumert, C. Artelt, E. Klieme, M. Neubrand, M. Prenzel, U. Schiefele, W. Schneider, K.-J. Tillmann & M. Weiß (Hrsg.), *PISA 2000 – Die Länder der Bundesrepublik Deutschland im Vergleich* (S. 55–94). Opladen: Leske + Budrich.

Artelt, C., Stanat, P., Schneider, W. & Schiefele, U. (2001). Lesekompetenz: Testkonzeption und Ergebnisse. In J. Baumert, E. Klieme, M. Neubrand, M. Prenzel, U. Schiefele, W. Schneider, P. Stanat, K.-J. Tillmann & M. Weiß (Hrsg.), *PISA 2000. Basiskompetenzen von Schülerinnen und Schülern im internationalen Vergleich* (S. 69–137). Opladen: Leske + Budrich.

Backhaus, K., Erichson, B., Plinke, W. & Weiber, R. (2008). *Multivariate Analysemethoden. Eine anwendungsorientierte Einführung* (12., vollst. überarb. Aufl.). Berlin: Springer.

Barr, R. & Dreeben, R. (1983). *How schools work.* Chicago, IL: University of Chicago Press.

Baumert, J., Artelt, C., Carstensen, C. H., Sibberns, H. & Stanat, P. (2002). Untersuchungsgegenstand, Fragestellungen und technische Grundlagen der Studie. In J. Baumert, C. Artelt, E. Klieme, M. Neubrand, M. Prenzel, U. Schiefele, W. Schneider, K.-J. Tillmann & M. Weiß (Hrsg.), *PISA 2000 – Die Länder der Bundesrepublik Deutschland im Vergleich* (S. 11–38). Opladen: Leske + Budrich.

Baumert, J., Blum, W. & Neubrand, M. (2004). Drawing the lessons from PISA 2000 – Long-term research implications: Gaining a better understanding of the relationship between system inputs and learning outcomes by assessing instructional and learning processes as mediating factors. In D. Lenzen, J. Baumert, R. Watermann & U. Trautwein (Hrsg.), *PISA und die Konsequenzen für die erziehungswissenschaftliche Forschung* (S. 143–157). Wiesbaden: VS Verlag für Sozialwissenschaften. (Zeitschrift für Erziehungswissenschaft: Beiheft 3/2004).

Baumert, J., Bos, W. & Lehmann, R. H. (Hrsg.). (2000). *Mathematische und naturwissenschaftliche Grundbildung am Ende der Pflichtschulzeit.* Opladen: Leske + Budrich. (TIMSS/III. Dritte Internationale Mathematik- und Naturwissenschaftsstudie – Mathematische und naturwissenschaftliche Bildung am Ende der Schullaufbahn; Bd. 1).

Baumert, J., Lehmann, R. H., Lehrke, M., Schmitz, B., Clausen, M., Hosenfeld, I., Köller, O. & Neubrand, J. (1997). *TIMSS – Mathematisch-naturwissenschaftlicher Unterricht im internationalen Vergleich. Deskriptive Befunde.* Opladen: Leske + Budrich.

Baumert, J. & Maaz, K. (2006). Das theoretische und methodische Konzept von PISA zur Erfassung sozialer und kultureller Ressourcen der Herkunftsfamilie: Internationale und nationale Rahmenkonzeption. In J. Baumert, P. Stanat & R. Watermann (Hrsg.), *Herkunftsbedingte Disparitäten im Bildungswesen: Differenzielle Bildungsprozesse und Probleme der Verteilungsgerechtigkeit. Vertiefende Analysen im Rahmen von PISA 2000* (S. 11–29). Wiesbaden: VS Verlag für Sozialwissenschaften.

Baumert, J., Roeder, P. M., Sang, F. & Schmitz, B. (1986). Leistungsentwicklung und Ausgleich von Leistungsunterschieden in Gymnasialklassen. *Zeitschrift für Pädagogik, 32* (5), 639–660.

Baumert, J. & Schümer, G. (2001). Schulformen als selektionsbedingte Lernmilieus. In J. Baumert, E. Klieme, M. Neubrand, M. Prenzel, U. Schiefele, W. Schneider, P. Stanat, K.-J. Tillmann & M. Weiß (Hrsg.), *PISA 2000. Basiskompetenzen von Schülerinnen und Schülern im internationalen Vergleich* (S. 454–467). Opladen: Leske + Budrich.

Baumert, J., Stanat, P. & Watermann, R. (2006). Schulstruktur und die Entstehung differenzieller Lern- und Entwicklungsmilieus. In J. Baumert, P. Stanat & R. Watermann (Hrsg.), *Herkunftsbedingte Disparitäten im Bildungswesen: Differenzielle Bildungsprozesse und Probleme der Verteilungsgerechtigkeit. Vertiefende Analysen im Rahmen von PISA 2000* (S. 95–188). Wiesbaden: VS Verlag für Sozialwissenschaften.

Beckerman, T. M. & Good, T. L. (1981). The classroom ratio of high- and low-aptitude students and its effects on achievement. *American Educational Research Journal, 18* (3), 317–327.

Bellenberg, G. (1999). *Individuelle Schullaufbahnen. Eine empirische Untersuchung über Bildungsverläufe von der Einschulung bis zum Abschluß*. Weinheim: Juventa.

Bellin, N. (2009). *Klassenkomposition, Migrationshintergrund und Leistung. Mehrebenenanalysen zum Sprach- und Leseverständnis von Grundschülern*. Wiesbaden: VS Verlag für Sozialwissenschaften.

Bellin, N. (2010). Die soziale Zusammensetzung der Schulklasse. Zum Einfluss von Kompositionsmerkmalen auf die Leseleistungen von Grundschulkindern. In P. Mecheril, I. Dirim, M. Gomolla, S. Hornberg & K. Stojanov (Hrsg.), *Spannungsverhältnisse. Assimilationsdiskurse und interkulturell-pädagogische Forschung* (S. 135–152). Münster: Waxmann.

Berkemeyer, N., Bos, W. & Manitius, V. (2012). Chancenspiegel. Zur Leistungsfähigkeit und Chancengerechtigkeit der deutschen Schulsysteme. In Bertelsmann Stiftung und Institut für Schulentwicklungsforschung (Hrsg.), *Chancenspiegel. Zur Leistungsfähigkeit und Chancengerechtigkeit der deutschen Schulsysteme* (S. 1–192). Gütersloh: Verlag Bertelsmann Stiftung.

Billmann-Mahecha, E. & Tiedemann, J. (2010). Migration. In D. H. Rost (Hrsg.), *Handwörterbuch Pädagogische Psychologie* (4., überarb. u. erw. Aufl., S. 548–558). Weinheim: Beltz PsychologieVerlagsUnion.

Bless, G., Schüpbach, M. & Bonvin, P. (2004). *Klassenwiederholung. Determinanten, Wirkungen und Konsequenzen*. Bern: Haupt.

Bloom, B. S. (1976). *Human characteristics and school learning*. New York, NY: McGraw-Hill.

Boaler, J. & Wiliam, D. (2001). Setting, streaming and mixed ability teaching. In J. Dillon (Hrsg.), *Becoming a teacher* (S. 173–181). Buckingham: Open University Press.

Bonsen, M., Bos, W., Gröhlich, C. & Rau, A. (2009). Ziele der Untersuchung KESS 7. In W. Bos, M. Bonsen & C. Gröhlich (Hrsg.), *KESS 7 – Kompetenzen und Einstellungen von Schülerinnen und Schülern an Hamburger Schulen zu Beginn der Jahrgangsstufe 7* (S. 13–21). Münster: Waxmann. (HANSE – Hamburger Schriften zur Qualität im Bildungswesen; Bd. 5).

Bonsen, M., Büchter, A. & van Ophuysen, S. (2004). Im Fokus: Leistung. Zentrale Aspekte der Schulleistungsforschung und ihre Bedeutung für die Schulentwicklung. In H. G. Holtappels, K. Klemm, H. Pfeiffer, H.-G. Rolff & R. Schulz-Zander (Hrsg.), *Jahrbuch der Schulentwicklung, Band 13. Daten, Beispiele und Perspektiven* (S. 187–223). Weinheim: Juventa.

Bonsen, M., Gröhlich, C. & Bos, W. (2009). Differentielle Lern- und Entwicklungsmilieus in der Hamburger Beobachtungsstufe? In W. Bos, M. Bonsen & C. Gröhlich (Hrsg.), *KESS 7 – Kompetenzen und Einstellungen von Schülerinnen und Schülern an Hamburger Schulen zu Beginn der Jahrgangsstufe 7* (S. 113–122). Münster: Waxmann. (HANSE – Hamburger Schriften zur Qualität im Bildungswesen; Bd. 5).

Bonsen, M., Gröhlich, C., Rau, A. & Bos, W. (2009). Lernausgangslagen von Schülerinnen und Schülern zu Beginn der Jahrgangsstufe 7. In W. Bos, M. Bonsen & C. Gröhlich (Hrsg.), *KESS 7 – Kompetenzen und Einstellungen von Schülerinnen und Schülern an Hamburger Schulen zu Beginn der Jahrgangsstufe 7* (S. 81–89). Münster: Waxmann. (HANSE – Hamburger Schriften zur Qualität im Bildungswesen; Bd. 5).

Bortz, J. (2005). *Statistik für Human- und Sozialwissenschaftler* (6., vollst. überarb. u. aktualis. Aufl.). Heidelberg: Springer.

Bortz, J. & Döring, N. (1995). *Forschungsmethoden und Evaluation für Sozialwissenschaftler* (2., vollst. überarb. u. aktualis. Aufl.). Berlin: Springer.

Bos, W., Bonsen, M., Gröhlich, C., Guill, K. & Scharenberg, K. (2009). *KESS 7 – Skalenhandbuch zur Dokumentation der Erhebungsinstrumente.* Münster: Waxmann. (HANSE – Hamburger Schriften zur Qualität im Bildungswesen; Bd. 4).

Bos, W., Brose, U., Bundt, S., Gröhlich, C., Hugk, N., Janke, N., May, P., Pietsch, M., Stubbe, T. C. & Voss, A. (2006). Anlage und Durchführung der Studie „Kompetenzen und Einstellungen von Schülerinnen und Schülern – Jahrgangsstufe 4 (KESS 4)“. In W. Bos & M. Pietsch (Hrsg.), *KESS 4 – Kompetenzen und Einstellungen von Schülerinnen und Schülern am Ende der Jahrgangsstufe 4 in Hamburger Schulen* (S. 9–32). Münster: Waxmann. (HANSE – Hamburger Schriften zur Qualität im Bildungswesen; Bd. 1).

Bos, W., Gröhlich, C., Dudas, D.-F., Guill, K. & Scharenberg, K. (2010). *KESS 8 – Skalenhandbuch zur Dokumentation der Erhebungsinstrumente.* Münster: Waxmann. (HANSE – Hamburger Schriften zur Qualität im Bildungswesen; Bd. 7).

Bos, W., Gröhlich, C., Guill, K., Scharenberg, K. & Wendt, H. (2010). Ziele und Anlage der Studie KESS 8. In W. Bos & C. Gröhlich (Hrsg.), *KESS 8 – Kompetenzen und Einstellungen von Schülerinnen und Schülern am Ende der Jahrgangsstufe 8* (S. 9–20). Münster: Waxmann. (HANSE – Hamburger Schriften zur Qualität im Bildungswesen; Bd. 6).

Bos, W., Lankes, E.-M., Plaßmeier, N. & Schwippert, K. (Hrsg.). (2004). *Heterogenität. Eine Herausforderung an die empirische Bildungsforschung.* Münster: Waxmann.

Bos, W. & Pietsch, M. (Hrsg.). (2006). *KESS 4 – Kompetenzen und Einstellungen von Schülerinnen und Schülern am Ende der Jahrgangsstufe 4 in Hamburger Grundschulen.* Münster: Waxmann. (HANSE – Hamburger Schriften zur Qualität im Bildungswesen; Bd. 1).

Bos, W., Pietsch, M. & Stubbe, T. C. (2006). Regionale, nationale und internationale Einordnung der Lesekompetenz und weiterer Schulleistungsergebnisse Hamburger Kinder am Ende der Grundschulzeit. In W. Bos & M. Pietsch (Hrsg.), *KESS 4 – Kompetenzen und Einstellungen von Schülerinnen und Schülern am Ende der Jahrgangsstufe 4 in Hamburger Schulen* (S. 57–86). Münster: Waxmann. (HANSE – Hamburger Schriften zur Qualität im Bildungswesen; Bd. 1).

Bos, W. & Scharenberg, K. (2010). Lernentwicklung in leistungshomogenen und -heterogenen Schulklassen. In W. Bos, E. Klieme & O. Köller (Hrsg.), *Schulische Lerngelegenheiten und Kompetenzentwicklung. Festschrift für Jürgen Baumert* (S. 173–194). Münster: Waxmann.

Bos, W., Voss, A., Lankes, E.-M., Schwippert, K., Thiel, O. & Valtin, R. (2004). Schullaufbahnempfehlungen von Lehrkräften für Kinder am Ende der vierten Jahrgangsstufe. In W. Bos, E.-M. Lankes, M. Prenzel, K. Schwippert, R. Valtin & G. Walther (Hrsg.), *IGLU. Einige Länder der Bundesrepublik Deutschland im nationalen und internationalen Vergleich* (S. 191–228). Münster: Waxmann.

Bräu, K. & Schwerdt, U. (Hrsg.). (2005). *Heterogenität als Chance. Vom produktiven Umgang mit Gleichheit und Differenz in der Schule.* Münster: Lit.

Bronfenbrenner, U. (1981). *Die Ökologie der menschlichen Entwicklung.* Stuttgart: Klett-Cotta.

Brügelmann, H. (2002). Heterogenität, Integration, Differenzierung: Empirische Befunde – pädagogische Perspektiven. In F. Heinzel & A. Prengel (Hrsg.), *Heterogenität, Integration und Differenzierung in der Primarstufe* (S. 31–43). Opladen: Leske + Budrich. (Jahrbuch Grundschulforschung; Bd. 6).

Bryk, A. S., Lee, V. E. & Holland, P. B. (1993). *Catholic schools and the common good.* Cambridge, MA: Harvard University Press.

Burstein, L. (1986). Erklärungsmodelle mit Zwischen- und Innerklassenregression: Grundlegende Konzepte und ein Beispiel. In M. von Saldern (Hrsg.), *Mehrebenenanalyse. Beiträge zur Erfassung hierarchisch strukturierter Realität* (S. 44–70). Weinheim: Beltz PsychologieVerlagsUnion.

Carle, U. (2005). Leistungsvielfalt im Unterricht. In K. Bräu & U. Schwerdt (Hrsg.), *Heterogenität als Chance. Vom produktiven Umgang mit Gleichheit und Differenz in der Schule* (S. 55–70). Münster: Lit.

Carman, K. G. & Zhang, L. (under review). Classroom peer effects and academic achievement: Evidence from a Chinese middle school.

Carroll, J. B. (1963). A model of school learning. *Teachers College Record, 64* (8), 723–733.

Cialdini, R. B., Borden, R. J., Thorne, A., Walker, M. R., Freeman, S. & Sloan, L. R. (1976). Basking in reflected glory: Three (football) field studies. *Journal of Personality and Social Psychology, 34* (3), 366–375.

Cohen, J., West, S. G., Cohen, P. & Aiken, L. S. (2003). *Applied multiple regression/correlation analysis for the behavioral sciences* (3. Aufl.). London: Erlbaum.

Coleman, J. S. (1966). *Equality of educational opportunity*. Washington, D.C.: Government Printing Office.

Collins, L. M., Schafer, J. L. & Kam, C.-M. (2001). A comparison of inclusive and restrictive strategies in modern missing data procedures. *Psychological Methods*, *6* (4), 330–351.

Cortina, K. S., Baumert, J., Leschinsky, A., Mayer, K. U. & Trommer, L. (2008). *Das Bildungswesen in der Bundesrepublik Deutschland: Strukturen und Entwicklungen im Überblick*. Reinbeck: Rowohlt.

Cronbach, L. J. (1976). *Research on classrooms and schools: Formulations of questions, and analysis*. Stanford, CA: Stanford Evaluation Consortium.

Dar, Y. & Resh, N. (1986). Classroom intellectual composition and academic achievement. A study of the effects of ability-based classes. *American Educational Research Journal*, *23* (3), 357–374.

De Vos, H. (1986). Een model van het interactiesysteem van de schoolklas. *Rationality and Society*, *61* (2), 220–239.

De Vos, H. (1989). A rational-choice explanation of composition effects in educational research. *Rationality and Society*, *1* (2), 220–239.

Deutscher Bildungsrat (1970). *Empfehlungen der Bildungskommission 1967 – 1969*. Stuttgart: Klett.

Ditton, H. (1998). *Mehrebenenanalyse. Grundlagen und Anwendungen des Hierarchisch Linearen Modells*. Weinheim: Juventa.

Ditton, H. (2009). Familie und Schule – eine Bestandsaufnahme der bildungssoziologischen Schuleffektivitätsforschung von James S. Coleman bis heute. In R. Becker (Hrsg.), *Lehrbuch der Bildungssoziologie* (S. 237–256). Wiesbaden: VS Verlag für Sozialwissenschaften.

Ditton, H. & Krecker, L. (1995). The quality of schools and instruction – Empirical findings on problems and prospects of research. *Zeitschrift für Pädagogik*, *41* (4), 507–529.

Ditton, H. & Krüsken, J. (2006). Sozialer Kontext und schulische Leistungen – zur Bildungsrelevanz segregierter Armut. *Zeitschrift für Soziologie der Erziehung und Sozialisation*, *26* (2), 135–157.

Döbert, H., Klieme, E., von Kopp, B. & Weiß, M. (2003). *Vertiefender Vergleich der Schulsysteme ausgewählter PISA-Teilnehmerstaaten.* Berlin: Bundesministerium für Bildung und Forschung (BMBF).

Dreeben, R. & Barr, R. (1988). Classroom composition and the design of instruction. *Sociology of Education*, *61* (3), 129–142.

Duru-Bellat, M. & Mingat, A. (1998). Importance of ability grouping in French „Collèges" and its impact upon pupils' academic achievement. *Educational Research and Evaluation*, *4* (4), 348–368.

Esposito, D. (1973). Homogeneous and heterogeneous ability grouping: principal findings and implications for evaluating and designing more effective educational environments. *Review of Educational Research*, *43* (2), 163–179.

Evertson, C. M. (1982). Differences in instructional activities in higher- and lower-achieving junior high English and Math classes. *Elementary School Journal*, *82* (4), 329–350.

Fazio, R. H. (1979). Motives for social comparison: The construction-validation distinction. *Journal of Personality and Social Psychology, 37* (10), 1683–1698.

Fend, H. (1991). Schule und Persönlichkeit: Eine Bilanz der Konstanzer Forschungen zur „Sozialisation in Bildungsinstitutionen". In R. Pekrun & H. Fend (Hrsg.), *Schule und Persönlichkeitsentwicklung. Ein Resümee der Längsschnittforschung* (S. 9–32). Stuttgart: Enke.

Festinger, L. (1954). A theory of social comparison processes. *Human Relations, 7* (2), 117–140.

Findley, W. G. & Bryan, M. M. (1975). *The pros and cons of ability grouping.* Bloomington, IN: Phi Delta Kappa Educational Foundation.

Frey, D., Dauenheimer, D., Parge, O. & Haisch, J. (1993). Die Theorie sozialer Vergleichsprozesse. In D. Frey & M. Irle (Hrsg.), *Theorien der Sozialpsychologie* (2., vollst. überarb. u. erw. Aufl., S. 81–121). Huber: Bern. (Bd. 1: Kognitive Theorien).

Gamoran, A. (1986). Instructional and institutional effects of ability grouping. *Sociology of Education, 59* (4), 185–198.

Ganzeboom, H. B. G. & Treiman, D. J. (1996). Internationally comparable measures of occupational status for the 1988 International Standard Classification of Occupations. *Social Science Research, 25* (3), 201–239.

Goldstein, H. (1997). Methods in school effectiveness research. *School Effectiveness and School Improvement, 8* (4), 369–395.

Goodlad, J. L. (1958). Classroom organization. In C. W. Harris (Hrsg.), *Encyclopedia of educational research* (S. 221–225). New York, NY: Macmillan.

Graham, J. W., Cumsille, P. E. & Elek-Fisk, E. (2003). Methods for handling missing data. In J. A. Schinka & W. F. Velicer (Hrsg.), *Handbook of psychology: Research methods in psychology* (S. 87–114). New York, NY: John Wiley & Sons. (Bd. 2).

Graumann, O. (2002). *Gemeinsamer Unterricht in heterogenen Klassen. Von lernbehindert bis hochbegabt.* Bad Heilbrunn: Klinkhardt.

Graumann, O. (2003). Heterogene Schulklassen – eine allgemeindidaktische Betrachtung. In B. Warzecha (Hrsg.), *Heterogenität macht Schule. Beiträge aus sonderpädagogischer und interkultureller Perspektive* (S. 127–144). Münster: Waxmann.

Gröhlich, C., Bonsen, M. & Bos, W. (2009). Von KESS 4 zu KESS 7: Lernentwicklung in der Beobachtungsstufe. In W. Bos, M. Bonsen & C. Gröhlich (Hrsg.), *KESS 7 – Kompetenzen und Einstellungen von Schülerinnen und Schülern an Hamburger Schulen zu Beginn der Jahrgangsstufe 7* (S. 91–105). Münster: Waxmann. (HANSE – Hamburger Schriften zur Qualität im Bildungswesen; Bd. 5)

Gröhlich, C. & Bos, W. (2007). Klassenwiederholungen an Hamburger Grundschulen. In W. Bos, C. Gröhlich & M. Pietsch (Hrsg.), *KESS 4 – Lehr- und Lernbedingungen in Hamburger Grundschulen* (S. 47–70). Münster: Waxmann. (HANSE – Hamburger Schriften zur Qualität im Bildungswesen; Bd. 2).

Gröhlich, C. & Guill, K. (2009). Wie stabil sind Bezugsgruppeneffekte der Grundschulempfehlung für die Schulformzugehörigkeit in der Sekundarstufe? *Journal for Educational Research Online, 1* (1), 99–116.

Gröhlich, C., Guill, K., Scharenberg, K. & Bos, W. (2010a). Differenzielle Lern- und Entwicklungsmilieus beim Erwerb der Lesekompetenz in den Jahrgangsstufen 7 und 8. In W. Bos & C. Gröhlich (Hrsg.), *KESS 8 – Kompetenzen und Einstellungen von Schülerinnen und Schülern am Ende der Jahrgangsstufe 8* (S. 100–106). Münster: Waxmann. (HANSE – Hamburger Schriften zur Qualität im Bildungswesen; Bd. 6).

Gröhlich, C., Guill, K., Scharenberg, K. & Bos, W. (2010b). Kumulative Effekte differentieller Lern- und Entwicklungsmilieus innerhalb der Sekundarstufe I am Beispiel der Mathematikleistung. In B. Schwarz, P. Nenniger & R. S. Jäger (Hrsg.), *Erziehungswissenschaftliche Forschung – nachhaltige Bildung. Beiträge zur 5. DGfE-Sektionstagung „Empirische Bildungsforschung"/AEPF-KBBB im Frühjahr 2009* (S. 473–479). Landau: Verlag Empirische Pädagogik.

Gröhlich, C., Scharenberg, K. & Bos, W. (2009). Wirkt sich Leistungsheterogenität in Schulklassen auf den individuellen Lernerfolg in der Sekundarstufe aus? *Journal for Educational Research Online, 1* (1), 86–105.

Guill, K., Gröhlich, C., Scharenberg, K., Wendt, H. & Bos, W. (2010). Die mathematischen Kompetenzen der Schülerinnen und Schüler. In W. Bos & C. Gröhlich (Hrsg.), *KESS 8 – Kompetenzen und Einstellungen von Schülerinnen und Schülern am Ende der Jahrgangsstufe 8* (S. 37–48). Münster: Waxmann. (HANSE – Hamburger Schriften zur Qualität im Bildungswesen; Bd. 6).

Hallinan, M. T. (1987). Ability grouping and student learning. In M. T. Hallinan (Hrsg.), *The social organization of schools. New conceptualizations of the learning process* (S. 41–69). New York, NY: Plenum Press.

Hallinan, M. T. (1990). The effects of ability grouping in secondary schools: A response to Slavin's best-evidence synthesis. *Review of Educational Research, 60* (3), 501–504.

Hallinan, M. T. (1994). Further thoughts on tracking. *Sociology of Education, 67* (2), 89–91.

Hanushek, E. A., Kain, J. F., Markman, J. M. & Rivkin, S. G. (2003). Does peer ability affect student achievement? *Journal of Applied Econometrics, 18* (5), 527–544.

Harker, R. & Tymms, P. (2004). The effects of student composition on school outcomes. *School Effectiveness and School Improvement, 15* (2), 177–199.

Hartig, J. (2007). Skalierung und Definition von Kompetenzniveaus. In B. Beck & E. Klieme (Hrsg.), *Sprachliche Kompetenzen. Konzepte und Messung* (S. 83–99). Weinheim: Beltz.

Hartig, J. & Kühnbach, O. (2006). Schätzung von Veränderung mit Plausible Values in mehrdimensionalen Rasch-Modellen. In A. Ittel & H. Merkens (Hrsg.), *Veränderungsmessung und Längsschnittstudien in der empirischen Erziehungswissenschaft* (S. 27–44). Wiesbaden: VS Verlag für Sozialwissenschaften.

Hattie, J. A. C. (2002). Classroom composition and peer effects. *International Journal of Educational Research, 37* (5), 449–481.

Heller, K. A. & Perleth, C. (2000). *KFT 4-12+R. Kognitiver Fähigkeitstest für 4. bis 12. Klassen, Revision*. Göttingen: Beltz.

Helmke, A. (1988). Leistungssteigerung und Ausgleich von Leistungsunterschieden in Schulklassen: unvereinbare Ziele? *Zeitschrift für Entwicklungspsychologie und Pädagogische Psychologie, 20* (1), 45–76.

Helmke, A. (2009). *Unterrichtsqualität und Lehrerprofessionalität. Diagnose, Evaluation und Verbesserung des Unterrichts*. Stuttgart: Klett.

Helmke, A. & Weinert, F. E. (1997). Bedingungsfaktoren schulischer Leistungen. In F. E. Weinert (Hrsg.), *Psychologie des Unterrichts und der Schule* (S. 71–176). Göttingen: Hogrefe. (Enzyklopädie der Psychologie, Pädagogische Psychologie; Bd. 3).

Heyer, P., Preuss-Lausitz, U. & Sack, L. (2003). Heterogenität aus Sicht der Schulforschung. In P. Heyer, L. Sack & U. Preuss-Lausitz (Hrsg.), *Länger gemeinsam lernen. Positionen – Forschungsergebnisse – Beispiele* (S. 56–59). Frankfurt a.M.: Grundschulverband – Arbeitskreis Grundschule e.V. (Beiträge zur Reform der Grundschule; Bd. 115).

Hill, P. W. & Rowe, K. J. (1996). Multilevel modelling in school effectiveness research. *School Effectiveness and School Improvement*, *7* (1), 1–34.

Hill, P. W. & Rowe, K. J. (1998). Modelling student progress in studies of educational effectiveness. *School Effectiveness and School Improvement*, *9* (3), 310–333.

Hoffer, T. B. (1992). Middle school ability grouping and student achievement in Science and Mathematics. *Educational Evaluation and Policy Analysis*, *14* (3), 205–227.

Höhmann, K. (2009). Heterogenität: Eine begriffliche Klärung. In K. Höhmann, R. Kopp, H. Schäfers & M. Demmer (Hrsg.), *Lernen über Grenzen. Auf dem Weg zu einer Lernkultur, die vom Individuum ausgeht* (S. 27–35). Opladen: Barbara Budrich.

Holtappels, H. G. & Rollett, W. (2008). Individuelle Förderung an Ganztagsschulen. In I. Kunze & C. Solzbacher (Hrsg.), *Individuelle Förderung in der Sekundarstufe I und II* (S. 291–308). Baltmannsweiler: Schneider Verlag Hohengehren.

Horn, H. A. (1996). Brücken zum Schulanfang. In D. Haarmann (Hrsg.), *Handbuch Grundschule* (S. 76–87). Weinheim: Beltz. (Bd. 1).

Ireson, J. & Hallam, S. (2001). *Ability grouping in education*. Thousand Oaks, CA: Sage Publications.

Ivanov, S., Nikolova, R. & Vieluf, U. (2011). Einführung. In U. Vieluf, S. Ivanov & R. Nikolova (Hrsg.), *KESS 10/11 – Kompetenzen und Einstellungen von Schülerinnen und Schülern an Hamburger Schulen am Ende der Sekundarstufe I und zu Beginn der gymnasialen Oberstufe* (S. 9–13). Münster: Waxmann. (HANSE – Hamburger Schriften zur Qualität im Bildungswesen; Bd. 10).

Jencks, C. & Mayer, E. (1990). The social consequences of growing up in a poor neighborhood. In L. J. L. McGeary & M. G. H. McGeary (Hrsg.), *Inner city poverty in the United States* (S. 111–186). Washington, D.C.: National Academy Press.

Jerusalem, M. (1997). Schulklasseneffekte. In F. E. Weinert (Hrsg.), *Psychologie des Unterrichts und der Schule* (S. 253–278). Göttingen: Hogrefe. (Enzyklopädie der Psychologie, Pädagogische Psychologie; Bd. 3).

Jerusalem, M. & Schwarzer, R. (1991). Entwicklung des Selbstkonzepts in verschiedenen Lernumwelten. In R. Pekrun & H. Fend (Hrsg.), *Schule und Persönlichkeitsentwicklung. Ein Resümee der Längsschnittforschung* (S. 115–128). Stuttgart: Enke.

Kang, C. (2007). Classroom peer effects and academic achievement: Quasi-randomization evidence from South Korea. *Journal of Urban Economics*, *61* (3), 458–495.

Kemnade, I. (1989). *Schullaufbahnen und Durchlässigkeit in der Sekundarstufe I. Empirische Untersuchung von Schülerkarrieren in der Stadt Bremen*. Frankfurt a.M.: Lang. (Beiträge zur empirischen Erziehungswissenschaft und Fachdidaktik; Bd. 5).

Kerckhoff, A. C. (1986). Effects of ability grouping in British secondary schools. *American Sociological Review, 51* (6), 842–858.

Kim, T. (2004). Shadow education: School quality and demand for private tutoring in Korea. *KDI School working paper series, 4* (21), 1–20.

Kim, T., Lee, J.-H. & Lee, Y. (2008). Mixing versus sorting in schooling. Evidence from the equalization policy in South Korea. *Economics of Education Review, 27* (6), 697–711.

Klafki, W. & Stöcker, H. (1985). Innere Differenzierung des Unterrichts. In W. Klafki (Hrsg.), *Neue Studien zur Bildungstheorie und Didaktik. Beiträge zur kritischkonstruktiven Didaktik* (5. durchges. Aufl., S. 119–154). Weinheim: Beltz.

Köller, O. (2004). *Konsequenzen von Leistungsgruppierungen*. Münster: Waxmann. (Pädagogische Psychologie und Entwicklungspsychologie; Bd. 37).

Köller, O. & Baumert, J. (2002). Entwicklung schulischer Leistungen. In R. Oerter & L. Montada (Hrsg.), *Entwicklungspsychologie* (5., vollst. überarb. Aufl., S. 756–786). Weinheim: Beltz PsychologieVerlagsUnion.

Köller, O., Knigge, M. & Tesch, B. (Hrsg.). (2010). *Sprachliche Kompetenzen im Ländervergleich*. Münster: Waxmann.

Künsting, J., Post, S., Greb, K., Faust, G. & Lipowsky, F. (2010). Leistungsheterogenität im mathematischen Anfangsunterricht – Ein Risiko für die Leistungsentwicklung? *Zeitschrift für Grundschulforschung, 3* (1), 46–64.

Kulik, C.-L. C. & Kulik, J. A. (1982). Effects of ability grouping on secondary school students: A meta-analysis of evaluation findings. *American Educational Research Journal, 19* (5), 415–428.

Kulik, C.-L. C. & Kulik, J. A. (1984). Effects of ability grouping on elementary school pupils: A meta-analysis. Paper presented at the Annual Meeting of the American Psychological Association. Toronto, Ontario, Canada.

Kulik, J. A. (1992). *An analysis of the research on ability grouping: Historical and contemporary perspectives.* Verfügbar unter: http://www.gifted.uconn.edu/nrcgt/reports/rbdm9204/rbdm9204.pdf [18.12.2010].

Langer, W. (2008). *Mehrebenenanalyse. Eine Einführung für Forschung und Praxis* (2. Aufl.). Wiesbaden: VS Verlag für Sozialwissenschaften.

Lankes, E.-M., Bos, W., Mohr, I., Plaßmeier, N. & Schwippert, K. (2003). Lehr- und Lernbedingungen in den Teilnehmerländern. In W. Bos, E.-M. Lankes, M. Prenzel, K. Schwippert, G. Walther & R. Valtin (Hrsg.), *Erste Ergebnisse aus IGLU. Schülerleistungen am Ende der vierten Jahrgangsstufe im internationalen Vergleich* (S. 29–67). Münster: Waxmann.

Lankes, E.-M., Bos, W., Mohr, I., Plaßmeier, N., Schwippert, K., Sibberns, H. & Voss, A. (2003). Anlage und Durchführung der Internationalen Grundschul-Lese-Untersuchung (IGLU) und ihrer Erweiterung um Mathematik und Naturwissenschaften (IGLU-E). In W. Bos, E.-M. Lankes, M. Prenzel, K. Schwippert, G. Walther & R. Valtin (Hrsg.), *Erste Ergebnisse aus IGLU. Schülerleistungen am Ende der vierten Jahrgangsstufe im internationalen Vergleich* (S. 7–28). Münster: Waxmann.

Lankes, E.-M. & Janke, N. (2006). Rahmenbedingungen an Hamburger Grundschulen im nationalen und internationalen Vergleich. In W. Bos & M. Pietsch (Hrsg.), *KESS 4 – Kompetenzen und Einstellungen von Schülerinnen und Schülern am Ende der Jahrgangsstufe 4 in Hamburger Schulen* (S. 33–56). Münster: Waxmann. (HANSE – Hamburger Schriften zur Qualität im Bildungswesen; Bd. 1).

Lehmann, R. H. (2006). Zur Bedeutung der kognitiven Heterogenität von Schulklassen für den Lernstand am Ende der Klassenstufe 4. In A. Schründer-Lenzen (Hrsg.), *Risikofaktoren kindlicher Entwicklung. Migration, Leistungsangst und Schulübergang* (S. 109–121). Wiesbaden: VS Verlag für Sozialwissenschaften.

Lehmann, R. H., Gänsfuß, R. & Peek, R. (1999). *Aspekte der Lernausgangslage und der Lernentwicklung von Schülerinnen und Schülern an Hamburger Schulen – Klassenstufe 7. Bericht über die Untersuchung im September 1998*. Hamburg: Behörde für Schule, Jugend und Berufsbildung.

Lehmann, R. H., Hunger, S., Ivanov, S., Gänsfuß, R. & Hoffmann, E. (2004). *LAU 11. Aspekte der Lernausgangslage und der Lernentwicklung – Klassenstufe 11. Ergebnisse einer längsschnittlichen Untersuchung in Hamburg.* Hamburg: Behörde für Bildung und Sport.

Lehmann, R. H., Peek, R. & Gänsfuß, R. (1997). *Aspekte der Lernausgangslage von Schülerinnen und Schülern der fünften Klassen an Hamburger Schulen. Bericht über die Untersuchung im September 1996.* Hamburg: Behörde für Schule, Jugend und Berufsbildung.

Lehmann, R. H., Peek, R., Gänsfuß, R. & Husfeldt, V. (2002). *LAU 9. Aspekte der Lernausgangslage und der Lernentwicklung – Klassenstufe 9. Ergebnisse einer Längsschnittuntersuchung in Hamburg*. Hamburg: Behörde für Bildung und Sport.

Leiter, J. (1983). Classroom composition and achievement gains. *Sociology of Education, 56* (3), 126–132.

Liebers, K., Prengel, A. & Bieber, G. (Hrsg.). (2008). *Die flexible Schuleingangsphase. Evaluationen zur Neugestaltung des Anfangsunterrichts.* Weinheim: Beltz.

Linchevski, L. & Kutscher, B. (1998). Tell me with whom you're learning, and I'll tell you how much you've learned: Mixed-ability versus same-ability grouping in Mathematics. *Journal for Research in Mathematics Education, 29* (5), 533–554.

Little, R. J. A. & Rubin, D. B. (2002). *Statistical analysis with missing data*. New York, NY: John Wiley & Sons.

Lou, Y., Abrami, P. C., Spence, J. C., Poulsen, C., Chambers, B. & d'Apollonia, S. (1996). Within-class grouping. A meta-analysis. *Review of Educational Research, 66* (4), 423–458.

Lüdtke, O., Robitzsch, A., Trautwein, U. & Köller, O. (2007). Umgang mit fehlenden Werten in der psychologischen Forschung. Probleme und Lösungen. *Psychologische Rundschau, 58* (2), 103–117.

Luyten, H. (2003). The size of school effects compared to teacher effects: An overview of the research literature. Paper presented at the European Conference on Educational Research (ECER), Hamburg.

Luyten, H. & de Wolf, I. (2011). Changes in student populations and average test scores of Dutch primary schools. *School Effectiveness and School Improvement, 22* (4), 439–460.

Luyten, H. & Snijders, T. A. B. (1996). School effects and teacher effects in Dutch elementary education. *Educational Research and Evaluation, 2* (1), 1–24.

Luyten, H. & van der Hoeven-van Doornum, A. (1995). Classroom composition and individual achievement. Effects of classroom composition and teacher goals in Dutch elementary education. *Tijdschrift voor Onderwijsresearch, 20* (1), 42–62.

Maas, C. J. M. & Hox, J. J. (2005). Sufficient sample sizes for multilevel modeling. *Methodology, 1* (3), 86–92.

Marsh, H. W. & Parker, J. (1984). Determinants of student self-concept: Is it better to be a relatively large fish in a small pond even if you don't learn to swim as well? *Journal of Personality and Social Psychology, 47* (1), 213–231.

Marsh, H. W., Seaton, M., Trautwein, U., Lüdtke, O., Hau, K.-T., O'Mara, A. J. & Craven, R. G. (2008). The big-fish-little-pond-effect stands up to critical scrutiny: Implications for theory, methodology, and future research. *Educational Psychological Review, 20* (3), 319–350.

Muthén, L. K. & Muthén, B. O. (1998–2010). *Mplus user's guide* (6. Aufl.). Los Angeles, CA: Muthén & Muthén.

Nachtigall, C. & Suhl, U. (2002). Der Regressionseffekt. Mythos und Wirklichkeit. *Methevalreport, 4* (2), 1–9.

Naumann, J., Artelt, C., Schneider, W. & Stanat, P. (2010). Lesekompetenz von PISA 2000 bis PISA 2009. In E. Klieme, C. Artelt, J. Hartig, N. Jude, O. Köller, M. Prenzel, W. Schneider & P. Stanat (Hrsg.), *PISA 2009. Bilanz nach einem Jahrzehnt* (S. 23–71). Münster: Waxmann.

Niklas, F., Schmiedeler, S. & Schneider, W. (2010). Heterogenität in den Lernvoraussetzungen von Vorschulkindern. *Zeitschrift für Grundschulforschung, 3* (1), 18–31.

Nikolova, R. (2011). *Grundschulen als differenzielle Entwicklungsmilieus. Objektive Kontextmerkmale der Schülerzusammensetzung und deren Auswirkung auf die Mathematik- und Leseleistungen.* Münster: Waxmann. (Pädagogische Psychologie und Entwicklungspsychologie; Bd. 81).

Nikolova, R., Ivanov, S. & Vieluf, U. (2011). Anlage und Durchführung der Untersuchung. In U. Vieluf, S. Ivanov & R. Nikolova (Hrsg.), *KESS 10/11 – Kompetenzen und Einstellungen von Schülerinnen und Schülern an Hamburger Schulen am Ende der Sekundarstufe I und zu Beginn der gymnasialen Oberstufe* (S. 15–30). Münster: Waxmann. (HANSE – Hamburger Schriften zur Qualität im Bildungswesen; Bd. 10).

Oakes, J. (1985). *Keeping track. How schools structure inequality.* New Haven, CT: Yale University Press.

Oakes, J. (1989). Tracking in secondary schools: A contextual perspective. In R. E. Slavin (Hrsg.), *School and classroom organization* (S. 173–195). Hilldale, NJ: Lawrence Erlbaum Associates.

Oakes, J. (1990). *Multiplying inequalities. The effects of race, social class, and tracking on opportunities to learn Mathematics and Science.* Santa Monica, CA: RAND Corporation.

Oakes, J., Gamoran, A. & Page, R. N. (1992). Curriculum differentiation: Opportunities, outcomes, and meanings. In P. W. Jackson (Hrsg.), *Handbook of research on curriculum* (S. 570–608). New York, NY: Macmillan.

Opdenakker, M.-C. & van Damme, J. (2000). Effects of schools, teaching staff and classes on achievement and well-being in secondary education: Similarities and differences between school outcomes. *School Effectiveness and School Improvement, 11* (2), 165–196.

Opdenakker, M.-C. & van Damme, J. (2001). Relationship between school composition and characteristics of school process and their effect on mathematics achievement. *British Educational Research Journal, 27* (4), 407–432.

Opdenakker, M.-C. & van Damme, J. (2006). Differences between secondary schools: A study about school context, group composition, school practice, and school effects with special attention to public and Catholic schools and types of schools. *School Effectiveness and School Improvement, 17* (1), 87–117.

Opdenakker, M.-C., van Damme, J., de Fraine, B., van Landeghem, G. & Onghena, P. (2002). The effect of schools and classes in Mathematics achievement. *School Effectiveness and School Improvement, 13* (4), 399–427.

Organisation for Economic Co-operation and Development (OECD). (2001). *Lernen für das Leben. Erste Ergebnisse der internationalen Schulleistungsstudie PISA 2000. Ausbildung und Kompetenzen.* Paris: OECD.

Paradies, L. (2003). Leistungsheterogenität in der Sekundarstufe I. Anregungen zur Differenzierung im Unterricht. *Pädagogik, 55* (9), 20–23.

Parker, J., Grant, J., Crouter, J. & Rivenburg, J. (2008). *Classmate peer effects: Evidence from core courses at three colleges.* Verfügbar unter: http://web.reed.edu/teagle_grant/PeerEffects3.pdf [22.12.2010].

Peugh, J. L. & Enders, C. K. (2004). Missing data in educational research: A review of reporting practices and suggestions for improvement. *Review of Educational Research, 74* (4), 525–556.

Pietsch, M. (2007). Schulformwahl in Hamburger Schülerfamilien und die Konsequenzen für die Sekundarstufe I. In W. Bos, C. Gröhlich & M. Pietsch (Hrsg.), *KESS 4 – Lehr- und Lernbedingungen in Hamburger Grundschulen* (S. 127–166). Münster: Waxmann. (HANSE – Hamburger Schriften zur Qualität im Bildungswesen; Bd. 2).

Prediger, S. (2003). Heterogenität macht Schule – Herausforderungen und Chancen. In W. Sailer (Hrsg.), *Schulbegleitforschung Bremen Jahrbuch 2004* (S. 90–97). Bremen: Landesinstitut für Schule.

Prengel, A. (1993). *Pädagogik der Vielfalt. Verschiedenheit und Gleichberechtigung in Interkultureller, Feministischer und Integrativer Pädagogik.* Opladen: Leske + Budrich.

Prengel, A. (2004). Spannungsfelder, nicht Wahrheiten. Heterogenität in pädagogisch-didaktischer Perspektive. *Friedrich Jahresheft, 22*, 44–46.

Prenzel, M., Schütte, K., Rönnebeck, S., Senkbeil, M., Schöps, K. & Carstensen, C. H. (2008). Der Blick in die Länder. In M. Prenzel, C. Artelt, J. Baumert, W. Blum, M. Hammann, E. Klieme & R. Pekrun (Hrsg.), *PISA 2006 in Deutschland – Die Kompetenzen der Jugendlichen im dritten Ländervergleich* (S. 149–263). Münster: Waxmann.

Raudenbush, S. W. & Bryk, A. S. (2002). *Hierarchical linear models. Applications and data analysis methods* (2. Aufl.). Thousand Oaks, CA: Sage Publications. (Advanced quantitative techniques in the social sciences series; Bd. 1).

Ready, D. D. & Wright, D. L. (2011). Accuracy and inaccuracy in teachers' perceptions of young children's cognitive abilities: The role of child background and classroom context. *American Educational Research Journal, 48* (2), 335–360.

Resh, N. & Dar, Y. (1992). Learning segregation in junior high-schools in Israel: Causes and consequences. *School Effectiveness and School Improvement, 3* (4), 272–292.

Reynolds, D. & Teddlie, C. (2000). The future agenda for school effectiveness research. In C. Teddlie & D. Reynolds (Hrsg.), *The international handbook of school effectiveness research* (S. 322–343). London: Falmer Press.

Rindermann, H. (2007). Die Bedeutung der mittleren Klassenfähigkeit für das Unterrichtsgeschehen und die Entwicklung individueller Fähigkeiten. *Unterrichtswissenschaft, 35* (1), 68–89.

Rosenbaum, J. E. (1980). Social implications of educational grouping. *Review of Research in Education, 8* (1), 361–401.

Rost, J. (2004). *Lehrbuch Testtheorie – Testkonstruktion* (2., vollst. überarb. u. aktualis. Aufl.). Bern: Huber.

Rubin, B. C. (2006). Tracking and detracking: Debates, evidence, and best practices for a heterogeneous world. *Theory into Practice, 45* (1), 4–14.

Rubin, D. B. (1987). *Multiple imputation for nonresponse in surveys*. New York, NY: John Wiley & Sons.

Rytivaara, A. (2011). Flexible grouping as a means for classroom management in a heterogeneous classroom. *European Educational Research Journal, 10* (1), 118–128.

Schafer, J. L. (1997). *Analysis of incomplete multivariate data*. London: Chapman & Hall.

Schafer, J. L. (1999). *NORM: Multiple imputation of incomplete multivariate data under a normal model, version 2. Software for Windows 95/98/NT.* Verfügbar unter: http://www.stat.psu.edu/~jls/misoftwa.html.

Schafer, J. L. & Graham, J. W. (2002). Missing data: Our view of the state of the art. *Psychological Methods, 7* (2), 147–177.

Scharenberg, K. (2011). Do secondary students learn more in homogeneous or heterogeneous classes? The importance of classroom composition for the development of achievement. Paper presented at the European Conference on Educational Research (ECER), „Urban Education". Berlin [13.09.2011]. Verfügbar unter: http://www.eera.de/ecer-programmes/conference/ecer-2011/contribution/2022 [23.03.2012].

Scharenberg, K. (2012, in Druck). Heterogenität in der Schule – Definitionen, Forschungsbefunde, Konzeptionen und Perspektiven für die empirische Bildungsforschung. In N. McElvany, M. M. Gebauer, W. Bos & H. G. Holtappels (Hrsg.), *Jahrbuch der Schulentwicklung, Band 17. Sprachliche, kulturelle und soziale Heterogenität in der Schule als Herausforderung und Chance der Schulentwicklung*. Weinheim: Juventa.

Scharenberg, K. & Bos, W. (2010). Differential effects of classroom heterogeneity on Reading and Maths achievement of secondary students in Germany. Paper presented at the European Conference on Educational Research (ECER), „Education and Cultural Change“. Helsinki, Finnland [27. August 2010]. Verfügbar unter: http://www.eera.de/ecer-programmes/conference/ecer-2010/contribution/1253 [23.03.2012].

Scharenberg, K., Gröhlich, C. & Bos, W. (2008). Academic achievement and non-recommended course of education. Poster presented at the EARLI SIG 18 Educational Effectiveness Conference, „Educational Effectiveness: Theoretical and Methodological Challenges for Research“, Frankfurt a.M. [29.08.2008]. Verfügbar unter: http://www2.dipf.de/earli/program_abstracts_earli_sig18_20080821.pdf [23.03.2012].

Scharenberg, K., Gröhlich, C. & Bos, W. (2009). Schulformwechsel bei konformer und nicht-konformer Bildungsentscheidung für das Gymnasium. In C. Röhner, C. Henrichwark & M. Hopf (Hrsg.), *Europäisierung der Bildung. Konsequenzen und Herausforderungen für die Grundschulpädagogik* (S. 263–267). Wiesbaden: VS Verlag für Sozialwissenschaften. (Jahrbuch Grundschulforschung; Bd. 13).

Scharenberg, K., Gröhlich, C., Guill, K. & Bos, W. (2010). Schulformwechsel und prognostische Validität der Schullaufbahnempfehlung in der Jahrgangsstufe 4. In W. Bos & C. Gröhlich (Hrsg.), *KESS 8 – Kompetenzen und Einstellungen von Schülerinnen und Schülern am Ende der Jahrgangsstufe 8* (S. 119–127). Münster: Waxmann. (HANSE – Hamburger Schriften zur Qualität im Bildungswesen; Bd. 6).

Scheerens, J. (2008). *Review and meta-analyses of school and teaching effectiveness*. Berlin: Bundesministerium für Bildung und Forschung (BMBF).

Schneider, C. & Ludwig, P. H. (2011). Auswirkungen von Maßnahmen der inneren Leistungsdifferenzierung auf Schulleistung und Fähigkeitsselbstkonzept im Vergleich zur äußeren Differenzierung. *Schulpädagogik heute, 2* (4), 1–28.

Schofield, J. W. (2006). *Migrationshintergrund, Minderheitenzugehörigkeit und Bildungserfolg. Forschungsergebnisse der pädagogischen, Entwicklungs- und Sozialpsychologie.* Berlin: Arbeitsstelle Interkulturelle Konflikte und gesellschaftliche Integration (AKI), Wissenschaftszentrum Berlin für Sozialforschung (WZB). (AKI-Forschungsbilanz 5).

Schümer, G. (2004). Zur doppelten Benachteiligung von Schülern aus unterprivilegierten Gesellschaftsschichten im deutschen Schulwesen. In G. Schümer, K.-J. Tillmann & M. Weiß (Hrsg.), *Die Institution Schule und die Lebenswelt der Schüler. Vertiefende Analysen der PISA-2000-Daten zum Kontext von Schülerleistungen* (S. 73–114). Wiesbaden: VS Verlag für Sozialwissenschaften.

Schwetz, H. (2003). *Die Klasse macht den Unterschied. Mehrebenenanalytische Untersuchung der Effekte von Unterricht.* Landau: Verlag Empirische Pädagogik.

Schwippert, K. (2001). *Optimalklassen: Mehrebenenanalytische Untersuchungen. Eine Analyse hierarchisch strukturierter Daten am Beispiel des Leseverständnisses*. Münster: Waxmann. (Pädagogische Psychologie und Entwicklungspsychologie; Bd. 27).

Schwippert, K. (2002). Verfahren zum Ersetzen fehlender Daten – Ein anwendungsbezogenes Beispiel zum Hot-Deck-Verfahren. *Empirische Pädagogik, 16* (4), 509–532.

Seeber, S. (2010). Heterogenität und Lernerfolg. *Zeitschrift für Berufs- und Wirtschaftspädagogik, 23. Beiheft*, 89–105.

Sekretariat der Ständigen Konferenz der Kultusminister der Länder in der Bundesrepublik Deutschland. (2005). *Bildungsstandards der Kultusministerkonferenz.* Verfügbar unter: http://www.kmk.org/schul/Bildungsstandards/Argumentationspapier308KMK.pdf [24.09.2008].

Sekretariat der Ständigen Konferenz der Kultusminister der Länder in der Bundesrepublik Deutschland. (2006). *Übergang von der Grundschule in Schulen des Sekundarbereichs I. Informationsunterlage des Sekretariats der Kultusministerkonferenz.* Verfügbar unter: http://www.kmk.org/doc/publ/ueberg.pdf [01.03.2007].

Slavin, R. E. (1987a). Ability grouping and student achievement in elementary schools: A best-evidence synthesis. *Review of Educational Research, 57* (3), 293–336.

Slavin, R. E. (1987b). Ability grouping in elementary schools: Do we really know nothing until we know everything? *Review of Educational Research, 57* (3), 347–350.

Slavin, R. E. (1989). Cooperative learning and student achievement. In R. E. Slavin (Hrsg.), *School and classroom organization* (S. 129–156). Hillsdale, NJ: Erlbaum.

Slavin, R. E. (1990a). Achievement effects of ability grouping in secondary schools: A best-evidence synthesis. *Review of Educational Research, 60* (3), 471–499.

Slavin, R. E. (1990b). *Cooperative learning. Theory, research, and practice.* Englewood Cliffs, NJ: Prentice-Hall.

Slavin, R. E. (1996). Research on cooperative learning and achievement: What we know, what we need to know. *Contemporary Educational Psychology, 21* (1), 43–69.

Snijders, T. A. B. & Bosker, R. J. (1994). Modeled variance in two-level models. *Sociological Methods and Research, 22* (3), 342–363.

Snijders, T. A. B. & Bosker, R. J. (1999). *Multilevel analysis. An introduction to basic and advanced multilevel modeling.* Thousand Oaks, CA: Sage Publications.

Snyder, C. R., Lassegard, M. & Ford, C. E. (1986). Distancing after group success and failure: Basking in reflected glory and cutting off reflected failure. *Journal of Personality and Social Psychology, 51* (2), 382–388.

Sørensen, A. B. & Hallinan, M. T. (1986). Effects of ability grouping on growth in academic achievement. *American Educational Research Journal, 23* (4), 519–542.

Stanat, P. (2006). Schulleistungen von Jugendlichen mit Migrationshintergrund: Die Rolle der Zusammensetzung der Schülerschaft. In J. Baumert, P. Stanat & R. Watermann (Hrsg.), *Herkunftsbedingte Disparitäten im Bildungswesen: Differenzielle Bildungsprozesse und Probleme der Verteilungsgerechtigkeit. Vertiefende Analysen im Rahmen von PISA 2000* (S. 189–219). Wiesbaden: VS Verlag für Sozialwissenschaften.

Stanat, P., Schwippert, K. & Gröhlich, C. (2010). Der Einfluss des Migrantenanteils in Schulklassen auf den Kompetenzerwerb. Längsschnittliche Überprüfung eines umstrittenen Effekts. *Zeitschrift für Pädagogik, 56* (55. Beiheft), 147–164.

Stubbe, T. C. (2009). Schulformübergänge in den Jahrgangsstufen 4 bis 7. In W. Bos, M. Bonsen & C. Gröhlich (Hrsg.), *KESS 7 – Kompetenzen und Einstellungen von Schülerinnen und Schülern an Hamburger Schulen zu Beginn der Jahrgangsstufe 7* (S. 105–113). Münster: Waxmann. (HANSE – Hamburger Schriften zur Qualität im Bildungswesen; Bd. 5).

Stumpf, E. & Schneider, W. (2008). Schulleistungen in homogenen Begabtenklassen und gymnasialen Regelklassen der Sekundarstufe I. *Diskurs Kindheits- und Jugendforschung, 3* (1), 67–81.

Stumpf, E. & Schneider, W. (2009). Homogene Begabtenklassen am Gymnasium. Zielgruppe und Entwicklung der Schülerinnen und Schüler. *Zeitschrift für Entwicklungspsychologie und Pädagogische Psychologie, 41* (2), 51–62.

Teodorovic, J. (2011). Classroom and school factors related to student achievement: what works for students? *School Effectiveness and School Improvement, 22* (2), 215–236.

Thrupp, M., Lauder, H. & Robinson, T. (2002). School composition and peer effects. *International Journal of Educational Research, 37* (5), 483–504.

Tiedemann, J. & Billmann-Mahecha, E. (2007). Zum Einfluss von Migration und Schulklassenzugehörigkeit auf die Übergangsempfehlung für die Sekundarstufe I. *Zeitschrift für Erziehungswissenschaft, 10* (1), 108–120.

Tillmann, K.-J. (2004). System jagt Fiktion. Die homogene Lerngruppe. *Friedrich Jahresheft, 22*, 6–9.

Tillmann, K.-J. (2007). Lehren und Lernen in heterogenen Schülergruppen. Forschungsstand und Perspektiven. In H. Buchen, L. Horster & H.-G. Rolff (Hrsg.), *Heterogenität und Schulentwicklung* (S. 7–20). Stuttgart: Raabe.

Tillmann, K.-J. (2008). Viel Selektion – wenig Leistung: Der PISA-Blick auf Erfolg und Scheitern in deutschen Schulen. In K. Böllert (Hrsg.), *Von der Delegation zur Kooperation. Bildung in Familie, Schule, Kinder- und Jugendhilfe* (S. 47–66). Wiesbaden: VS Verlag für Sozialwissenschaften.

Tillmann, K.-J. & Meier, U. (2001). Schule, Familie und Freunde – Erfahrungen von Schülerinnen und Schülern in Deutschland. In J. Baumert, E. Klieme, M. Neubrand, M. Prenzel, U. Schiefele, W. Schneider, P. Stanat, K.-J. Tillmann & M. Weiß (Hrsg.), *PISA 2000. Basiskompetenzen von Schülerinnen und Schülern im internationalen Vergleich* (S. 468–509). Opladen: Leske + Budrich.

Tillmann, K.-J. & Wischer, B. (2006). Heterogenität in der Schule. Forschungsstand und Konsequenzen. *Pädagogik, 59* (3), 44–48.

Trautwein, U. & Baeriswyl, F. (2007). Wenn leistungsstarke Klassenkameraden ein Nachteil sind. Referenzgruppeneffekte bei Übertrittsentscheidungen. *Zeitschrift für Pädagogische Psychologie, 21* (2), 119–133.

Trautwein, U., Köller, O., Lehmann, R. H. & Lüdtke, O. (2006). *Der Leistungsstand Hamburger Abiturienten: Vertiefende Analysen und ein Benchmark-Vergleich auf Grundlage der Studie „Aspekte der Lernausgangslage und der Lernentwicklung – Klassenstufe 13“*. Hamburg: Behörde für Bildung und Sport.

Treiber, B. & Weinert, F. E. (1985). *Gute Schulleistungen für alle? Psychologische Studien zu einer pädagogischen Hoffnung*. Münster: Aschendorff.

Treinies, G. & Einsiedler, W. (1996). Zur Vereinbarkeit von Steigerung des Lernleistungsniveaus und Verringerung von Leistungsunterschieden in Grundschulklassen. *Unterrichtswissenschaft, 24* (4), 290–311.

Tymms, P. (2004). Effect sizes in multilevel models. In I. Schagen & K. Elliot (Hrsg.), *But what does it mean? The use of effect sizes in educational research* (S. 55–66). London: National Foundation for Educational Research.

Valtin, R., Badel, I., Löffler, I., Meyer-Schepers, U. & Voss, A. (2003). Orthographische Kompetenzen von Schülerinnen und Schülern der vierten Klasse. In W. Bos, E.-M. Lankes, M. Prenzel, K. Schwippert, G. Walther & R. Valtin (Hrsg.), *Erste Ergebnisse aus IGLU. Schülerleistungen am Ende der vierten Jahrgangsstufe im internationalen Vergleich* (S. 227–264). Münster: Waxmann.

von Davier, M. & von Davier, A. A. (2007). A unified approach to IRT scale linking and scale transformations. *Methodology, 3* (3), 115–124.

von der Groeben, A. (2003). Lernen in heterogenen Gruppen. Chance und Herausforderung. *Pädagogik, 55* (9), 6–9.

von Saldern, M. (2010). Klassengröße. In D. H. Rost (Hrsg.), *Handwörterbuch Pädagogische Psychologie* (4., überarb. u. erw. Aufl., S. 362–368). Weinheim: Beltz.

Voss, A., Blatt, I., Gebauer, M. M., Müller, A. & Masanek, N. (2008). Unterrichtsentwicklung als integrierte Schulentwicklung. Das Hamburger Leseförderprojekt (HeLp). In W. Bos, H. G. Holtappels, H. Pfeiffer, H.-G. Rolff & R. Schulz-Zander (Hrsg.), *Jahrbuch der Schulentwicklung, Band 15. Daten, Beispiele und Perspektiven* (S. 93–122). Weinheim: Juventa.

Wagner, J. W. L. (1999). *Soziale Vergleiche und Selbsteinschätzungen. Theorien, Befunde und schulische Anwendungsmöglichkeiten.* Münster: Waxmann. (Pädagogische Psychologie und Entwicklungspsychologie; Bd. 11).

Wang, M. C., Haertel, G. D. & Walberg, H. J. (1993). Toward a knowledge base for school learning. *Review of Educational Research, 63* (3), 249–294.

Weinert, F. E. (1997). Notwendige Methodenvielfalt. Unterschiedliche Lernfähigkeiten erfordern variable Unterrichtsmethoden. *Friedrich Jahresheft, 15*, 50–52.

Weinert, F. E. & Helmke, A. (1995). Interclassroom differences in instructional quality and interindividual differences in cognitive development. *Educational Psychologist, 30* (1), 15–20.

Wendt, H., Gröhlich, C., Guill, K., Scharenberg, K. & Bos, W. (2010). Die Kompetenzen der Schülerinnen und Schüler im Leseverständnis. In W. Bos & C. Gröhlich (Hrsg.), *KESS 8 – Kompetenzen und Einstellungen von Schülerinnen und Schülern am Ende Jahrgangsstufe 8* (S. 21–36). Münster: Waxmann. (HANSE – Hamburger Schriften zur Qualität im Bildungswesen; Bd. 6).

Wenning, N. (2007). Heterogenität als Dilemma für Bildungseinrichtungen. In S. Boller, E. Rosowski & T. Stroot (Hrsg.), *Heterogenität in Schule und Unterricht. Handlungsansätze zum pädagogischen Umgang mit Vielfalt* (S. 21–31). Weinheim: Beltz.

Wheeler, L., Shaver, K. G., Jones, R. A., Goethals, G. R., Cooper, J., Robinson, J. E., Gruder, C. L. & Butzine, K. W. (1969). Factors determining choice of a comparison other. *Journal of Experimental Social Psychology, 5* (2), 219–232.

Wills, T. A. (1981). Downward comparison principles in social psychology. *Psychological Bulletin, 90* (2), 245–271.

Wischer, B. (2007a). Heterogenität als komplexe Anforderung an das Lehrerhandeln. Eine kritische Betrachtung schulpädagogischer Erwartungen. In S. Boller, E. Rosowski & T. Stroot (Hrsg.), *Heterogenität in Schule und Unterricht. Handlungsansätze zum pädagogischen Umgang mit Vielfalt* (S. 32–42). Weinheim: Beltz.

Wischer, B. (2007b). Wie sollen LehrerInnen mit Heterogenität umgehen? Über „programmatische Fallen" im aktuellen Reformdiskurs. *Die Deutsche Schule, 99* (4), 422–433.

Wocken, H. (2007). Fördert Förderschule? Eine empirische Rundreise durch Schulen für „optimale Förderung". In I. Demmer-Dieckmann & A. Textor (Hrsg.), *Integrationsforschung und Bildungspolitik im Dialog* (S. 33–59). Bad Heilbrunn: Klinkhardt.

Wocken, H. & Gröhlich, C. (2009). Kompetenzen von Schülerinnen und Schülern an Hamburger Förderschulen. In W. Bos, M. Bonsen & C. Gröhlich (Hrsg.), *KESS 7 – Kompetenzen und Einstellungen von Schülerinnen und Schülern an Hamburger Schulen zu Beginn der Jahrgangsstufe 7* (S. 133–142). Münster: Waxmann. (HANSE – Hamburger Schriften zur Qualität im Bildungswesen; Bd. 5).

Wolf, B. (2010). Effektstärken. In D. H. Rost (Hrsg.), *Handwörterbuch Pädagogische Psychologie* (4., überarb. u. erw. Aufl., S. 101–107). Weinheim: Beltz.

Wright, B. D. & Linacre, J. M. (1994). *Reasonable mean-square fit values.* Verfügbar unter: http://www.rasch.org/rmt/rmt83b.htm [25.10.2010].

Zimmer, R. W. & Toma, E. F. (2000). Peer effects in private and public schools across countries. *Journal of Policy Analysis and Management, 19* (1), 75–92.

Videostudie erhoben wurde. Es wird insbesondere die Bedeutung des lehrergelenkten Unterrichtszugangs für den Aufbau der individuellen Wertschätzung von Mathematik sichtbar.

■ Band 33

Carola Gröhlich

Bildungsqualität

Strukturen und Prozesse in Schule und Unterricht und ihre Bedeutung für den Kompetenzerwerb

2012, 242 Seiten, br., 29,90 €, ISBN 978-3-8309-2564-4

Das Ziel der Untersuchung ist es, zu klären, welche Faktoren auf der Seite des Unterrichts und der Schule dazu beitragen können, die Qualität von Bildungseinrichtungen im Hinblick auf bestimmte Outputkriterien maßgeblich zu befördern. Im Fokus dieser Untersuchung soll demnach die Effektivität der Institution Schule als Ausgangspunkt für die Bestimmung von Bildungsqualität stehen.

■ Band 32

Jens Kratzmann

Türkische Familien beim Übergang vom Kindergarten in die Grundschule

Einschulungsentscheidungen in der Migrationssituation

2011, 276 Seiten, br., 29,90 €, ISBN 978-3-8309-2552-1

Bildung wird als ein zentraler Schlüssel zur Integration gesehen. Jedoch deuten sich bereits auf den ersten Stufen des Bildungssystems Unterschiede in den Bildungslaufbahnen von Zuwandererkindern an. Nach welchen Kriterien entscheiden Eltern türkischer Herkunft über die Einschulung? Welche Prozesse liegen dahinter? Wie können Zuwandererfamilien in dieser Phase unterstützt werden? Anhand einer Kombination von qualitativen und quantitativen Verfahren zeichnet diese Studie die Entscheidung über die Einschulung und deren Bewährung aus Perspektive der Eltern in einer längsschnittlichen Interviewstudie nach. Es wird ein Modell entwickelt, das Entscheidungsfaktoren darlegt, die speziell für Zuwanderer bei der Einschulung eine Rolle spielen. Schließlich werden Ansatzpunkte zur Unterstützung von Zuwandererfamilien aus der Türkei beim Übergang vom Kindergarten in die Grundschule vorgeschlagen.

■ Band 31

Ursula Koch

Verstehen Lehrkräfte Rückmeldungen aus Vergleichsarbeiten?

Datenkompetenz von Lehrkräften und die Nutzung von Ergebnisrückmeldungen aus Vergleichsarbeiten

2011, 394 Seiten, br., 37,90 €, ISBN 978-3-8309-2538-5

Die Ableitung von Schul- und Unterrichtsentwicklungsmaßnahmen aus den Leistungsrückmeldungen von Vergleichsarbeiten fällt Lehrkräften schwer. In dieser Arbeit werden anhand von Evaluationsdaten zu VERA 3 positive Wirkungen der Verständlichkeit der Rückmeldungen, der erlebten Nützlichkeit und der Akzeptanz von Schulleistungsstudien auf den Innovationsprozess dargestellt. Außerdem wird mittels eines quasi-experimentellen Designs untersucht, wie durch Fortbildungen die Auseinandersetzung mit den Rückmeldungen verbessert werden kann. Es zeigt sich, dass die Datenkompetenz der Lehrkräfte dadurch steigt, ihr Blick vom einzelnen Schüler auf die Leistungsverteilung der Gesamtklasse erweitert und ihre Ergebnisinterpretation differenzierter wird.

■ Band 30

Ariane S. Willems

Bedingungen des situationalen Interesses im Mathematikunterricht

Eine mehrebenenanalytische Perspektive

2011, 346 Seiten, br., 34,90 €
ISBN 978-3-8309-2488-3

Die Entwicklung fachspezifischer Interessen gilt als wesentliches Ziel schulischer Bildung. So stellt sich auch die Frage, wie Unterricht gestaltet werden kann, um Lernende in ihrer Interessenentwicklung optimal zu unterstützen. Dieser Frage widmet sich dieses Buch ausgehend von der

Person-Gegenstands-Theorie des Interesses und des Vier-Phasen-Modells der Interessenentwicklung. Im Zentrum steht das Konzept des situationalen Interesses, das hoch relevant, aber gleichzeitig empirisch wenig erforscht ist.
Die Befunde ermöglichen methodische und inhaltliche Schlussfolgerungen bezüglich der Erforschung des situationalen Interesses im Unterricht und eröffnen darüber hinaus vielfältige Anregungen für die pädagogische Praxis.

■ Band 29

Alexander Gröschner

Innovation als Lernaufgabe

Eine quantitativ-qualitative Studie zur Erfassung und Umsetzung von Innovationskompetenz in der Lehrerbildung

2011, 240 Seiten, br., 29,90 €, ISBN 978-3-8309-2419-7

Innovation wird im Kontext der Kompetenzdebatte in der Lehrerausbildung als ein zentraler Bereich betont. Diese quantitativ-qualitative Studie geht der Frage nach, inwiefern Lehramtsstudierende und Lehramtsanwärter über Innovationskompetenz verfügen und inwiefern Aspekte des Innovierens in der Lehrerausbildung verankert werden können. Auf der Basis eines eigens entwickelten Instruments zur Erfassung der Innovationskompetenz in Anlehnung an die KMK-Standards (2004) wurden Studierende und Lehramtsanwärter in Thüringen schriftlich befragt. Im Anschluss wurden leitfadengestützte Interviews mit drei international anerkannten Experten der Lehrerbildung durchgeführt. Die Ergebnisse zeigen insgesamt Bedarf an innovationsfördernden Lerngelegenheiten in der Lehrerbildung und weisen auf Perspektiven für die empirische Bildungsforschung hin.

■ Band 28

Elke Kurth-Buchholz

Schülermitbestimmung aus Sicht von Schülern und Lehrern

Eine vergleichende Untersuchung an Gymnasien in Brandenburg und Nordrhein-Westfalen

2011, 272 Seiten, br., 29,90 €, ISBN 978-3-8309-2438-8

Dürfen Schüler im Unterricht der Sekundarstufe II mitbestimmen und wenn ja, in welchen Bereichen dürfen sie stärker oder weniger stark mitbestimmen? Warum wollen Schüler mitbestimmen bzw. warum wollen sie nicht mitbestimmen? Wobei wollen Sie mitbestimmen und wie stellen sie sich Mitbestimmung im Unterricht vor? Was denken ihre Lehrer darüber? Diesen Fragen geht die empirische Studie nach. Dabei wird ein heuristisches Modell zu den Gelingensbedingungen von Schülermitbestimmung entworfen. Im Vorfeld wird aus allgemeindidaktischer Sicht untersucht, ob und warum Schüler im Unterricht mitbestimmen sollten.

■ Band 27

Marius Gerecht

Eine Sekundäranalyse auf der Grundlage der Pädagogischen EntwicklungsBilanzen

2010, 210 Seiten, br., 24,90 €, ISBN 978-3-8309-2469-2

Schulisches Lernen verfolgt außer der Vermittlung von Bildungsinhalten und Kompetenzen auch erzieherische Ziele. Erzieherische Wirkungen der Schule beinhalten überfachliche, nicht-kognitive Lernergebnisse. Diese Arbeit stellt verschiedene Konzepte erzieherischer Wirkungen von Schule vor und untersucht sie im Zusammenhang mit Merkmalen der Schul- und Unterrichtsqualität. Es zeigt sich, dass primär Merkmale der Unterrichtsqualität im Zusammenhang mit den untersuchten erzieherischen Lernergebnissen stehen. Demnach nimmt die Schülerorientierung seitens Lehrkräfte eine Schlüsselrolle für die Vermittlung erzieherischer Lernergebnisse ein. Zudem tragen erzieherische Wirkungen dazu bei schulabsentes Verhalten zu vermindern.